高速铁路枢纽站改造工程技术

——深圳北站改造工程总结

朱　维　李哲波　阚剑锋　乔福鑫　张晓强　主编

中国铁道出版社有限公司

2022年·北　京

内 容 简 介

本书以深圳北站改造工程为背景，全面总结了高速铁路枢纽站改造工程在建设、设计、施工、监理等全过程中的具体做法与诸多科技创新成果，力求系统反映高速铁路枢纽站改造工程的特点、难点与管理重点，建立一套完整有效的高速铁路枢纽站改造工程建设与管理体系。

本书可供轨道交通行业从事建设管理、勘测、设计、施工、监理、监测、运营等相关专业技术人员使用，也可作为高等院校、科研机构等专业人员的参考用书。

图书在版编目(CIP)数据

高速铁路枢纽站改造工程技术：深圳北站改造工程总结/朱维等主编．—北京：中国铁道出版社有限公司，2022.12

ISBN 978-7-113-29805-0

Ⅰ.①高… Ⅱ.①朱… Ⅲ.①高速铁路-铁路枢纽-枢纽站-总结-深圳 Ⅳ.①U291.7

中国版本图书馆 CIP 数据核字(2022)第 211456 号

书　　名：高速铁路枢纽站改造工程技术——深圳北站改造工程总结
作　　者：朱　维　李哲波　阚剑锋　乔福鑫　张晓强

策　　划：时　博
责任编辑：时　博　　**编辑部电话**：(010)51873162　　**电子邮箱**：crph@163.com
封面设计：刘　莎
责任校对：安海燕
责任印制：樊启鹏

出版发行：中国铁道出版社有限公司(100054，北京市西城区右安门西街 8 号)
网　　址：http://www.tdpress.com
印　　刷：北京盛通印刷股份有限公司
版　　次：2022 年 12 月第 1 版　2022 年 12 月第 1 次印刷
开　　本：787 mm×1 092 mm 1/16　**印张**：17.25　**字数**：390 千
书　　号：ISBN 978-7-113-29805-0
定　　价：120.00 元

编委会

前　言

铁路是国家重要的基础设施、国民经济的大动脉和大众化的交通工具，在综合交通运输体系中处于骨干地位。高速铁路具有速度快、运能大、安全舒适、节能省地、减排高效和受气候变化影响小等特点。中国高速铁路取得了举世瞩目的成就，成为一张闪亮的国家名片，其总体水平处于世界领先行列。目前，中国“四纵四横”高速铁路网已经建成，“八纵八横”高速铁路网加密初步成型。

铁路枢纽一般位于直辖市及大型省会城市，是组成铁路网的基本单元，是联系铁路网和城市之间的重要环节，也是所在城市综合交通枢纽不可分割的子系统。铁路枢纽是在铁路网与城市建设发展中形成和完善的，特别是随着国家铁路网规划调整和高速铁路建设发展，部分铁路枢纽已基本实现了“客货分线”的运输格局，且在城市综合交通体系构建中发挥了重要作用。对于高速铁路枢纽建设，其最根本的目的是满足铁路运营和城市建设的基本要求。随着社会经济的发展，城市规模扩大、人员快速流动、城市交通流量密集，当既有铁路客站面临运输压力时，就需要综合考虑众多因素对其进行站场、轨道、信号、电气化等多方面改造，完成扩能、扩容需求，以提升枢纽运输及运营管理能力，提高交通效率，为旅客出行提供方便快捷服务，带动区域经济发展。

赣深高铁是我国构建“八纵八横”高速铁路主通道之一——“京港通道”的重要组成部分，是沟通南北经济文化交流的重要纽带。深圳北站改造工程是在车站不停止运营、现有规模不改动的情况下，建设单位、设计单位、施工单位等采取“破旧扩新”的方法，分两个阶段先后对深圳北站南、北咽喉的东、西半场进行改造。新建两条动走线，完成信号软件换装、接触网、通信、电力、道岔插铺等改造升级，使深圳北站在满足现有各条接入铁路运输的基础上，具备了引入赣深高铁及新建深圳北站第二动车所的能力，实现了进一步挖潜扩能，提升了深圳北站高铁枢纽的运能运力。

深圳北站改造工程系国内首次成功实现对正在运营的高速铁路枢纽站进行改造升级，施工过程中先后插铺 8 组无砟道岔以及实现信号 CTCS-3 级列控系统升级改造均属国内首例，并解决了一系列世界性技术难题，总结形成了一整套既有无砟道床破除及外运、无砟道岔插铺、信号 CTCS-3 级列控系统大型高速铁路枢纽站改造施工技术模板，为后续国内的高铁站改造施工积累了有益的经验，提供了参考范本。

本书共分为 9 章：第 1 章介绍深圳北站改造的背景和概况，对其改造工程中的创新成果进行总结；第 2 章详细介绍改造前对各阶段改造施工方案的研究和比选；第 3 章阐述在改造过程中遇到的设计及施工难点；第 4 章针对工程的制约因素，对关键难点进行研究梳理，制订合理的施工方法；第 5 章详细介绍路基、轨道、信号以及电气化工程等专业施工工艺工法；第 6 章从质量、安全和进度的角度介绍施工过程中的组织管理方式；第 7 章从运输组织、站段配合以及监控组织三方面介绍建设组织管理方法；第 8 章阐述建设监理在站改过程中采用的方式方法及相关规章制度；第 9 章分析无砟轨道浇筑完成后的沉降监测结果并提出养护方案。

本书在中国铁路广州局集团有限公司领导下组织编写。在本书的编写过程中，得到了中国国家铁路集团有限公司工程管理中心的指导，以及中国铁路广州局集团有限公司深圳工程建设指挥部、中铁第四勘察设计院集团有限公司、西南交通大学、中铁四局集团有限公司的大力支持，在此一并表示感谢。

由于作者水平有限，书中难免有疏漏之处，恳请广大读者批评指正，作者将十分感谢并将在今后的工作中不断改进和完善。

作　者

2022 年 9 月于深圳

目　　录

第 1 章　工程概况

1.1　铁路枢纽改造现状

铁路客站伴随着社会经济的发展以及城市交通的进步而不断变迁，由单一的铁路客运场所逐步演变为城市交通综合体。城市对外交通枢纽对于城市的扩展以及城市的结构具有很大的推动作用，伴随着交通枢纽的建成，各类商业建筑向车站聚集发展，带动车站片区空间结构的变化，车站片区逐渐衍变成为城市的繁华地段。现如今交通枢纽设计实质上已上升至城市设计高度，在注重城市形象和品质的今天，车站为城市中心的再次发展提供了契机，站场的改造也已成为城市发展策略的一部分。当前随着铁路发展，国内许多城市的既有铁路枢纽得以新建和改造升级。

武昌站改扩建站场改造工程于 2006 年 8 月 6 日正式开工建设，2007 年 10 月 18 日西站房及站场设施投入使用。短短一年多的时间，武昌站改扩建工程施工克服了行车干扰大、旅客乘降标准高、雨棚施工难度大、交叉施工多、工期时间紧、安全压力大等难题，为全国省会城市铁路枢纽客站改造施工提供了建设样本与成功范例。

信阳站是京广、宁西两大铁路干线的交汇站，改造后是全国为数不多的拥有两座站房、双广场的地级城市铁路交通枢纽。信阳站由 3 台 7 线改造为 6 台 10 线，新建北站房 1 座，建筑面积 1.2 万 m^2，新建基本站台宽 10 m，拆除既有 3 个站台的雨棚，同步新建各站台雨棚及 1.25 m 高的站台，拆除既有出站地道，新建旅客地道（宽 7 m）与行包地道（宽 5 m）各 1 座，新建天桥 1 座，同步改造南站房与既有进站天桥。施工过程中面临着作业场地窄、施工交叉多、运输干扰大、渣土外运难度大等工程特点，但在短时间内通过融合各方力量，克难攻坚、合力共为，取得了工程建设管理的圆满成功。

长沙南站为京广高铁始发终到站，车站规模 8 台 16 线（含两条正线）。车站武汉端咽喉预留了杭长高铁东南联络线引入条件，路基工程按照 4 线路基设计。改建工程在武汉端咽喉插铺 18 号单开道岔 1 组。车站广州端咽喉预留了杭长高铁动车走行线改线（1 条）、西北联络线（2 条）、南西联络线（1 条）引入条件，路基（包括桥涵）一次填筑完成。武广场改建工程在广州端咽喉插铺道岔 11 组，并铺设西北联络线、南西联络线、场间联络线部分轨道，并且整修部分路基沉降区段。长沙南站改造施工是目前运营高速铁路线路中的首次大规模站改施工，涉及运输、建设、设计、铁科院、监理、线下施工、电化施工、信号施工等多单位协作，需要相关部门及设备管理站段间的密切配合，是一项技术极其复杂的工作，天窗点施工时间短，施工难度大，对高速铁路运输影响大，施工安全风险高，对施工安全和运营安全的要求更高。

石家庄铁路枢纽衔接京广、石大、石德三条铁路干线，担负着华北及内蒙古东部地区与华东、中南地区，东北地区与中南地区间的客货交流的集疏运任务，在全国铁路网中具有十分重要的作用。新建京广高铁引入石家庄枢纽，按照“客进货出，客货分离”原则对既有枢纽进行了改造，先将货运系统外迁，再进行石家庄站及配套设施建设。新枢纽形成后，实现客货分线运输，从根本上解决了客货运输的紧张局面，也优化了石家庄的城市格局。

秦皇岛站位于河北省秦皇岛市海港区，是秦山地区铁路枢纽的主要客运站，是大秦、津山、京哈、秦沈、秦东联络线等铁路干线的交汇点。为了将秦沈客运专线引入既有秦皇岛站，满足经济社会发展需求，对秦皇岛站进行升级改造，其改造工程在火车站原址上进行改扩建，改造后的火车站新建两层现代化站房，将原来的旧站房拆除，并向南扩建。站房建筑面积从 8 000 m^2 增至 2 万 m^2，并增加站台和股道，由 5 台 13 线增至 7 台 23 线。秦皇岛站的成功扩建改造，缩短了首都与周边城市的时空距离，为秦皇岛乃至河北的经济社会发展带来巨大的机遇，并且其过渡施工方法被称为全路最复杂的站改工程，对后续其他站场改造工程组织、设计、施工具有很好的借鉴意义。

1.2 深圳北站改造工程背景及意义

截至 2021 年底，我国高速铁路营业里程达到 4 万 km，相当于在“十三五”期间翻了近一番，稳居世界第一。2011～2019 年，我国铁路客运量总体呈逐年增长态势，到 2019 年铁路客运量已达 36.60 亿人，年均复合增速为 8.90%，同比增长 8.45%。大规模的旅客运输给我国的铁路客运带来了巨大的压力，尤其是对于高速铁路枢纽站的接发列车数量、运能运力以及运营管理能力方面较为明显。

2021 年中共中央、国务院印发《国家综合立体交通网规划纲要》，指出到 2035 年，铁路规模达 20 万 km 左右。为了适应我国高速铁路交通网建设以及日益增长的高运量、高速度出行需求，势必要对既有高速铁路线路和枢纽站进行扩能改造，充分挖掘潜能，增强铁路运输能力，满足运输任务要求。

深圳北站位于广东省深圳市龙华区东南部，原龙华二线扩展区的中部，北邻未来龙华中心区，西邻福龙路和水源保护区，东邻梅观高速公路，南侧为留仙大道及白石龙居住组团，距离深圳市中心区 9.3 km，是深圳市的几何中心和人口中心，是粤港澳大湾区的综合交通枢纽之一。车站汇聚了高铁、地铁、长途汽车、社会车辆及出租车等多种交通方式。2017 年 12 月 28 日铁路调图后，深圳北站每日办理始发终到列车 177 对、通过列车 59 对，合计 236 对，均为动车组，接发列车对数逐年增加。

深圳北站是深圳铁路“四主四辅”客运格局（四主：深圳北站、深圳站、深圳坪山站、深圳机场东站，四辅：福田站、深圳东站、平湖站、西丽站）最为核心的车站，是深圳建设占地面积最大、建筑面积最大、接驳功能最为齐全的特大型综合交通枢纽，是目前深圳市规模最大、设备技术最先进、客流量最大的火车站。

赣深高铁北起江西省赣州市，途径信丰、龙南、定南、和平、龙川、河源、惠州、东莞等市（县），南至深圳市，线路全长 436.367 km。赣深高铁是我国构建“八纵八横”高速铁路主通道之一“京港通道”的重要组成部分，是沟通南北经济文化交流的重要纽带，对于推动赣粤地区协调发展、促进赣南等原中央苏区振兴发展具有重要意义。

2020 年 12 月 18 日，国内首例高铁枢纽站改造工程全面完工。改造后的深圳北站，广深港高铁、厦深高铁及赣深高铁等多方向列车接发能力得到全方位提升。深圳北站的成功改造升级，为我国其他高铁站改造升级进行了有益探索，也折射出我国高铁不仅拥有强大的科技实力，而且拥有成熟的运营管理能力。深圳北站改造工程在车站不停止运营、现有规模不改动的情况下进行，首次采取"破旧扩新"的方法，对部分股道和站台进行拆除重建，在国内尚属首次。同时，为了不影响春运、暑运及节假日铁路运输，保证既有广深港高铁和厦深高铁的运营安全，深圳北站改造施工选择在2019年和2020年国庆和元旦之间，利用没有列车运行的深夜停运检修时分进行。近千名建设者克服土建、接触网、轨道、信号等多项目同时交叉作业的难题，在子夜至凌晨4个小时的天窗点内对无砟轨道拆铺、信号、四电等进行升级改造，施工天窗点的每一夜都是一场千人"大拨接""大会战"，确保了站改工程如期完工。

改造完工后的深圳北站增加了赣深上下行联络线、赣深下行疏解线、赣深第二动车所动走左右线以及预留深汕线、江深线接入径路，具备了连接赣州、茂名及西丽等多个方向的线路的能力。随着未来更多新线的引入，深圳北站接发列车总数最多将达到413对，能更好地满足旅客出行需求。赣深高铁深圳段设计速度350 km/h，使赣州到深圳的时间将从原来的7个小时缩短到2个小时，极大方便了高铁沿线百姓和深圳市民的出行。

深圳北站改造工程将赣深高铁引入深圳北站，全面优化了深圳北站运输功能，极大程度缓解了京九铁路南昌至深圳间运输紧张状况，促进了深圳市社会经济发展。深圳北站改造工程全面完工是完善京港高铁通道，优化客运布局，进一步提升客运系统运输能力，推进沿海通道建设，构建"八纵八横"高铁主通道的重要举措。该项工程增强了深圳作为中国特色社会主义先行示范区带动粤北、助推赣南老区经济发展的辐射能力，为未来深圳北高铁枢纽在构建粤港澳大湾区现代化综合交通体系中继续发挥骨干角色和辐射带动作用打下坚实基础，对于推动粤港澳大湾区的深度融合、发挥珠三角地区辐射带动作用、落实国家"中部崛起计划""赣闽粤原中央苏区振兴发展规划"战略意义重大，为基本建成便捷顺畅、经济高效、绿色集约、智能先进、安全可靠的现代化高质量国家综合立体交通网，实现国际国内互联互通、全国主要城市立体畅达、县级节点有效覆盖，实现"全国123出行交通圈"（都市区1小时通勤、城市群2小时通达、全国主要城市3小时覆盖）和"全球123快货物流圈"（国内1天送达、周边国家2天送达、全球主要城市3天送达）提供了强有力的支撑。

1.3　站改概况

赣深高铁引入深圳北站改造工程如图1-1所示。新建赣深高铁采用线路别结合方向别自北向南引入深圳北站，对车站北端咽喉进行改造，车站规模不改动；同时并行既有动车所增设深圳北第二动车所，新建2条动走线全部接入车站北咽喉西侧。考虑到增加运输的灵活性，在深圳北站南咽喉增设一条径路，预留深圳北站与深汕铁路西丽方向间的联络线，沟通西丽站至深圳北站和深圳北动车运用所的径路。新建相关联络线含赣深高铁深圳北上下行联络线、下行疏解线以及深圳北第二动车所动走左右线等工程。

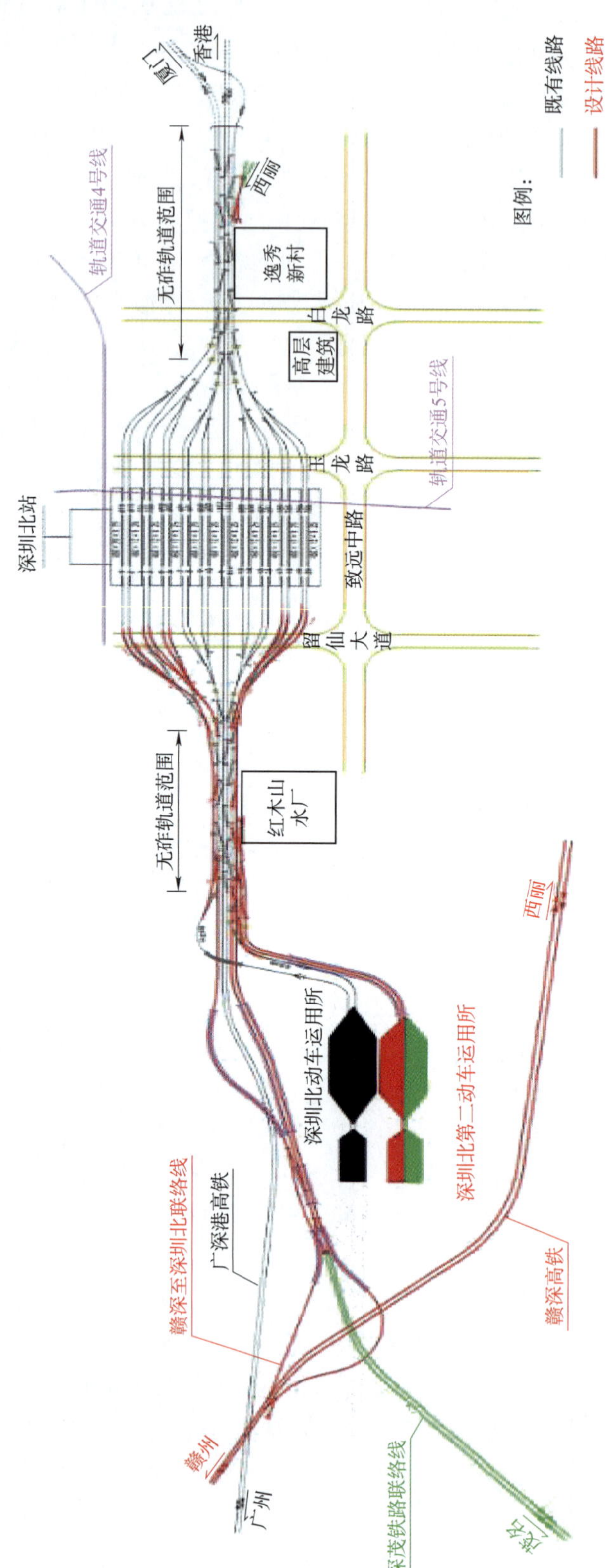

图 1-1 赣深铁路引入深圳北站改造工程示意

1.3.1 站场工程

深圳北站为枢纽主客站之一，南北向布置，站房位于轨道上方。车站共设有20股道和11个站台(2个侧式站台和9个岛式站台，共20站台面)，自东向西排列。其中，8～15号站台为跨境列车专用站台，途经线路主要有广深港高铁、杭深铁路。深圳北站分为三部分:高铁站房、东广场和西广场。其中，高速铁路呈南北方向，站房设于轨道上方;东广场是以公共交通为主导的主广场;西广场是以私人交通为主导的副广场。车站西北侧设有深圳北动车运用所，设2条动车组走行线。正线及两端咽喉区、平行于正线地段两侧动走线及联络线均为无砟轨道。

既有深圳北站南、北咽喉区的改造范围:北咽喉 K2394＋164.69～K2396＋200.32，全长2035.63 m;南咽喉K2397＋606.74～K2397＋821.96，全长215.22 m;动走A线K2394＋833～K2395＋500，全长667 m，动走B线K2395＋046～K2396＋000，全长954 m。深圳北站改造线路总长4 287.85 m。深圳北站改造工程车站中心里程K2396＋383.57，共11座站台，站台尺寸分别为450 m×20 m×1.25 m(1站台)、450 m×12 m×1.25 m(2～10站台)、450 m×15 m×1.25 m(11站台)。1～4道、19～20道站台范围因站型变化需对股道进行改移。

1.3.2 路基工程

深圳北站位于剥蚀丘陵区，地势较平坦，地面高程80～95 m，四周植被发育。表层分布人工填土、填筑土，杂色、褐黄色～灰色，稍湿，松散，以黏性土为主，局部有混凝土碎块，厚3～8 m，局部达16 m;第四系全新统残坡积层粉质黏土，褐黄～褐红色、可塑、局部夹砂砾、厚4～10 m;下伏基岩为燕山期花岗岩，全～弱风化，全风化厚2～8 m。现深圳北站以路堑挖方为主，边坡高8～15 m，周边为居民住宅，交通便利。

本次改造土建专业主要涉及路基挖方28.8万 m^3、填方9.5万 m^3，电缆槽道113 687 m，水沟7 465 m，挡墙、拱形骨架、桩板墙等防护工程4.8万 m^3，接长涵洞4座，改建既有站台墙420 m。正线及两侧帮宽铺设无砟轨道地段，基床表层采用级配碎石，表层以下采用A、B组填料填筑。改建动走线A线基床表层及底层采用级配碎石掺5%水泥。其余站线路基基床表层采用A组填料，基床底层采用A、B组填料填筑。路基监测采用自动化A-1型监测。

1.3.3 轨道工程

轨道专业主要对既有深圳北站南、北咽喉进行改造。为使赣深高铁通过新建联络线引入深圳北站，在北咽喉新建赣深下行联络线(XG口)、赣深上行联络线(XGF口)、赣深下行联络线疏解线(XG1口)、深圳北第二动车所动走左线(XD2A口)、深圳北第二动车所动走右线(XD2B口)，改建深圳动车运用所动走A线(XD1A口)、深圳动车运用所动走B线(XD1B口)。在南咽喉新建深圳北至西丽上行联络线(SXL口)、深圳北至西丽下行联络线(SXLF口)。

改造线路与行车线路线间距为5 m，主要工程涉及在既有双块式无砟轨道上插铺无砟道岔，主要内容为拆除无砟轨道0.728 km、有砟轨道3.617 km，共拆除道岔10组

(2组12号有砟、8组18号有砟),插铺16组道岔(7组18号无砟、1组12号无砟、7组18号有砟、1组12号有砟),新建道岔15组(其中11组18号有砟、3组12号有砟、1组12号复式交分),新铺无砟线路1.8 km、有砟线路7.15 km、有砟无砟过渡段共14处。无砟道岔设计为轨枕埋入式无砟道岔,岔区连接线路为CRTSⅠ型双块式无砟轨道,结构高度860 mm,结构自上而下分别为P60轨、WJ-8B扣件系统、SK-I型双块式轨枕、C40钢筋混凝土道床板以及C20素混凝土支撑层。

1.3.4 信号工程

1. 信号各子系统

(1)运输调度指挥系统

广深港高铁采用CTC系统,纳入广州客专调度所控制。深圳北站车站设置CTC分机,调度所设置中心系统和本线调度台。

(2)闭塞列控系统

广深港高铁进出深圳北站采用CTCS-3级列控系统,正向行车按追踪运行,反向行车按自动站间闭塞运行,区间轨道电路采用ZPW-2000A,不设地面通过色灯信号机,在闭塞分区分界处设置信号标志牌。

深圳北站与动车运用所间采用列车方式行车。

厦深线进出深圳北站按CTCS-2级列控方式行车。厦深线进站口有源应答器与信号设备房间距离超过2.5 km,设置室外LEU。

广深港高铁共设有3套RBC(深圳北站属RBC2管辖范围),1套临时限速服务器,均设置在广州南站。

(3)车站联锁系统

车站采用硬件冗余K5B计算机联锁系统;深圳北动车运用所采用双机热备计算机系统。

深圳北站正线及到发线股道采用ZPW-2000A移频轨道电路,其他区段采用97型25 Hz相敏轨道电路(双电子接收单元)。列车信号机常态灭灯,调车信号机常态着灯。深圳北站厦深线区间未位置色灯信号机,故深圳北站向厦深线方向的进、出站信号机常态也不着灯。

深圳北站进站外方有大于6‰的下坡道,对应的接车进路按设置延续进路设计。为防止侧冲,接车进路应检查出站信号机内方第一区段空闲。联锁系统应根据有关客运专线的规范设置接近锁闭区段,其长度应保证列车位于接近锁闭区段外方时,进、出站信号机关闭不会使列车产生制动。

(4)信号集中监测系统

信号集中监测系统的设计满足《信号微机监测系统技术条件(暂行)》(运基信号〔2006〕317号)的规定,深圳北站车站设置监测分机,广州电务段广州电务车间设置监测主机系统。

(5)与防灾安全监控系统接口

深圳北站设置与防灾安全监控系统接口。站内列控、联锁系统需采集落物报警信息,一旦落物事故发生,对应的闭塞分区或轨道电路区段应发H码,区间或站内关闭信号。经现场确认,落物处相邻线路或落物清除后监测网还未恢复时,可人工办理临时通车,确认一次只能通行一列车。

2. 信号主要设备和器材

(1)深圳北站主要信号设备如下:

CTC系统:卡斯柯信号有限公司;

列控中心:北京全路通信信号研究设计院集团有限公司;

联锁系统:北京全路通信信号研究设计院集团有限公司;

TSRS系统:北京全路通信信号研究设计院集团有限公司;

RBC:北京和利时集团公司;

信号集中监测:郑州辉煌科技有限公司;

电源屏:北京鼎汉智能电源屏公司。

(2)移频轨道电路为电子编码并带有监测功能的ZPW-2000A轨道电路。

(3)室外箱盒采用防盗型SMC复合材料箱盒,钢轨接续线及轨旁设备至钢轨的连接线采用双线双塞方式。

1.3.5 电气化工程

接触网专业本次改造主要集中在既有深圳北站北咽喉、1~6道、17~20道及南咽喉,主要内容为接触网供电电缆12回路计38条(25.78 km)、开关远动控制光缆34根及电源线4根割接改造,12台隔离开关安装及调试,硬横梁架设60组、拆除31组及其引起的改锚、改网调整,新建和过渡接触网架设调整共41个锚段(39.1 km)及相关接触网拆除等改造工程。

设计标准为正线接触网采用简单链型悬挂JTMH120+CTS150,承力索额定张力23 kN,接触线额定张力28.5 kN;站线接触网采用简单链型悬挂JTMH95+CTS120,承力索额定张力15 kN,接触线额定张力15 kN;补偿下锚采用1∶3棘轮补偿装置;导线悬挂点高度5 300 mm,结构高度950 mm,腕臂柱一般采用H型钢柱,硬横跨采用吊柱式三角钢管硬横跨,支持装置采用绝缘旋转整体腕臂支持结构,与既有一致。支柱侧面限界一般不小于3.0 m;18号道岔一般采用无交分道岔形式,困难时根据具体情况可采用交分道岔形式,12号道岔采用交叉道岔形式。

1.4 创新成果

深圳北站改造工程是在车站不停止运营、现有规模不改动的基础上,首次采取“破旧扩新”的方法,对部分股道和站台进行了拆除重建,历时三年分两个阶段进行改造,相较于目前国内已完成的各高铁站改造取得以下创新成果。

1. 装配式线间隔离结构

施工过程中为防止营业线封锁施工对邻近营业线行车安全造成不利影响,通过现场实际施工研究设计了一种便于安装、安全可靠的物理隔离结构。通过对其结构的安全性能检算,验证其强度、刚度及稳定性均满足使用要求,优化了隔离设置方案及各项材料参数,最大程度减小了安全风险和对运输的干扰。隔离基础提前浇筑完成,隔离立柱、网片工厂化生产，提高了安装效率和可靠性，可推广用于国内其他高铁站点无砟轨道改造施工。

2. 既有无砟道床破除及外运施工工艺

为保证广深港高铁运营安全，在深圳北站改造施工前，建设、设计、施工等单位对施工方案进行反复研究，同时为进一步验证无砟轨道拆除及插铺施工的可行性，在线外模拟实际工况进行了无砟道岔拆除工艺性试验，总结形成了一套既有无砟道床破除及外运施工工艺，从而确定了无砟轨道拆除各项工序所需时间。道床板切割成块后，在天窗点内采用叉车进行板块的起吊外运，验证了深圳北站改造施工方案的可行性，结合线外试验结果优化了拆除工序，减少了一次性拆除工作量，提高了现场无砟轨道拆除及外运效率，最大程度降低了改造工程施工对既有线运营安全的影响。

3. 既有线无砟道岔插铺施工技术

车站咽喉区改造涉及在既有运营线地段插铺有砟道岔和无砟道岔。目前，天窗时间完成既有运营线有砟轨道地段插铺有砟道岔的施工技术已较为成熟，国内许多既有车站通过插铺有砟道岔完成了扩能升级改造。但针对在既有运营高铁无砟轨道地段插铺无砟道岔，目前国内尚无可参考的成熟先例。本次深圳北站改造通过对既有运营线无砟道床的拆除外运、植筋加固、道岔插铺、重新浇筑等措施成功完成 8 组无砟道岔插铺，且通过对插铺无砟道岔地段路基进行地基加固处理可短时间内达到沉降要求，同时按照要求埋设自动化沉降监测系统进行监控，为后续其他线站改提供借鉴。

4. 五线制交流道岔操纵箱

针对目前国内高速铁路五线制交流道岔无法进行室外设备单独调试问题，本次施工过程中自主研发了一种集操纵、表示电路一体化的五线制交流道岔试验箱。该试验箱只需提供 380 V 交流电源即可进行室外道岔的单操试验，大大缩短了道岔的安装调试及试验时间，提高了操作安全性和便捷性，为保证工期奠定了基础，在此次站改中取得了良好的效果，便于推广使用。

5. CTCS-3 级列控系统大型高铁枢纽站改造

本次改造工程需要进行电缆迁改及过渡工程施工；室外新增道岔安装、新增进站信号机安装及移设；室内设备安装及改造；同时引起既有电源屏增加轨道电路、交流道岔电源、信点灯电源输出模块容量，既有联锁、CTC、微机监测软件的更换，既有列控中心及广深港高铁 RBC2 根据信号设备布置的变化修改列控数据、修改编码逻辑、新增进站口增加方向控制；临时限速服务器及相关接口服务器软件根据列车径路变化及接口变化进行修改；修改安全信息传输接口、增加与赣深高铁的安全信息传输接口；结合赣深高铁引入增设应答器、LEU 等列控设备，同时新增了一套列控中心设备，本次信号 CTCS-3 级列控系统大型高铁枢纽站改造属于国内首例。

本次改造涉及建设、设计、施工、监理等多单位协作，路基、轨道、信号、电气化等多专业配合，使深圳北站在满足现有各条铁路线路接入的基础上，成功具备并入赣深高铁及新建深圳北第二动车所的能力，其研究成果和施工经验可为国内其他高铁枢纽站升级改造提供借鉴。

第 2 章　施工方案

2.1　初步方案

深圳北站是深圳市的综合交通枢纽之一，汇聚了高铁、地铁(包括 4 号线、5 号线、6 号线等线路)、长途汽车、社会车辆及出租车等多种交通方式。深圳北站作为枢纽主客站之一，规模为 10 台 20 线，站房高架于股道正上方，分别设有东、西广场，既有衔接广深港高铁和厦深高铁，车站西北侧设有深圳北动车运用所。2017 年 12 月 28 日调图后，深圳北站每天办理始发终到列车 177 对、通过列车 59 对，合计 236 对，均为动车组。2017 年 12 月底至 2018 年初完成赣深高铁深圳段初步设计报审文件，初步设计阶段赣深高铁引入深圳北站主要研究以下过渡方案。

2.1.1　过渡方案

在深圳北站改造初步设计方案的研究中，就赣深高铁引入深圳北站这一目标先后提出了两种过渡方案，分别为过渡方案Ⅰ和过渡方案Ⅱ，两种过渡方案的具体内容如下。

2.1.1.1　过渡方案Ⅰ

结合赣深高铁初步设计审查的初步意见，赣深高铁计划采用线路别结合方向别自北向南引入深圳北站，对车站北端咽喉进行改造，车站规模不改动，同时增设深圳北第二动车所。考虑到增加运输的灵活性，在深圳北站南咽喉增设一条径路，预留深圳北站与深汕铁路西丽方向间的联络线，沟通西丽站至深圳北站和深圳北动车运用所的径路。

本方案深圳北站改造过程中南、北咽喉共新增 34 组道岔(其中插铺无砟道岔 10 组，新铺无砟道岔 6 组)，铺轨 11.016 km(其中无砟轨道 1.509 km)；同时，本方案需拆迁 41 336 m^2，主要为车站南咽喉逸秀新村紧邻铁路的 8 栋高层居民楼。本方案平面示意图如图 2-1 所示。

深圳北站为路基车站，以路堑形式为主，南、北两端咽喉区紧邻正线的到发线均为无砟轨道，无砟轨道改造比较困难。结合相关项目建设及广深港高铁香港段开通计划，为减小对既有线运营的干扰，减少改造难度，本次对深圳北站的改造暂按在广深港高铁香港段开通运营前完成考虑。此外，为了减少信号改造工程量和改造难度，要求深圳动车运用所动车组出入库信号设置改造工程在深圳北站改造完成后进行或与本工程同步改造完成。

为节约时间、最大限度缩短改造工期，本方案对深圳北站过渡工程按东、西半场同步改造考虑，计划分三步进行改造过渡，其中各步又分别进行了细分。

1. 实施准备阶段

本阶段主要为路基、挡墙和电缆槽迁改工程，涉及的主要工程量为：拆迁 41 336 m^2，

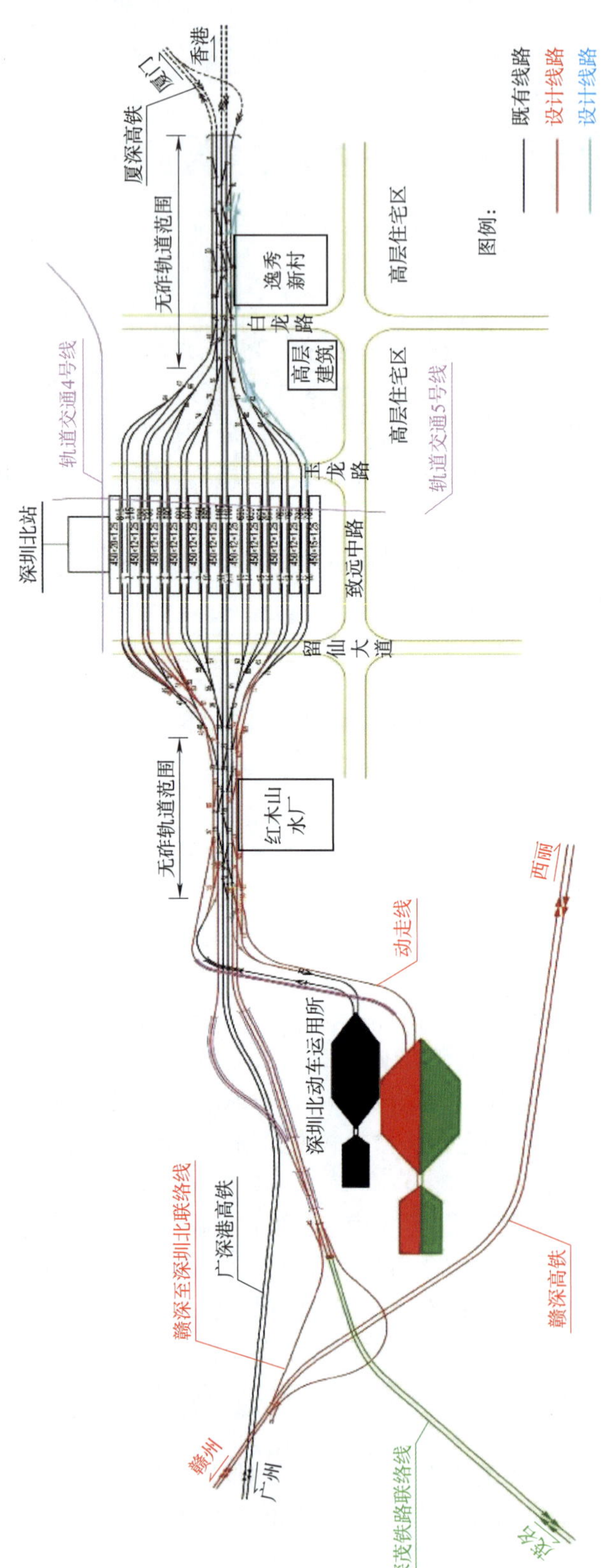

图 2-1 深圳北站改造过渡工程示意（过渡方案 I）

路外用地 57.6 亩；路基挖方 35.1 万 m^3，填方 18.6 万 m^3，路基加固与防护 7 016 m^3，路基支挡 24 669 m^3，临时防护栅栏 4.2 km；新建通号电缆槽 3 516 m、电力电缆槽 2 335 m，排水沟 4 620 m；涵洞接长 12 座，共 141.5 m 长。考虑以上工程量及施工实际情况，工期为 95 个天窗点。

(1)完成征地拆迁，实施咽喉改造部分对既有线无影响的场坪平整工作。

(2)拆除安 1、安 2 安全线，实施既有电缆槽外侧路基工程、接触网基础、新建电缆槽、水沟、桥涵接长。

(3)迁改通信、信号、电力、接触网纵横向电缆，拆除既有电缆槽、水沟。

(4)封锁 5 号～27 号道岔、10 号～40 号道岔间线路并安装临时车挡，下行动走线径路改为经由 5 号～7 号～25 号道岔(经广深港上行正线)与车站西半场沟通，厦深线下行联络线通过 10 号～12 号～38 号～40 号～50 号道岔(经广深港上行正线)与车站西半场沟通，信号软件修改及调试(第一次)。

(5)凿除新建 91 号、103 号、92 号、94 号、98 号道岔处无砟轨道，实施剩余路基工程。

2. 东、西半场咽喉改造第一阶段

本阶段主要为无砟和有砟道岔、线路工程及信号调试工程，工期为 76 个天窗点。

(1)无砟线路上插入 91 号、103 号、92 号、94 号、98 号无砟道岔；

(2)同步实施咽喉地段硬横跨接触网改造；

(3)铺设既有线以外的道岔和股道；

(4)93 号～15 号、99 号～45 号道岔间铺设有砟临时过渡线路，临时线路驳接期间封锁 1～6 道进出动车段和至广深港正线广州方向的径路、封锁 7～10 道进出动车段径路，信号软件修改及调试(第二次)，需要工期 4 天；

(5)驳接 93 号道岔与上行动走线(动走 B 线)，1～6 道经 45 号～99 号～93 号道岔径路进出动车段，7～9 道经 37 号～23 号～21 号～93 号道岔(经广深港上行正线)径路进出动车运用所；

(6)凿除 21 号～33 号道岔、33 号～39 号道岔间无砟轨道，封锁 21 号～39 号道岔间线路，7～10 道通过 39 号～37 号～23 号～21 号道岔(经广深港下行正线)进出动车运用所，需要工期 10 天；

(7)无砟线路上插入 101 号、81 号无砟道岔；

(8)封锁 17～20 道到发线，在线路中插入 67 号(无砟)、69 号、82 号道岔；

(9)驳接 109 号与 71 号道岔，驳接 86 号与 16、18 道线路，驳接 82 号与 84 号道岔；

(10)解除 17、18 道南咽喉封锁，解除 19、20 道封锁，开通 17～20 道向南发车功能，17、18 道未开通至动车所径路，需要工期约为 15 天；

(11)91 号、103 号、92 号、94 号、98 号无砟道岔铺设完成，解除 5 号～27 号道岔、10 号～40 号道岔间封锁，下行动走线及厦深联络线恢复原进路；

(12)实施下行动车走行线过渡工程，按过渡方案进行驳接，下行动走线(A 线)经 73 号～75 号～89 号～91 号引入车站西半场，信号软件修改及调试(第三次)；

(13)101 号、81 号、67 号无砟道岔铺设完毕，解除 21 号～39 号道岔间线路封锁；7、8、9、10 道进出动车所径路调整为经 39 号～101 号～99 号道岔；解除 17、18 道到发线北咽喉封锁，开通 17、18 道至广深港正线及动车所径路，信号系统相应调试，需要工期 2 天。

3. 东、西半场咽喉轨道改造第二阶段

本阶段主要为轨道和信号改造工程，工期为 12 个天窗点。本阶段改造工程完成后，深圳北站即可恢复正常运营。待 45 天后，95 号、79 号无砟道岔完成插铺，再对车站信号系统进行最后一次现场调试后按正式工程开通。

(1)封锁 1～6 道北咽喉进出动车所径路，在站台端铺设临时车挡；封锁 5、6 道至广深港正线广州方向及进出动车所的径路，封锁 1～4 道进出动车所的径路；

(2)拆除 99 号～45 号道岔间过渡工程，铺设 45 号、49 号、51 号、53 号道岔，改造 1～6 道北咽喉；

(3)拆除 93 号～95 号道岔间临时过渡线路和 5 号道岔前线路，插铺 95 号、79 号无砟道岔(均不控制工期)；

(4)实施下行动车走行线(A 线)改造工程，按相应施工方案经 75 号道岔进行驳接，拆除动走线过渡工程，拆除临时车挡，开通 1～6 道至广深港正线及动车所的径路；信号软件修改及调试(第四次)。

以上三阶段过渡工程施工，在征地拆迁完成的情况下，合计约需 183 个天窗时间。为保证在 2018 年 9 月底广深港高铁香港段开通之前完成深圳北站改造，本方案要求路基改造工程最晚于 2018 年 4 月 1 日开工，施工招标及征地拆迁工作须在此之前完成。为了更好地完成深圳北站的改造工程，组织参建单位到遂渝线无砟轨道试验段进行了现场考察，并对一些区段的破坏进行访查、收集与统计。

2.1.1.2 过渡方案Ⅱ

由于过渡方案Ⅰ涉及范围广，改造工程量大，对深圳北站的运营影响也比较大，拆迁多，特别是南咽喉需拆迁 8 栋逸秀新村居民楼的难度大；同时，深茂铁路引入深圳北站的主要为通过车，赣深高铁引入深圳北站的始发终到动车组主要在西丽站办理，为确保在广深港高铁香港段开通前完成深圳北站改造，广州局集团公司根据现场情况提出了过渡方案Ⅱ。

过渡方案Ⅱ在车站北咽喉东侧动走线直接接轨联络线，取消上行动走线的单独径路，不改造 1～6 道咽喉；北咽喉西侧调整方案，使 19、20 道接通广深港正线；南咽喉至西丽方向联络线改为上、下行联络线集中接轨于厦深下行联络线，简化改造方案，避免大量拆迁。深圳北站南、北咽喉共新增 23 组道岔(其中插铺无砟道岔 7 组，新铺无砟道岔 5 组)，铺轨 9.402 km(其中无砟轨道 0.966 km)，需拆迁 1 993 m^2，集中于车站北咽喉。

过渡方案Ⅱ对深圳北站过渡工程按东、西半场同步改造考虑，计划分三步进行改造过渡，其中各步又分别进行了细分。

1. 实施准备阶段

本阶段主要为路基、挡墙和电缆槽迁改工程，工期为 95 个天窗点。

(1)完成征地拆迁，实施咽喉改造部分对既有线无影响的场坪平整工作；

(2)拆除安 1、安 2 安全线，实施既有电缆槽外侧路基工程、接触网基础、新建电缆槽、水沟、桥涵接长；

(3)迁改通信、信号、电力、接触网纵横向电缆,拆除既有电缆槽、水沟;

(4)封锁5号~27号道岔、10号~40号道岔间线路并安装临时车挡,下行动走线径路改为经由5号~7号~25号道岔(经广深港上行正线)与车站西半场沟通,厦深线下行联络线通过10号~12号~38号~40号~50号道岔(经广深港上行正线)与车站西半场沟通;信号软件修改及调试(第一次);

(5)凿除新建91号、103号、92号、94号、98号道岔处无砟轨道;实施剩余路基工程。

2. 东、西半场咽喉改造第一阶段

本阶段主要为无砟和有砟道岔、线路工程及信号调试工程,工期为76个天窗点。

(1)无砟线路上插入89号、91号、67号、88号无砟道岔;

(2)同步实施咽喉地段硬横跨接触网改造;

(3)铺设既有线以外的道岔和股道;

(4)95号~15号、101号~45号道岔间铺设有砟临时过渡线路和道岔,临时线路驳接期间封锁1~6道进出动车段和至广深港正线广州方向的径路、封锁7~10道进出动车段径路;信号软件修改及调试(第二次)需要工期4天;

(5)驳接95号道岔与上行动走线(动走B线),1~6道经45号~101号~95号道岔径路进出动车段,7~9道经37号~23号~21号~95号道岔(经广深港上行正线)径路进出动车运用所;

(6)凿除21号~33号道岔间无砟轨道,封锁21号~39号道岔间线路,7~10道通过39号~37号~23号~21号道岔(经广深港下行正线)径路进出动车运用所,需要工期10天;

(7)无砟线路上插入103号无砟道岔;

(8)封锁17~20道北咽喉,在线路中插入105号(无砟)、69号、71号、107号道岔;

(9)驳接107号道岔与新建的动走线;

(10)解除19、20道封锁,开通17~20道向南发车功能,17、18道未开通至动车所径路,需要工期7天;

(11)89号、91号、67号、88号无砟道岔铺设完成,解除5号~27号道岔、35号~43号道岔、10号~40号道岔间封锁,下行动走线及厦深联络线恢复原进路;

(12)同时,实施下行动车走行线过渡工程,按过渡方案进行驳接,下行动走线(A线)经81号~83号~85号道岔引入车站西半场,信号软件修改及调试(第三次);

(13)103号、105号无砟道岔铺设完毕,解除21号~39号道岔间线路封锁;7~10道进出动车所径路调整为经39号~103号~101号道岔;解除17、18道到发线北咽喉封锁,开通17、18道至广深港正线及动车所径路;信号系统相应调试2天。

3. 东、西半场咽喉改造第二阶段

本阶段主要为轨道和信号改造工程,工期为2个天窗点。

(1)拆除95号~15号道岔间临时过渡线路和5号道岔前线路,插铺97号、79号无砟道岔(均不控制工期);

(2)拆除101号~45号道岔间过渡线路、过渡道岔,101号~103号道岔间按相应施工方案铺设线路;

(3)实施下行动车走行线(A线)改造工程,按相应施工方案经73号道岔进行驳接,拆除动走线过渡工程,进行信号软件修改及调试(第四次)。

本阶段改造工程完成后,深圳北站即可恢复正常运营。待55天后,97号、79号无砟道岔完成插铺,再对车站信号系统进行最后一次现场调试后即可按正式工程开通。

以上三阶段过渡工程施工,在征地拆迁完成的情况下,合计约需173个天窗时间。为保证在2018年9月底广深港高铁香港段开通之前完成深圳北站改造,本方案要求路基改造工程最晚于2018年4月10日开工,施工招标及征地拆迁工作须在此之前完成。

2.1.2 道岔插铺方案

由于在深圳北站改造过程中,尤其是在东、西半场咽喉地段需要进行道岔的插铺,因运营线无砟线路插铺道岔尚无先例,所以结合实际情况对无砟轨道段插入道岔的具体方案进行研究。

2.1.2.1 无砟轨道段插入道岔方案

目前国内没有在运营高铁无砟轨道地段插铺道岔的先例,只在上海R1线中完成了地铁既有线无砟轨道地段插入铺设道岔的施工;而在国外,日本曾利用天窗时间(12 h)在北陆新干线的板式无砟轨道地段插铺了一组38号道岔。随着我国高速铁路运营时间的增长,我国对少数既有无砟轨道线路进行了维护改造,积累了一定的应用经验。

1. 插入有砟道岔方案

有砟轨道是铁路的传统结构,它主要由钢轨、轨枕、扣件系统、道砟等组成。从国内高速铁路局部特殊地段铺设的有砟轨道运营经验看,京沪高速铁路黄河及大胜关长江大桥主桥、合福铁路巢湖东站等几乎所有有砟轨道地段,在行车速度超过250 km/h后均存在道砟飞溅等病害,因此在既有高速铁路无砟轨道区间插入有砟道岔只适用于行车速度小于250 km/h的正线及到发线地段。

为了减少对行车组织的影响,该方案考虑首先通过天窗时间完成插入道岔前后有砟无砟过渡段过渡板的施工,然后利用多个天窗时间逐步将无砟道床更换为有砟道床,最后在天窗时间完成有砟道岔的插入,整个施工过程中车辆限速运行。

插入有砟道岔方案需拆除130 m长的既有CRTS双块式无砟轨道,其中岔前25 m,道岔范围69 m,岔后36 m。无砟轨道拆除后在岔前及岔后直股设置有砟无砟过渡段。插入有砟道岔方案如图2-2所示。

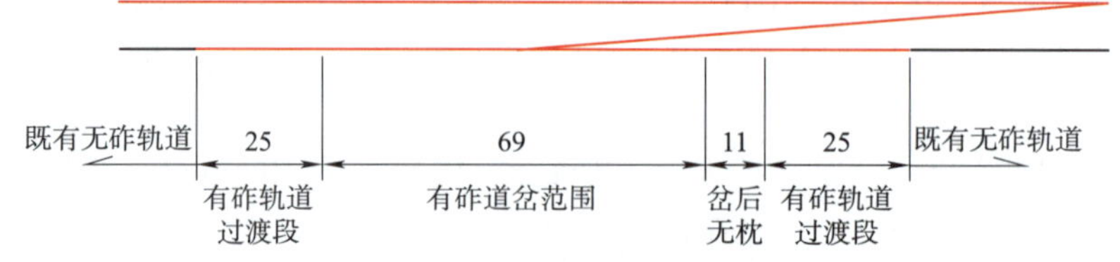

图2-2 插入有砟道岔示意(单位:m)

2. 插入聚氨酯固化有砟道岔方案

聚氨酯固化道床是随着我国铁路快速发展而形成的一种新型轨道结构,其中区间线路的试验性铺设为聚氨酯固化碎石道床的推广积累了一定的设计、施工经验,而我国已有直向过岔且设计速度为350 km/h的有砟道岔(18号和42号道岔),因此借鉴区间线路聚氨酯固化碎石道床的铺设经验,可在无砟轨道地段插入铺设聚氨酯固化碎石道床的有砟道岔,包括拆除无砟轨道、换铺有砟轨道、道床固化等主要工序。

聚氨酯固化道床施工分为浇筑前有砟轨道施工和浇筑施工两大部分。目前,利用混凝土岔枕加有砟轨道设计方案在既有有砟轨道铁路区间要点封锁线路插入道岔,就国内而言,集通铁路扩能改造工程开鲁站、包头东站改造工程、北同蒲线扩能改造工程八庄站等项目均是比较成功的工程案例,相关参建单位也积累了较为丰富的建设、设计、施工、管理经验。

无砟轨道地段插入道岔采用聚氨酯固化有砟道床方案,先通过天窗时间逐步将无砟道床更换为有砟道床,然后在天窗时间内完成有砟道岔的插入,最后进行聚氨酯固化道床,整个施工过程限速运行,对行车组织干扰相对较小。

3. 插入轨枕埋入式无砟道岔方案

岔区轨枕埋入式无砟轨道结构一般为双层结构,包括钢筋混凝土道床板和支承层/底座。道岔区轨枕埋入式无砟轨道结构组成如图2-3所示。此方案即使在天窗时间内完成浇筑,也很难达到行车的标准,因此一般要求封闭一侧线路。施工对既有线运营干扰较大,对施工的安全措施要求较高。

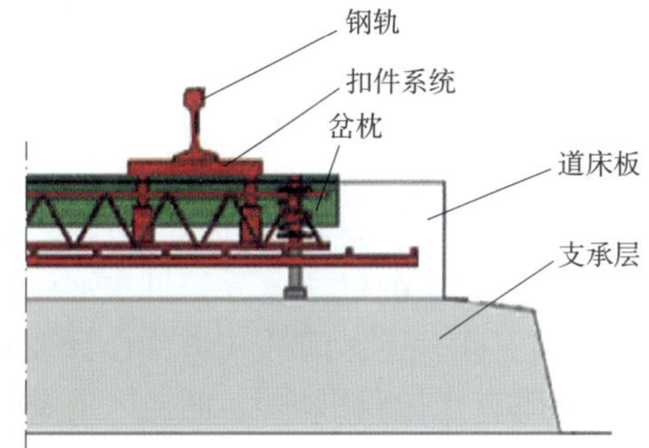

图2-3 道岔区轨枕埋入式无砟轨道结构

因此,在无砟轨道地段插入道岔采用轨枕埋入式无砟轨道方案,需首先在两线间设置安全隔离栅栏或板墙,然后封锁一线施工,相邻线单线行车,再拆除钢轨和道床,道岔铺设和精调,重新浇筑道床混凝土恢复线路。该方案可采用新材料、新工艺、新技术,确保施工安全和缩短工期,以减少对运营的影响。插入无砟道岔方案需将既有CRTS双块式无砟轨道拆除110 m长,其中岔前15 m,道岔范围69 m,岔后26 m。插入轨枕埋入式无砟道岔方案如图2-4所示。

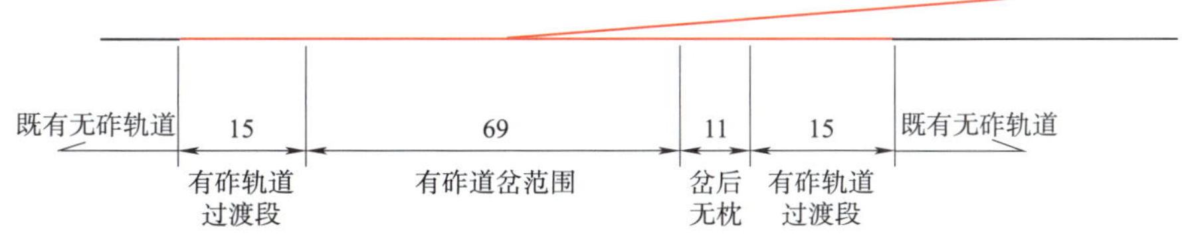

图2-4 插入轨枕埋入式无砟道岔方案示意(单位:m)

4. 插入板式无砟道岔方案

岔区板式无砟轨道结构包括单元底座板式无砟轨道和纵连底座板式无砟轨道，其中单元底座板式无砟轨道由道岔钢轨、扣件、道岔板、自密实混凝土和底座等组成，该结构扣件下部结构包括道岔板、自密实混凝土和底座三层结构，具体结构如图 2-5 所示。其中底座既可利用既有双块式无砟轨道的支承层，并通过植筋来连接支承层和自密实混凝土，也可以利用底座与钢轨底面间存在较大的操作空间，采用钢垫梁架空跳开分单元施工来实现天窗时间底座的换填施工。自密实混凝土为调整层，可采用快硬早强的聚合物高强混凝土等材料。道岔板为预制结构，且制造精度高，可利用天窗时间通过专用扣件在道岔钢轨件安装前将道岔板逐块施工。因此，该方案理论上具备在天窗时间内完成道岔插入施工的条件。

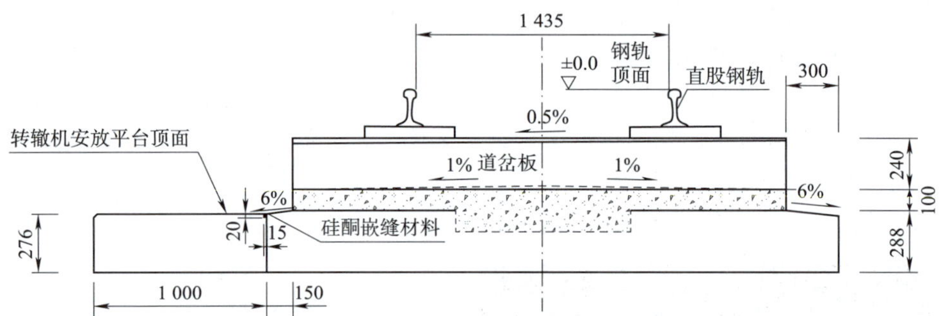

图 2-5　道岔区单元底座板式无砟轨道结构横断面(单位:mm)

2.1.2.2　无砟轨道段插入道岔方案比选

上述四种方案的优缺点分析见表 2-1。从表中可以看出，四种设计方案均可满足既有高速铁路无砟轨道区间插入道岔设计要求。其中插入轨枕埋入式无砟道岔方案须封闭施工，对既有线运营影响大，而插入有砟道岔方案、插入聚氨酯固化有砟道岔方案和插入板式无砟轨道岔方案，理论上可通过采用钢垫梁流水循环施工等对应措施在天窗点内施工完成。

表 2-1　既有线插入道岔轨道方案对比

方　案	优　点	缺　点	施工措施
插入有砟道岔方案	对既有线运营影响小，技术成熟，工程造价低	不满足 250 km/h 以上运营要求，后期行车舒适性较差。设置有砟无砟过渡段，拆除无砟轨道长度更长	天窗施工
插入聚氨酯固化有砟道岔方案	对既有线运营较小，施工难度相对较低	需采用 350 km/h 的高速有砟道岔和聚氨酯材料，后期行车舒适性略差，需要专用道岔道床固化成套设备保证施工质量	天窗施工
插入轨枕埋入式无砟道岔方案	施工难度小，工程造价较低	施工工艺简单，对既有运营的干扰较大，对施工的安全措施要求较高，是目前最广泛的无砟轨道设计方案	封闭施工
插入板式无砟道岔方案	可在天窗时间完成无砟道床的施工	道岔板制造难度大，施工工艺复杂，需要的工器具和辅助设施多，施工工期长，施工安全风险大；国内高速铁路板式道岔生产线较少，制造周期长	天窗施工

有砟道岔方案不满足 250 km/h 以上线路的运营要求，且对于既有无砟轨道区域插铺需要设置过渡段，造成列车在无砟轨道和有砟轨道段频繁过渡，增加无砟轨道的拆除长度和拆除时间，对既有线行车的影响较大，且不利于通车后的养护维修。插入聚氨酯固化有砟道岔方案需采用 350 km/h 的高速有砟道岔和聚氨酯材料，由于采用聚氨酯固化技术对道砟的净度要求较高，需要反复清洗道砟，且相较于有砟轨道插铺方案还需增加道岔聚氨酯固化，目前专用聚氨酯固化成套设备主要针对正线，道岔区道床固化只能采用人工作业，施工质量不易保证。插入板式无砟轨道岔方案可利用天窗时间实现在既有无砟轨道地段插入无砟道岔，但其主要工序只在既有高速铁路区间线路有施工实践经验，结合深圳北站改造项目考虑，本次涉及插入道岔类型有 12 号和 18 号两种，目前国内尚无定型的 12 号板式道岔设计，经调研发现，全国主要板式道岔生产线已经停产，如采用板式道岔方案需要提前启动生产线，并保证轨枕板的龄期，设计、制造、施工周期更长，且道岔板制造难度大，施工工艺复杂，需要的工器具和辅助设施多，施工工期长，施工安全风险大。

为保证插入道岔施工的安全性和插入道岔后行车的舒适性，深圳北站改造涉及插铺道岔数量和种类多，工程量大，与正线线间距较小，考虑站区轨道结构一致性，减少后期运营期间养护工作量，经综合比选，设计推荐采用长枕埋入式无砟道岔或有砟道岔的设计方案，同时结合深圳北站既有无砟轨道设计情况，开展插铺道岔及道岔连接区 CRTS 双块式无砟轨道适应性设计。

2.1.3 过渡方案比选及问题

对于深圳北站改造的过渡方案，基于深圳北站现有情况针对性地提出了两种具体方案，现从深圳北站列车运行径路、远期深圳北站办理客车对数、远期深圳北站车站咽喉能力、不同的站改方案对运输组织的影响以及两种方案的优缺点等方面进行详细对比，以便获取最佳方案。

(1)两种改造方案完成后，深圳北站列车运行径路对比分析如下：

①方案Ⅰ的北咽喉 19～20 道无法办理广深港高铁广州方向的动车作业。

②方案Ⅱ北咽喉东半场的动车进出库进路须利用赣深下行疏解线 103 号～33 号道岔组，接发 1～6 道的动车与动车进出库存在交叉进路冲突；北咽喉西半场的动车进出库径路须利用赣深上下行正线，接发赣深和深茂的动车至 17～20 道与进出库动车存在交叉进路冲突。南咽喉经西丽至深圳北及以远的动车进路须利用厦深线上行疏解线至 17～20 道，存在交叉进路冲突。

由上述分析可知，从车站运输组织角度分析，方案Ⅰ比方案Ⅱ多了 2 个进路(北咽喉多 1 个，南咽喉多 1 个)，车站运输和调度指挥更为灵活，但存在 19～20 股道无法办理广深港高铁广州方向的动车作业的径路问题。

(2)依据深圳枢纽总图最新布局，赣深和深茂主线引入西丽站、支线引入深圳北站，定位西丽站为深茂和赣深的主要站；深圳北站为广深港和厦深的主要办理站，兼顾办理部分赣深及深茂铁路的动车立折作业以及赣深至西九龙方向、深茂至厦深的动车停站通过作业。依据枢纽主要站分工及枢纽预测客车对数，研究年度远期深圳北站办理的客车对数为 278 对/日，见表 2-2。

表 2-2　远期深圳北站办理客车对数

列车种类	客车对数
一、始发客车	204
南昌方向(赣深)	15
广州方向(广深港)	73
汕头方向(厦深)	76
西九龙方向(广深港)	40
二、通过客车	74
广州(广深港)～九龙方向(广深港)	28
广州(广深港)～汕头方向(厦深)	18
江门(深茂)～汕头方向(厦深)	25
南昌(赣深)～九龙方向(广深港)	3
合　　计	278

(3)依据上述分工原则及作业量,本次研究两方案的深圳北站车站到发线及咽喉能力适应情况,见表 2-3。其中,计算参数在考虑合理利用分配股道、减少交叉干扰,有利于车站接发作业的前提下,按一昼夜 1 440 min 扣除 360 min 天窗时间(即 0:00～6:00 停止接发车)、客车到发线和咽喉道岔组的空费系数均取 0.15～0.20、动车组接发车和进出入库占用咽喉时间分别取 4 min 和 5 min。

表 2-3　远期深圳北站车站及咽喉能力

项　　目	方案Ⅰ	方案Ⅱ
车站到发线能力利用率	78.9%	78.9%
咽喉能力利用率	广州端 3 号～9 号～13 号道岔组 67.5%,香港端 6 号～30 号道岔组 58.9%	广州端 103 号～33 号道岔组 81.6%,香港端 6 号～30 号道岔组 58.9%

由表 2-3 可知,两方案的车站到发线能力利用率相当。由于方案Ⅰ的平行进路较方案Ⅱ多 2 个,故方案Ⅰ的深圳北站广州端和香港端的咽喉能力利用率均小于方案Ⅱ,有利于车站运输组织和车站计划安排。

(4)为了更详细地明确方案Ⅰ和方案Ⅱ的具体优缺点,将两者具体优缺点列表对比分析,见表 2-4。

表 2-4　深圳北站改造各方案优缺点比较

项　　目	方案Ⅰ	方案Ⅱ
车站到发线能力利用率	78.90%	78.90%
咽喉能力利用率	广州端 3 号～9 号～13 号道岔组 67.5%,香港端 6 号～30 号道岔组 58.9%	广州端 103 号～33 号道岔组 81.6%,香港端 6 号～30 号道岔组 58.9%
列车运行径路对比分析	较方案Ⅱ多 2 个进路(南、北咽喉各 1 个);2、19～20 道无法办理广深港线广州方向的动车作业	进出库动车径路与赣深、深茂联络线径路有交叉
施工期间对深圳北站运输的影响	较方案Ⅱ的影响稍大	较　大

续上表

项　　目	方案Ⅰ	方案Ⅱ
工程量	道岔34组(其中插铺无砟10组，新铺无砟6组)，铺轨11.016 km	道岔23组(其中插铺无砟7组，新铺无砟5组)，铺轨9.402 km
拆　迁	41 336 m^2(南咽喉逸秀新村8栋居民楼)	1 993 m^2(集中于北咽喉)
施工工期	183天	173天
工程投资	8.36亿元(北咽喉4.09亿元，南咽喉4.27亿元)	3.97亿元(北咽喉3.59亿元，南咽喉0.37亿元)

由表2-4可知，方案Ⅰ改造期间对深圳北站的运营影响大，工程量大，拆迁多，投资高，特别是南咽喉需拆迁逸秀新村8栋12～16层居民楼，难度大；方案Ⅱ工程量小，拆迁量及拆迁难度小，实施容易，投资节省4.39亿元，但动车进出运用所的平行径路少，与联络线行车存在交叉，远期车站广州端咽喉能力紧张。

(5)各方案对深圳北站现状运输组织影响分析对比如下：

①在前期准备阶段，方案Ⅰ中北咽喉西半场封锁5号～27号间线路，11～20道经A线进出库动车均与广深港上行正线发车产生冲突，影响交叉进路冲突出库动车12列、进库15列(影响10个天窗点)。方案Ⅱ中北咽喉西半场封锁5号～27号间线路，11～20道经A线进出库动车均与广深港上行正线发车产生冲突，影响交叉进路冲突出库动车12列、进库15列。南咽喉西半场封锁10号～40号间线路，影响福田动车进17～20道，走38号～40号道岔变通进路，与12～16道接发厦深线列车无平行进路(影响10个天窗点)。

②在东、西半场咽喉改造第一阶段，方案Ⅰ中北咽喉西半场封锁5号～27号间线路，11～20道经A线进出库动车均与广深港上行正线发车产生冲突，直接影响进出库效率，影响交叉进路冲突出库动车12列、进库15列。北咽喉东半场封锁21号～39号间线路，影响7～10道经动车B线进出库动车均与广深港下行正线接发车产生冲突，影响交叉进路冲突出库动车6列、进库12列；同时1～6道仅能办理厦深线动车始发终到及立折作业，无法接发广深港列车及进出库作业，影响动车出库15列、进库13列及接发广深港动车29列，高铁快运无法办理。北咽喉西半场封锁17～20道咽喉，17～20道仅能办理厦深线动车立折作业，无法接发广深港列车及动车经B线进出库作业，影响动车出库11列、进库9列、3列站内过夜动车无法存放及停运动车组59对。

方案Ⅱ中北咽喉西半场封锁5号～27号间线路，11～20道经A线进出库动车均与广深港上行正线发车产生冲突，直接影响进出库效率，影响交叉进路冲突出库动车12列、进库15列；南咽喉西半场封锁10号～40号间线路，影响福田动车进17～20道，走38号～40号道岔变通进路，与12～16道接发厦深线列车无平行进路。北咽喉东半场封锁21号～39号间线路，影响7～10道经动车B线进出库动车均与广深港下行正线接发车产生冲突，影响交叉进路冲突出库动车6列、进库12列；同时1～6道仅能办理厦深线动车始发终到及立折作业，无法接发广深港列车及进出库作业，影响动车出库15列、进库13列及接发广深港动车29列，高铁快运无法办理。南咽喉西半场封锁17～20道，影响动车出库11列、进库9列、3列站内过夜动车无法存放及停运动车组

61对。

③在东、西半场咽喉改造第二阶段，方案Ⅰ的工期短，对车站运输组织基本无影响（工期2个天窗点）。方案Ⅱ北咽喉东半场封锁1～6道咽喉进出动车径路，影响1～6道无法接发广深港列车及进出库（仅能办理厦深线动车立折作业），影响动车出库15列、进库13列及接发广深港动车29列，高铁快运无法办理（影响12个天窗点）。

由上述分析可以看出，从对运输组织影响角度分析，方案Ⅱ相较于方案Ⅰ的影响较少、工期也节省了10天。经分析，初步研究认为：为减少改造工程协调难度，降低安全风险，深圳北站改造工程建议在广深港香港段开通前完成；若考虑车站运输灵活性，则可按方案Ⅰ进行改造，并停开部分动车组；若考虑减小改造的工程量和拆迁量，降低改造难度，则可按方案Ⅱ进行改造，并停开部分动车组。

根据广州局集团公司的意见，为降低实施难度，保证工期，暂建议深圳北站按过渡方案Ⅱ进行改造。出于减小对既有线运营影响和安全方面的考虑，建议深圳北站过渡改造工程提前实施，并控制好工期、及时做好风险预排和预控工作，加强过渡期间车站行车组织工作。

(6)深圳北站改造工程方案还存在以下几方面的问题：

①受既有条件限制，车站北咽喉既有下行动走线上设有4组12号道岔，方案Ⅱ中新建下行动走线及20道各设有1组12号道岔，动车组侧向通过该道岔时须限速45 km/h。

②方案Ⅰ存在19～20股道无法办理广深港广州方向的动车作业的问题。

③为节省工期，方案Ⅰ、方案Ⅱ各过渡步骤中路基工程、轨道工程、迁改工程等均按平行作业考虑，施工中需要合理做好人员安排和管理。

2.2 施工图方案

2.2.1 改造施工方案

结合赣深高铁初步设计审查的初步意见，赣深高铁联络线采用线路别结合方向别自北向南三线引入深圳北站，新建第二动车所车场2条走行线均在西侧引入车站的改建方案，对车站北端咽喉进行改造，车站规模不改动，同时增设深圳北第二动车所。考虑到增加运输的灵活性，在深圳北站南咽喉增设一条径路，预留深圳北站与深汕铁路西丽方向间的联络线，沟通西丽站至深圳北站和深圳北动车运用所的径路，改造施工方案平面布置如图1-1所示。

深圳北站北咽喉东侧动走线直接接轨联络线；北咽喉西侧改造，使19、20道到发线接通广深港正线；南咽喉至西丽方向联络线改为上下行联络线集中接轨于厦深下行联络线，简化了改造方案，避免了大量拆迁。深圳北站改造工程南、北咽喉共新增27组道岔，其中插铺无砟道岔8组，新铺无砟道岔7组；铺轨7.978 km，其中无砟轨道2.248 km；拆迁712.8 m^2，集中于车站北咽喉。

2.2.2 施工过渡方案

深圳北站为路基车站（以路堑形式为主），南、北两端咽喉区紧邻正线的到发线均为无砟轨道，无砟轨道改造比较困难。结合相关项目建设及广深港香港段开通计划，为减小对既有线运营的干扰，降低改造难度，本次对深圳北站的改造暂按在广深港高铁香港段开通运营前完成考虑。为减少信号改造工程量和改造难度，要求深圳动车运用所动车组出入库信号设置改造工程在深圳北站改造完成后进行或与本工程同步改造完成。

所有改造考虑利用夜间天窗时间实施。深圳北站过渡工程按东、西半场同步改造考虑，计划分三阶段进行改造过渡。

1. 实施准备阶段

(1)完成征地拆迁，实施咽喉改造部分对既有线无影响的场坪平整工作；

(2)实施既有电缆槽外侧路基工程、接触网基础、新建电缆槽、水沟、桥涵接长；

(3)分别迁改电力、接触网、通信、信号纵、横向电缆，拆除既有电缆槽、水沟；

(4)封锁5号～27号道岔、35号～43号道岔间线路并安装临时车挡，下行动走线(A线)径路改为经由5号～7号～25号道岔(经广深港上行正线)与车站西半场沟通，封锁10号～28号道岔间线路并安装临时车挡，厦深下行联络线通过10号～12号～38号～40号～50号道岔(经广深港上行正线)与车站西半场沟通；信号软件修改及调试(第一次)；

(5)凿除新建103号、105号、67号、90号道岔处无砟轨道；实施剩余路基工程。

2. 东、西半场咽喉改造第一阶段

本阶段主要为无砟和有砟道岔、线路工程及信号调试工程，需要工期为76个天窗点。

(1)对应的无砟线路上插入无砟道岔，同步实施咽喉地段硬横跨接触网改造；

(2)铺设既有线以外的道岔和股道；

(3)道岔间铺设有砟临时过渡线路，临时线路驳接期间封锁1～6道进出动车段和至广深港正线广州方向的径路、封锁7～10道进出动车段径路，信号软件修改及调试(第二次)，此步骤需要工期4天；

(4)驳接95号道岔与上行动走线(动走B线)，1～6道经45号～101号～95号道岔径路进出动车段，7～9道经37号～23号～21号～95号道岔(经广深港上行正线)径路进出动车运用所；

(5)凿除21号～33号道岔间无砟轨道，封锁21号～39号道岔间线路，7、8、9、10道通过39号～37号～23号～21号道岔(经广深港下行正线)径路进出动车运用所，需花费10天时间；

(6)无砟线路上插铺103号无砟道岔；

(7)封锁17、18、19、20道北咽喉，在线路中插入105号(无砟)、69号、71号、107号道岔；

(8)驳接107号道岔与新建的动走线；

(9)解除19、20道封锁，开通17～20道向南发车功能，17、18道未开通至动车所径路，需花费7天时间；

(10)89号、91号、67号、88号无砟道岔铺设完成，解除5号～27号道岔、35号～43号道岔、10号～40号道岔间封锁，下行动走线及厦深联络线恢复原进路；

(11)实施下行动车走行线过渡工程，按过渡方案进行驳接，下行动走线(A线)经

81号～83号～85号道岔引入车站西半场，信号软件修改及调试(第三次)；

(12)103号、105号无砟道岔铺设完毕，解除21号～39号道岔间线路封锁；7、8、9、10道进出动车所径路调整为经39号～103号～101号道岔；解除17、18道到发线北咽喉封锁，开通17、18道至广深港正线及动车所径路；信号系统相应调试2天。

3. 东、西半场咽喉改造第二阶段

本阶段主要为轨道和信号改造工程，预计需要工期为2个天窗点。

(1)拆除95号～15号道岔间临时过渡线路和5号道岔前线路，插铺97号、79号无砟道岔(均不控制工期)；

(2)拆除101号～45号道岔间过渡线路、过渡道岔，101号～103号道岔间按相应施工方案铺设线路；

(3)实施下行动车走行线(A线)改造工程，按永久方案经73号道岔进行驳接，拆除动走线过渡工程，信号软件修改及调试(第四次)。

本阶段改造工程完成后，深圳北站即可恢复正常运营。待55天后，97号、79号无砟道岔将完成插铺，再对车站信号系统进行最后一次现场调试后按正式工程开通。

2.3 优化方案

2018年4月，根据施工图审查方案编制深圳北站改造施工过渡方案上报广州局集团公司。2018年5月应广州局集团公司要求，多次组织相关各方会议讨论研究深圳北站改造及施工过渡方案，对原初步设计方案进行优化设计。在保证与原初步设计方案对运输影响一致的情况下，增加1条引入1～2道平行进路，使深圳北站咽喉能力更为均衡。

2.3.1 原设计方案

深圳北站为枢纽主客站之一，规模为10台20线，站房高架于股道正上方，衔接广深港高铁和厦深高铁，车站西北侧设有深圳北动车运用所。

赣深高铁采用线路别结合方向别自北向南引入深圳北站，对车站北端咽喉进行改造，车站规模不改动，同时增设深圳北第二动车所；考虑到增加运输的灵活性，在深圳北站南咽喉增设一条径路，预留深圳北站与深汕铁路西丽方向间的联络线，沟通西丽站至深圳北站和深圳北动车运用所的径路。原设计方案平面布置如图1-1所示，深圳北站线路改造设计平面布置如图2-6所示。

深圳北站北咽喉东侧既有动走B线直接接轨联络线，改建既有动走B线至外侧，既有动走B线插铺两组无砟道岔沟通走行线进路；北咽喉西侧改造，赣深至深圳北上下行联络线本次同时接入深圳北站，下行联络线接入既有动走A线，上行联络线平行接入深圳北站，改建动走A线及新建动走双线接入赣深至深圳北上行联络线，动走线与联络线正线接轨处设置安全线，同时19、20道到发线接通广深港正线，改造17～20股道接入车站咽喉。南咽喉至西丽方向联络线改为上下行联络线集中接轨于厦深下行联络线，如图2-7所示。

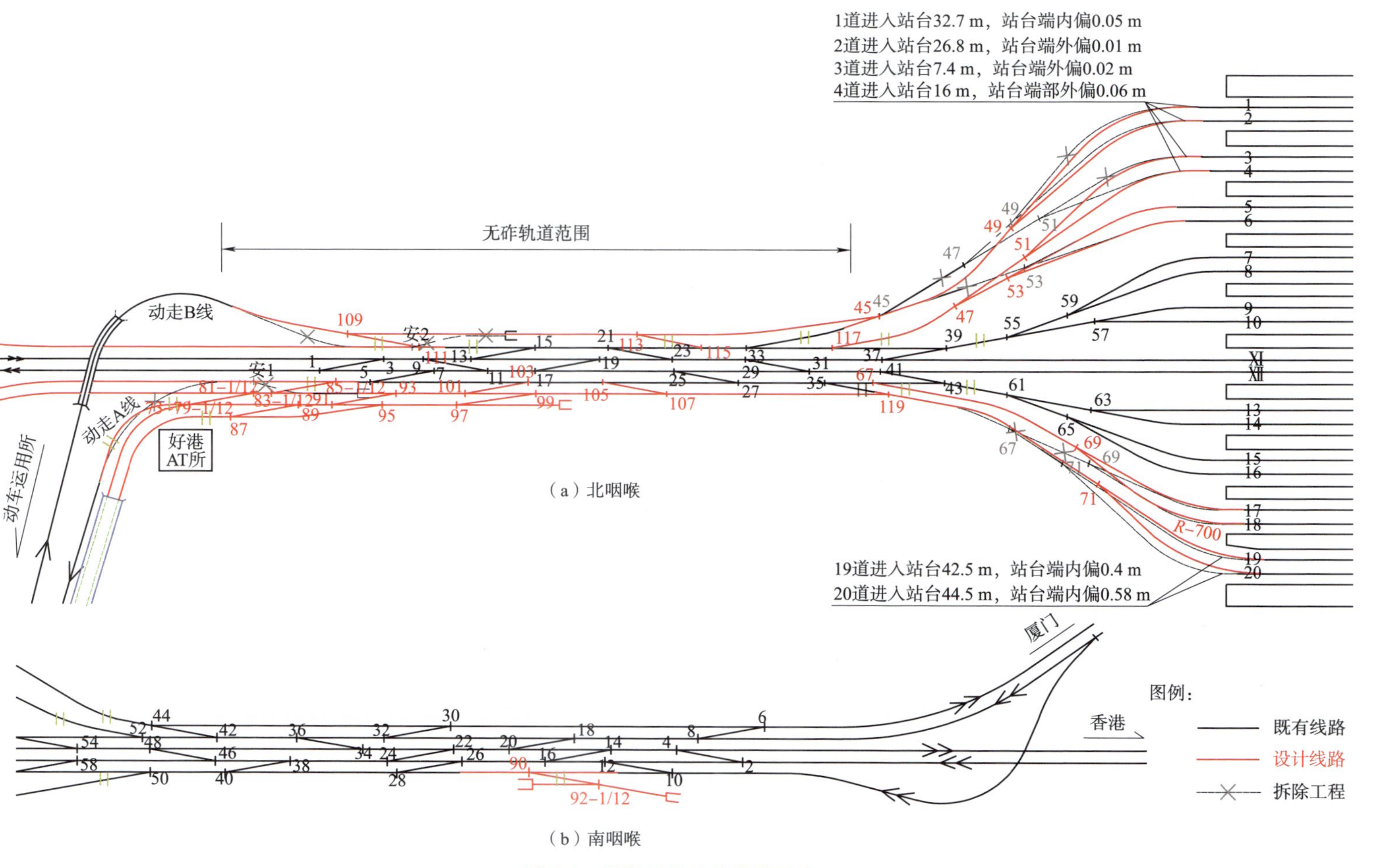

图 2-6　深圳北站改造线路示意

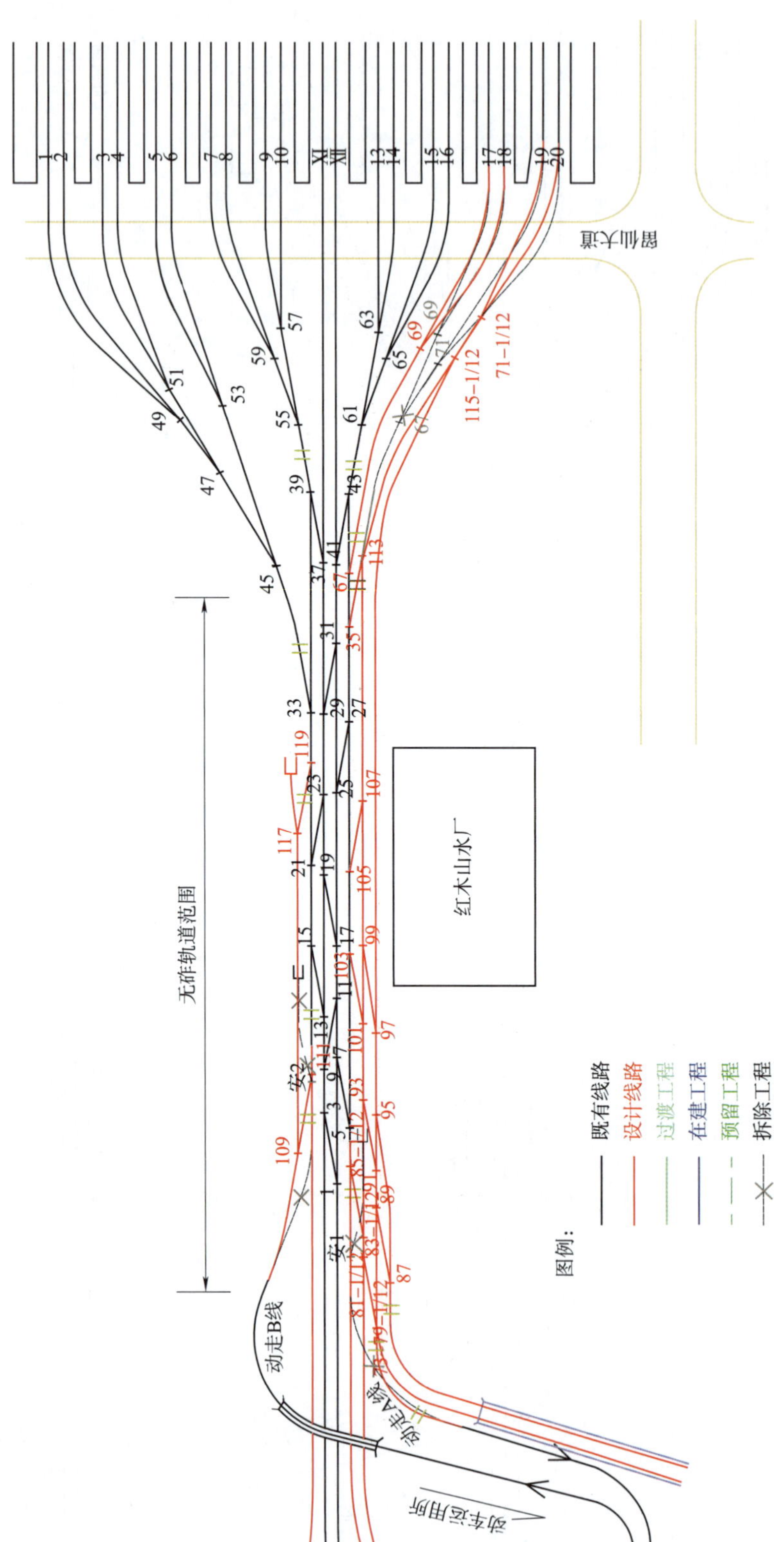

图 2-7 深圳北站北咽喉改造工程示意（原设计方案）

2.3.2 道岔插铺方案

变更设计方案赣深高铁采用线路别结合方向别自北向南引入深圳北站，对车站北端咽喉进行改造，车站规模不改动，同时增设深圳北第二动车所。深圳北站南咽喉改造方案与原设计方案一致；北咽喉西侧改造，赣深至深圳北上下行联络线本次同时接入深圳北站，下行联络线接入既有动走A线，上行联络线平行接入深圳北站，与下行联络线线间距6.5 m，上行联络线与动走线线间距由6.5 m调整为5 m，上行联络线由无砟轨道改为有砟轨道及无砟道岔改为有砟道岔，上行联络线与改建动走A线最小线间距由5.5 m调整为4.7 m。改建动走A线及新建动走双线接入赣深至深圳北上行联络线接入深圳北站，动走线与联络线正线接轨处设置安全线，同时19、20道到发线接通广深港正线，改造17～20股道接入车站咽喉。深圳北站北咽喉改造工程如图2-8所示。

根据施工过渡分东、西半场分别进行封锁施工，考虑到车站运输的灵活性，对北咽喉东半场动走B线平行进路接入1～6道，本次变更设计研究北咽喉东侧小改12号道岔方案（方案Ⅰ）和北咽喉东侧大改18号道岔方案（方案Ⅱ）。

1. 北咽喉东侧小改12号道岔方案

深圳北站北咽喉东侧改建动走B线接轨联络线，同时新建动走线接通1～4东股道，1～4股道咽喉及1～2股道到发线，本方案到发车进路采用2组12号道岔，动走线接入1～4股道进路采用1组12号道岔，如图2-9所示。

本方案主要工程为路基挖方28万m^3、填方8万m^3，拆除无砟轨道0.508 km、有砟轨道3.617 km，新建铺轨8.336 km(其中无砟轨道1.876 km)，共拆除道岔7组(2组12号有砟、5组18号有砟)，插铺13组道岔(6组18号无砟、1组12号无砟、3组18号有砟、3组12号有砟)，新建道岔15组(11组18号有砟、3组12号有砟、1组12号复式交分)，有砟无砟过渡段共12处，以及缆线迁改工程；拆迁712.8 m^2，集中于车站北咽喉。

2. 北咽喉东侧大改18号道岔方案

深圳北站北咽喉东侧改建动走B线接轨联络线，同时新建动走线接通1～2股道，动走线通过赣深至深圳北下行疏解线接入3～6股道，改造1～6股道及咽喉，本方案到发车进路全部采用18号道岔，动走线接入1～2股道进路采用1组12号道岔，如图2-10所示。

本方案主要工程为路基挖方28万m^3、填方8.8万m^3，拆除无砟轨道0.508 km、有砟轨道3.617 km，新建铺轨9.505 km(其中无砟轨道1.876 km)，共拆除道岔10组(2组12号有砟、8组18号有砟)，插铺16组道岔(7组18号无砟、1组12号无砟、7组18号有砟、1组12号有砟)，新建道岔15组(其中11组18号有砟、3组12号有砟、1组12号复式交分)，有砟无砟过渡段共13处，以及缆线迁改工程；拆迁712.8 m^2，集中于车站北咽喉。

2.3.3 方案比选

方案Ⅰ北咽喉东侧小改12号道岔和方案Ⅱ北咽喉东侧大改18号道岔的主要工程数量比较见表2-5。

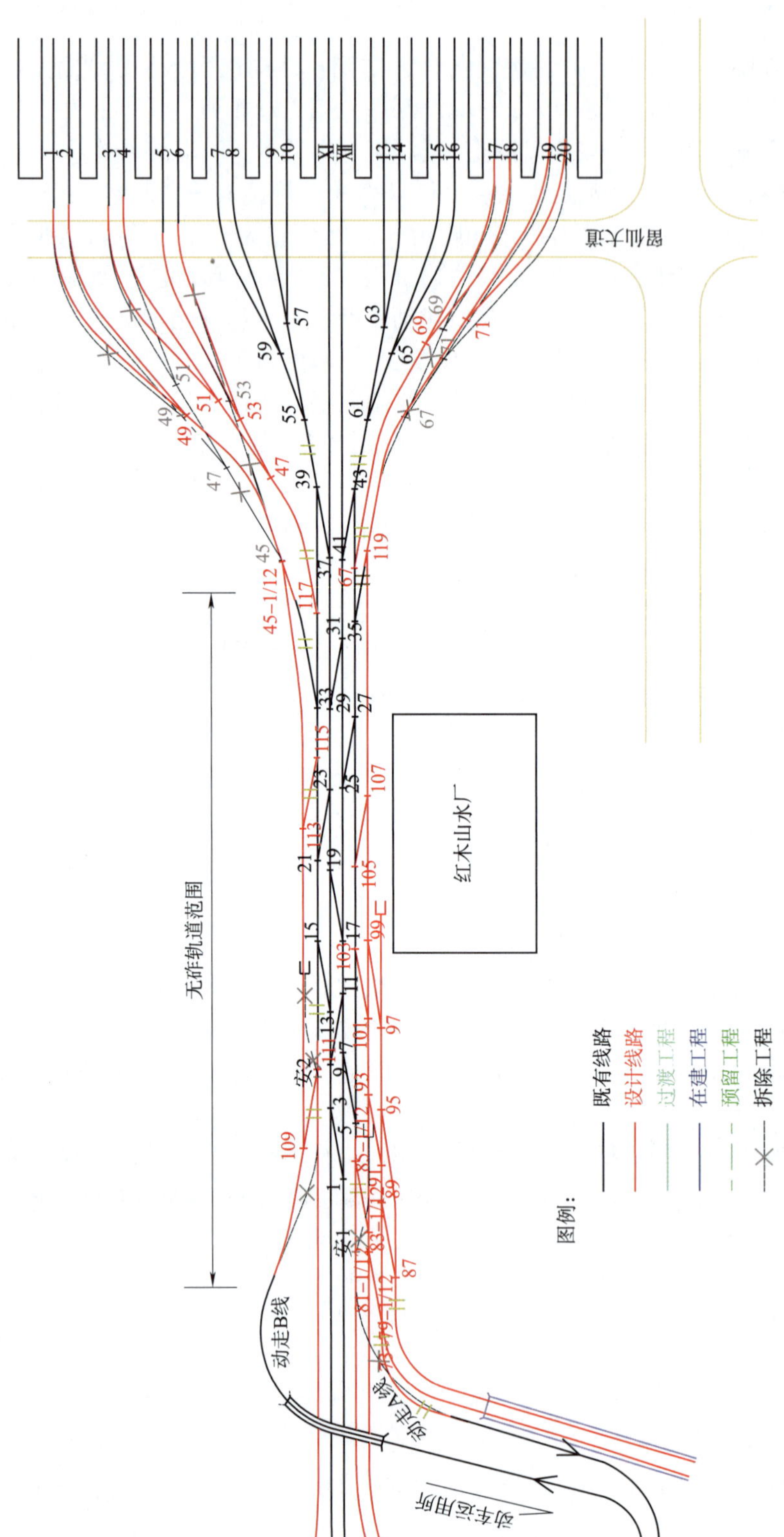

图 2-8 深圳北站北咽喉改造工程示意（变更设计）

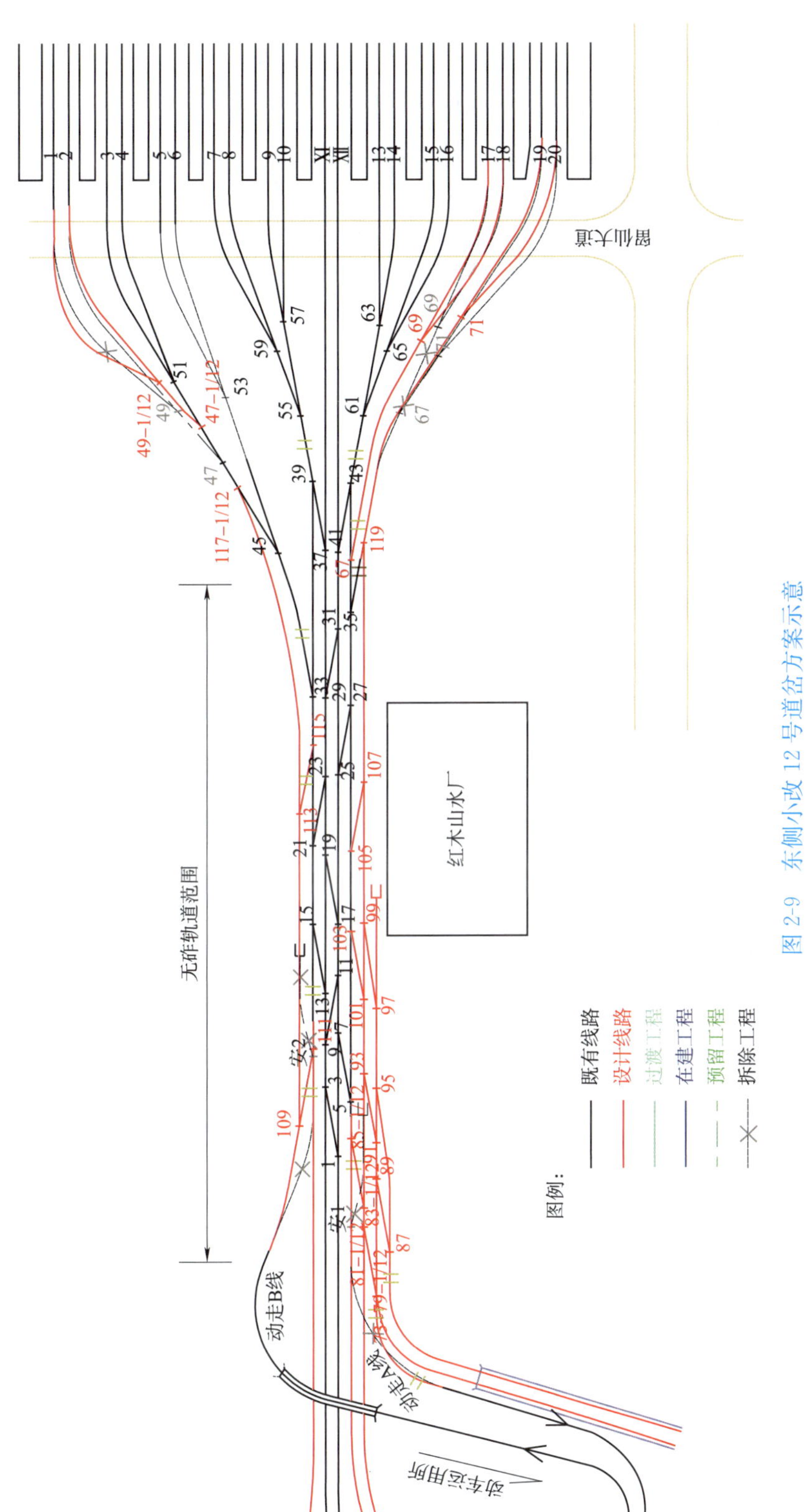

图 2-9 东侧小改 12 号道岔方案示意

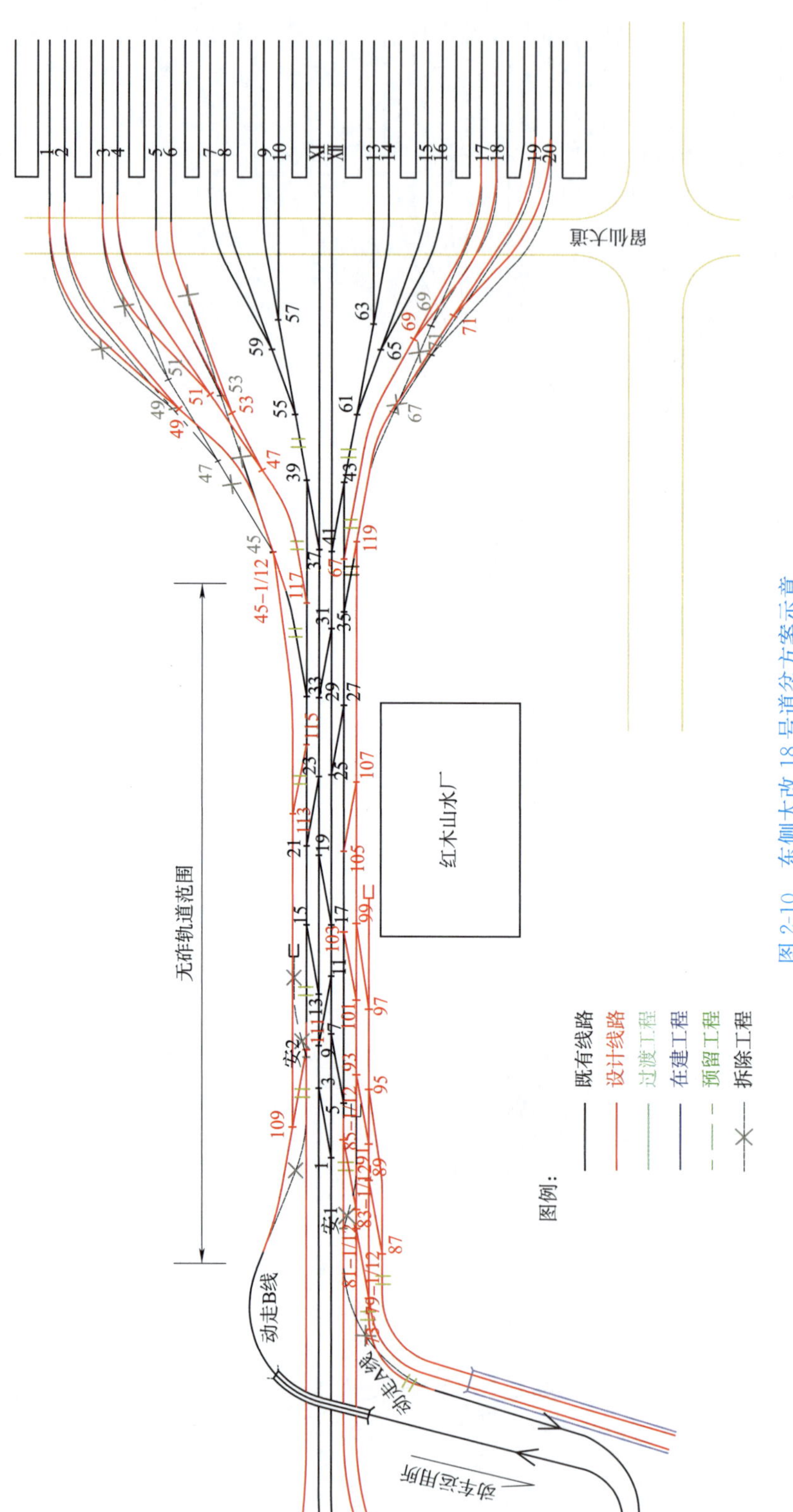

图 2-10　东侧大改 18 号道岔方案示意

表 2-5 各方案主要工程数量

项目		单位	方案Ⅰ:北咽喉东侧小改12号道岔	方案Ⅱ:北咽喉东侧大改18号道岔
新铺道岔	有砟	组	7	8
	无砟		21	23
新铺轨道	有砟	km	6.46	7.45
	无砟		1.88	1.88
路基工程	挖方	万 m^3	28	28
	填方		8	8.8
站台改造情况			1站台切割0.56 m,2站台帮宽0.14 m	1站台切割0.42 m,2站台帮宽0.35 m,3站台切割0.03 m,4站台帮宽0.13 m

基于上述两种方案的主要工程数量,分别从对运输的影响、工程投资及运行时分对两种方案进一步比较分析。

1. 运输影响

两方案南咽喉及北咽喉西侧改造对运输影响相同,仅北咽喉东半场改造时对运输影响不同,该阶段方案Ⅰ北咽喉东侧小改12号道岔方案需封锁动走B线～33号岔间线路及1～4股道北端线路,1～4股道无法接发广深港高铁广州南方向列车,仅保留向南发车功能;方案Ⅱ北咽喉东侧大改18号道岔方案需封锁动走B线～39号岔间线路及1～6股道北端线路,1～6股道无法接发广深港高铁广州南方向列车,仅保留向南发车功能。

2. 工程投资

两方案主要工程投资的变化主要集中在轨道、信号、接触网及路基土石方方面。方案Ⅱ较方案Ⅰ增加4组18号有砟道岔、1组18号无砟道岔,减少2组12号有砟道岔,增加新建有砟轨道0.99 km,合计投资增加约680万元;方案Ⅱ较方案Ⅰ站场规模增加3组道岔(五机提速)信号,增加投资约285万元;方案Ⅱ较方案Ⅰ接触网架线增加约5.6 km,增加投资约280万元;方案Ⅱ较方案Ⅰ增加填方0.8万 m^3,增加投资约40万元。方案Ⅱ较方案Ⅰ总计增加投资约1 285万元。

3. 运行时分

方案Ⅰ中限速道岔47号道岔距离深圳北站中心约610 m,对应的限速区段为深圳北站赣深进站信号机至车站站中心距离约1.8 km。考虑列车在深圳北站停靠1～2股道时,经列车牵引计算及列控码序要求进行模拟,方案Ⅰ北咽喉东侧小改12号道岔方案(限速45 km/h)较方案Ⅱ北咽喉东侧大改18号道岔方案(限速80 km/h)对应的CRH380AL动车组运行时分增加约1分20秒。

2.4 最终方案

根据以上比选方案,经广州局集团公司审查,同意采用方案Ⅰ北咽喉东侧小改12号道岔方案。赣深高铁采用线路别结合方向别自北向南引入深圳北站,对车站北端咽喉进行改造,车站规模不改动,同时增设深圳北第二动车所。深圳北站南咽喉改造方案与原设计方案一致;北咽喉西侧改造,赣深至深圳北上下行联络线本次同时接入深圳北站,下行联络线接入既有动走A线,上行联络线平行接入深圳北站,与下行联络线线间距 6.5 m，改建动走 A 线及新建动走双线接入赣深至深圳北上行联络线接入深圳北站，动走线与联络线正线接轨处设置安全线，同时 19、20 道到发线接通广深港正线，改造 17～20 股道接入车站咽喉。北咽喉东侧结合无砟轨道的拆除、插铺道岔，在不增加施工总工期和对车站运输影响的情况下，为更方便股道利用，改建动走 B 线接轨联络线，同时新建动走线接通 1～2 股道，动走线通过赣深至深圳北下行疏解线接入 3～6 股道，改造 1～6 股道及咽喉，本方案接发车进路采用 18 号道岔，动走线接入 1～2 股道进路采用 1 组 12 号道岔。

最终方案主要工程为路基挖方 28 万 m^3、填方 8.8 万 m^3，拆除无砟轨道 0.508 km、有砟轨道 3.617 km，新建铺轨 9.505 km（其中无砟轨道 1.876 km），共拆除道岔 10 组（2 组 12 号有砟、8 组 18 号有砟），插铺 16 组道岔（7 组 18 号无砟、1 组 12 号无砟、7 组 18 号有砟、1 组 12 号有砟），新建道岔 15 组（其中 11 组 18 号有砟、3 组 12 号有砟、1 组 12 号复式交分），有砟无砟过渡段共 13 处，以及缆线迁改工程；拆迁 712.8 m^2，集中于车站北咽喉。

2.4.1 路基与轨道工程

深圳北站为路基车站，站房高架，车站路基以路堑形式为主。南、北两端咽喉区紧邻正线的到发线均为无砟轨道，无砟轨道改造比较困难。本过渡方案结合客流高峰时间段封锁股道。

1. 北咽喉西半场改造（67 日历天）

（1）施工概况：主要涉及 17～20 道信号机内移、软件换装、接触网迂回供电及改毛，移设停车标、车挡设置，站台及线间临时隔离设施安装等施工，如图 2-11 所示。

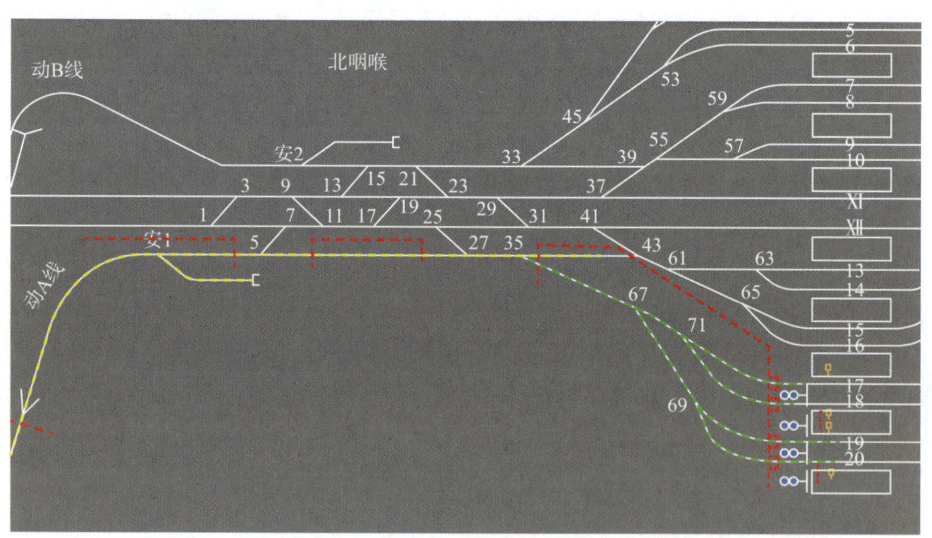

图 2-11　北咽喉西半场施工概况

（2）封锁时间：2019 年 10 月 10 日～2019 年 12 月 15 日。

（3）封锁范围：封锁动走 A 线 43 号岔（不含 43 号）后线路及 17～20 道广州南端改造线路（含安 1 线），北咽喉既有 7 号、25 号岔开通直股锁闭，封锁情况如图 2-12 和图 2-13 所示。

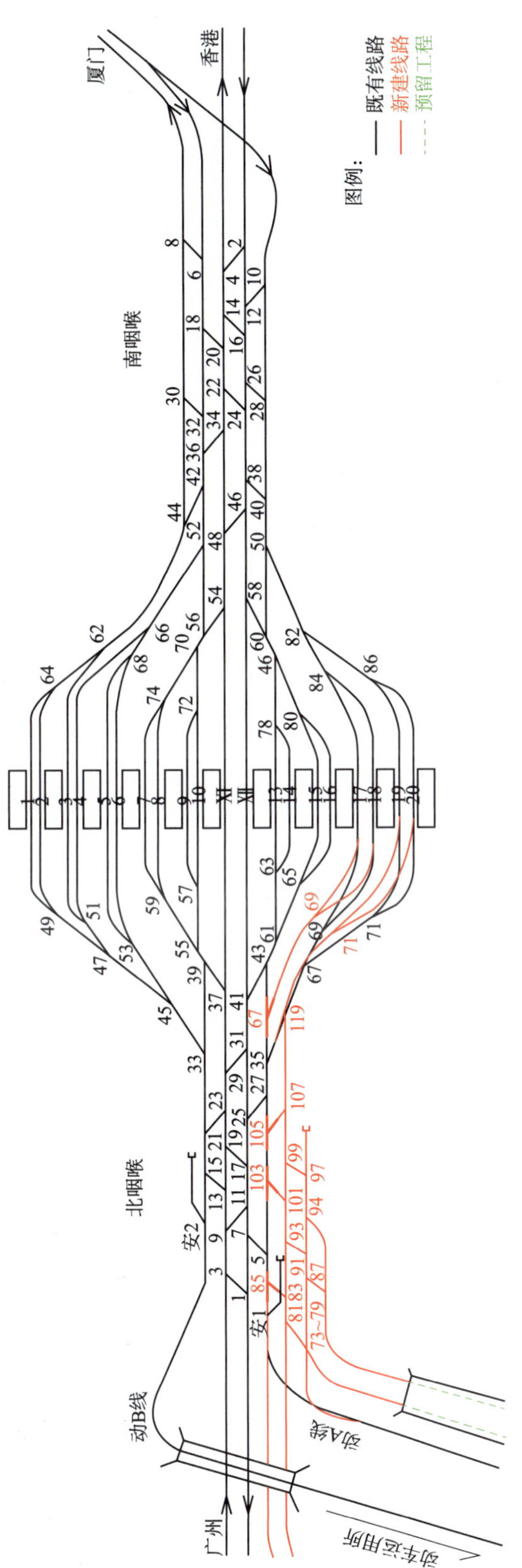

图 2-12 深圳北站封锁施工第一阶段示意

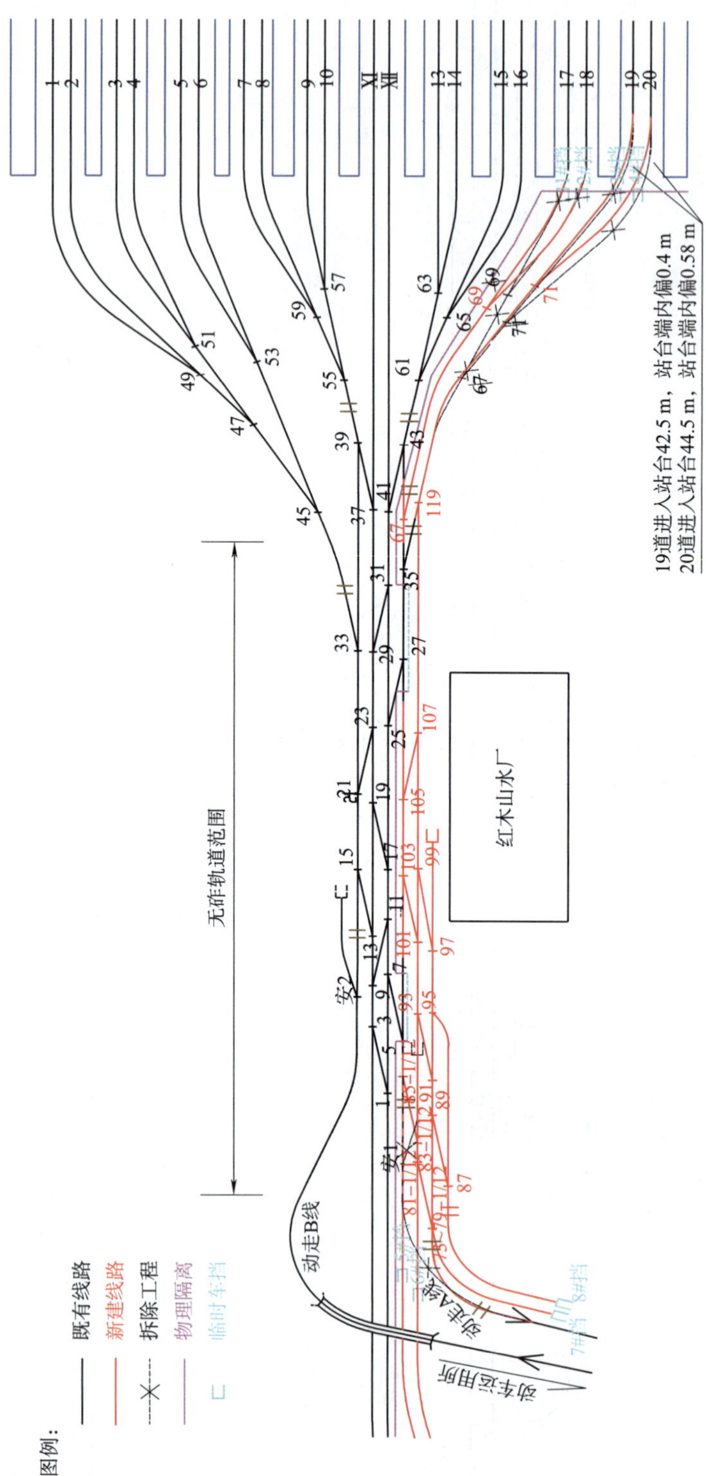

图 2-13　封锁北咽喉西半场

(4)限速范围：广深港上行线 K2393＋800～K2395＋850 段限速 80 km/h，限速具体范围如图 2-14 所示。

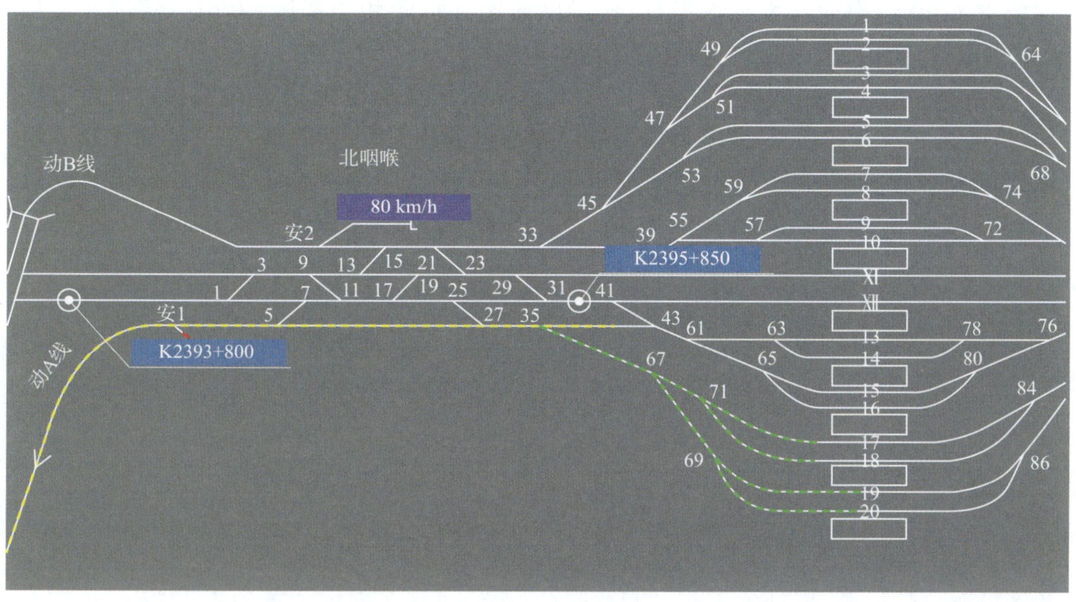

图 2-14　北咽喉西半场改造限速范围

(5)设备变化：深圳动车运用所至深圳北站含 17、18、19、20 道北端站台以北线路及安 1、5、27、35、67、69、71 号道岔兼深北动车走行 A 线，停用 XDF、D3、D11 信号机。停用安 1、5、27、35、67、69、71 号道岔，启用新 S17、S18、S19、S20 信号机，如图 2-15 所示，由 K2396＋042 移至 K2396＋115 处，相关轨道设备启用新版列控设备及新版 RBC2 设备，17～20 道有效长度缩短 73 m，作为尽头线使用，仅保留南向接发列车条件，相关 LKJ 数据修改。

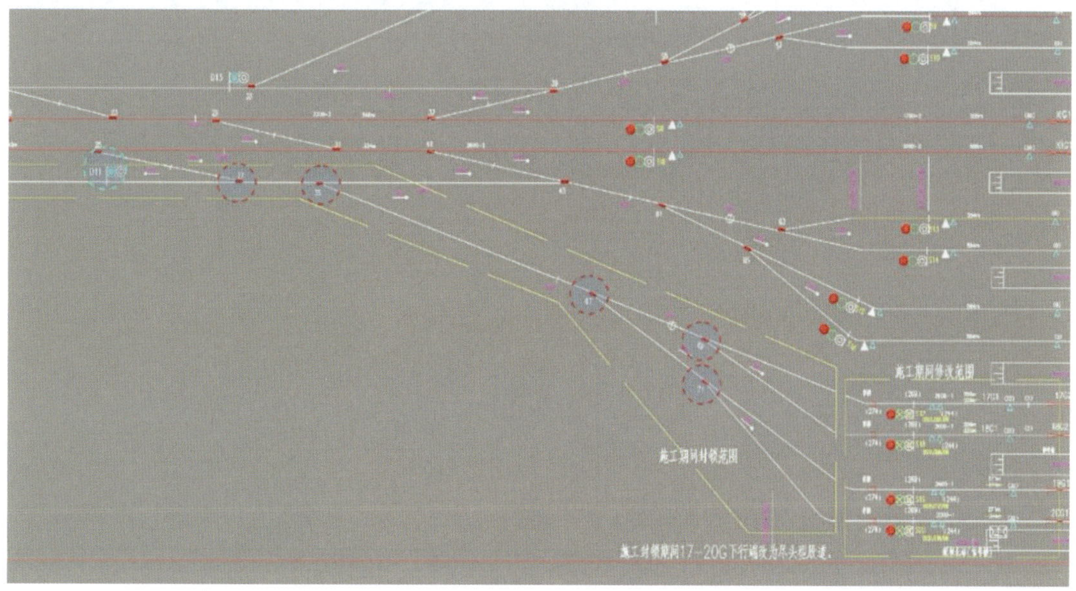

图 2-15　北咽喉西半场信号机变化

(6)施工内容:计划 2019 年 10 月 10 日天窗点内进行 17～20 道站台北端车挡设置,移设 17～20 道北端出站信号机和相关轨道电路设备,更换列控及 RBC 系统软件,保留 17～20 道南向接发列车条件;接触网改锚并拆除相关锚段,停用广深港 218 和 220 供电臂,利用 216 和 219 供电臂迂回供电。

封锁期间,实施线间物理隔离,17～20 道站台切割及帮宽,水沟电缆槽过轨管道埋设,拆除无砟及有砟线路,路基换填及处理,线路(含相关道岔)改造,道岔插铺涉及 8 组无砟道岔插铺,如图 2-16 所示。插铺 111 号、115 号、117 号无砟道岔需封锁动 B 线及 1～6 道站台北端线路,如图 2-17 所示。实施接触网改造、接触网架设后供电范围恢复,

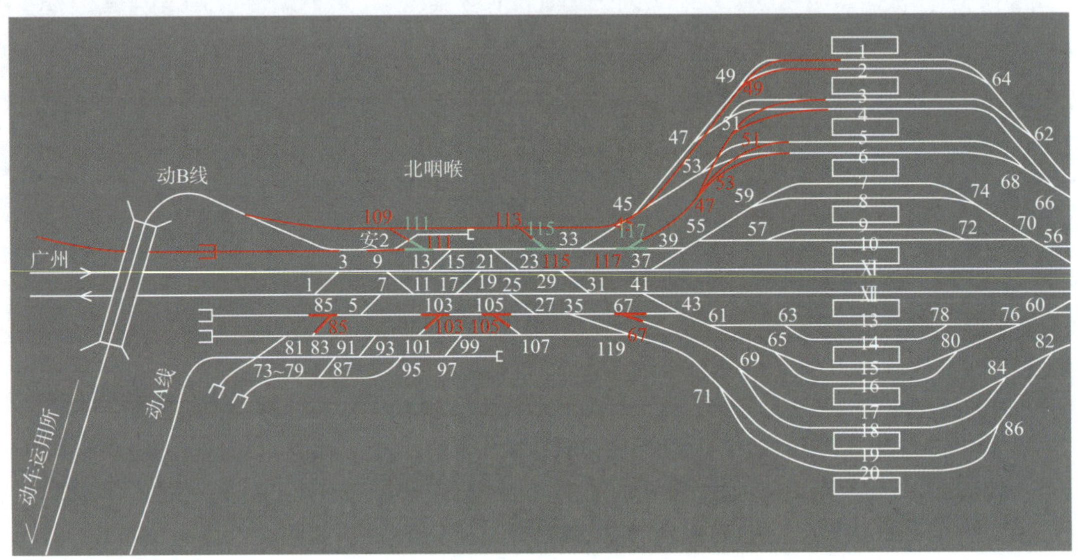

图 2-16　北咽喉道岔插铺

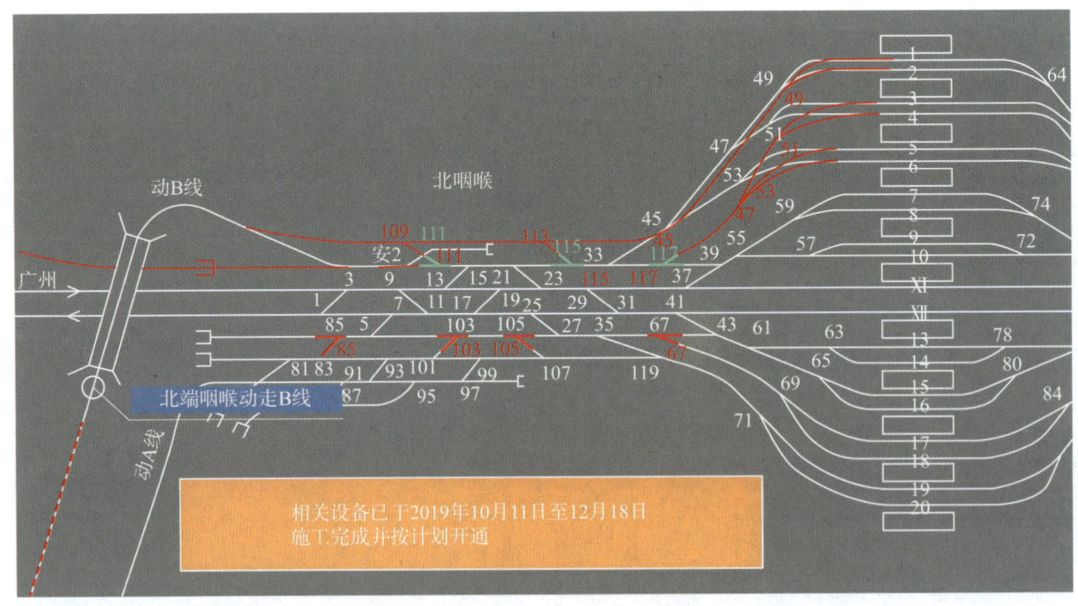

图 2-17　封锁动 B 线及站台北端线路

信号改造施工。新增设备及线路经工电联调、静态验收及缺陷克服、信号系统软件挂连及拉通试验完成后，计划在2019年12月15日启用第一版新联锁、TSRS、CTC、微机监测软件，启用第二版列控、RBC软件，开通北咽喉西半场。

(7)封锁期间影响运输情况：动走A线及17～20道北端改造线路无法使用，17～20道作为尽头线使用，无法接发广深港高铁广州南方向列车，仅保留南端接发列车条件；13～16道动车组进出动车所均需切割广深港高铁正线经动走B线运行；封锁期间17～20道每股道需依次腾空2个天窗点进行接触网换线调整施工。

2. 北咽喉东半场、南咽喉改造

(1)封锁时间：2020年10月10日～2020年12月15日(67日历天)。

(2)封锁范围：封锁动走B线39号(不含)岔后线路及1～6道北端线路(含安2线)。同步南咽喉封锁10号～40号(含28号岔)岔间线路。既有13号、23号岔开通直股锁闭，南咽喉26号岔开通直股锁闭，封锁情况如图2-18～图2-20所示。

(3)限速范围：广深港下行线K2393+800～K2395+850段限速80 km/h、广深港上行线K2397+400～K2397+800段限速80 km/h，如图2-21所示。

(4)施工内容：2020年10月10日天窗点内进行1～6道站台北端车挡设置，移设1～6道北端出站信号机和相关轨道设备，更换列控、CTC及RBC系统软件，保留1～6道南向接发列车条件；接触网改锚并拆除相关锚段；停用广深港217供电臂，利用215供电臂迂回供电。

封锁期间，实施线间物理隔离、1～4道站台切割及帮宽，水沟电缆槽过轨管道埋设、无砟及有砟线路(含相关道岔)拆除、路基换填及处理、线路改造，同步实施接触网改造、接触网架设后供电范围恢复，信号改造施工。南咽喉同步实施无砟线路拆除，无砟道岔插铺，有砟线路及道岔铺设，四电工程改造。新增设备及线路经工电联调、静态验收及缺陷克服、信号系统软件挂连及拉通试验完成后，2020年12月15日信号启用第二版新联锁、TSRS、微机监测软件，启用第三版CTC软件及启用第四版列控、RBC软件，开通北咽喉东半场及南咽喉。

(5)封锁期间影响运输情况：动走B线及1～6道北端改造段线路无法使用；1～6道作为尽头线使用，无法接发广深港高铁广州南方向列车，仅保留南端接发列车条件，如图2-22所示。7～10道动车进出动车所须切割广深港正线经动走A线运行。南咽喉厦深疏解线须迂回广深港上行线行车。封锁期间1～6道每股道需依次腾空2个天窗点进行接触网换线调整。

2.4.2 电气信号改造

本次改造工程为赣深高铁联络线引入既有广深港高铁深圳北站，在北咽喉新建赣深下行联络线(XG口)、赣深上行联络线(XGF口)、赣深下行联络线疏解线(XG1口)、深圳北第二动车所动走左线(XD2A口)、深圳北第二动车所动走右线(XD2B口)，改建深圳动车运用所动走左线(XD口)、深圳动车运用所动走右线(XDF口)。在南咽喉新建深圳北至西丽上行联络线(SXL口)、深圳北至西丽下行联络线(SXLF口)。

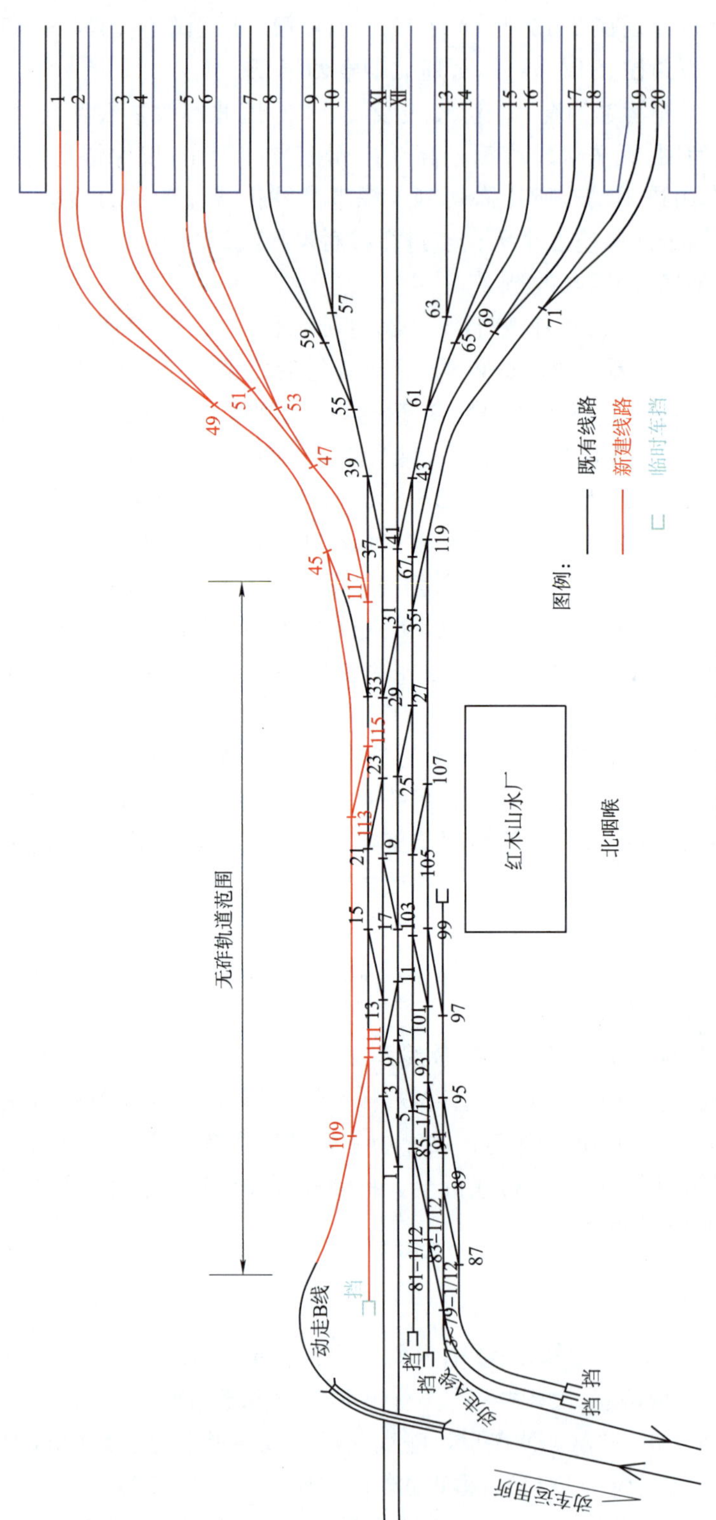

图 2-18　封锁北咽喉东半场

厦门
香港
图例：
既有线路
线间物理隔离
临时车挡
新建线路
92-1/12
车挡
车挡
1
2
3
4
5
6
7
8
9
10
XI
XII
13
14
15
16
17
18
19
20

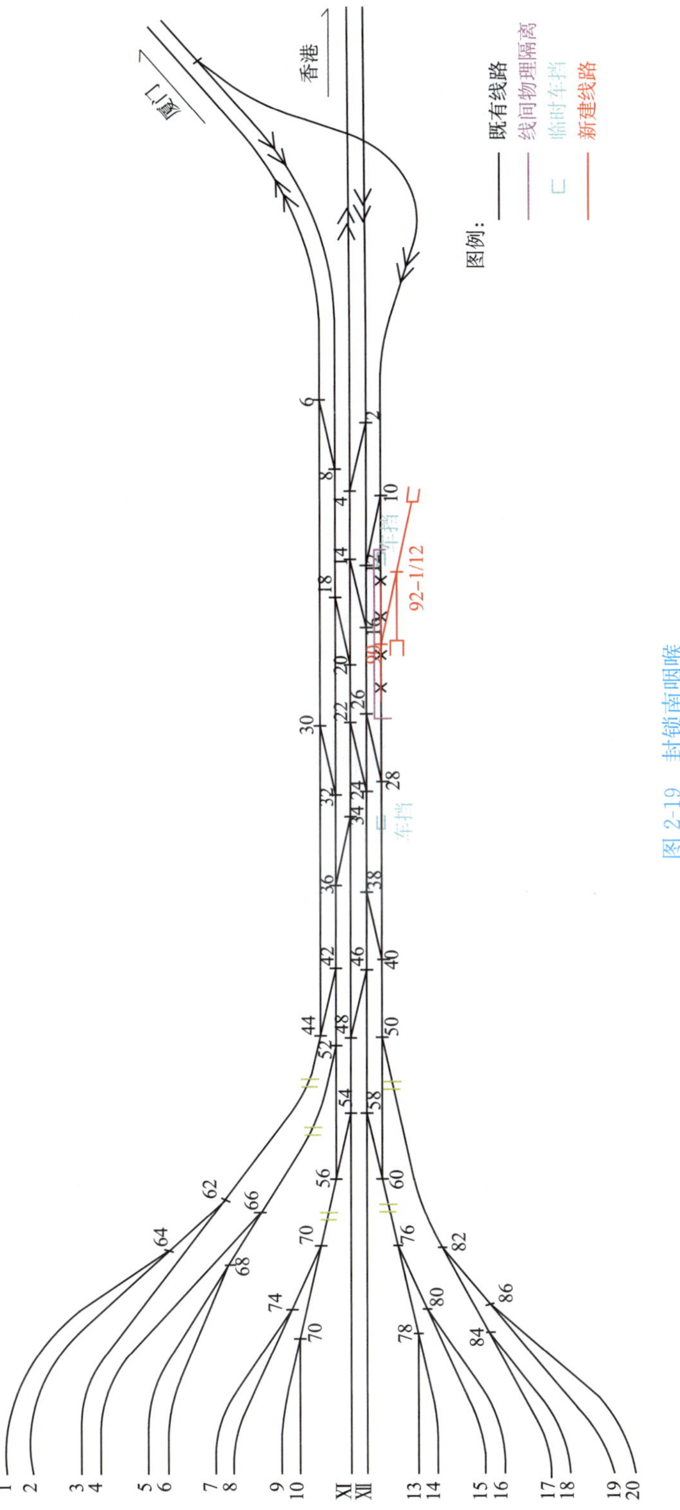

图 2-19　封锁南咽喉

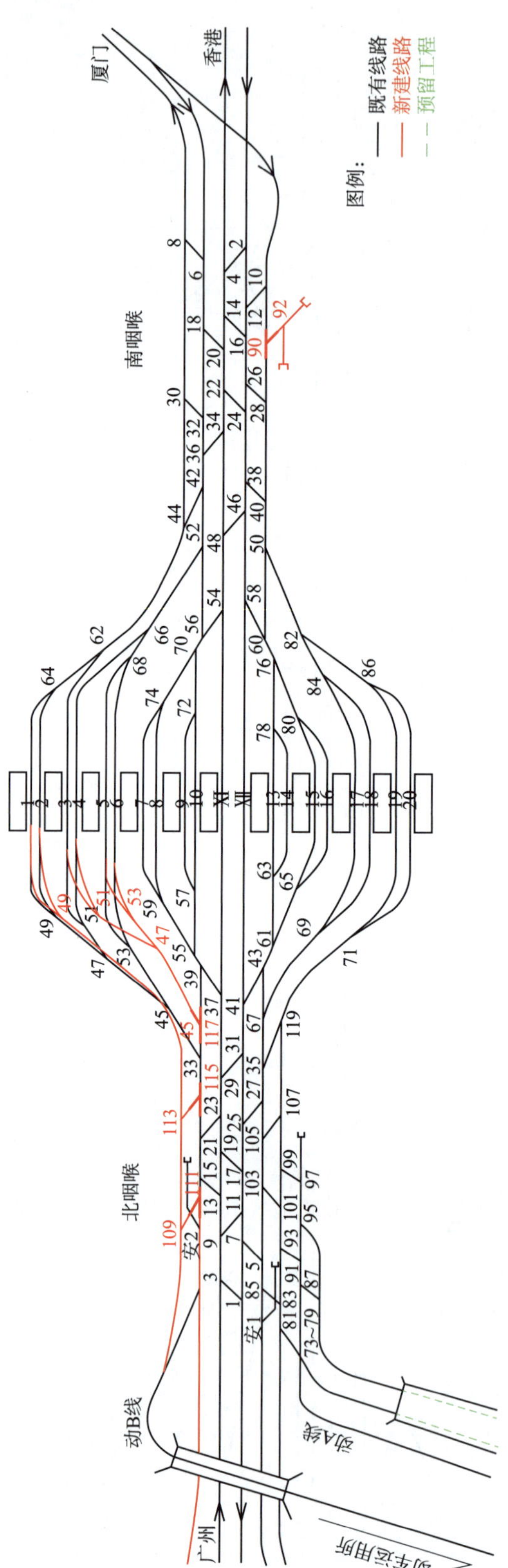

图 2-20 深圳北站封锁施工第二阶段

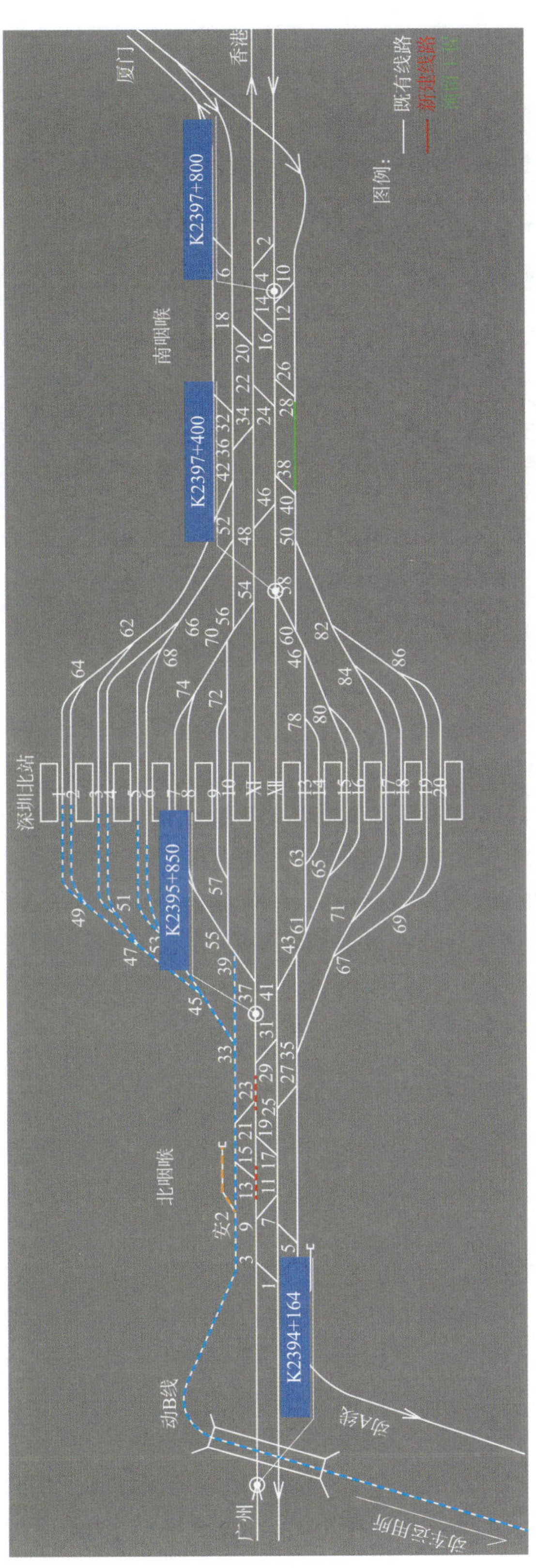

图 2-21 北咽喉东半场及南咽喉限速范围

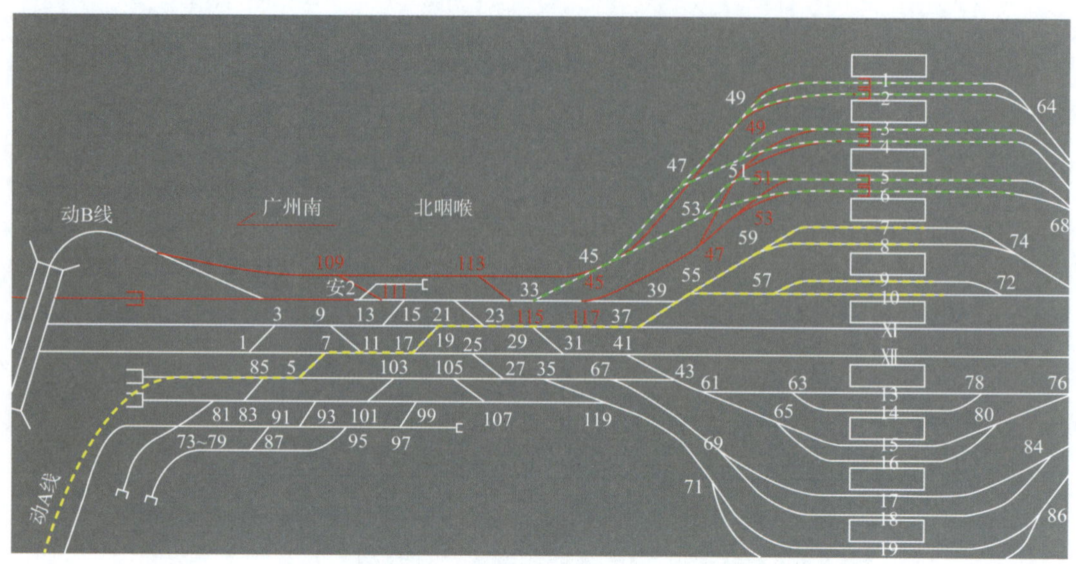

图 2-22　封锁期间运输情况

信号工程范围主要是受南、北咽喉插入道岔影响的信号设备改造、电缆迁改及过渡工程，如图 2-23 所示。

室外新增道岔 31 组，其中 8 组为既有道岔移位新设；新增进站信号机 7 架、同时 10 架出发信号机移位新设；室内新增机械室 1 间，机械室内增加组合架 12 架、防雷分线盘 1 架、电缆成端柜 1 架；同时引起既有电源屏增加轨道电路、交流道岔电源、信点灯电源输出模块容量，既有联锁、CTC、微机监测软件的更换，既有列控中心及广深港 RBC2 根据信号设备布置的变化修改列控数据、修改编码逻辑、新增进站口增加方向控制；临时限速服务器及相关接口服务器软件根据列车径路变化及接口变化进行修改；修改安全信息传输接口、增加与赣深客专的安全信息传输接口；结合赣深铁路引入增设应答器、LEU 等列控设备，同时新增一套列控中心设备。

1. 系统概述

(1)调度集中系统

深圳北站维持既有调度区划不变，由广州局集团公司客专调度所广深港客专调度台管辖，CTC 站机设备及中心设备根据站场变化进行修改。

(2)列控系统

根据初步设计审查意见，深圳北线路所至深圳北站采用 CTCS-2 级列控系统模式；由于受既有深圳北列控中心控制 LEU 数量的限制，本次新增一套列控中心。新增列控中心管辖新增赣深上下行联络线及疏解线，既有列控中心管辖维持既有不变。既有列控中心及广深港 RBC2 根据信号设备布置的变化修改列控数据、修改编码逻辑、新增进站口增加方向控制；临时限速服务器及相关接口服务器软件根据列车径路变化及接口变化进行修改；修改安全信息传输接口、增加与赣深铁路的安全信息传输接口；结合赣深高铁引入增设应答器、LEU 等列控设备。

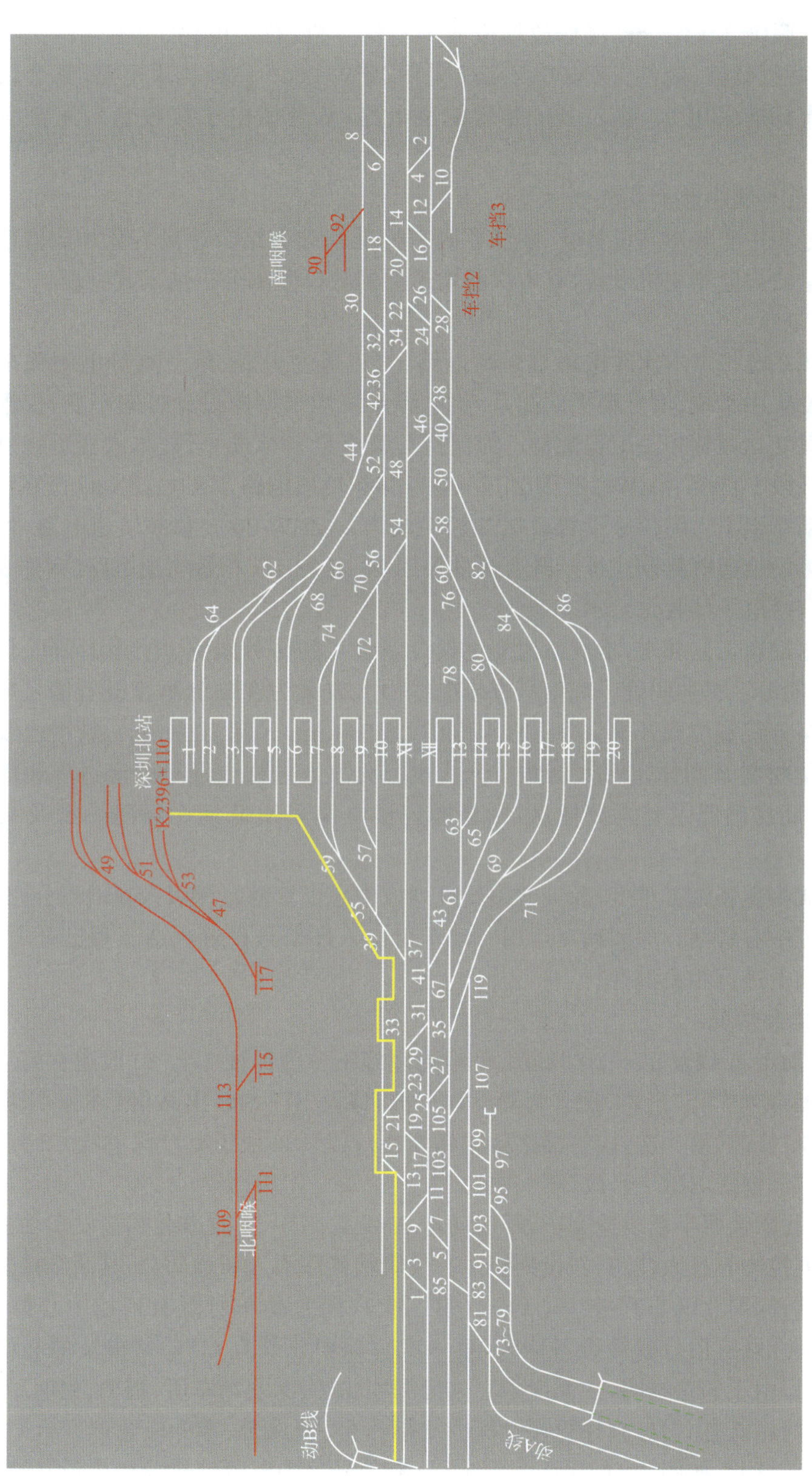

图 2-23　电气信号改造

(3)联锁系统

车站联锁系统结合站场修改增设或调整信号机、轨道电路、道岔转辙机等联锁设备,修改联锁软件、硬件。ZX1G、ZX2G 采用 ZPW-2000 移频轨道电路,其余新增区段维持既有标准采用 97 型 25 Hz 相敏轨道电路(双套微电子接收盒),无新增电码化设备。

(4)信号集中监测系统

信号集中监测车站设备软、硬件在既有标准基础上结合站场变化相应修改。修改既有道岔缺口监测主机设备,将本次新增道岔的缺口监测分机纳入其管理。

(5)电源

电源系统根据本次改造增加轨道电路、交流道岔电源、信号点灯电源输出模块容量。调度集中系统、信号集中监测系统、电源系统均维持原设计方案不变,仅根据站场布置方案变化调整相关工程数量。为保持与既有设备标准一致,本次变更将修改范围内补码区段 D1WG、D2WG 改为 ZPW-2000 移频轨道电路,ZX1G、ZX2G 已在深圳动车运用所动车组出入库信号设置改造工程中改为了 ZPW-2000 移频轨道电路,修改范围内其余区段轨道电路制式维持既有标准采用 97 型 25 Hz 相敏轨道电路(室外 3 V 化+室内双套微电子接收盒)。

根据最新工艺要求,本次站改变更设计新设了防雷分线室、电缆引入间、信号机械室,使功能分区更加明确。现信号进楼电缆引入方案为在站台垂直既有信号电缆槽对应新防雷分线室位置开挖一条进楼电缆槽(宽 600 mm×深 300 mm),新增电缆进楼后通过通信材料及间休室引入新防雷分线室。此方案进楼电缆径路经过现通信材料及间休室,此房间偶尔有人员休息,则新增进楼电缆采用低烟无卤阻燃型及相应防护措施。

为减小现场施工难度,深圳北站新设列控中心仅管辖赣深引入新增部分,其余维持既有列控中心管辖。深圳动车运用所动车组出入库信号设置改造工程已开通,本工程在此基础上进行相关设计。

2. 修改情况

(1)动走 A 线及 17～20 股道北咽喉封闭施工。为保证 17～20 股道在施工期间能接发南咽喉列车,17～20 股道北端设置车挡,移设 S17-S20 出站信号机。深圳北既有列控 TCC 修改(第一次,应答器链接距离修改);17～20 股道有广深港线 C3 列车运行,则既有广深港线 RBC2 修改(第一次)。

(2)北咽喉西半场改造完毕,开通动走 A 线及 17～20 股道北端接发车功能。深圳北新设列控中心投入使用,新设列控中心仅管辖赣深引入新增部分,其余维持既有列控中心管辖;深圳北既有列控中心修改(第二次),深北动车所既有列控中心修改(第一次);深圳北既有信号联锁设备修改(第一次);深圳北既有 CTC 站机及中心设备修改(第一次),由于邻站透明,在调度中心进行深圳北站、深北动车所、福田、光明城、李朗线路所、虎门站既有 CTC 软件更换及深圳北枢纽台、厦深台、客专应急调度台 CTC 数据修改施工、试验,如图 2-24 所示。深圳北既有信号集中监测站机及段机设备修改(第一次);既有广深港线 RBC2 修改(第二次);既有深圳北枢纽 TSRS 修改(第一次),既有广深港安全数据网修改(第一次)。

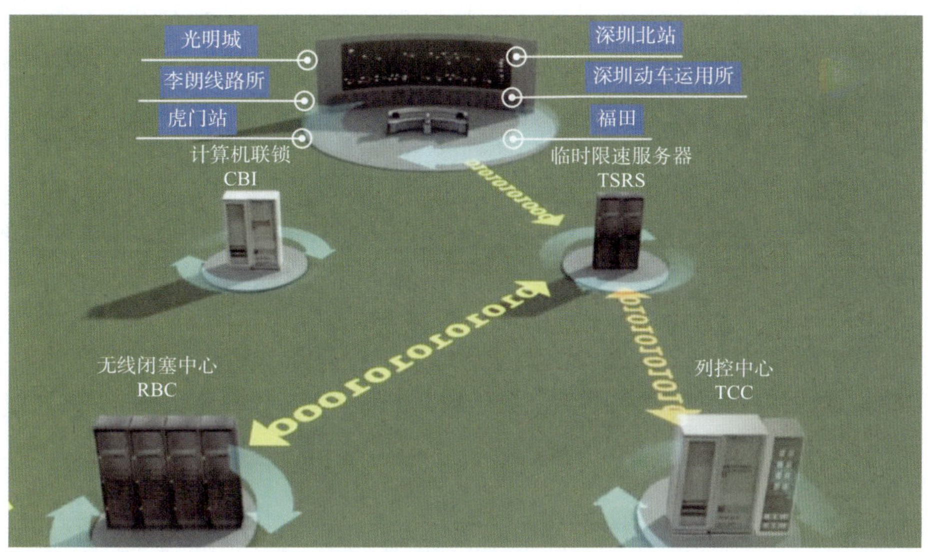

图 2-24 CTC 软件更换及修改

(3)动走 B 线及 1～6 股道北咽喉封闭施工。为保证 1～6 股道在施工期间能接发南咽喉列车,1～6 股道北端设置车挡,移设 S1～S6 出站信号机。深圳北既有列控 TCC 修改(第三次,应答器链接距离修改);1～6 股道有广深港线 C3 列车运行,则既有广深港线 RBC2 修改(第三次);南咽喉 10 号道岔与 28 号道岔之间插入 90 号道岔,施工期间 SL4 至 17～20 股道的接发车需走 10/12、38/40 道岔的侧向进路,根据车务部门意见,需将此进路改为自动触发(既有此进路为变更进路),深圳北既有 CTC 站机及中心设备修改(第二次),由于邻站透明,深圳北动车所、福田、光明城、李朗线路所既有 CTC 站机及既有香港段中心设备修改(第二次)。

(4)北咽喉东半场及南咽喉改造完毕,开通动走 B 线及 1～6 股道北端接发车功能。深圳北新设列控中心修改(第一次);深圳北既有列控中心修改(第四次),深北动车所既有列控中心修改(第二次);深圳北既有信号联锁设备修改(第二次);深圳北既有 CTC 站机及中心设备修改(第三次),由于邻站透明,深北动车所、福田、光明城、李朗线路所既有 CTC 站机及既有香港段中心设备修改(第三次);深圳北既有信号集中监测站机及段机设备修改(第二次);既有广深港线 RBC2 修改(第四次);既有深圳北枢纽 TSRS 修改(第二次)。本次改造结束后深圳北站型及信号软件全部按正式工程启用。

(5)由于深圳北站改造的影响,各个信号系统都得进行相应的修改,以及相关软件的换装。

①CTC 系统:每次 CTC 修改内容包括修改深圳北站数据(联锁表发生变化),修改深圳北站临站(光明城、福田、李朗线路所、深圳动车运用所)中深圳北站的数据,修改深圳枢纽台、厦深台(行调、助调、调监)中关于深圳北站的数据,修改深北枢纽 CTC-TSRS 接口服务器中关于深圳北站的数据,修改广深港线与国铁集团接口服务

器数据。

②TCC系统：第一阶段信号机挪位，影响深圳北站TCC，主要为接入17～20股道接车进路报文修改；DW应答器维持原位置，在出站信号机前新增4组无源应答器组，当阻拦应答器，修改17～20股道反向出站无源应答器组、DW应答器组的链接。第二阶段增加2条联络线、3条动走线，影响深圳北TCC，控制17～20股道出站应答器组的报文仍然放置在老深圳北TCC中。新增1套列控设备，名称暂定为列控中心2，新设列控中心仅赣深引入的7个进站口和2个需要补码的无岔区段，影响深圳北站联锁，影响深圳动车所列控软件修改；应答器报文修改。

③临时限速影响范围：每次软件更换时，影响广深港全线临时限速下达，武广TSRS3、厦深TSRS、港铁TSRS会有相应的通道中断报警。由于深圳北站列控中心管辖的轨道区段发生变化，每次列控软件更换时，必须同步临时限速更换，否则列控中心无法初始化。

3. 实施方案

根据深圳北站改造变更设计站场过渡实施方案，深圳北站信号改造工程共分两阶段分步实施。

(1)第一阶段

①迁改本次站改影响范围内的既有信号电缆至新设信号电缆槽，影响范围内的既有过轨管接长。

②北咽喉封锁动走A线～5号(含)及27号(含)～43号(不含)岔间线路及17～20股道北端线路及安1线。动走A线及17～20股道北端改造段线路无法使用，17～20股道作为尽头线使用，仅保留南端接发车条件，12～16股道动车组进出动车所切割广深港正线经动走B线运行。

动走A线及17～20股道北咽喉封闭施工：为保证17～20股道在施工期间能接发南咽喉列车，17～20股道北端设置车挡，移设S17～S20出站信号机及新设无源应答器组。深圳北既有列控TCC修改(第一次，应答器链接距离修改)；17～20股道有广深港线C3列车运行，则既有广深港RBC2修改(第一次)。

与站前工程同步实施北咽喉西半场改造，信号配套设置相应室内外设备，拆除相关既有设备，并将新设道岔表示纳入联锁表示。根据过渡信号平面的变化，移设相应轨道绝缘节，室内外设备相应修改。北咽喉西半场改造完毕，开通动走A线及17～20股道北端接发车功能。深圳北新设列控中心投入使用，新设列控中心仅管辖赣深引入新增部分，其余维持既有列控中心管辖；深圳北既有列控中心修改(第二次)，深北动车所既有列控中心修改(第一次)；深圳北既有信号联锁设备修改(第一次)；深圳北既有CTC站机及中心设备修改(第一次)，由于邻站透明，深圳北动车所、福田、光明城、李朗线路所既有CTC站机及既有香港段中心设备修改(第一次)；深圳北既有信号集中监测站机及段机设备修改(第一次)；既有广深港线RBC2修改(第二次)；既有深圳北枢纽TSRS修改(第一次)，既有广深港安全数据网修改(第一次)。北咽喉西半场按正式工程开通。

(2)第二阶段

①封锁动走 B 线～39 号(不含)岔间线路及 1～6 股道北端线路及安 2 线。动走 B 线及 1～6 股道北端改造段线路无法使用,1～6 道作为尽头线使用,仅保留南端接发车条件,7～11 股道动车组进出动车所切割广深港正线经动走 A 线运行。南咽喉封锁 10 号～40 号(含 28 号)岔后间线路。

动走 B 线及 1～6 股道北咽喉封闭施工:为保证 1～6 股道在施工期间能接发南咽喉列车,1～6 股道北端设置车挡,移设 S1～S6 出站信号机及新设无源应答器组,如图 2-25 所示。深圳北既有列控 TCC 修改(第三次,应答器链接距离修改);1～6 股道有广深港线 C3 列车运行,则既有广深港 RBC2 修改(第三次);南咽喉 10 号道岔与 28 号道岔之间插入 90 号道岔,施工期间 SL4 至 17～20 股道的接发车需走 10/12、38/40 道岔的侧向进路,根据车务意见,需将此进路改为自动触发(既有此进路为变更进路),深圳北既有 CTC 站机及中心设备修改(第二次),由于邻站透明,深北动车所、福田、光明城、李朗线路所既有 CTC 站机及既有香港段中心设备修改(第二次),如图 2-26 所示。

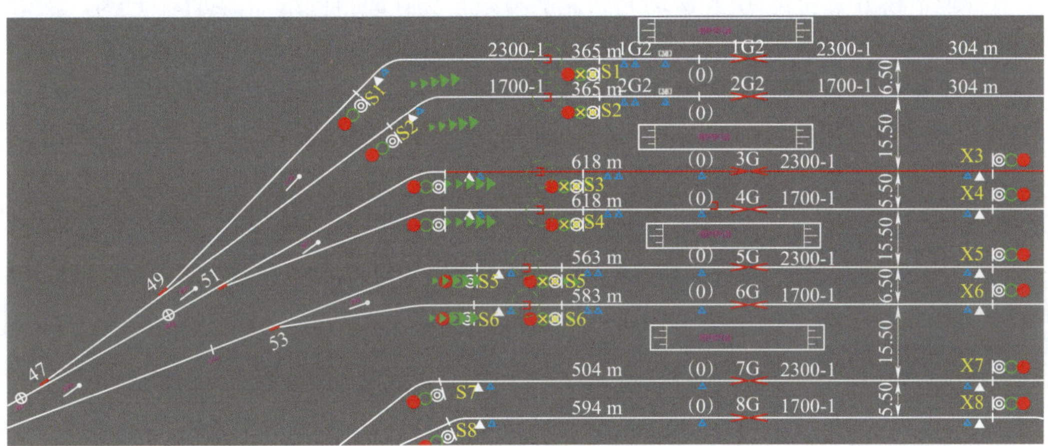

图 2-25　1～6 股道车挡、信号机设置(单位:m)

与站前工程同步实施北咽喉东半场及南咽喉改造,信号配套设置相应室内外设备,拆除相关既有设备,并将新设道岔表示纳入联锁表示。

②根据过渡信号平面的变化,移设相应轨道绝缘节,室内外设备相应修改。北咽喉东半场及南咽喉改造完毕,开通动走 B 线及 1～6 股道北端接发车功能。深圳北新设列控中心修改(第一次);深圳北既有列控中心修改(第四次),深北动车所既有列控中心修改(第二次);深圳北既有信号联锁设备修改(第二次);深圳北既有 CTC 站机及中心设备修改(第三次),由于邻站透明,深圳北动车所、福田、光明城、李朗线路所既有 CTC 站机及既有香港段中心设备修改(第三次);深圳北既有信号集中监测站机及段机设备修改(第二次);既有广深港线 RBC2 修改(第四次);既有深圳北枢纽 TSRS 修改(第二次)。本次改造结束后深圳北站型及信号软件全部按正式工程启用。

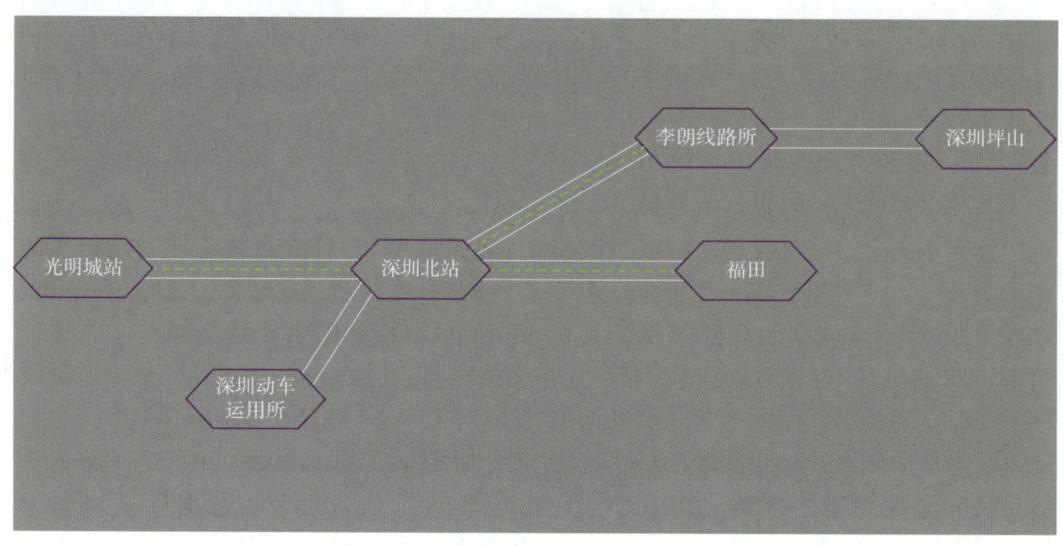

图 2-26　站点改造

由于站场方案变化，引起深圳北站北咽喉东半场迁改范围增加，具体工点为广深港K2394+000～K2396+200，其余维持原设计迁改范围不变。

③接触网停电期间拆除1～6道北端K2396+135处39号道岔侧股岔后、K2395+744处23号道岔侧股岔后、K2395+385处13号道岔侧股岔后，K2395+172处深北动车走行避险，K2395+300处临时接触网终端标，拆除7道出发信号机、扼流变中性点吸上线，联建1道出发信号机扼流变中性点吸上线，如图2-27所示。

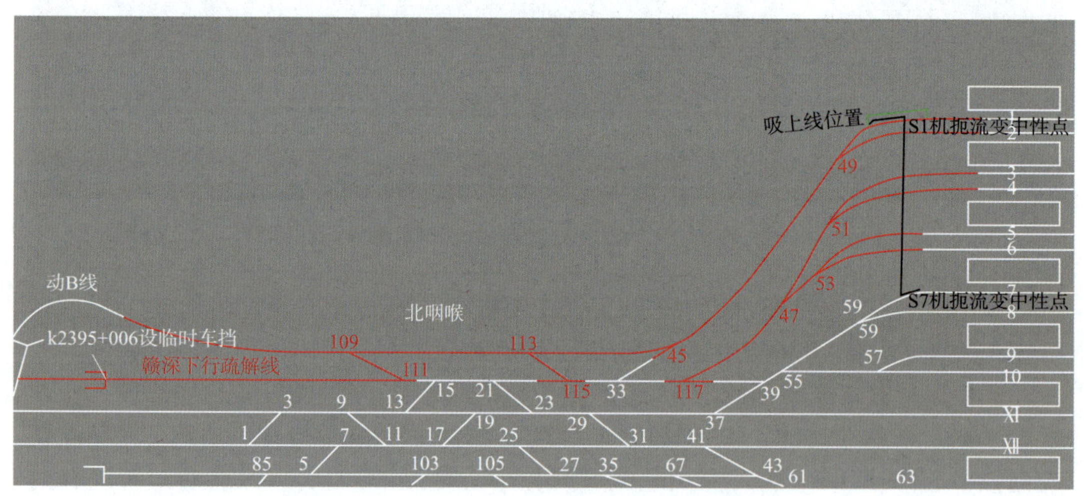

图 2-27　扼流变中性点吸上线拆除、联建

④由于动车所A线进站信号机XDF、第二动车所B线进站信号机XD2B至3～10G、13～20G无码区长度大于1470 m(直线距离，考虑了2%余量)，当由动车所A线进站信号机XDF或第二动车所B线进站信号机XD2B至3～10G、13～20G办理接车进路时，存在列车在PS模式下由UU/UUS变为无码后运行1 470 m后仍无码，列车限速降为零，并输出最大常用制动的情况。

⑤若在接车进路末端补码，由于从动车所至深圳北站的所有列车都需在深圳北站股道上停车，则接车进路末端区段均补 HU 码。在 PS 模式下车载接收到 HU 码时列车限速降为 0，并输出最大常用制动，与不补码情况相同。因此本次按接车进路不补码设计。

XG1 口及南咽喉深汕联络线接入口仅预留后续接入条件，区间暂无设备；XG1 口及南咽喉深汕联络线接入口相关的接发车进路均不允许办理；深圳北站计算机联络锁控显界面按照规范的显示要求进行修改，如图 2-28 所示。动 15 轨轨道区段由 78 m 缩短为 65 m，73～79 道轨轨道区段由 117 m 加长为 130 m，修改相应列控数据，1～6 道股道由尽头线恢复为到发线使用。具体设备变化以电务段在“运统—46”登记为准。

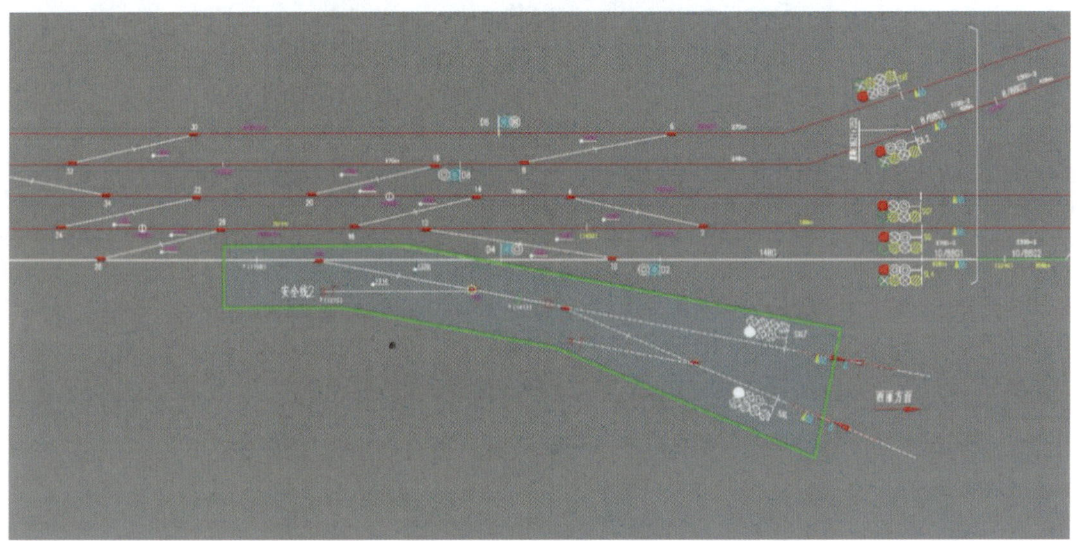

图 2-28 XG1 口改造

由于上下行股道均有向动车所发的列车，当存在转线作业时，建议在行车管理办法中规定在非 FS 模式下司机可通过 DMI 进行上下行载频选择。2020 年 12 月 4 日 2:30～5:00 进行正线及 1 至 6 道拉通试验，完成后开通新站型。12 月 4 日～12 月 19 日每日进行拉通试验。12 月 19 日拉通试验完毕后正式启用工务、信号、接触网相关设备。拉通试验如图 2-29 所示。

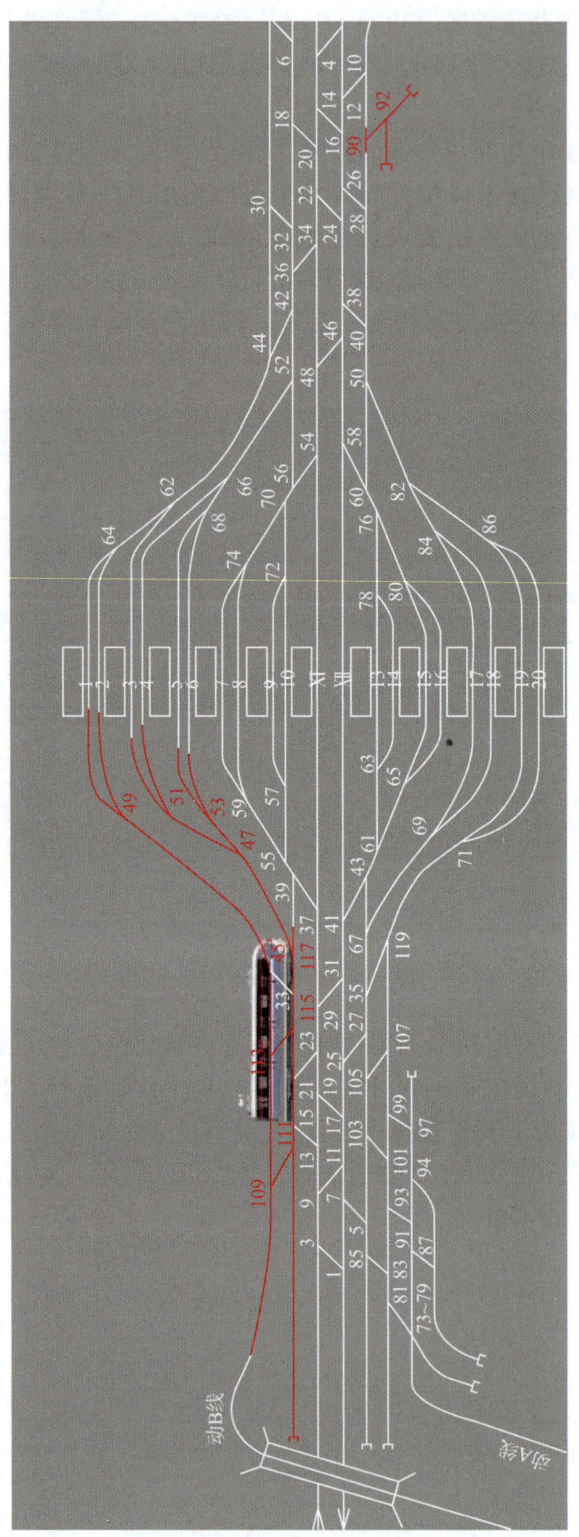

图 2-29 拉通试验

第3章 改造制约因素

3.1 站场改造主要制约因素

1. 铁路车站行车干扰大

由于深圳北站在众多高铁客运站中属于客流大站，全封锁施工作业影响的行车众多，将严重影响到区域经济和车站效益。为保证运输，站场改造工程往往是在不中断正常行车的情况下进行的，可采用要点封锁、要点慢行或利用天窗时间作业。封闭施工前要完成道岔、钢轨、枕木、道砟等施工备料工作，以及既有无砟道床破除、无砟道岔插铺和线路养护等工作，必然对铁路车站行车造成严重的干扰，影响铁路行车效率，增加运输组织难度。在深圳北站进行改造时，还须兼顾站场轨料集散、旅客换乘、客运组织、机车出入等业务，对铁路运输产生严重干扰不但会造成巨大经济损失，而且在很大程度上不利于站改工程的顺利进行。运输业务繁忙的深圳北站相较于一般高铁枢纽站而言，干扰更大，安全形势更严峻。

2. 专业交叉施工困难

铁路既有站场改造不同于新建车站的施工条件，既有站场改造具有地下管线多、施工场地狭窄、材料运输及堆放困难等难点，故在施工过程中不可避免地涉及多专业交叉配合施工。因为站场改造时间紧、任务重，所以各专业间互相影响、互相制约的矛盾更加突出。如何处理好专业工程施工之间的矛盾，使之相互衔接、协调配合、共同完成施工是铁路站场改造施工的又一关键问题。因此，相比新建铁路，既有站改的施工组织难度大大增加，要求相关施工管理专业人员更加关注与重视，采取科学合理的策略来解决多交叉施工中专业衔接，促进铁路站场改造工程的顺利推进。

3. 设备折损成本高

铁路站场是铁路运输设备布置的集中点，站改工程必然会对既有铁路运输设备造成一定的折损与破坏，在工程设计阶段，由于节能减排的要求，通常会视条件重新利用一部分旧设备。但是由于施工中既有机械设备与零部件的使用寿命与工况有很大影响，通常难以再发挥出其应有的作用。如果在站改中既有设备破坏严重，则须重新采购，新增工程投资，加大站场改造建设施工的成本。此外，由于铁路长期运营中人员变动、设备更换等种种原因，工务部门已很难完整记录既有设备状态，尤其是站内地下管线径路繁琐复杂，导致前期勘测调查中很难准确定位和计列数量，很多问题在施工中逐渐发现，严重阻碍了端梁开挖、路基开挖土方、电缆铺设等工作的顺利实施。

3.2 轨道改造主要制约因素

1. 物理隔离困难

根据深圳北站运输组织的重要地位以及站场咽喉区轨道进路设计，若改造区域咽喉区全部封锁停运，对运输影响过大，无法实现，必须采取本线封锁、邻线行车的方案。高速铁路运营线无砟轨道插入无砟道岔等改造属营业线施工，确保运营有序和施工安全是首要前提，因此要在线间设置安全可靠的隔离措施，减少施工与运营的相互干扰。根据《广铁集团邻近营业线施工物理隔离防护指导意见书》(广铁建函〔2015〕562 号)，施工单位应在靠营业线一侧设置钢轨桩、防撞墩、钢(轨)管桩竹排、钢管铁蒺藜网等隔离设施。由于本次改造线路与行车线路线间距仅 5 m 且部分改造地段与相邻行车线路线间距不足 5 m，设置上述钢轨桩等隔离需要动用大型机械设备，且对既有线路基造成一定程度破坏和扰动，对行车安全及既有设备造成不利影响，因此按照“一处一案”原则，根据现场实际情况，须研究设置一种稳定性及刚度均满足使用要求的线间物理隔离结构。

2. 无砟道床加固难

原无砟轨道道床为纵向连续性结构，为进行无砟道岔与无砟轨道结构的置换，需要拆除道岔区范围的无砟轨道结构。无砟道床拆除后，分界处可能会因不同结构温度应力不同造成纵横向相对位移，此时就需要对道床板与支承层采取加固措施，防止分界处发生相对位移。通过查阅既有深圳北站无砟轨道施工图纸，既有双块式无砟轨道道床板与支承层间无预埋钢筋连接为拉毛连接，须通过对钢轨温度应力、扣件锁定、钢筋混凝土道床板温度应力、素混凝土支承层温度应力，以及道床板与支承层间、支承层与路基表层间的相互作用力进行分析，获取道床分界处位移理论值，采取植筋加固等措施。

3. 无砟道床破除及外运难

随着我国高速铁路网建设不断完善，越来越多的新建铁路与既有车站之间存在着引入及接轨的关系，而无砟轨道作为高速铁路常用的轨道道床结构类型，其短时间实现结构改造或改移，已逐渐成为制约我国高速铁路发展的关键技术难题，其难度主要体现在无砟轨道板的破除以及破除后的外运。现有技术须长时间中断既有线运营，可能会造成一定的社会影响，其社会风险、安全风险以及经济代价都非常大，目前国内只在有砟轨道地段实现了不中断运营的道岔插铺，没有在运营高速铁路无砟轨道地段插铺道岔的先例。本次工程为营业线改造施工，作业空间有限，既有设备设施繁多，设备选型及配置要求高。目前，国内外破除钢筋混凝土的常见方法有挖机加装破碎锤破除、绳锯切割、墙锯切割、混凝土膨胀剂胀裂、水力破除、定向爆破、人工破除等。传统的 XE-230 型挖机加装破碎锤进行无砟道床破除，人工风镐配合破除边界道床，此方法振动大、对邻线及既有路基扰动大、安全风险高、破碎效率低，噪声与扬尘污染严重，故传统破碎方法不可取。又因行车股道与施工股道线间距仅为 5 m，部分破除股道外侧仅有 1 股道，变相增加了破除及外运难度。既有高速铁路无砟轨道破除施工属国内首次，无经验可循，营业线施工风险高，安全不易把控。

4. 新筑路基沉降观测期短

按照《高速铁路轨道工程施工质量验收标准》(TB 10754)规定，无砟道岔施工前须对线下单位等接口工程进行验收，其中，无砟轨道下方路基须提供路基沉降变形观测报告，且观测期不少于 6 个月。由于站改工程的特殊性，原无砟轨道外侧新筑路基沉降观测期不足，如何保证无砟道岔施工后不出现因路基沉降而导致的质量问题是难点所在。

3.3　信号改造主要制约因素

1. 涉及范围广

在本次改造中，信号系统专业涉及电源屏扩容改造、列控系统、CTC、联锁系统、微机监测系统、TSRS、RBC等各个系统的改造，同时新增信号机械室，用以安装新增组合柜、轨道柜、站内移频柜等新增机柜设备，室外改造涉及光电缆迁改割接、新增轨道区段、新增转辙机、改移信号机等施工内容，故在改造过程中需要进行过渡施工。

信号系统改造施工影响深圳北站信号联锁、CTC、列控设备、道岔缺口监测设备、微机监测设备。软件换装试验影响中心CTC、TSRS、RBC系统，须进行福田、光明城、李朗线路所、深圳动车所CTC站机修改，从而影响光明城～深圳北站～福田站上下行线闭塞设备，深圳北站～深圳动车运用所间深北动车走行A线和B线闭塞设备。

2. 接口修改及测试验证受限

深圳北站改造涉及联锁、CTC、列控、RBC、TSRS、微机监测等改造内容，各个系统之间接口复杂、涉及的系统接口须相应同步修改。深圳北站作为既有广深港高铁中间枢纽站和杭深高铁的始发站，行车密度大，维修天窗只有240 min。信号软件换装每次都须40～60 min，软件回退后还须进行电务试验确认验证。施工时间受限可能导致软件换装次数增多，试验验证不充分，也会增加现场实施的风险。工程施工期间广深港线、杭深线正常的运营时间不变，确保高速铁路正常运营是施工中的关键控制点。

既有线测试验证受作业时间限制，既要保证正常运输，又要保证测试试验完整、必须对测试序列进行优化调整，对于确实不能测试到位的，要制定适当的安全行车措施，待次日再行验证。

3. 多专业信息同步难

深圳北站改造工程是综合性的工程，涉及专业多(信号、供电、土建、铺轨等)、范围广，施工中要与不同地点、不同专业、不同部门的人员进行交流、沟通和落实，才能顺利有效地开展工程，因此工程的协调工作时间跨度较大，协调工作量大。

4. 关注度高

深圳北站改造是对运营中的高速铁路站进行的较大规模改造工程，具有技术含量高、协调事项多、结合部数量大、工期任务重、安全压力大等特点，是第一次实施，施工难度大，无相关经验可借鉴。本次信号CTCS-3级列控系统大型高铁枢纽站改造属于国内首例。深圳北站为广深港高铁中间枢纽站和杭深高铁的始发站，是深圳市目前规模最大、接驳功能最为齐全、设备技术最先进、客流量最大的特大型综合铁路枢纽。深圳北站改造工程是各界关心的重点项目，受到国铁集团、广州局集团公司、深圳市民及各类媒体的关注。

3.4　电气化改造主要制约因素

1. 电缆割接困难

本接触网供电电缆为27.5 kV-1×300 mm^2 接触网专用电缆，总计38根，共12回路，其中 211、212、213、214 为 AT 供电方式，其他为直供方式。所有 38 根供电电缆在好港所分 4 个出口出线，缆线密集、纵横交错，缆线径路频繁交叉，且在所外有空间交叉情况。

缆线径路长，特别是 211、212、213、214 以及 221、222 馈线线路长，过轨处众多且位于槽道内、站台下方或处于包封状态。调查表明，既有电缆排布杂乱，无标识编号，缆线识别困难。

广深港既有施工天窗点封锁为 0:30～4:30，停电时间最多为 210 min，扣除停送电手续，实际施工时间仅为 180 min 左右，施工时间较短，缆线割接、搬移、做头、试验、投用等工序耗时多，施工组织困难。

2. 横梁架设施工受限

横梁架设施如采用轨道车施工、列车通行，则其他专业无法正常天窗点作业，因此所有吊装施工都采用汽车吊进行。汽车吊施工便道狭小，施工期间，多专业施工车辆通行，施工协调工作量大。

第 4 章　施工关键技术

在本次站改过程中，不仅在工务施工方面存在着一些比较复杂的问题，在信号系统改造、电气化方面也有着一些特殊的问题。因此，为了高质量、高速度地完成深圳北站改造工程，针对上述存在的问题，提出了一系列关键性的施工技术。

4.1　工务施工关键技术

根据深圳北站站场咽喉区和行车运输方面的要求，若改造区域咽喉区全部进行封锁停运，对深圳北站的运输影响很大，这是无法实现的，因此在考虑多种因素的前提下，选择采取本线封锁施工、邻线行车的科学方案。在采取此方案后，高速铁路运营线无砟轨道插入无砟道岔、既有站台墙切割及帮宽，以及为了确保运营和施工安全而设置线间隔离设置等都是需要研究的关键性问题。

4.1.1　装配式线间隔离设置

本次改造工程研发一种适用于高铁无砟轨道改造的线间装配式物理隔离结构，将施工区域与行车区域隔离开，通过对其进行结构安全性检算，确保运营和施工安全。在改造工程封锁前，利用每日天窗点提前进行物理隔离基础施工，减少因隔离施工占用封锁时间。封锁期间，成立物理隔离巡视组 24 小时对物理隔离结构进行巡查、整修。通过“人防、物防、技防”等手段加强施工现场对“人机料”的安全把控，确保邻近施工安全。

1. 线间隔离影响因素

(1)根据深圳北站运输组织的重要地位以及站场咽喉区轨道布置，改造区域咽喉区全部封锁停运，对运输影响巨大，无法实现，必须采取本线封锁施工、邻线行车的方案。高速铁路运营线无砟轨道插入无砟道岔等改造属营业线施工，确保运营和施工安全是首要前提。因此要在线间设置安全可靠的隔离措施，减少施工与运营的相互干扰。根据《广铁集团邻近营业线施工物理隔离防护指导意见书》(广铁建函〔2015〕562 号)，施工单位应在靠营业线一侧设置钢轨桩、防撞墩、钢(轨)管桩竹排、钢管铁蒺藜网等隔离设施。由于本次改造线路与行车线路线间距仅 5 m 且部分改造地段与相邻行车线路线间距不足 5 m，设置上述钢轨桩等隔离需要动用大型机械设备，且对既有线路基会造成一定程度破坏和扰动，对行车安全造成不利影响，因此按照“一处一案”原则，根据现场实际情况，研究设置一种稳定性及刚度均满足使用要求的线间隔离结构。

(2)经分析，线间物理隔离结构设置在铁路边，自然风及高速行驶的列车经过时的列车风同时存在且相互影响，隔离结构与高速铁路行车线路的远近程度、相对高度和其本身高低不同，使得作用在该隔离结构的风荷载相当复杂，而对隔离结构的安全起控制作用的又是风荷载，必须引起重视。因此，隔离网片的设计应优先考虑通风的网状结构，减小迎风面积，不宜采用迎风面积大的整体封闭式结构。同时应考虑施工过程中混凝土碎块等杂物穿过隔离结构影响既有线行车安全，隔离结构的网片网格尺寸设计不宜过大。

(3)根据现场情况，不同施工区域物理隔离的布置型式复杂多变。在标准5 m线间距地段两线间设置物理隔离应考虑隔离基础与线间封闭层的可靠连接方式，仔细查明线间封闭层下的既有管线具体位置、走向，以及信号箱盒等既有轨旁设备对隔离结构设置的影响，以便于适时调整隔离结构。在邻近道岔渡线距离行车线间距不足5 m的特殊地段(如67号岔的岔后)，为减小列车运行对施工作业的影响，需要调整隔离结构的基础、立柱等设置型式，以满足无砟道岔邻近施工条件。在改造区域端头，线间物理隔离结构由于跨越股道与外侧土建专业设置的隔离相连接形成封闭区域，需设置特殊跨度的隔离结构。

(4)线间物理隔离按宜存放与运输的原则进行设置，因此宜采用模块化装配式对物理隔离结构进行设计。

2. 物理隔离施工概况

此次深圳北站的主要改造范围：北咽喉K2394＋164.69～K2396＋200.32，全长2 035.63 m；南咽喉K2397＋606.74～K2397＋821.96，全长215.22 m；动走A线K2394＋833～K2395＋718，全长885 m；动走B线K2395＋046～K2396＋000，全长954 m；深圳北站改线路总长4 089.85 m。根据深圳北站的主要改造范围确定线间物理隔离的布置，如图4-1所示。后续路基填筑、线路、道岔、信号、接触网等站场改造等施工在围蔽完成后可按邻近施工办理。

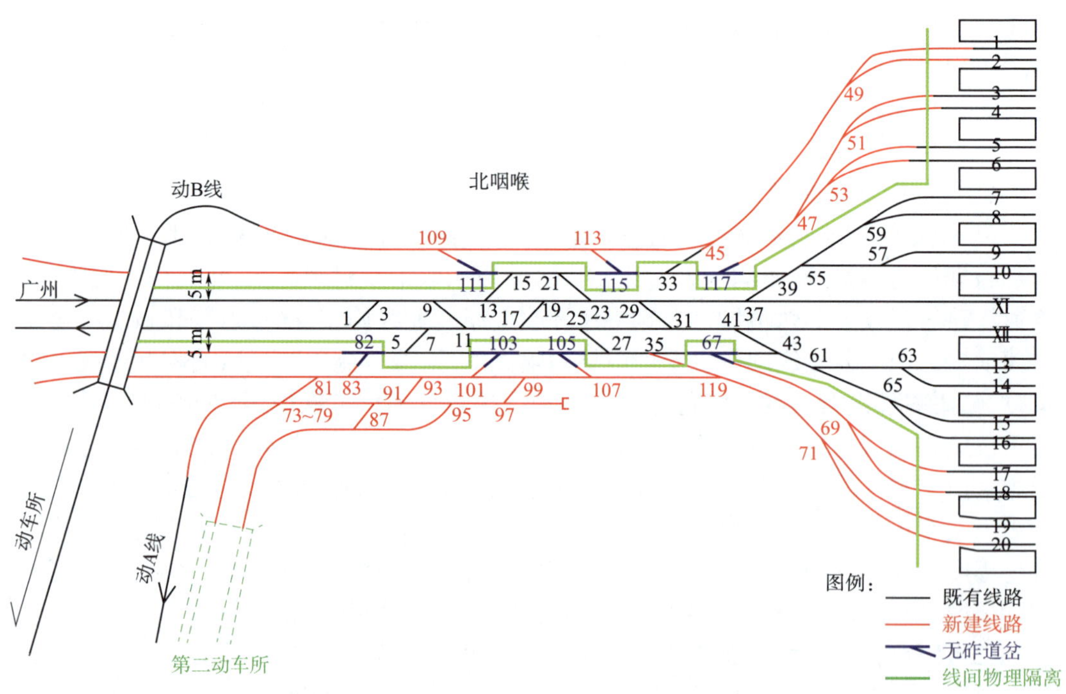

图4-1 深圳北站改造设置线间物理隔离平面布置

深圳北站设置线间物理隔离施工主要工程数量及相应的施工位置见表4-1。

表 4-1 深圳北站改造物理隔离施工主要工程数量及位置

序号	侧　　别	里　程　段	长度(m)	施工内容	备　　注
1	北咽喉西半场(上行)	K2395+185～K2395+470	285	物理隔离基础及安装施工	
2	北咽喉西半场、南咽喉(上行)	K2394+620～K2394+922 K2395+640～K2396+200 K2397+616～K2397+807	1 153	物理隔离基础及安装施工	
3	北咽喉东半场(下行)	K2394+900～K2395+200 K2395+290～K2396+200	1 210	物理隔离基础及安装施工	
合　　计			2 648		具体数量以现场为准

3. 物理隔离设计

(1)设置 5 m 线间距线间物理隔离结构,隔离结构必须安全稳固,将施工区域与行车区域隔离开,做到运输与施工统筹兼顾。

(2)隔离网片设计必须为透风的网状结构,不能采用密闭式围挡或需要大型机械施工的硬隔离。

(3)采用装配式模块化设计,结构简洁、安拆方便并且可以重复利用,减少因隔离安装占用封锁时间,实用性强。

无砟轨道地段线间物理隔离结构设置如图 4-2 和图 4-3 所示。

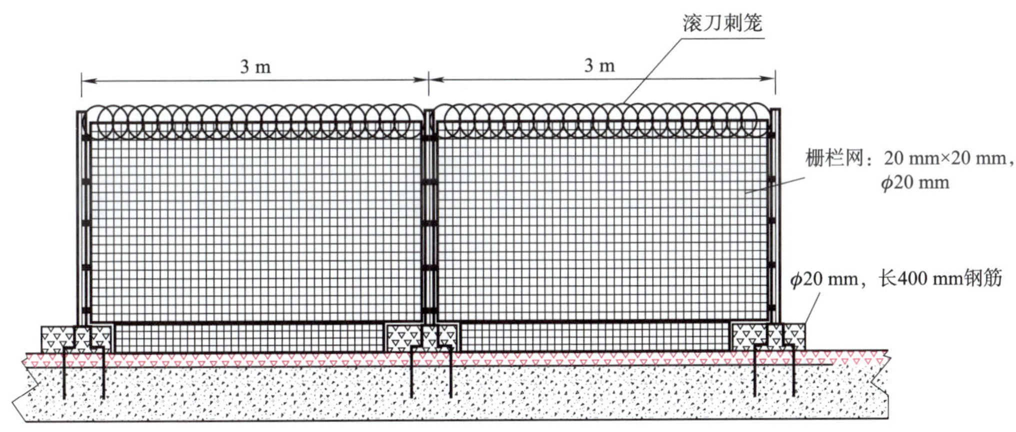

图 4-2 无砟轨道地段线间物理隔离结构设置示意

4. 物理隔离结构组成

由于线间距为 5 m,为保证正常的施工和必要的围挡高度,将围挡设置在两线中间位置,物理隔离采用防护高度为 2 m、长度 3 m 的围挡结构。围挡由基础、双拼槽钢立柱、隔离网及斜撑构成,围挡结构每 3 m 设一立柱,立柱锚固在围挡基础上,并避开接触网、信号灯、转辙机等轨旁设备。

(1)基础

基础每隔 3.0 m 设置 1 个,无砟地段采用预植入钢筋形式,在基础位置植入 4 根直径 20 mm、长度 400 mm 的钢筋,钢筋外露 50 mm,然后将植入的钢筋与预埋基础螺杆(螺杆直径 20 mm、长 250 mm,螺杆底部弯钩 50 mm,上部外露混凝土面 50 mm)用扎

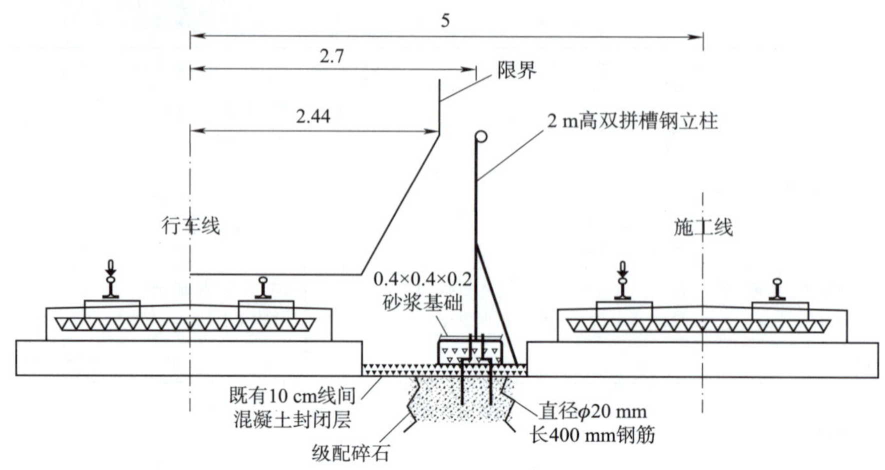

图 4-3　无砟轨道地段线间物理隔离结构设置断面(单位:m)

丝绑扎，浇筑 400 mm×400 mm×200 mm 的水泥砂浆基础，预埋基础螺杆外露 50 mm。有砟地段在物理隔离基础点位采用电镐人工开挖基坑，开挖尺寸为 0.5 m×0.5 m×0.5 m，基坑沿纵向长度 0.5 m，横向宽度 0.5 m，深 0.5 m。采用预埋件基础形式，预埋件采用直径 20 mm、长 400 mm 的螺杆，螺杆底部弯钩 50 mm、上部外露混凝土面 50 mm，采用水泥砂浆浇筑，浇筑砂浆时，应由四周均匀放入，浇筑应与地面平齐，可采用人工捣筑，待养护一段时间达到强度后，螺杆涂油，后期安装立柱。

(2)立柱

立柱采用两块 2 000 mm×80 mm×40 mm×3 mm 的 U 型槽钢焊接，在中间位置每隔 400 mm 预留 25 mm 的椭圆孔，采用 M12 螺栓连接。在靠近行车面一侧每隔 200 mm 预留一个 25 mm 椭圆孔，采用 M12 的螺栓及 40 mm×100 mm×3 mm 的扁铁与钢丝网连接。立柱底座板采用 200 mm×200 mm×8 mm 的钢板与立柱焊接。

(3)斜撑

斜撑采用 40 mm×40 mm×3 mm 的角钢，安装在靠近施工面一侧以防倾倒。斜撑下部与线间封闭层采用植筋方式进行连接，上部在钢立柱中间位置预留 25 mm 的椭圆孔采用 M12 的螺栓与钢立柱连接，斜撑长度 1 150 mm，特殊位置另行加工处理。

(4)中间隔离网

中间隔离网由 2 000 mm×3 000 mm(孔距为 20 mm×20 mm，金属网直径为 2 mm)的浸塑金属网构成。顶部靠近作业面满布滚刀刺笼。为保证隔离网底部距路基面空隙小于 50 mm，以防止小动物等进入运营线，隔离网下部与封闭层间的缝隙必须用网片封堵。

(5)滚刀刺网

滚刀刺网整体直径 400 mm，张开后每交叉圈安装间距 200 mm，使用钢扎带将滚刀刺网绑扎至隔离网片顶部，滚刀刀片采用厚度 0.5 mm 的 Q195 钢板，刀刺宽度 22 mm，两刃垂直间距 15 mm，设置在既有线外侧。

5. 线间隔离安全性检算

(1)主要检算内容

①列车时速 120 km 通行过程中，对隔离防护装置的风致振动效果最大风速的确

定；自然风荷载中风速取值确定；风荷载计算；

②防护装置结构安全性检算，钢立柱强度、刚度计算；

③法兰盘与钢立柱处焊缝强度计算；

④混凝土基础中螺纹钢锚固措施检算；

⑤评估硬隔离防护措施安全性。

(2)检算依据

①硬隔离措施及支架相关图纸，施工单位提供的施工方案编制文件；

②《建筑结构荷载规范》(GB 50009—2012)；

③《钢结构设计规范》(GB 50017—2017)；

④《建筑地基基础设计规范》(GB 50007—2011)；

⑤《混凝土结构设计规范》(GB 50010—2010)。

(3)主要检算结果与分析

①风荷载计算

由于硬隔离装置安置在铁路边上，自然风及高速行驶的列车经过时的列车风同时存在且相互影响。隔离装置与高速铁路的远近程度、相对高度和其本身高低不同，使得作用在该硬隔离装置的风荷载相当复杂，而对硬隔离装置的结构安全起控制作用的又是风荷载，因此必须引起重视。当风以一定的速度作用在隔离装置时，将在两个方向上产生振动，一种是顺风向的振动，振动的风向与风的流向一致，另一种是横风向的振动，振动的方向与风的方向垂直，也称风的诱发振动。因此，作用在硬隔离装置上的风压主要是由以下两部分组成。

自然风：$P_k=\rho\times v_{wind}^2=1.225\times28^2=960.4$ Pa

式中 ρ——空气密度，取 1.225 kg/m^3；

v_{wind}——自然风速度，10 级取 28 m/s。

无自然风时列车风致振动脉动力最值 $P_k=K_1\times C_{\rho1}\times\rho\times v_{train}^2/2$

式中 K_1——列车形状系数，取 0.6；

v_{train}——列车车速，取 120 km/h，即 33.33 m/s；

$C_{\rho1}=2.5/(Y+0.25)^2+0.02$

其中 Y——硬隔离装置至轨道中心的距离，取 2.5 m。

由以上相关参数计算可得 $P_k=0.6\times0.35\times1.225\times33^2/2=140$ Pa

自然风和风致振动耦合，总风压 $P_k=960.4+140=1\ 100.4$ Pa

考虑 2 倍的两者耦合作用的放大系数，则

$$P=1.4\times P_k=1.4\times2\times1\ 100.4\approx3\text{ kPa}$$

②防护装置结构检算

取 6 m 长(2 跨)硬隔离装置建立有限元分析模型，双拼槽 10 钢(2[100 mm×46 mm×4.5 mm)采用梁单元模拟，钢丝网也采用梁单元模拟，风荷载对其影响忽略。斜撑杆和立柱之间拉杆作用效果暂时不予以考虑。计算模型如图 4-4 所示，钢立柱的应力、轴力、剪力、弯矩，水平位移应力如图 4-5 所示。

由有限元分析可知，列车风荷载及自然风荷载共同最不利作用下钢立柱双拼槽 10 钢(2[100 mm×46 mm×4.5 mm)应力最大值为 105.0 MPa，小于 215 MPa，强度

满足要求;轴力最大为 0.56 kN,剪力最大为 1.56 kN,弯矩最大为 1.39 kN·m;钢立柱最大水平位移 3.8 mm,小于 $H/400=2\ 200/400=5.5$ mm,刚度满足要求;钢丝网应力最大为 12.6 MPa,同样满足强度要求。

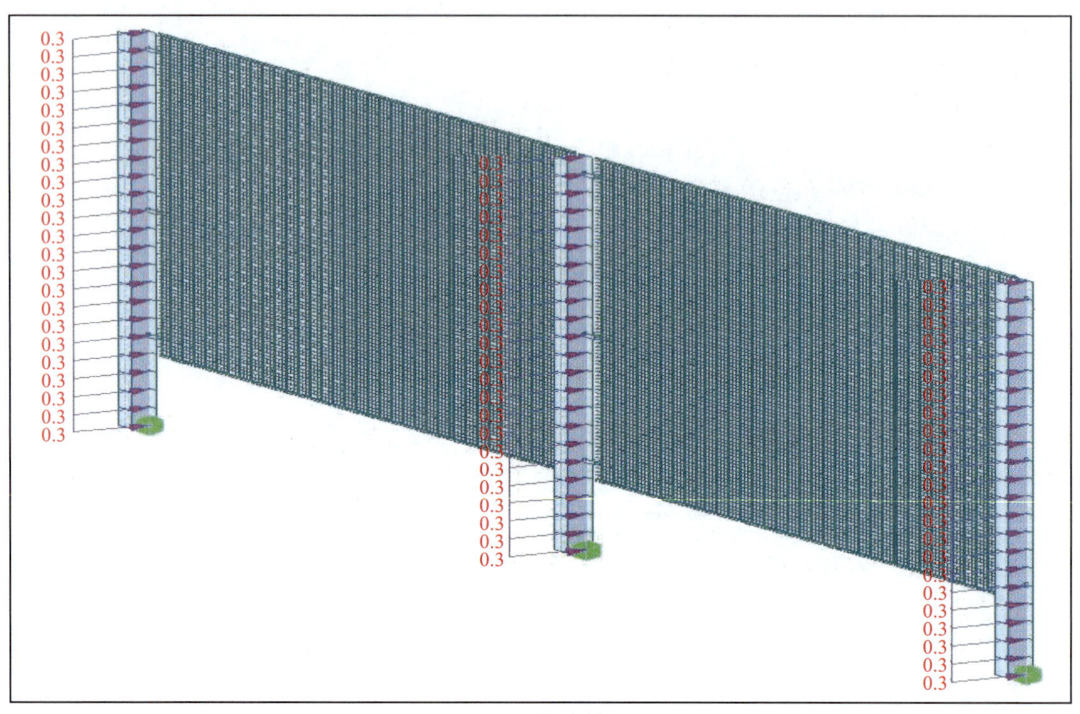

图 4-4 计算模型

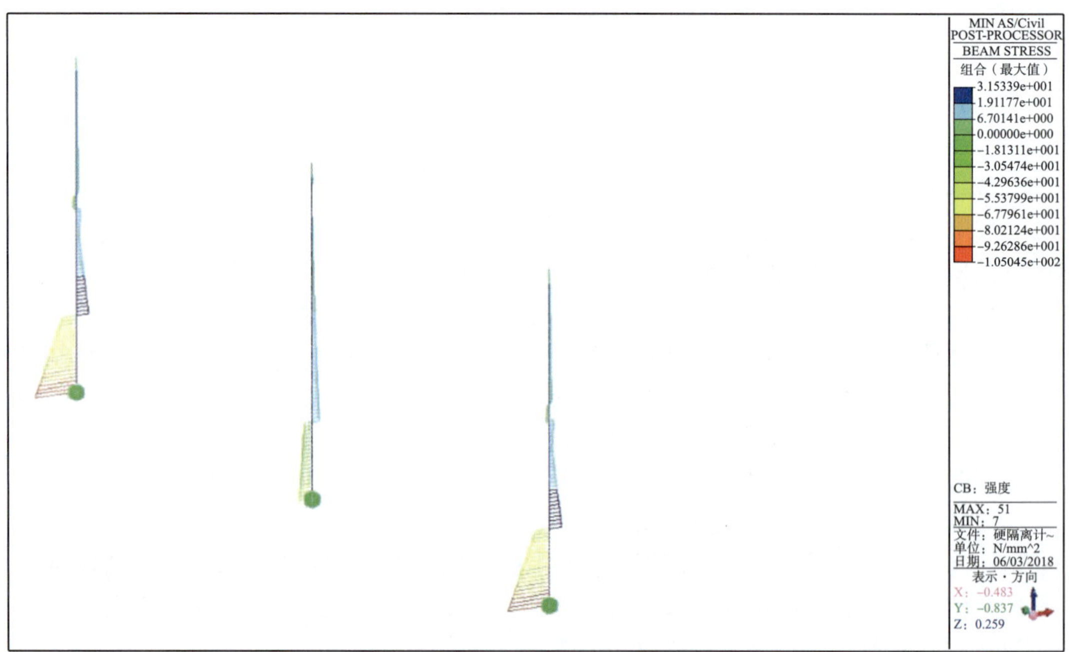

（a）钢立柱的应力最值（单位：MPa）

（b）钢立柱的轴力最值（单位：kN）

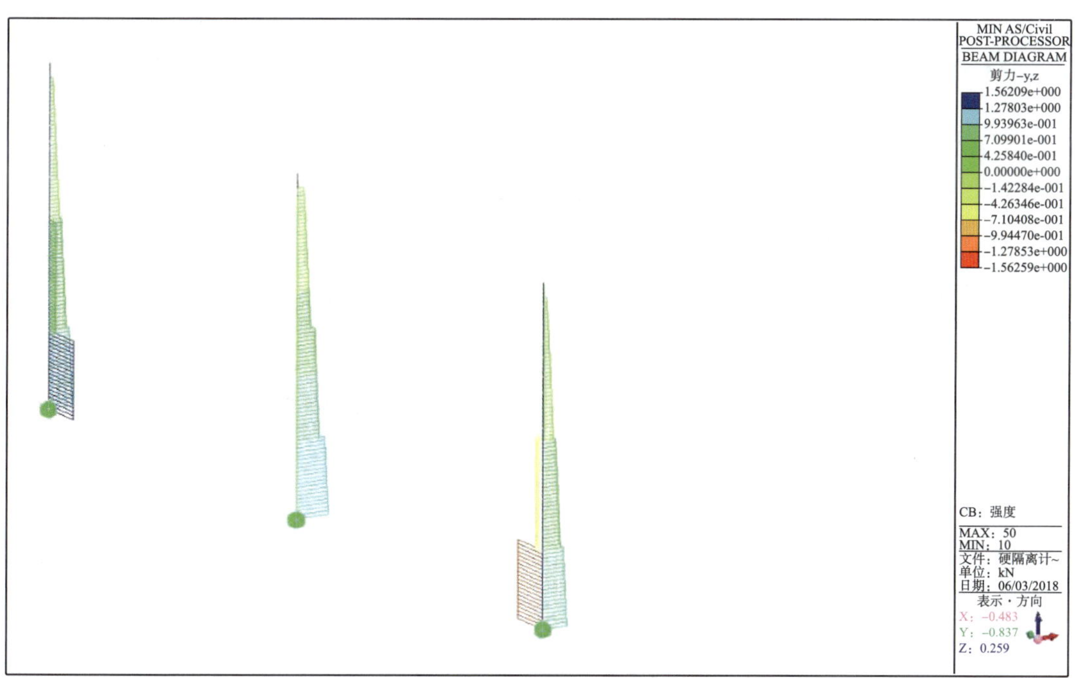

（c）钢立柱的剪力最值（单位：kN）

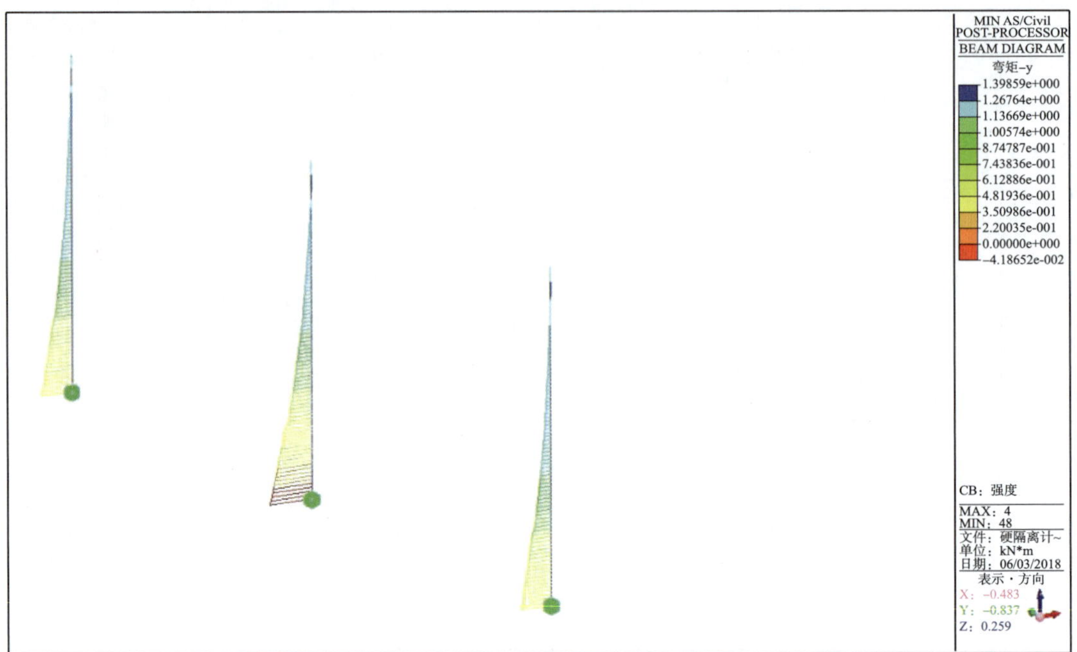

（d）钢立柱的弯矩最值（单位：kN · m）

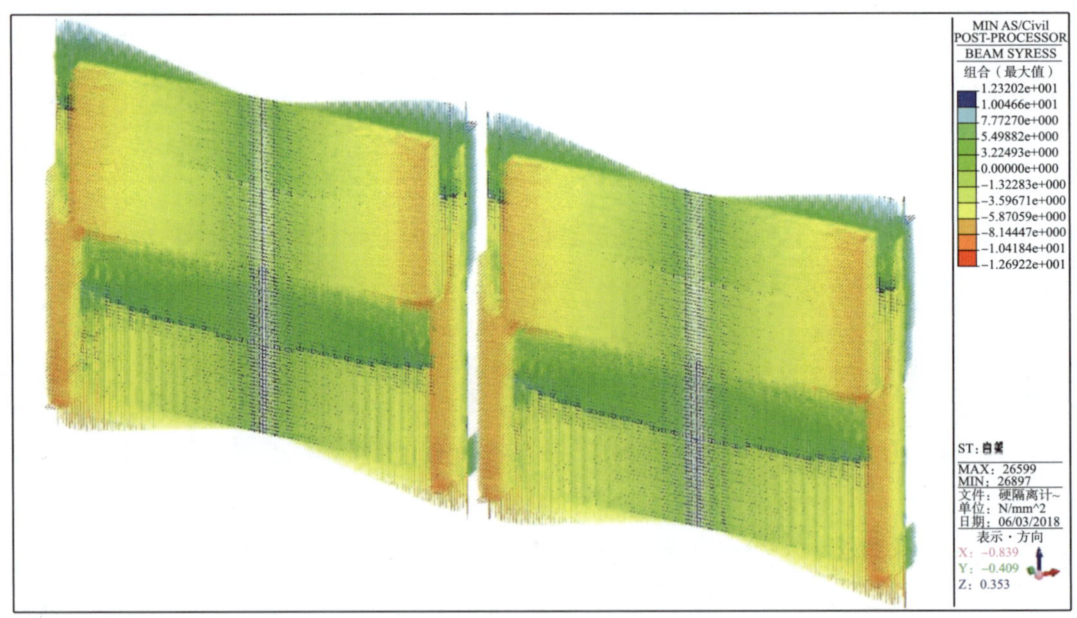

（e）钢丝的应力最值（单位：MPa）

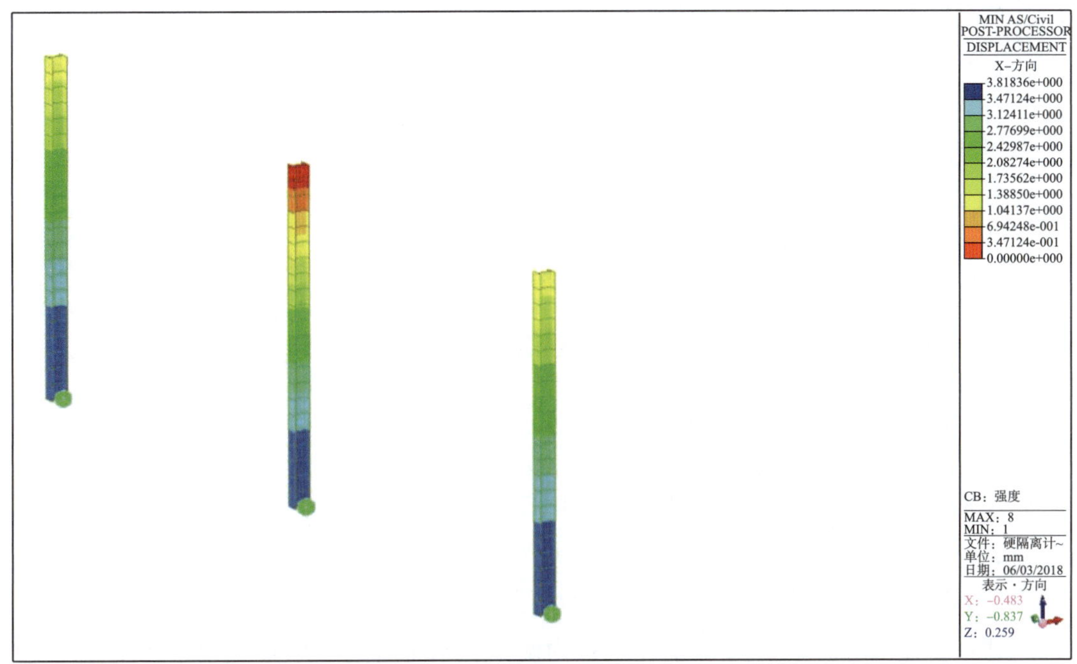

（f）硬隔离装置（立柱）的水平位移（单位：mm）

图 4-5　钢立柱的应力结果

③钢结构焊缝计算

由于施工及设计的要求，硬隔离装置中钢结构的连接采用了焊缝连接，虽然焊缝能够起到比较好的连接性能，但是焊缝却容易因为种种原因导致产生一定的施工缺陷，因此为了合理地评估硬隔离装置焊缝的质量，必须对钢结构焊缝进行相关的力学检算，如图 4-6 所示。

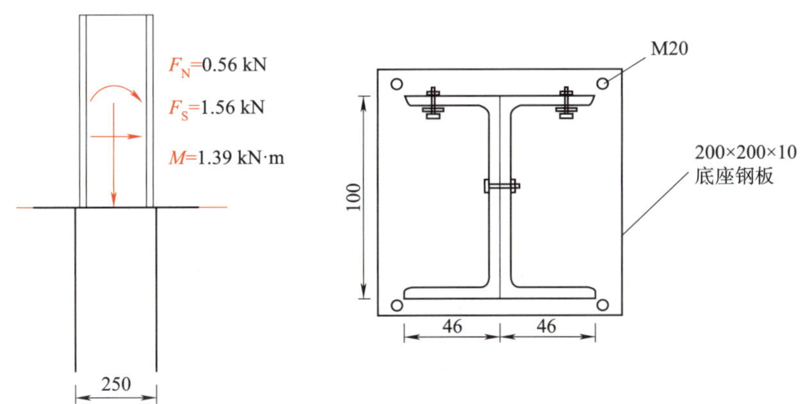

图 4-6　腹板内侧牛腿水平杆与主墩预埋板之间连接处受力和焊缝(单位:mm)

将钢立柱双拼槽 10 钢(2[100 mm×46 mm×4.5 mm)与钢板满焊，$0.7\times h_f=3$ mm；

$l_1=100$ mm；$l_2=92$ mm；

$A_{wl}=3\times92\times2+3\times100=852\ mm^2$;

$I_x=\frac{1}{12}\times3\times1\ 003+2\times92\times3\times50^2=1.63\times106\ mm^4$;

$W_x=\frac{I_x}{y}=32\ 600\ mm^3$;

$F_N=0.56\ kN; F_S=1.56\ kN; M=1.39\ kN\cdot m$;

$\sigma_f=\frac{F_N}{A_{W1}}=\frac{0.56\times10^3}{852}=0.66\ MPa$;

$\sigma_{f1}=\frac{MY}{I_x}=\frac{1.39\times10^6\times50}{1.63\times106}=42.64\ MPa$;

$\sigma=\sigma_f+\sigma_{f1}=\frac{-41.98}{43.3}<165.9\ MPa$;

$\tau_f=\frac{F_S}{A_{W1}}=\frac{1.56\times10^3}{852}=1.83\ MPa<0.85\times f_f^w=136\ MPa$;

$\sqrt{\frac{\sigma^2}{\beta_f^2}+\tau^2}=35.5\ MPa<\beta_f\times f_f^w=165.9\ MPa$。

通过上述的应力检算,可以看出腹板内侧牛腿水平杆与主墩预埋板之间连接处受力都满足规范,即该硬隔离装置钢结构焊缝满足要求。

④基础锚固措施检算

锚固钢筋采用 ϕ20 mm 螺纹钢,截面面积 $A_s=314\ mm^2$,一共设置 4 根,其设置间距为 110 mm。

钢筋锚固力

$$F=\frac{M}{2\times d}=6.32\ kN$$

$$\sigma_s=210\ MPa<430\ MPa$$

锚固钢筋强度满足要求。

取 5 倍的安全系数,要求锚固长度 $l=0.14\times\frac{5\times20.1}{1.43}\times20=196.8\ mm$,实际锚固长度 250 mm。

6. 线间隔离施工

(1)物理隔离基础施工

本项目物理隔离的基础施工在天窗点内实施,安装工作在封锁点内实施。

①尽可能减少封锁改造期间工作量,利用封锁前的天窗点进行物理隔离基础施工。基础施工前聘请专业探测公司采用先进设备在天窗点进行线间地下管线探测并标明具体部位和埋置深度,隔离基础按 3 m/个放样,遇有地下管线及既有轨旁设备地段适当调整跨度,以避开既有设备。

②根据现场情况,作业前聘请专业物探公司用地下管线探测仪器探明地下光缆、电缆、管道等的深度、走向,采取人工探挖,并与设备管理单位对接核实,如果影响可适当对立柱位置微调进行避让,同时遇到既有地面以上线盒之类设备采取绕行避开,将既有设备围在隔离内。如确实无条件施立则须先在线间封闭层植筋,再进行基础立模、砂浆拌制与浇筑。

③测量人员根据既有线作业要求，沿线路确定埋设立柱的孔位。孔位中心距离广深港行车线中心不小于 2.7 m，采用白灰线放线，桩间距为 3 m。

④人工采用电镐、铲子等进行基础开挖，开挖完毕后，进行预埋基础混凝土拌制填筑施工。在基础表面收光抹面时，要用水平尺测量相邻基础是否水平，如不水平应进行调整，确保隔离网片安装高度一致，整齐美观。

(2)安装线间物理隔离

①封锁施工命令下达后，立柱安装位置在广深港正线外侧、距轨道中心 2.7 m，设置高度为 2.0 m(不含基础)，立柱及斜撑采用螺栓分别与预埋基础及无砟道床封闭层连接。

②栅栏片采用 M12 的螺栓与钢立柱相连，上部安放滚刀刺笼(安装在作业面一侧)，网片骨架靠近行车面，用于加固的所有螺栓螺母均安装在既有线一侧。

③安排专人 24 小时对线间隔离进行安全检查，发现隔离网有倾斜、损坏等不安全之处，立即组织人员进行维修、更换；台风、汛期期间指派干部巡查，发现问题立即汇报并处置。相对应的安全检查要填写物理隔离安全检查记录表，建立安全检查台账。

④既有线物理隔离作业完成后，每隔 50 m 设置警示牌(白底黑字)，警示牌尺寸按 30 cm×40 cm 设置，正反两面标注“禁止碰撞”“禁止抛物”“高压危险”字样，禁止作业人员及外来人员随意攀爬及抛物。

⑤跨股道设置隔离，根据封锁区段信号绝缘位置，确定股道上方的栅栏网片是否需要绝缘，如果需要，则将上方的隔离网片使用绝缘材料制作，并在钢轨上包裹绝缘胶垫防护。

⑥计划一处临时作业门设置在 67 号岔后 K2395+665 位置处，安排专人 24 小时看守、巡查，发现损坏立即维修。防护栅栏安排专人每周两次巡查，发现问题立即汇报处置。

(3)作业防护

施工防护按照《广铁集团铁路营业线施工安全管理实施细则》等文件规定，设置施工现场防护及驻站联络员，驻站联络员驻站进行施工登、销记，并定时与现场防护员通话，及时向现场防护员通报天窗时间。现场防护员进行现场全程防护，定时与驻站联络员通话，及时通报现场作业人员位置和情况。根据作业组数量，车站设置 1 名驻站联络员，作业组两端各设置 1 名现场防护员。作业区域与营业线采用拉绳作为警示带，时刻提醒作业工、机具不得侵线。

4.1.2 无砟轨道插铺无砟道岔

4.1.2.1 无砟轨道拆除前道床加固技术研究

1. 技术难点及研究思路

(1)原无砟轨道道床为纵向连续性结构，为进行无砟道岔与无砟轨道结构的置换，需要拆除道岔区范围的无砟轨道结构，无砟道床拆除后，分界处可能会因不同结构温度应力不同造成纵横向相对位移，此时就需要对道床板与支承层采取加固措施，防止分界处发生相对位移。

(2)通过查阅既有深圳北站无砟轨道施工图纸 ，既有双块式无砟轨道道床板与支承层间无预埋钢筋连接，其连接方式为拉毛连接，须通过对钢轨温度应力、扣件锁定、钢筋混凝土道床板温度应力、素混凝土支承层温度应力，以及道床板与支承层间、支承层与路基表层间的相互作用力进行分析验算，得出分界处道床位移的理论值，从而分析得出道床加固所用销钉的合理布设方案。

(3)通过计算获取道床分界处位移理论值后，采取植筋加固等措施。现场操作时须增加无砟道床破除后位移观测布置并定期观测，验证无砟道床分界处是否出现相对位移。

2. 植筋加固方案检算

基于以上分析，从两个方面进行研究：拆除双块式无砟轨道结构后自由端的伸缩位移、植筋加固对无砟轨道结构自由端位移的影响。

(1)拆除双块式无砟轨道结构自由端位移检算

无砟轨道结构在铺设完成初期，道床板与支承层层间黏结良好，二者作为结合板共同承受外部荷载作用；在昼夜温差及气候变化作用下，单元道床板和支承层之间也将产生层间分离，单元道床板首先在四角出现翘曲分离，随后层间分离逐渐向板中位置发展，单元道床板黏结区首先是由矩形向椭圆形发展，随后椭圆面积不断缩小直至层间完全分离，最终成为分离式双层结构。有必要从最不利情况出发，考虑道床板与支承层层间分离滑动进行模拟分析。基于此情况建立了无砟轨道结构的有限元模型。

模型部件包括钢轨、扣件、轨道板、支承层、锚筋。用实体单元模拟道床板和支承层结构，从而准确反映位移和应力分布。模型主要研究轨道结构，可用梁单元模拟CHN60钢轨和锚筋，用三向弹簧模拟扣件系统，有利于道床板和支承层的合理网格划分。模型的纵向边界(包括钢轨、道床板和支承层)采用对称约束，反映连续结构对模型的约束作用；底部采用固定约束，反映路基与支承层底部的黏结。道床板和支承层之间分离滑动，层间摩阻力大小与上部荷载幅值、接触面粗糙程度以及材料属性等相关，层间摩擦系数取0.15。

由图4-7可知，拆除施工前，由于温度荷载造成结构内部应力较大，钢轨应力远大于轨下结构，几乎为均匀分布，最大应力为75.12 MPa，轨下应力在8.47 ~14.03 MPa之间；由于地基的约束作用，支承层底部两侧应力略大，为13.86 MPa。由图4-8可知，拆除施工后，钢轨由于扣件的作用应力释放较少，最大应力仍在钢轨上，位于钢轨约束

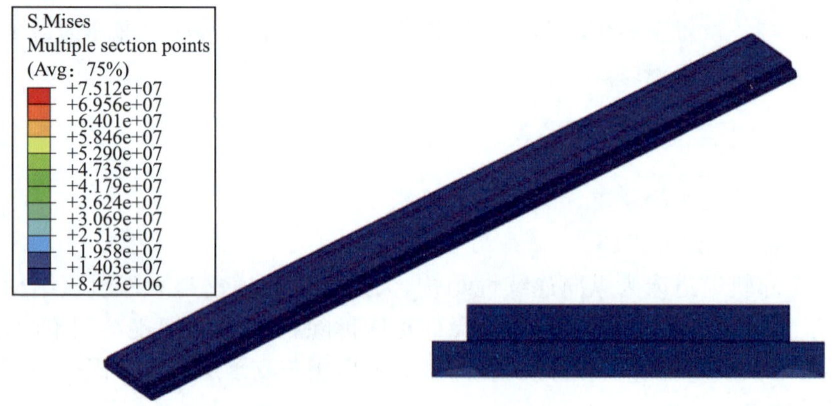

图4-7　拆除前应力分布

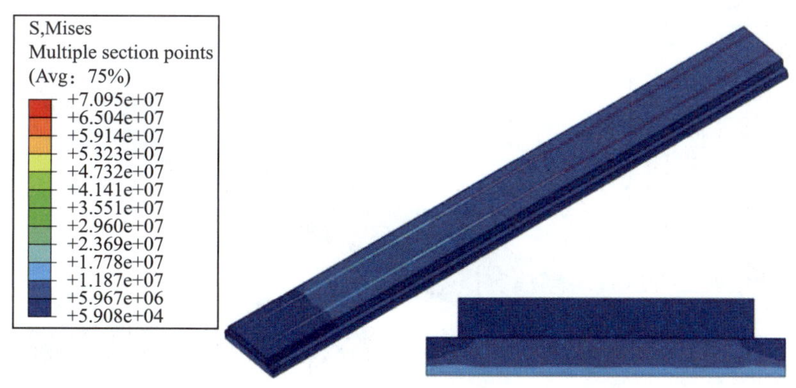

图 4-8 拆除后应力分布

端，为 70.95 MPa，与拆除施工前接近。轨下结构的应力得以释放而大大减小，最小值出现在道床板自由端，仅为 0.059 MPa；支承层自由端底部应力由于约束的作用而增大，为 17.65 MPa。对比拆除前应力分布和拆除后应力分布，钢轨由于扣件的约束作用，应力减小的幅度较小；而道床板应力减小幅度较大，自由端应力接近 0；支承层上部应力释放较多，底部由于地基黏结应力略有增大。

由图 4-9 可知，拆除施工前由于连续结构的内部约束，轨道结构内部变形很小，道床板边缘纵向位移最大为 0.56 mm。由图 4-10 可知，施工后一侧约束解除，结构内部应力得以释放，自由端产生一定位移，在道床板和支承层上相对均匀分布。钢轨自由端发生较大的位移，为 2.70 mm；而道床板自由端位移为 1.25 mm；支承层由于底部约束，位移很小，平均位移为 0.12 mm。对比施工前后变形可以发现，拆除前结构内部变形很小，纵向位移几乎为 0，横向和垂向存在较小的位移，结构外缘变形相对较大；施工后各个部分的自由端发生不同程度的位移：钢轨最大为 2.70 mm，道床板其次，为 1.25 mm，而支承层几乎无位移；此外，每个部件内部位移均匀分布。

为了更加清晰地描述拆除作业横截面处的各个部件的纵向位移，绘制位移变化曲线，如图 4-11 所示，纵坐标为纵向位移，横坐标为加载步，反映了钢轨、道床板和支承层施工截面的纵向位移随施工进程的变化。由图可知，拆除前后轨道结构各处都发生了

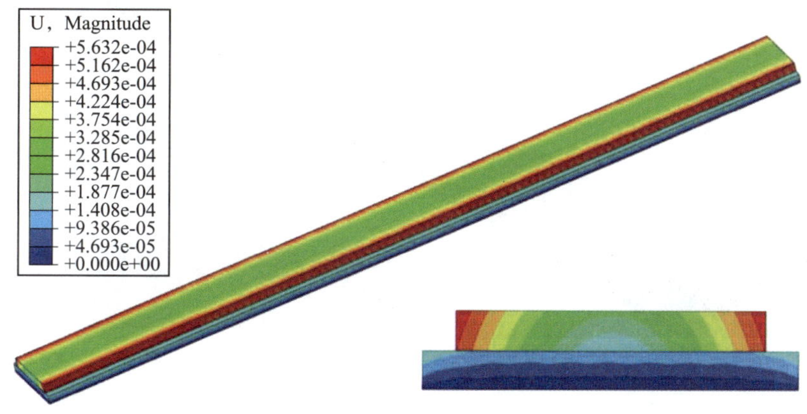

图 4-9 拆除前纵向位移

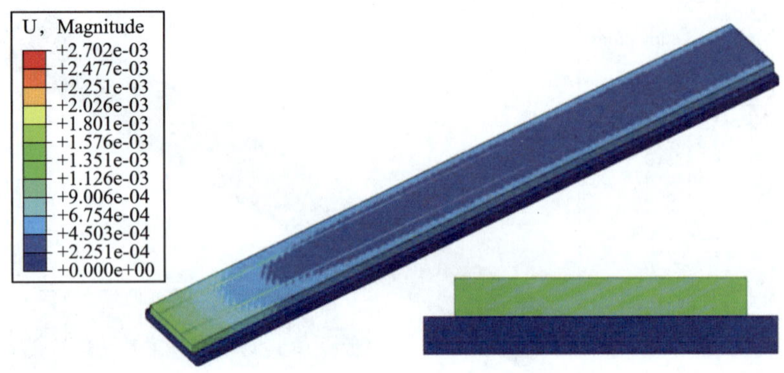

图 4-10 拆除后纵向位移

不同程度的位移，拆除后发生的位移远大于拆除前由于温度荷载发生的位移。拆除作业之后，位移变化最大的部件为钢轨，位移增大 2.35 mm；其次为道床板，位移增大 1.06 mm；支承层比较稳定，仅增大 0.06 mm。

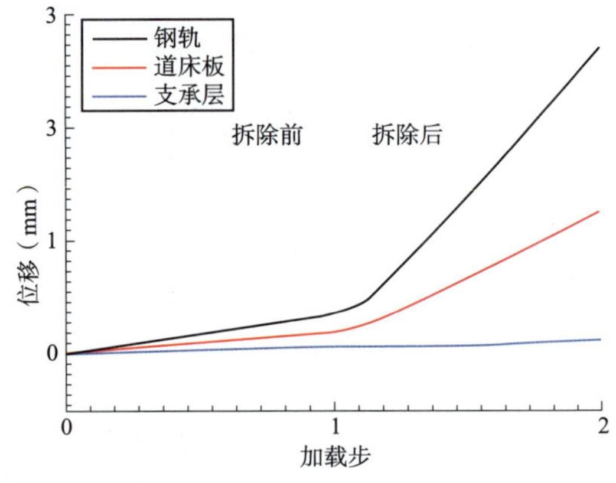

图 4-11 轨道结构纵向位移曲线

(2)植筋加固作用及合理植筋方案

为了进一步分析锚筋作用，对比拆除施工后安装与未安装锚筋的轨道结构变形，如图 4-12 所示。锚筋一方面使轨道板与支承层之间接触更加紧密，防止可能因裂缝或温度变化造成的道床板上拱；另一方面承受支承层和道床板之间错动产生的剪切力，抑制轨道板因内部温度应力释放而产生的纵向位移和横向位移。

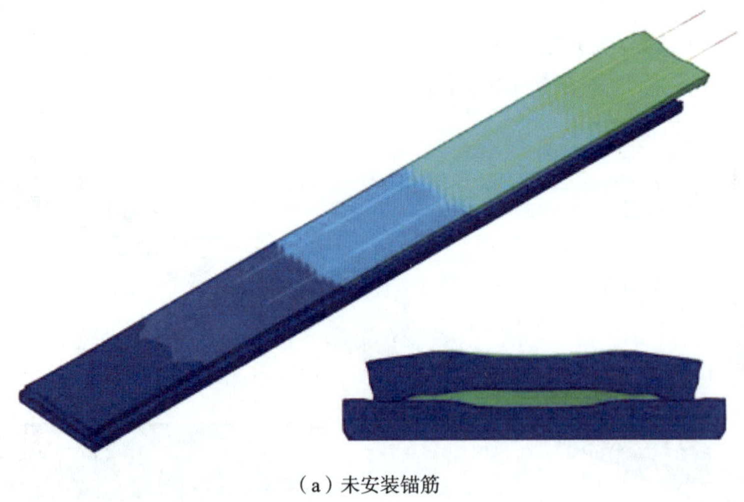

(a) 未安装锚筋

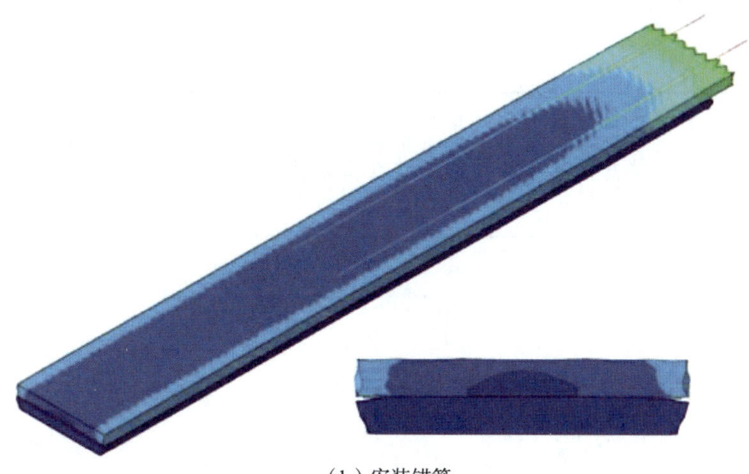

（b）安装锚筋

图 4-12　轨道结构变形对比

由安装锚筋和未安装锚筋两种情况下轨道结构变形对比可知，安装加固锚筋可以减小 0.81 mm 的钢轨位移和 0.36 mm 的道床板位移，加固作用明显。

为探讨合理锚筋布设方案，改变锚筋的布置方式，分析不同方案下钢轨、道床板和支承层自由端的位移，确定合适的锚筋布设方式。为尽量降低施工量、提高改造施工速度，对比设计了三种锚筋布置方案。

方案一：在 25 m 的加固区内每间隔两根轨枕（间距为 1.3 m）设置一排锚固锚筋，锚筋总数为 20 组，共 80 个。

方案二：在 25 m 的加固区内每间隔四根轨枕（间距为 2.6 m）设置一排锚固锚筋，锚筋总数为 10 组，共 40 个。

方案三：减少加固区长度，在靠近拆除工作面的 5.2 m 范围内布设锚筋，间距仍为两根轨枕（1.3 m），锚筋总数为 5 组，共 20 个。

各方案的锚筋布设位置如图 4-13 所示，加固锚筋横截面如图 4-14 所示。

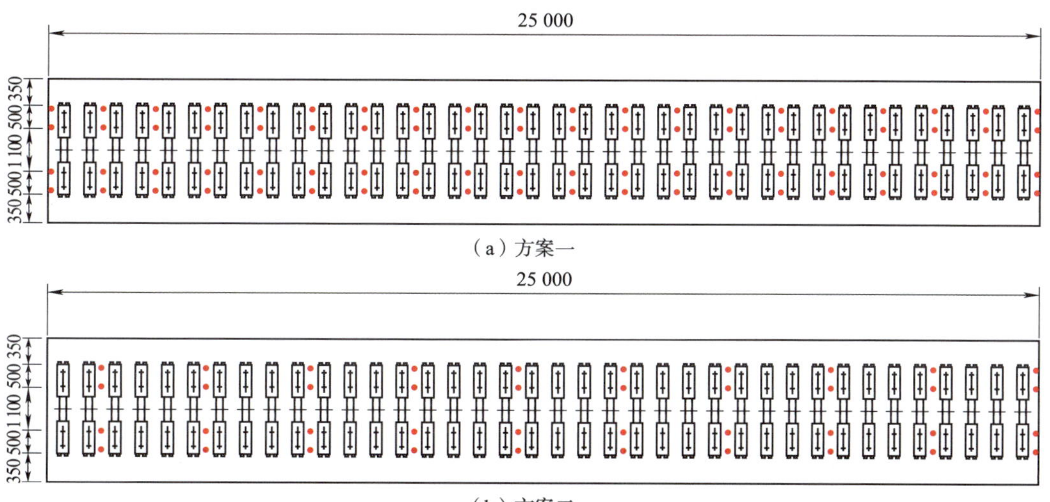

（a）方案一

（b）方案二

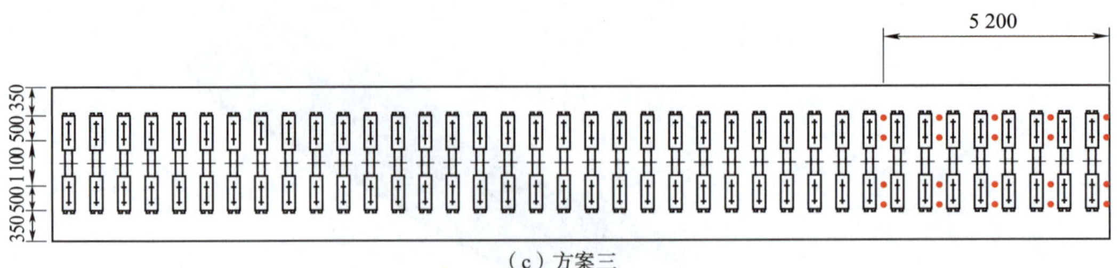

（c）方案三

图 4-13　不同锚筋布设方案（单位：mm）

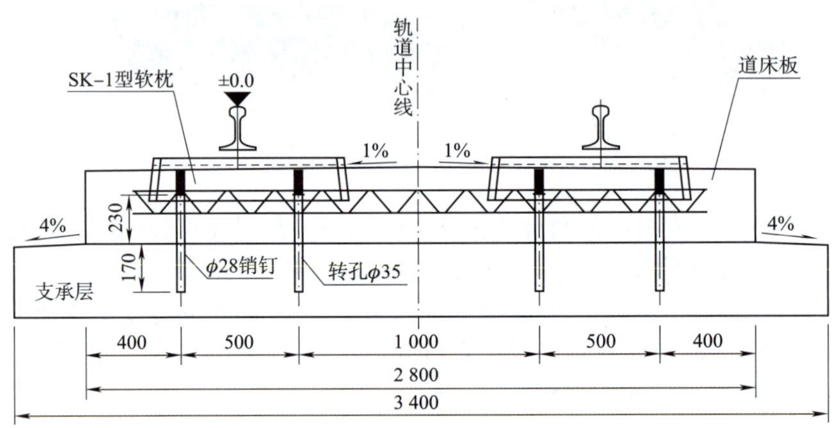

图 4-14　加固锚筋横截面示意（单位：mm）

分别计算分析三种方案下无砟轨道结构自由端钢轨、道床板和支承层的纵向位移，结合未安装锚筋的轨道结构变形情况，绘制轨道结构纵向位移曲线，如图 4-15～图 4-17 所示。

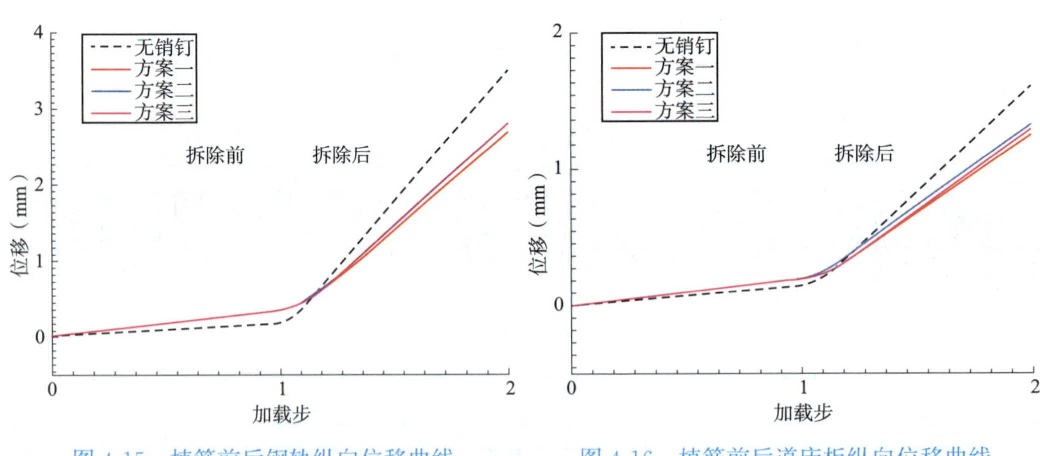

图 4-15　植筋前后钢轨纵向位移曲线　　图 4-16　植筋前后道床板纵向位移曲线

由图 4-15 可知，采用方案一安装加固锚筋可以减小 0.81 mm 的钢轨位移，采用方案二安装加固锚筋可以减小 0.70 mm 的钢轨位移，采用方案三安装加固锚筋可以减小 0.71 mm 的钢轨位移。

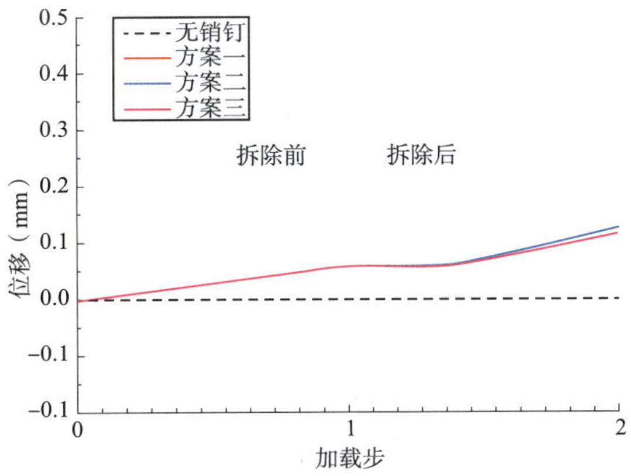

图 4-17　植筋前后支承层纵向位移曲线

由图 4-16 可知，采用方案一安装加固锚筋可以减小 0.36 mm 的道床板位移，采用方案二安装加固锚筋可以减小 0.29 mm 的道床板位移，采用方案三安装加固锚筋可以减小 0.32 mm 的道床板位移。

由图 4-17 可知，三种方案在安装销钉时会略微增大支承层变形，但整个工况下其纵向位移都接近 0，所以各个方案差别不大，都会使支承层位移增大约 0.12 mm，其中方案二增大的位移略高于其他方案，多增大 0.008 mm。

综合对比三种方案下加固锚筋对无砟轨道结构各个部位的纵向位移影响，方案一对钢轨和道床板位移的限制作用效果优于方案二和方案三，引发的支承层位移也较小，综合来看作用最好，但是施工量最大；方案二对钢轨位移的限制效果与方案三接近，不如方案一，对道床板位移的限制作用效果最差，引发的支承层位移也略大于其他方案，综合来看作用较差，也不具备施工速度上的优势；方案三对钢轨位移的限制效果与方案二相同，逊于方案一，对道床板位移的限制作用效果比较好，介于方案一和方案二之间，引发的支承层位移也较小。

综上所述，如果要求拆除施工后钢轨和道床板自由端位移很小，可以按照方案一进行植筋加固，即在 25 m 的加固区内每间隔两根轨枕（间距为 1.3 m）设置一排锚固锚筋；如果对无砟轨道结构自由端位移、限制要求不高，或者需要降低施工量、提高施工速度，可以按照方案三进行植筋加固，即在靠近拆除工作面的 5.2 m 范围内以两根轨枕（1.3 m）的间距布设 5 组加固锚筋。

（3）植筋加固方案确定

根据专家意见，结合道床位移检算情况，确定无砟道床植筋加固方案，即拆除地段两端 25 m 范围内无砟道床板与支承层，每间隔两根轨枕设置一排锚固销钉，每排 4 根直径 28 mm、长 400 mm HRB400 级螺纹钢筋。销钉植入支承层中 170 mm，每组道岔理论植销钉量为 160 根，加强无砟轨道加固施工效果。

3. 无砟道床加固施工方法

（1）技术标准

销钉加固严格按图施工（实际数量以施工图纸确定），采用植筋胶锚固。销钉布置和规格必须严格按设计文件作业，各部尺寸符合设计文件要求，质量标准执行《高速铁路轨道工程施工质量验收标准》(TB 10754—2010)、《铁路混凝土工程作业质量验收标准》(TB 10424—2010)、《高速铁路轨道工程施工技术规程》(Q/CR 9605—2017)、《混凝土结构加固设计规范》(GB 50367—2013)等的相关要求。

①销钉:长度、直径以及材质要有质量保证书,且不能有锈蚀和明显弯曲现象,如略有锈蚀,可进行除锈处理。

②植筋胶:应在规定的保质期内且密封良好,具有产品质量保证书、使用说明书、产品检验报告。A、B两种成分混合均匀后使用,确保在说明书规定时间内用完,以免在使用前凝结无法使用,造成浪费。为防止锚固钢筋与既有道床钢筋连接,导致电路连通,植筋胶应采用经权威机构检定合格的具有绝缘性能的材料。

③丙酮:准备适当数量的丙酮溶液,用于清洗油污和胶体污染。

④位移观测桩:在道床切除两侧(20 m范围内)每隔10 m在线间设置一处位移观测桩,用于观测道床及钢轨是否发生位移变化。

(2)施工计划及安排

按照规定履行办理作业门相关手续,在天窗、封锁点内从栅栏临时作业门进入施工现场进行设备安装、清孔、植筋锚固等作业。为保证作业顺利完成,作业采取平行作业方式,每个作业组为相邻区域,每组人员安排组成见表4-2。

表4-2 无砟轨道锁定区域植销钉作业计划及人员配置

道岔编号	道岔位置	数量(m)	计划作业时间	作业人员配置
5号	直股岔后	25	5天	10人
39号	曲股岔尾	25	5天	10人
10号	直股岔后	25	5天	10人
28号	直股岔后	25	5天	10人
合计		100		

本工程的主要作业设备是小型发电机、水钻 ϕ32 mm(钻头长度45 cm)、毛刷、吹风机、钢卷尺、定位模具、胶枪、扫把、铁锹、钢丝刷、抹刀等。

(3)施工过程

①清扫杂物:清扫既有道床板混凝土表面杂物,确保墨线清晰。

②模具定位:按照设计施工图位置,提前做好定位模具。施工时,安放模具定位画孔,避开既有道床板内钢筋,如图4-18(a)所示。

③钻孔:采用无振动钻孔设备及专用钻头成孔,孔径、孔深及垂直度要严格按要求控制,孔径按照35 mm(销钉直径28 mm)控制,如图4-18(b)所示。

④清孔:钻孔完成后,进行清孔操作,采用专用毛刷和吹风机配合进行,先用专用毛刷清刷孔壁,然后吹清孔内浮尘,清刷时毛刷在孔内抽拉转动如此反复吹刷,清理干净孔内钻屑和浮尘并用吹风机保证孔内干燥。

⑤除锈:对锚固销钉用钢丝刷进行整体除锈。

⑥配胶:配胶前要进行植筋准备工作的检查,保证钻孔、清孔工作已完成一个施工段,并已组织验收,做好隐蔽工程验收记录。植筋胶应严格按照使用说明书使用,并按要求在规定时间用完植筋胶,以免时间过长黏胶变质影响施工和黏胶质量。

⑦注胶:一般液体状胶可采用胶枪进行注胶操作。拉动拉杆,将植筋胶混合物挤入孔内,注胶前先按压三次手柄并挤出废弃胶体,再进行孔内注胶,注胶时要注意排除钻孔内的空气,采用前3个试验孔确定注胶深度值,使用标尺进行反向标记。完成后,应把工具用丙酮清洗干净,回收再次使用。

⑧植筋:植筋应在注胶完成后立即进行,为保证胶体饱满,注胶完成后,将加工好的销钉植入端蘸少许胶液,缓缓旋转植入植筋孔,并调整到规定位置。操作时要边垂直插入边沿顺时针方向转动,以使植筋胶与销钉和混凝土孔壁表面黏结密实。销钉在施工前应彻底清除表面附着物、浮锈和油污,销钉要插入孔道最深处,扰动时间按植筋胶说明书严格控制。

⑨封端:销钉顶部的孔用植筋胶密封,植筋胶顶面不应低于轨道板顶面,也不得溢出污染轨道板。植筋成品如图4-18(c)所示。

⑩回收机具:清理作业工机具,保证作业区域工完料尽、场地清洁。

(a)植筋孔定位模具

(b)取芯机取孔

(c)植筋成品

图4-18　植筋施工

(4)位移观测桩设置

拆除道床边界位置两线间封闭层上找一个点作为坐标零点,用记号笔画十字丝标记,全站仪以此点为对中点对中,在邻线道床板边缘找到 y 轴坐标为10、20的A、B两点并做好标记,然后采用全站仪在本线道床板上找到对应 y 坐标为10、20的A1、B1并做好标记,在拆除道床以后,可利用全站仪测出A1、B1位置与第一次设点的位置进行比对,观测道床板位移变化情况。每个加固区域内每隔10 m在线间设置一处纵向位移观测桩,用于观测道床及钢轨是否发生纵向位移变化。每个加固区域存在的 2 根观测桩反映了道床结构内部特定位置的纵向位移分布情况,位置如图 4-19 所示。分析观测桩处的道床板纵向位移变化,可以描述轨道结构自由端的纵向位移情况。

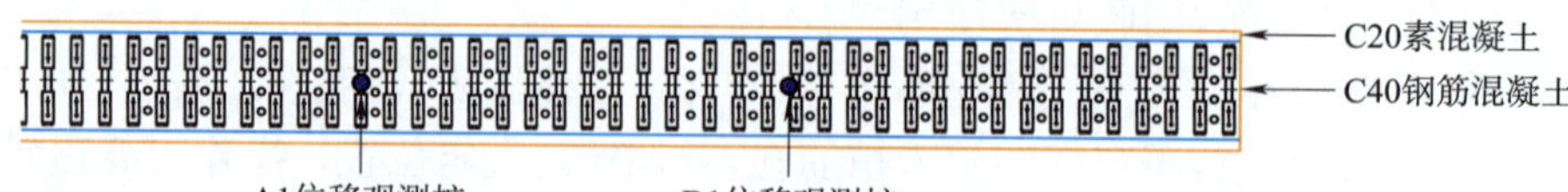

图 4-19　位移观测桩布置

观测位置:深圳北站改造工程定于 5 号～27 号岔间设置一处位移观测试验段。封锁命令下达后,拆除 103 号岔位无砟轨道结构 50 m,植筋加固段及非加固段道床均设置位移观测桩进行观测。待线路封锁拆除后立即进行观测,后续间隔一天、两天、三天各观测一次,共计观测四次,留有详细的观测记录形成观测报告和结论。位移观测原理如图 4-20 所示。

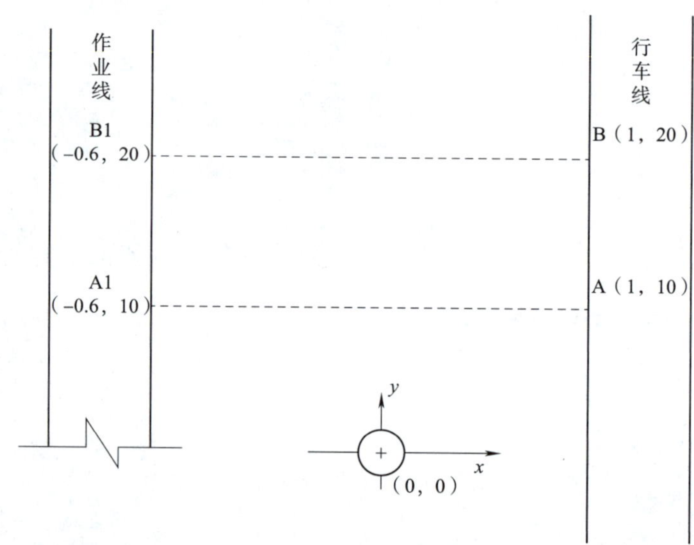

图 4-20　位移观测原理

(5)作业防护

施工防护严格按《广铁集团铁路营业线施工安全管理实施细则》等文件规定,设置施工现场防护员及驻站联络员,驻站联络员按规定进行施工登、销记,并定时与现场防护员通话,及时向现场防护员通报天窗时间,现场防护员进行现场全程防护,定时与驻站联络员通话,及时通报现场作业人员位置和情况。根据作业组数量,作业区域两端各设置 1 名专职防护员,视施工区域范围适当增设防护员。作业完成后施工负责人及防护人员负责检查现场是否有遗留物品,确保工完料尽,所有人员、机具、材料全部撤离既有线。

(6)道床破除后位移观测

为了更好地观察植筋效果,通过使用全站仪等仪器测量记录第一阶段、第二阶段无砟道床位移将数据绘制成折线图。

5 号岔后道床板纵向位移、横向位移观测如图 4-21 所示。通过对 5 号岔后道床板纵向位移、横向位移变化情况的分析，A1 观测点、A2 观测点的位置位移量虽然有着一定的波动变化，但是均小于 1 mm，可以认为无砟道床上下板植筋固定在一起后，第一阶段无砟道床自由端未发生位移。

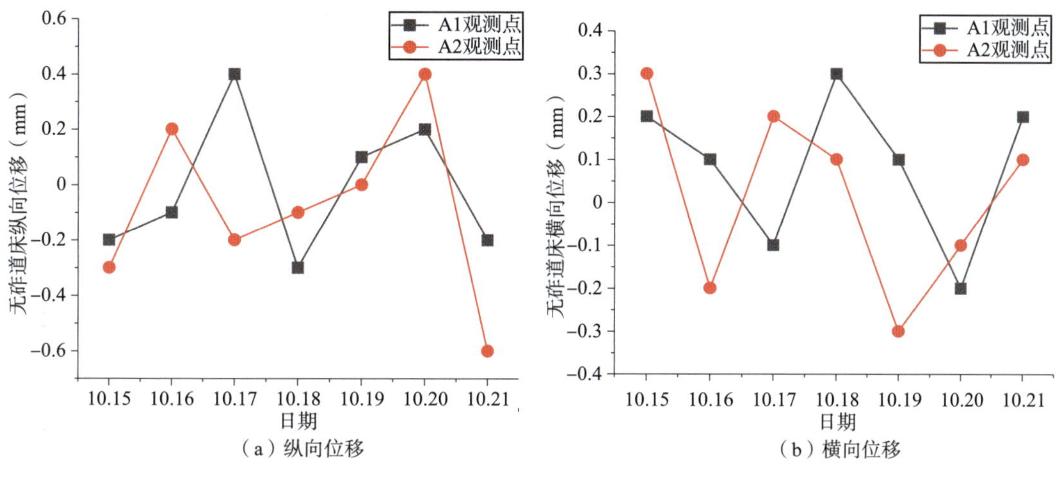

图 4-21　5 号岔后道床板纵横向位移

39 号、10 号以及 28 号岔后道床板纵向、横向位移随时间的变化如图 4-22～图 4-24 所示。

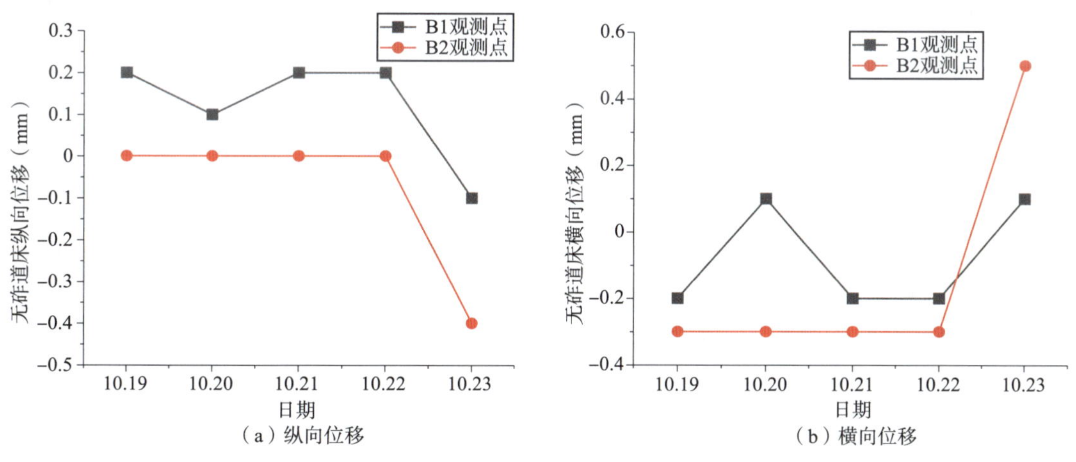

图 4-22　39 号岔后道床板纵横向位移

通过对 39 号、10 号以及 28 号岔后道床板纵、横向位移变化的分析，在 B1、B2、C1、C2、D1、D2 观测点位置所测的道床板位移虽然有着一定的波动起伏，但是均小于 1 mm，可以认为无砟道床上下板植筋固定在一起后，第二阶段无砟道床自由端未发生位移。

综上所述，通过对无砟道床破除后第一、第二阶段位移观测数据的分析，观测点的位置位移量均小于 1 mm，可以认为无砟道床上下板植筋固定在一起后，无砟道床自由端未发生位移。

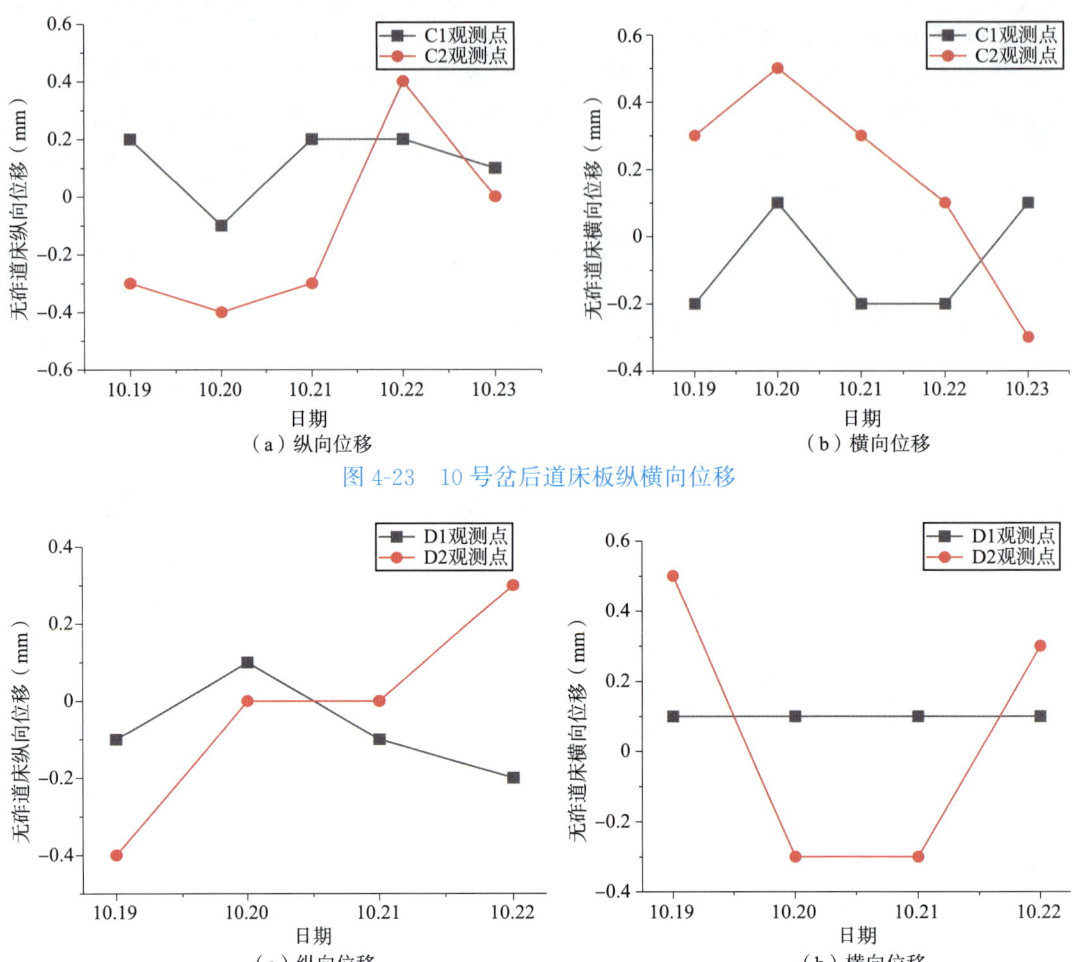

图 4-23　10 号岔后道床板纵横向位移

图 4-24　28 号岔后道床板纵横向位移

4.1.2.2　无砟道床破除施工技术研究

本项目施工技术研究的关键是既有无砟道床破除施工。既有车站无砟轨道设计为CRTSⅠ型双块式无砟轨道。道床结构高度 860 mm，既有整体道床破除后，插入轨枕埋入式无砟道岔，钢轨类型、轨道结构高度均保持不变。依托深圳北站改造工程开展高铁无砟道床破除施工技术研究。

1. 研究的主要内容及难点

（1）钢筋混凝土道床破除难度大

高铁车站无砟轨道插铺无砟道岔施工，主要难点在于邻近运营线进行既有 CRTSⅠ型双块式无砟轨道道床破除及外运，钢筋混凝土结构物破除难度大，双块式无砟道床破除施工无任何先例可借鉴。

（2）设备配置要求高

目前国内外破除钢筋混凝土的常见方法有挖机加装破碎锤破除、绳锯切割、墙锯切割、混凝土膨胀剂胀裂、水力破除、定向爆破、人工破除等施工方法。由于本次工程为营业线改造施工，作业空间有限，既有设备设施繁多，设备选型及配置要求高。

(3)施工组织难度大

邻近高铁行车线路进行钢筋混凝土道床破除及外运，对既有设备以及既有线行车等安全防护要求极高，安全压力大。临近居民区、商业区，对施工设备、施工工艺的节能减排要求高。施工涉及专业广、交叉施工多，要在规定的封锁时间内，快速完成无砟道床破除及外运，施工组织难度大。

2. 无砟道床破除方法研究

(1)研究思路

通过对深圳北站道岔区无砟轨道布置以及无砟轨道道床破除的难点分析，明确研究思路：首先选定一种适用于邻近营业线破除钢筋混凝土道床的方法，再对方法中涉及的设备进行选型和配置，综合道床板块的尺寸、布置、破除施工工艺及现场实施条件等因素，确定研究一套符合现场无砟道床破除的施工组织，将无砟道床分段成块破除及外运，最后通过工艺性试验验证该方法的可行性。

(2)无砟道床破除方法

常规对钢筋混凝土结构物破除的方法有挖机加装破碎锤破除、混凝土膨胀剂胀裂、绳锯切割、墙锯＋劈裂机破除法等几种，针对本项目施工，对几种破除方法进行比选，见表 4-3。

表 4-3　无砟道床破除方法对比

序号	方法名称	缺　点	优　点
1	挖机加装破碎镐破除	对既有路基扰动大；营业线(邻近)使用挖机等设备，安全风险高；使用时间仅为天窗点内，道床破碎效率低；破碎锤噪声与扬尘污染严重	破除的道床碎块装运方便，对场地及外运设备要求低
2	混凝土膨胀剂胀裂	安装膨胀剂钻孔数量大，反应时间长；碎块散装、外运量大，时间长，劳动力投入大	设备投入小，无声、扰动小
3	绳锯切割法	绳锯接头处磨损后易脱铆；钢丝易疲劳断裂，安全风险较大；使用成本高	切割速度快；适用于大体积钢筋混凝土结构物拆除；板块整体装运，扬尘污染小
4	墙锯＋劈裂机破除法	使用高频墙锯、劈裂机、取芯机等设备及重型叉车，机械设备投入大	振动小、对既有路基扰动小，使用叉车分块装运板块，安全风险低；墙锯(带水降尘)切割，板块整体装运，无噪声及扬尘污染；板块拆除及装运效率高

经对比分析，采用墙锯＋劈裂法进行破除更为适合营业线改造施工的要求，确定了无砟道床的拆除设备——高频墙锯。

选用电动高频墙锯(WS440HF)带水切割方式，目前国内常用的是使用直径为 120 cm 的锯片，切割厚度可达 53 cm。墙锯设备及作业如图 4-25 所示。若锯片直径过大，会造成切割设备不稳、切割效率低等问题。由于 ϕ120 cm 金刚石锯片的理论切割深度为 53 cm，无法将道床板连同支承层锯透，剩余 7 cm 左右的支承层仍呈连接状态，需对道床板块进行劈裂，使其彻底分离。在使用墙锯将钢筋混凝土道床板切透以后，在道床板锯缝上按(50＋60＋60＋60＋50)cm 布置钻 4 个直径 4 cm、深度 40 cm 的劈裂孔，安装劈裂机将劈裂棒伸进孔内，启动加载劈裂机进行板块劈裂，形成裂缝后泄压关闭劈裂机并撤除。液压劈裂机设备及作业如图 4-26 所示。

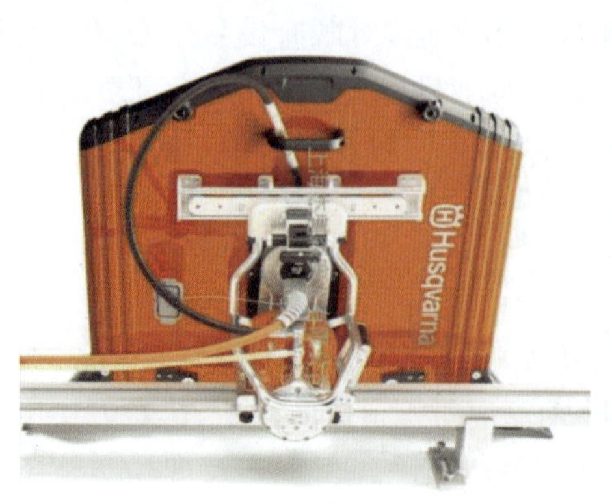

（a）墙锯设备

（b）墙锯切割作业

图 4-25　墙锯设备及作业

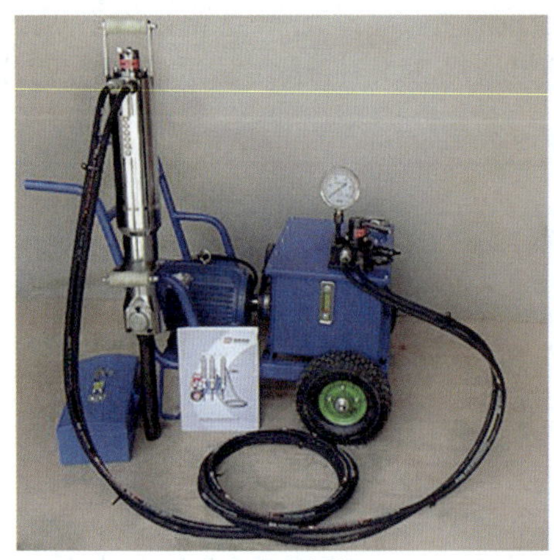
（a）液压劈裂机

（b）液压劈裂机作业

图 4-26　液压劈裂机设备及作业

经反复与业内专家、设备厂家等单位进行对接、沟通，最终确定了墙锯分块切割、劈裂机劈裂法拆除无砟道床。

(3)道床板块装车外运设备选型

无砟道床板块装车外运面临的第一个问题是起吊外运起始作业面如何形成，通过分析可知，第一块板块移出线路的前提是需要一定的推让空间。首先，将道床板划定为若干个单元板块，其中设置宽度为 0.3 m 首块板推让槽。采用墙锯沿槽道两边分别锯切一刀，然后用进口大电镐凿除槽道混凝土块，人工配合清理混凝土块及钢筋，最终形成首块板劈裂推让槽，首块板方能劈裂取出。电镐设备及作业如图 4-27 所示。

受既有线设备位置限制，上方有接触网、线间有物理隔离、外侧有接触网立柱及水沟电缆槽，取板设备不能过大，并且要满足叉运重达十几吨的板块的叉运能力和稳定性，经研究，采用 16 t 重型叉车其尺寸及起重力可满足此要求。叉车设备及作业如图 4-28 所示。

(a) 电镐

(b) 电镐凿除推让槽

图 4-27 电镐设备及作业

(a) 16 t叉车

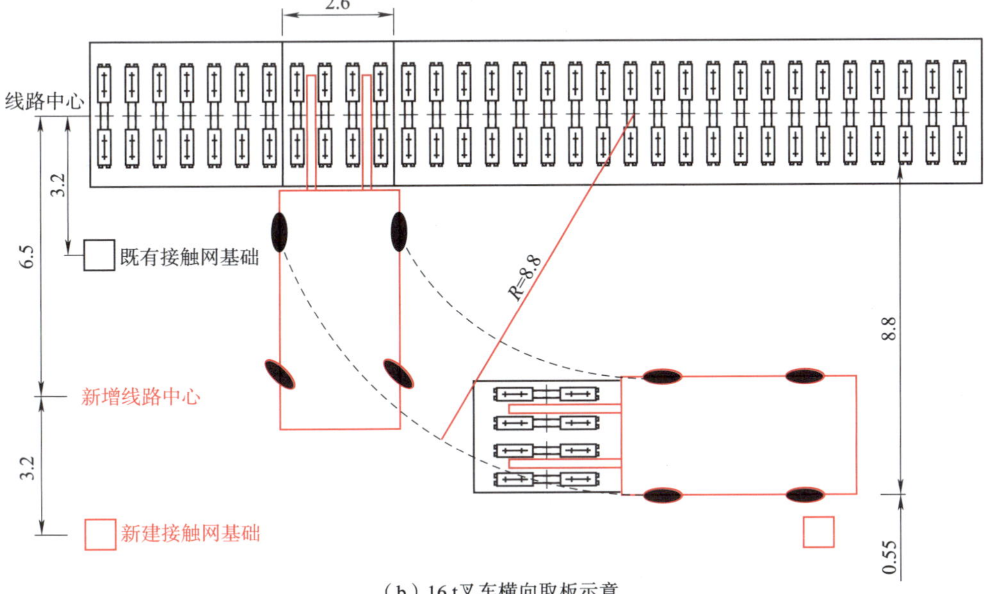

(b) 16 t叉车横向取板示意

图 4-28 叉车设备及作业(单位:m)

(4)劈裂法破除无砟道床板块大小研究

深圳北站无砟轨道改造施工分别于2019年10月～2019年12月、2020年10月～2020年12月两个阶段实施,其中每个阶段需破除外运既有无砟轨道道床364 m,无砟轨道破除时间紧、任务重。如何确定道床板块的合理劈裂长度是一个关键性的问题。

基于以上对无砟道床拆除分析,采用断裂力学应力强度因子判定法与状态分离法研究采用劈裂法破除无砟轨道道床时道床板的合理长度,包括道床板与支撑层粘连和未粘连两种情况。本次劈裂作业主要采用FL90-A型液压劈裂机,其技术参数见表4-4。

表4-4 劈裂机技术参数

型号	功率	分裂棒直径	分裂棒长度	实际分裂力	劈裂指标
FL90-A	3 kW	50 mm	45 cm	400 t	45 MPa

①道床板与支承层完全粘连状态

板块的尺寸如图4-29所示,相关参数见表4-5。图4-29中左部分代表需要劈裂分离的部分,右侧部分代表一块整体部分。在刚开始进行劈裂时,左侧部分受到劈裂机向左的作用力,右侧部分由于长度较长可近似认为处于固定状态(底部或者右侧部分的右端面固定)。

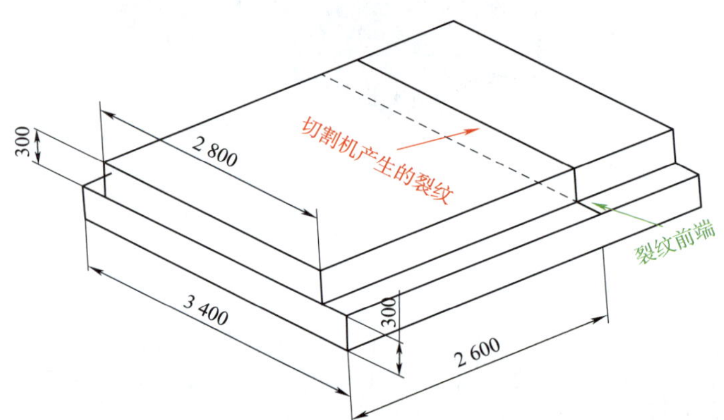

图4-29 板块尺寸(单位:mm)

表4-5 模块参数

部件	参数	数值
道床板	弹性模量(MPa)	32 500
	泊松比	0.2
混凝土支承层	弹性模量(MPa)	22 000
	泊松比	0.2
	断裂韧度(MPa·$m^{0.5}$)	0.5
界面	界面强度极限(MPa)	0.24
	界面断裂韧度(MPa·$m^{0.5}$)	0.13
路基	基础刚度(MPa·m^{-1})	1 000

采用大型通用有限元软件 ANSYS 建立有限元计算模型，如图 4-30 所示。

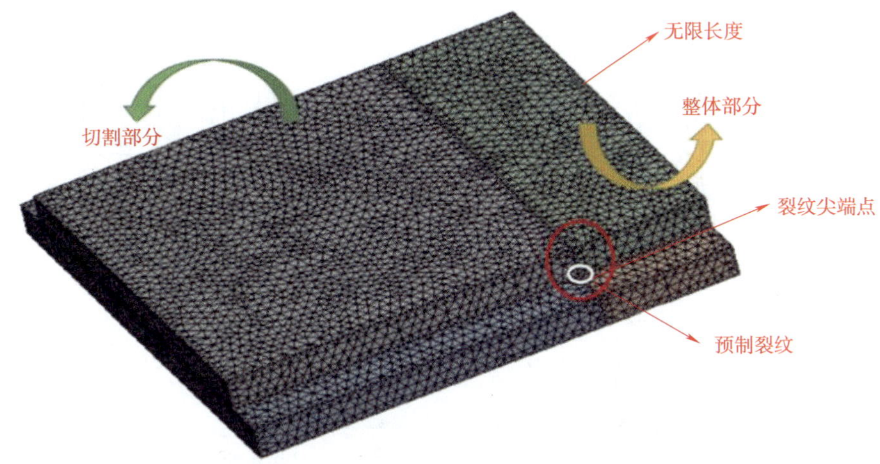

图 4-30　计算模型

按照路基表层约束最大的情况即支承层与路基完全粘连的情况下进行分析。

由图 4-31 可知，此种工况条件下劈裂力完全大于混凝土支承层的断裂韧度，结构在劈裂机的作用下快速即可完成劈裂分离。

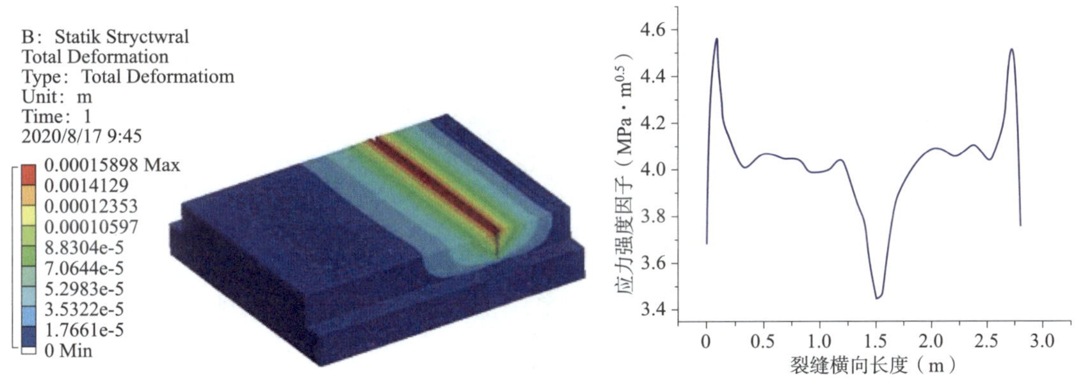

图 4-31　道床板劈裂变形

当被切割道床板长度分别为 1 m、1.5 m、2 m、2.5 m、3 m、3.5 m 时(劈裂长度超过 3.5 m 时混凝土重量大于叉车额定起重量，因此不予考虑)，在劈裂机的作用下，裂缝尖端的应力强度因子如裂缝尖端应力强度随劈裂长度变化关系如图 4-32 所示。当劈裂长度小于 2 m 时，裂缝尖端应力强度因子随劈裂长度的增大而减少。当裂缝长度大于 2 m 时，在劈裂机的作用下，裂缝尖端的应力强度因子差异很小，但是都远大于混凝土的断裂韧度，在劈裂机的作用下可完成劈裂分离。

②道床板与支承层未完全粘连状态

道床板与支承层未完全粘连状态的计算模型如图 4-33 所示，通过进行有限元模拟分析，得到的各部件位移云图，如图 4-34 所示。由图 4-34(a)可知，在未起裂阶段支承层与道床板界面上下附近的位移云图基本相同，这表明了劈裂力可以很好地由道床板传递到支承层结构上。由图 4-34(b)可知，在界面处刚刚起裂的阶段，裂缝上下表面附近的位移有一定的差异，但差异值不大，这表明劈裂力并不能完全地传递到下部道床板

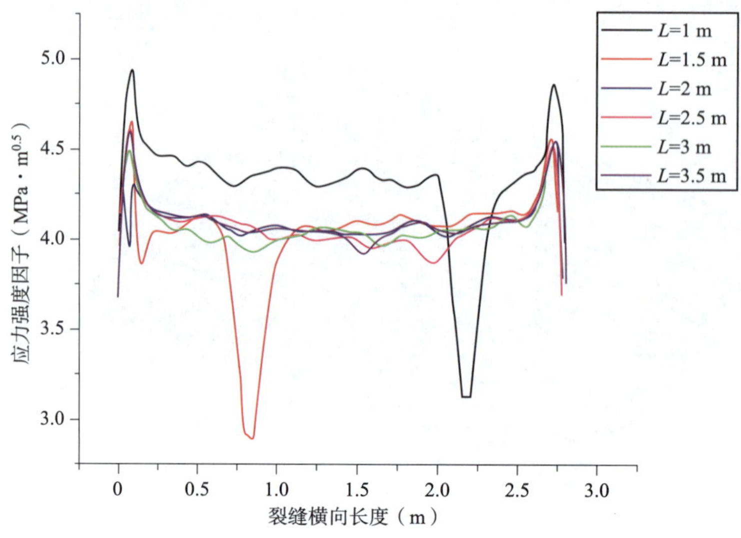

图 4-32　裂缝尖端应力强度随劈裂长度 L 变化关系

结构，此时对劈裂的效果有一定的影响。由图 4-34(c)与(d)可知，在分离阶段与完全阶段，界面上下的位移差很大，劈裂力几乎不能传递到支承层，进而不能引起结构的劈裂。若劈裂机的分离力大于 240 t，被切割部分上下层易产生分离，劈裂力无法由上部道床板结构传递到下部支承层结构，因此在该种工况下无法完成支承层劈裂分离。

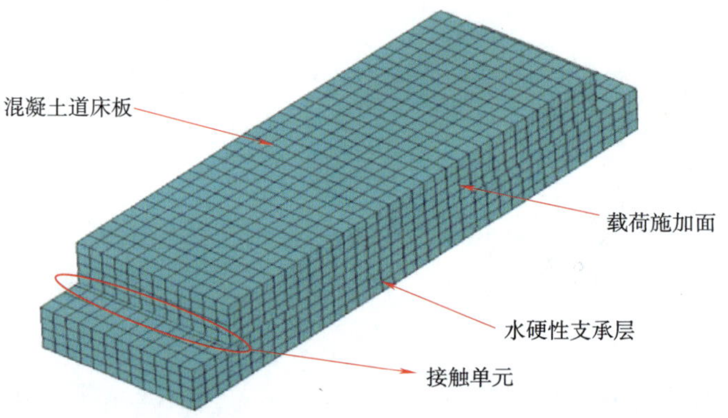

图 4-33　道床板与支承层未完全粘连状态计算模型

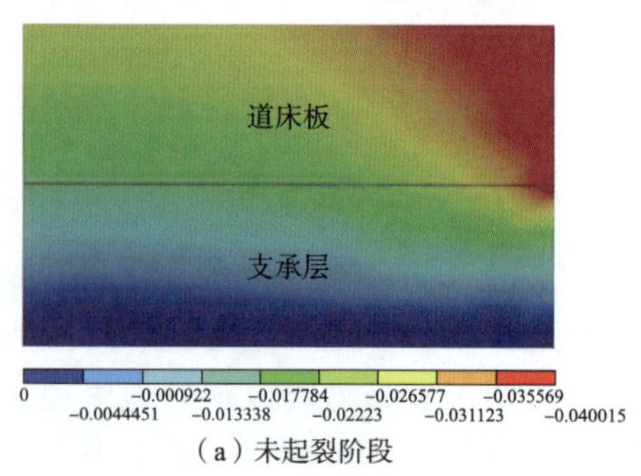

(a) 未起裂阶段

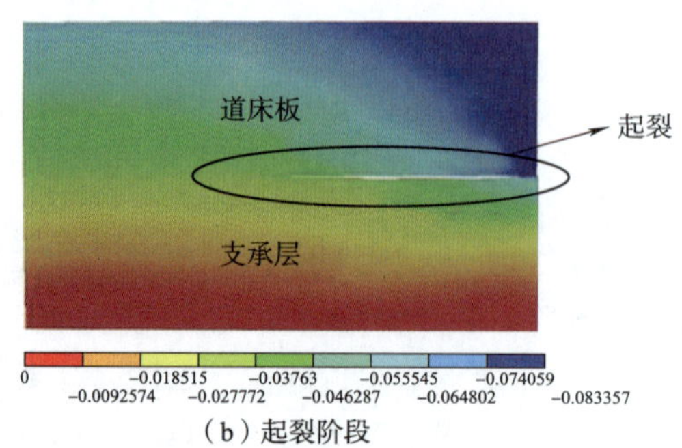

(b) 起裂阶段

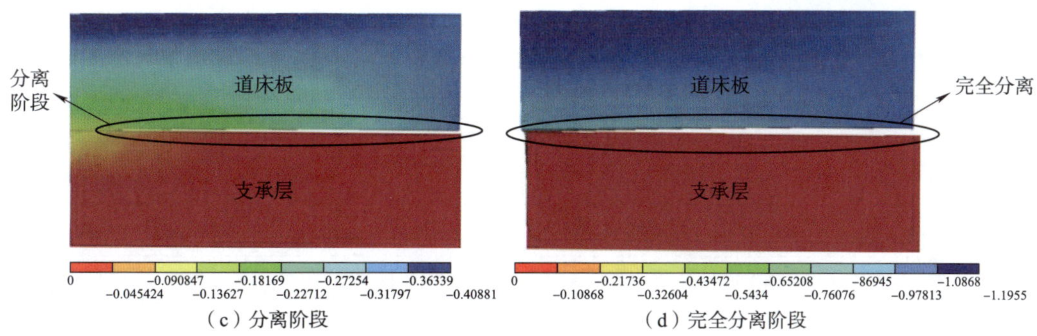

（c）分离阶段　　（d）完全分离阶段

图 4-34　各部件位移云图

内聚系数表示未完全粘连与完全粘连状态下层间内聚力的比值。由图 4-35 可知，随着内聚系数以及被劈裂长度的增大，使道床板与支承层上下界面分离的劈裂力也就越大，界面也就越不容易产生分离，即劈裂力可以很好地由道床板传递到支承层上，在劈裂机的作用下很快即可完成劈裂工作。因此，为了防止出现道床板与支承层未粘连而导致双块式无砟轨道无法劈裂这种状况，一般建议被劈裂道床板块的长度大于 1.5 m。

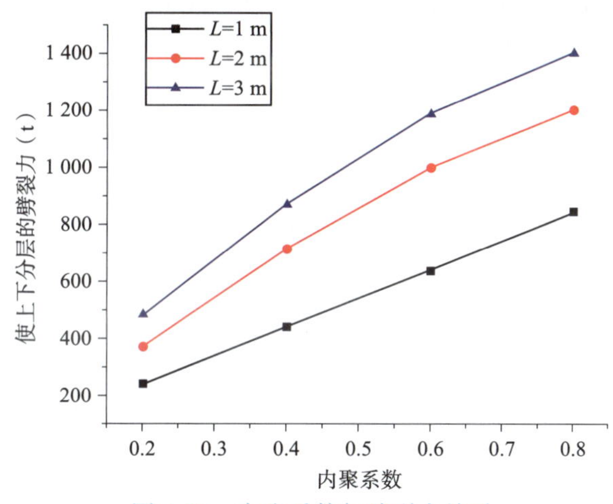

图 4-35　内聚系数与劈裂力关系

当道床板与支承层结构完全粘连时可按叉车额定起重量 16 t 确定被劈裂的双块式无砟轨道长度(不超过 3.5 m)。当道床板与支承层结构未完全粘连时，被劈裂的双块式无砟轨道长度应当大于 1.5 m。

综上所述，被劈裂道床板块的合理长度宜控制在 2～3 m 之间，最短不少于 1.5 m，最长不大于 3.5 m。切割单元双块式无砟轨道道床板质量统计见表 4-6。

表 4-6　切割单元双块式无砟轨道道床板质量统计

部位	尺寸分类(m)	钢筋质量(t)	轨枕数量(根)	轨枕质量(t)	C40 混凝土质量(t)	总质量(t)	备　注
道床板	2.6	0.189 8	4	0.840	4.15	5.18	C40 混凝土
支承层	2.6	—	—	—	6.63	6.63	C20 混凝土
合　计						11.81	

根据选用的叉车额定起重量，计算无砟道床板重量，按照道床板与支承层为整体板块装车外运考虑，无砟道床板块切割单元长度定位 2.6 m/块，无砟道床破除时候单元划分如图 4-36 所示。

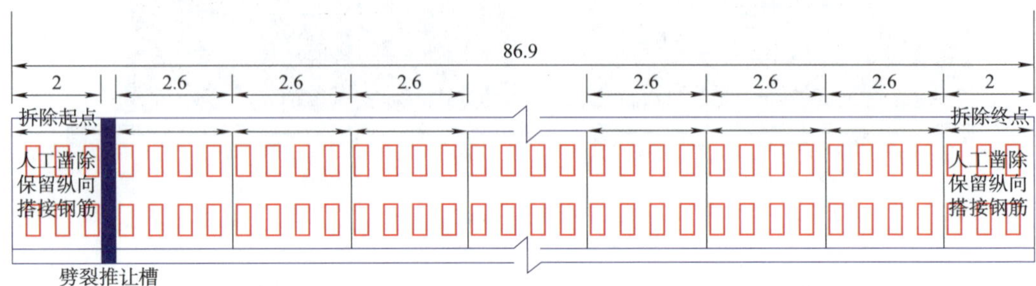

图 4-36　无砟道床破除单元划分示意(单位：m)

4.1.2.3　工艺性试验验证

1. 试验背景

既有高速铁路无砟轨道破除施工属国内首次，无经验可循，营业线施工风险高，安全不易把控。因此，为提高施工效率、降低施工风险，加大对营业线无砟道床破除施工的控制，在正式拆除无砟轨道前，在线外模拟制作一段无砟轨道试验段，通过拆除和外运等试验，验证无砟道床破除及外运方案及设备选型，获取相关参数，调整资源配置，为深圳北站既有线无砟轨道拆除施工做好准备。

2. 试验内容及工艺流程

(1)试验内容

按照既有路基地段双块式无砟轨道结构形式新建一段长 10 m 直线无砟轨道结构，主要包括支承层和钢筋混凝土道床板，如图 4-37 所示，待强度达到设计要求后，采用墙锯切割的方式对试验段道床板及支承层进行分段切割，道床板切割长度分别选取 1.95 m 和 2.6 m，切割后分块采用起道机顶升 20 cm 后放置方木条，采用平衡重式内燃叉车装车倒运出场。通过试验比选，总结拆除无砟轨道结构须具备的条件，包括工艺工法、机械设备的型号及大小、板块切割尺寸、装车方式及拆除、起吊、装车、倒运出场所需的时间。

(a) 混凝土浇筑

(b) 覆盖养护

图 4-37　试验段浇筑

(2)工艺流程

施工准备→场地平整、支承层放样测量→立支承层模板→支承层混凝土浇筑及养护→道床板钢筋绑扎、立模→道床板混凝土浇筑及养护→接触网模型组立安装→工艺性试验作业面施工(墙锯切割、电镐凿除、板块劈裂、板块顶升、叉车转运试验)→叉车纵向提升转运试验等。

3. 试验结论

通过现场工艺性试验(图4-38),墙锯切割加劈裂机劈裂法可以破除无砟道床,采用16 t液压叉车可叉运2.6 m/块的无砟轨道,因此明确了无砟轨道拆除时切割板块选取2.6 m/块、叉车选取16 t液压叉车,同时明确了拆除的施工方法,即首先由技术人员进行搭接人工凿除区、切割区域弹墨线,然后采用墙锯切割、取芯机取孔、劈裂机劈裂、叉车叉运整块支承层加道床板进行装车的方式。通过试验发现墙锯在锯切道床板时会产生泥浆随冷却水飞溅现象,为避免对既有线行车产生影响,须在切割时设置挡泥板。无砟轨道叉运安全风险大,明确了24小时进行切割、天窗点进行叉运(同时供电配合停电)的施工方案。

图4-38 无砟道床拆除工艺性试验

4.1.2.4 营业线无砟道岔插铺施工技术研究

1. 技术难点

(1)新筑路基沉降观测期不足。按照《高速铁路轨道工程施工质量验收标准》规定,无砟道岔施工前须对线下单位等接口工程进行验收,其中,无砟轨道下方路基须提供路基沉降变形观测报告,且观测期不少于6个月。由于站改工程的特殊性,原无砟轨道外侧新筑路基沉降观测期不足,如何保证无砟道岔施工后不出现因路基沉降而导致的质量问题是难点所在。

(2)作业空间小,上下左右均有不可触碰的限界,如上方的接触网、地面的电缆及既有设备、线间的物理隔离结构、外侧的接触网立柱等,混凝土浇筑无法使用天泵进行施工,使用大型起重吊装设备进行道岔拼装作业必须在停电天窗点内进行,设备选用受限。

(3)质量控制难度大。新施工的道岔需要与既有无砟线路精准顺接,保证轨道的高平顺性。

(4)邻近运营线5 m线间距施工无砟道岔,无成熟经验可借鉴,列车振动对道岔混凝土质量影响需要加以研究。

(5)四电接口工程时间紧。接口工程必须一次性精准安装到位,基本无整改克缺时间。

2. 研究思路

为了不影响正常的行车运输，尽可能减少现场施工和运营的相互干扰，施工前必须做好充分的技术准备工作，包括既有设备及施工场地的详细调查，准确的测量放样工作及必要复测工作，包括测定插入道岔位置，放设外移桩、点，插入道岔的高程控制，CPⅢ精调等；轨料吊装及转运尽量安排在天窗点停电的情况下集中进行，若非天窗时间，则需要用简易门吊进行吊卸；无砟道岔道床混凝土浇筑不能使用天泵泵送，改为采用地泵泵送法，减小安全风险。

3. 施工组织

(1)道岔施工组织

通过提前进行场内无砟道岔铺设工艺性试验，模拟既有线插铺道岔施工工况及工艺，确定正式工程无砟道岔施工相关参数，编制无砟道岔施工作业指导书，提前进行道岔施工组织筹划。成立高速道岔专业化施工队伍，并组织无砟高速道岔专业知识培训，邀请无砟道岔施工专家与道岔生产厂家进驻场内进行作业指导。

无砟道岔采用原位法铺设，通过CPⅢ精密控制网反复测量精调与既有线线型进行顺接，确保无砟道岔的高平顺性。针对既有线无砟道岔施工新工艺、新技术进行探索，促进站改工程高质量、高效率完成。

(2)道岔接口工程施工组织

提前沟通对接，在站改前进行既有设备的详细调查及电缆摸底，对影响无砟轨道改造的设备进行迁改，确保顺利实施。全过程盯控，对于接口工程的各个工序进行把控，确保信号设备一次性精准安装。优化道岔工电联调方案，编制道岔工电联调施工计划卡控表，每天由工电联调领导小组成员现场检查计划落实情况。利用旁边股道进行接触网带张力放线施工，然后进行接触网粗调，无砟道岔完成后再进行接触网精调，缩短整体施工时间。

4.1.3 既有站台墙切割及帮宽

为了使深圳北站19、20道到发线与广深港正线顺接，对19、20股道北咽喉进行封闭改造施工，新建19道向曲线内侧偏移0.45 m，10号站台墙19股道侧需要切割既有站台墙0～0.45 m，施工里程范围K2396+158.57～+221.206，长度62.63 m。新建20道向曲线内侧偏移0.63 m，11号站台墙20股道侧需要加宽0～1.04 m，施工里程范围K2396+158.57～K2396+220.29，长度61.72 m。站台墙改造为天窗点施工，每天有效施工时间仅为3.5 h，总施工时间仅有160 h。通过对安装站台墙预制板及现浇站台墙两种施工方案现场实际操作比选，采用施工进度快、线形控制精确、倒运材料少的现浇站台墙施工方案。

1. 施工准备

为保证19、20股道在施工期间能接发南咽喉列车，17～20股道北端设置车挡，移设S17～S20出站信号机。考虑施工区域有接触网，接触网到站台面的垂直距离为4.05 m，同时既有站台内有缆线，考虑既有设备安全保护，临时围挡基础采用混凝土预制块尺寸为1 m×0.6 m×0.3 m(长×宽×高)，围挡立杆采用30 cm×30 cm截面的钢管柱，高度 240 cm，间距 3 m，围挡采用 2 mm 厚的镀锌板。人工采用风镐对既有站台墙面砖进行撬除，如图 4-39 所示。

（a）临时围挡

（b）撬除面砖

图 4-39　施工准备措施

2. 测量定位

点位测量采用双控，采用全站仪每隔 1 m 进行测量放样，并与设备主管单位逐点进行限界测量，确认后进行施工，减少施工误差及返工，如图 4-40 所示。

（a）测量放样

（b）限界测量

图 4-40　站台限界复核

3. 既有站台墙切割

为给大机捣固提供通道，需先进行 19 道站台施工，施工后进行 19 道轨道拨接，保证大机捣固通过 19 道站台时不侵限。考虑 19、20 道长编组停车，既有站台只能进行 26 m 范围内的围蔽，围蔽以外剩余部分每晚天窗点施工后，必须保证不影响第二天旅客上下列车，因此针对不同的切割或加宽采用不同的施工方法。

(1)19 道站台超限界 17～40 cm 范围内首先采用人工开挖既有站台台背土，开挖深度 1.5 m，底宽度 2 m，远离站台墙侧按照 1∶0.2 进行放坡，采用绳锯水平(轨道封闭层顶面位置)、竖直方向每 1 m 采用绳锯进行切割，如图 4-41(a)所示。

(2)19 道站台超限界 0～17 cm 范围内采用切割机仅切割既有站台墙台帽，如图 4-41(b)所示，不切割既有站台墙墙身，每 1 m 进行测量定位，采用混凝土切割机进行切割。对超出范围的站台墙外檐钢筋进行切割，如外漏钢筋采用环氧砂浆涂抹保护。凿除的混凝土表面进行清理冲洗，对站台墙外檐按照原来站台的装修样式进行装修。一个天窗点内各个施工项目的施工工效见表 4-7。

（a）19道既有站台挖孔

（b）19道既有站台切割

图 4-41　19 道既有站台挖孔、切割

表 4-7　切割施工工效(一个天窗点)

序号	施工项目	工　效
1	人工开挖站台土	15 人开挖 5 m
2	绳锯水平切割站台墙身	1 台设备切割 10 m
3	墙锯竖直切割站台墙身	1 台设备切割 3 道竖缝
4	人工倒运废弃站台墙混凝土块	20 人倒运 3 m 长站台墙

4. 既有站台墙加宽

(1)20 道站台需加宽 16～102 cm 范围内采用切割机切割既有站台墙台帽及既有站台墙墙身 10 cm，在既有站台墙上用凿毛机对墙面混凝土表面进行凿毛处理，然后用旋转钢丝刷清扫机清扫，再用鼓风机或吸尘器清除浮沉、细粒，用高压水枪冲洗一遍，具体施工如图 4-42 所示。间距 30 cm 梅花形植筋，为保证连接质量，在钻孔内注植筋胶，

图 4-42　20 道站台切割、凿毛

注胶完成后，缓缓插入植筋孔。基础施工须人工开挖至设计墙底高程，进行接长既有站台墙基础，基础宽按加宽值控制，基础厚 20 cm。

(2)20 道站台需加宽 3～16 cm 范围内采用切割既有站台墙台帽，安装预制台帽盖板，加宽 0～3 cm 范围内采用站台面砖外移，具体施工如图 4-43 所示。在既有站台墙加宽的施工过程中，各个施工项目一个天窗点内工效见表 4-8。

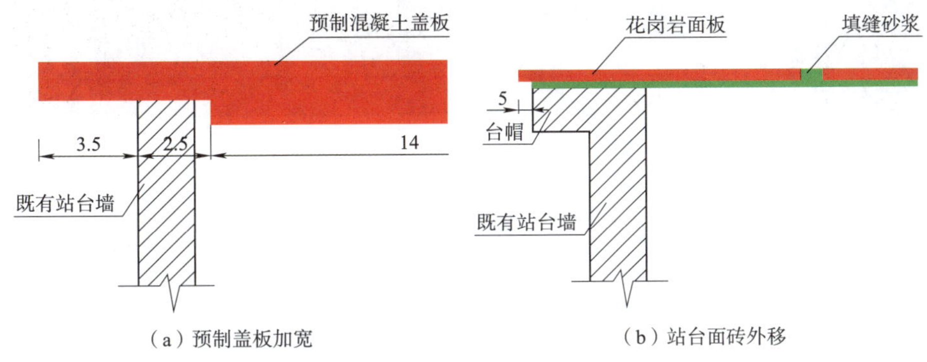

图 4-43　20 道站台加宽(单位:cm)

表 4-8　加宽施工工效(一个天窗点)

序号	施工项目	工　　效	备　　注
1	强锯切割站台墙台帽	1 台设备切割 8 m	
2	人工倒运废弃站台墙台帽混凝土块	20 人倒运 5 m 长站台墙	
3	安装预制盖板	10 人安装 4 m	一块盖板宽 0.5 m
4	外移站台面板	10 人安装 5 m	

5. 新建站台墙钢筋、模板施工

新建站台墙分基础和墙身采用两次现浇浇筑，浇筑基础前对既有站台墙基础进行清洗、植筋，确保新老站台墙基础连接牢固，浇筑前需要预埋墙身钢筋及模板拉杆预留钢筋。为保证模板加固不侵入限界，墙身模板采用竹胶板做面板，10 cm×10 cm 方木做竖向背带，双拼 ϕ5 cm 钢管做横向背带，模板加固采用拉杆进行固定，外侧不设置支撑斜杆。19 道、20 道新建站台钢筋、模板加固如图 4-44、图 4-45 所示。一个天窗点内钢筋、模板施工工效见表 4-9。

图 4-44　19 道新建站台钢筋、模板加固

图 4-45　20 道新建站台模板加固

表 4-9　钢筋、模板施工工效(一个天窗点)

序号	施工项目	工　效
1	基础钢筋绑扎	15 人绑扎 20 m
2	墙身钢筋绑扎	15 人绑扎 15 m
3	模板加固	10 人安装 10 m

6. 混凝土浇筑

混凝土浇筑前须在站台墙端部安装接地端子并与既有贯通地线进行连接。19 道浇筑前须每 3 m 安装泄水管,管口设置碎石滤水层;20 道浇筑前须接长既有站台墙泄水口。对限界、高程进行复核,混凝土浇筑采用地泵进行浇筑,利用一个天窗点地泵管横向通过钢轨时采用包裹支垫,台帽与墙身一次性整体现浇。站台帮宽浇筑如图 4-46 所示。

图 4-46　站台帮宽浇筑

4.1.4　无砟轨道地段路基沉降控制

由于深圳北站改造封锁施工工期有限(69 天),路基换填 15 天时间,改建动走 A 线无砟轨道基床施工无法满足《高速铁路轨道工程施工质量验收标准》(TB 1075—2018)、《铁路工程沉降变形观测与评估技术规程》(Q/CR 9230—2016),不能保证满足路基填筑完成或施加预压荷载后沉降变形观测期不应少于6个月并宜经过一个雨季的要求。

1. 主要设计措施

(1)GDZADK0+045～GDZADK0+654.87段,改建动走A线及新建动走左右线铺设无砟轨道基床,原设计基床表层厚0.4 m填筑级配碎石,底层厚2.3 m换填A、B组填料,换填底部铺设0.5 m厚碎石垫层内置一层土工格栅,变更为基床表层及底层均填筑级配碎石掺5%水泥,取消基床底层碎石垫层及土工格栅,基床底层换填基底增加微型钢管桩加固,桩径273 mm,壁厚10 mm,桩长10 m,正方形布置,间距1.2 m,钢管内灌注C35细石混凝土,桩顶设20 cm碎石垫层+10 cm中粗砂,中粗砂内置一层双向土工格栅,格栅极限抗拉强度大于等于200 kN/m。

(2)对动走A线每隔50 m设计一个沉降监测断面,自动化监测断面和人工监测断面相隔布置。

①自动化监测断面:每断面布设物位计3个,分别放置于改建动A线、新建动走左右线基床换填底部,如图4-47所示。

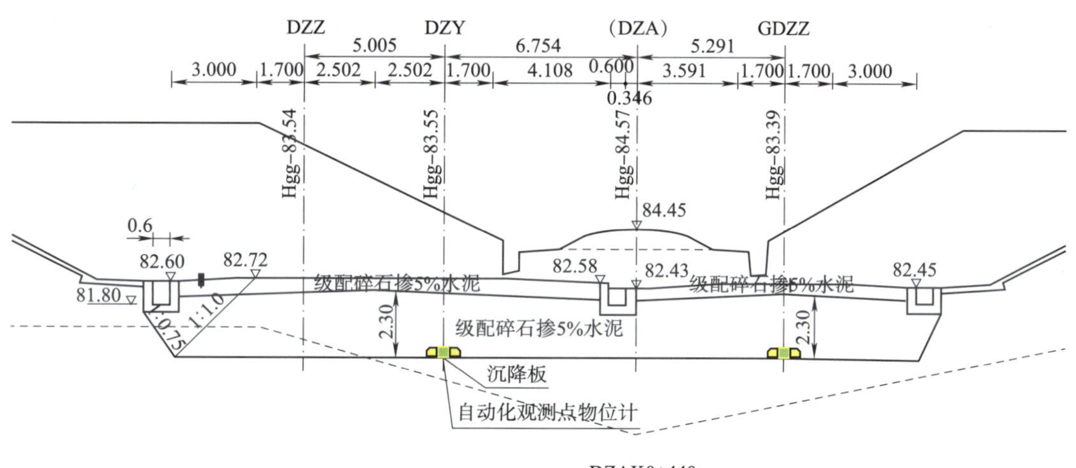

图4-47 自动化监测断面设计示意(单位:m)

②人工监测断面:改建动走A线中线下基床换填底部设沉降板,地表及两侧侧沟内侧(或电缆槽内侧)设沉降监测桩;新建动走左右线中间基床换填底部设沉降板,地表及两侧侧沟内侧(或电缆槽内侧)设沉降监测桩,如图4-48所示。

2. 沉降分析说明

(1)荷载分析

动走线为三线轨道,以DZAK0+500断面为列。

轨道荷载:13.7×3.4=46.58 kN/m;

列车荷载:36.8×3.4=125.12 kN/m;

线间荷载:15.1×(5−3.4)=24.16 kN/m;

则三线双荷载总荷载:46.58×3+125.12×2+24.16=414.14 kN/m,荷载分布宽

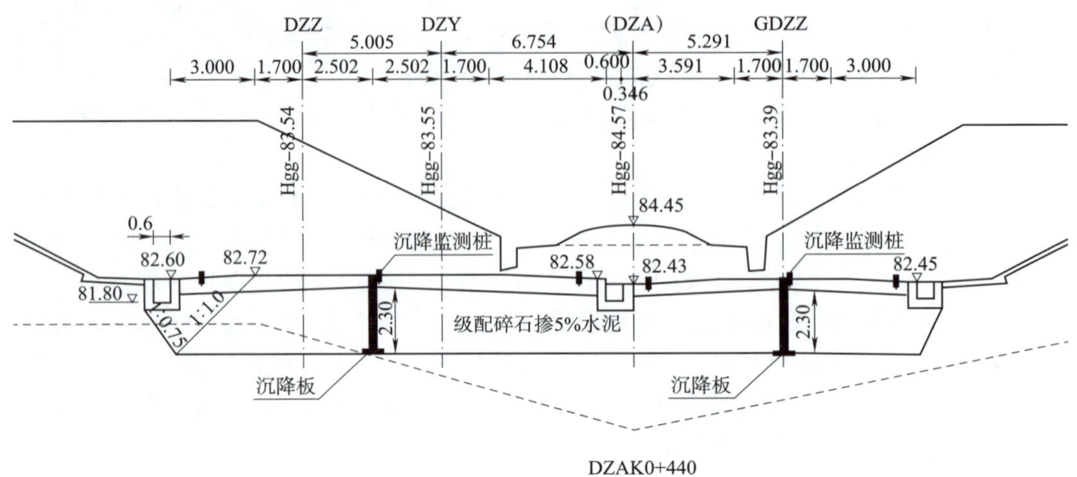

图 4-48　D-2 型监测断面设计示意(单位:m)

度 22.84 m,上部填土容重取 19 kN/m^3,相当于换算土柱高 0.95 m。

(2)沉降分析

该段位于挖方地段,挖深一般为 2～5m,且地基进行钢管桩加固,不存在工后沉降。后期以换填填料压实沉降为主。

3. 测量数据分析

本段沉降观测起始时间为 2019 年 10 月 24 日,观测频次为 1 d/次,本次分析数据截止日期为 2019 年 11 月 4 日。累计沉降量在 0.13～5.13 mm 之间,沉降速率为 0.03～0.47 mm/d,最大沉降位于 GDZADK0＋350 右侧沉降板。区段累计沉降量曲线如图 4-49 所示。

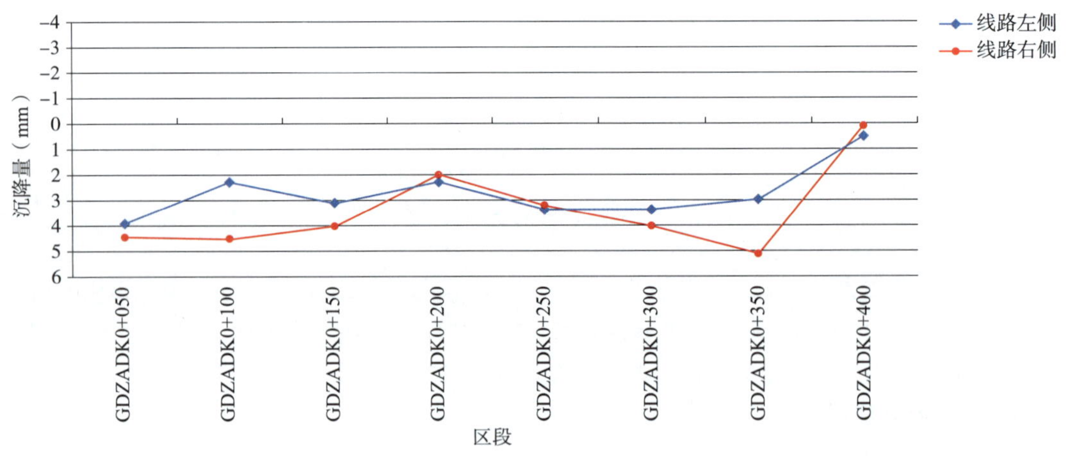

图 4-49　区段累计沉降量曲线

GDZADK0＋045～GDZADK0＋654.87 段的 16 个测点,主体完工后测量时间为 5 天,各测点实测累计沉降量在 0.13～5.13 mm 之间,沉降速率在 0.03～0.47 mm/d;本区段测点在主体工程完工后沉降增量均较小,各测点初步表现出趋于收敛的变形趋势,沉降满足规范要求。

4.2 信号系统改造关键技术

信号系统改造主要涉及现场设备安装及调试和各个系统软件的编制仿真及试验，现场改造施工和软件的编制、仿真、试验需要在既定的工期节点内同步推进并需高度协调，软件的现场换装试验需要依托现场设备的安装完成，而现场设备的调试需要借助软件的换装进行试验，在深圳北站改造过程中，为了能够使在封锁范围以外的区域能够正常运营，信号系统专业需要进行过渡施工。在封锁前，将影响新线路铺设区域内的信号电缆进行迁改，待进行大封锁时，信号专业做过渡处理并换装过渡版软件。

在信号系统进行改造的过程中，需要进行电缆迁改及过渡工程施工；室外新增道岔安装、新增进、出站信号机安装及移设；室内设备安装及改造；同时引起既有电源屏增加轨道电路、交流道岔电源、信点灯电源输出模块容量，既有联锁、CTC、微机监测软件的更换，既有列控中心及广深港 RBC2 根据信号设备布置的变化修改列控数据、修改编码。

4.2.1 CTCS-3 信号改造

4.2.1.1 CTC 改造

深圳北站、深圳动车运用所属于深圳北枢纽台管辖，在相关数据及软件配置经过仿真测试后，在既有的硬件平台上对深圳北站、深圳动车运用所进行软件修改。本次深圳北站、深圳动车运用所改造需要深圳北枢纽台、厦深台及深圳北站、深圳动车运用所本站及邻站车站的相关终端数据及软件修改。

施工前，应提前对所有施工项目的既有情况进行详细的现场调查，探明开挖施工区域范围内的信号设备、箱盒的详细位置和信号控制电缆的详细敷设路径。结合现场调查情况制定详细的施工方案，对施工区域的信号设备、箱盒、控制电缆进行迁改移设或有效防护。特别注意开挖施工时，须探明施工区域的信号控制电缆敷设情况并做好有效防护或迁改后才能进行。

在施工期间，对于暂时停用的线路，应在联锁操作终端上通过按钮钮封功能将相应的信号机列车按钮或调车按钮封闭，禁止办理停用线路上的列车或调车进路。线路恢复并经测试或试验合格后，方可启用封闭的进路按钮。拆除、过渡增设或过渡完成恢复的室内外信号设备或软件后，须进行相关测试和试验后才能投入使用。

因深圳北站、深圳动车运用所站场图更改，须修改深圳北站、深圳动车运用所的站场图数据；因深圳北站、深圳动车运用所进路表更改，须修改深圳北站、深圳动车运用所的进路表；因深圳北站、深圳动车运用所联锁接口发生变化，须修改深圳北站、深圳动车运用所的联锁接口；因深圳北站列控接口发生变化，须修改深圳北站的列控接口；因深圳北站、深圳动车运用所站场图更改，须修改广州局集团公司客专中心深圳北枢纽台、客专与国铁集团接口服务器的软件。

1. 软件施工时间

软件换装 60 min，回退 60 min（本部分不包括电务段试验的时长）。

2. 施工地点

CTC/TDCS 中心。

3. 要点内容及影响范围

(1)停用深圳北枢纽台 CTC 设备,影响深圳北枢纽台 CTC 功能(调监显示、计划控制、调度命令下达取消、限速下达取消功能),进行深圳北枢纽台行调、助调及调监中关于深圳北站和深圳动车运用所的配置及站场数据修改。

(2)停用深圳北站 CTC 设备,影响深圳北站 CTC 功能,更换深圳北站车务终端 A/B 机、信号员 A/B 机,自律机 A/B 机、电务维修机的配置及站场数据。

(3)停用深圳动车运用所 CTC 设备,影响深圳动车运用所 CTC 功能,更换深圳动车运用所车务终端 A/B 机、信号员 A/B 机,自律机 A/B 机、电务维修机的配置及站场数据。施工内容及步骤如下:

①更换深圳北枢纽台行调、助调、调监数据及软件;

②更换深圳北站车务终端、信号员终端、电务维修机数据及软件。

(4)更换深圳北站自律机数据及软件。

①试验深圳北站、深圳动车运用所进路触发功能;

②试验深圳北站、深圳动车运用所调度命令功能;

③核对深圳北站、深圳动车运用所站场表示;

④试验深圳北站、深圳动车运用所操岔功能;

⑤试验深圳北站、深圳动车运用所 TDCS 功能;

⑥试验深圳北站的列控区间逻辑检查功能。

4.2.1.2 RBC 改造

1. RBC-2-HS 系统

系统由四个部分组成:RBC 机柜、RCC 机柜、IFC 机柜、系统综合柜,系统硬件结构如图 4-50 所示。

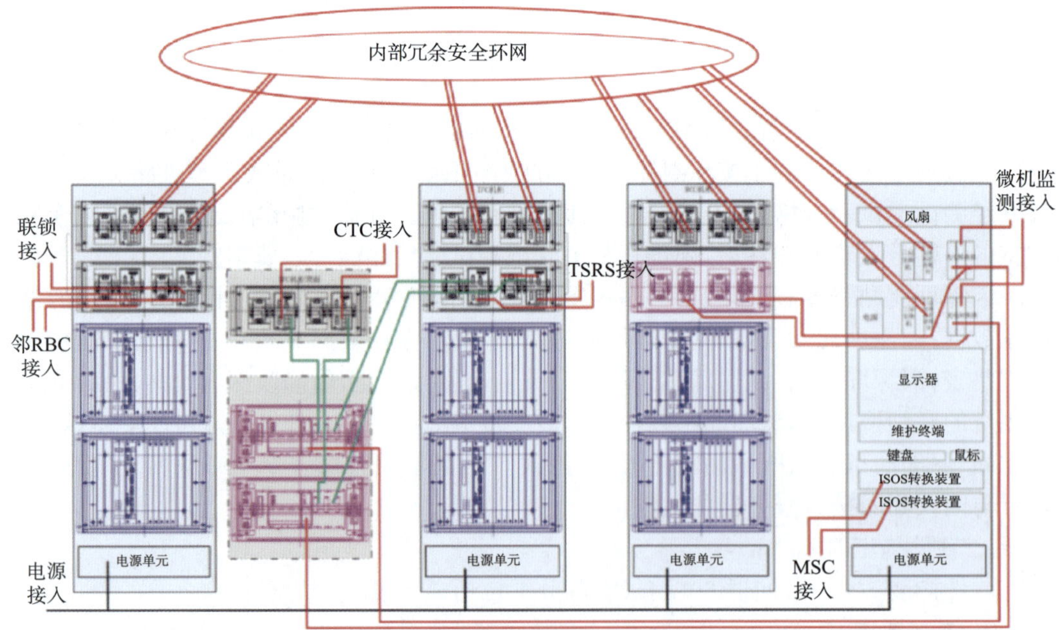

图 4-50 RBC-2-HS 系统硬件结构

其中各部分机柜包含软件见表 4-10。

表 4-10　各部分机柜包含软件

硬　　件	软　　件
RBC 机柜	RBC 软件
RCC 机柜	RCC 软件
IFC 机柜	IFC-C 软件及 IFC-T 软件
系统综合柜	RBC 终端软件及 ISDN 软件

RBC-2-HS 型设备软件由四部分组成：RBC 软件、RCC 软件、IFC-C 软件、IFC-T 软件。各个软件本次的升级范围见表 4-11。

表 4-11　软件升级范围

升级前	升级后	目标单元
V1.0.8.9	V1.0.8.10	广深港 RBC2—RBC 单元
V1.0.7	V1.0.8	维护终端数据

2. 软件升级

(1)前期准备工作

RBC-2-HS 型软件升级所需准备工具及待升级软件见表 4-12。

表 4-12　工具及待升级软件

升级工具	升级笔记本一台
	RJ-45 接口网线一根(直连线)
软　　件	待升级软件
	现场使用软件

(2)软件升级流程

由于升级 RBC、RCC、IFC-C、IFC-T 软件大致相同，以 RBC2 中的 RBC 软件升级为例，软件升级流程如图 4-51 所示。

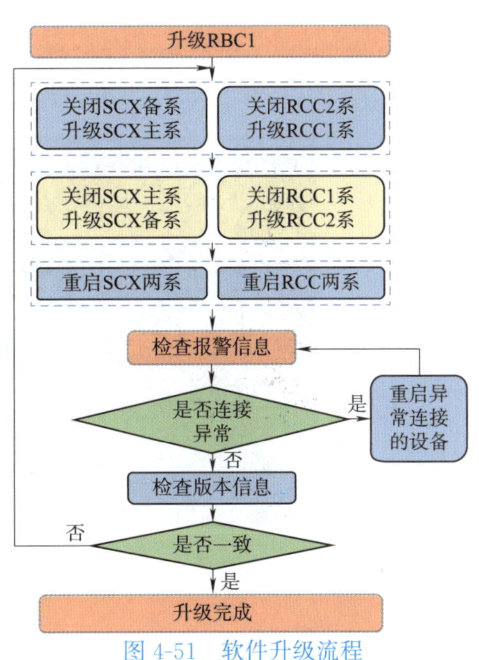

图 4-51　软件升级流程

(3)RBC 软件升级施工

数据烧录是将 RBC 软件和数据烧录到 RBC 相应的模块(RBC 模块、RCC 模块、IFC-C 模块和 IFC-T 模块)中去，烧录前先把另一系的 SCX 控制器模块关闭，只保持烧录数据的 SCX 控制器模块为开机状态。各设备软件的烧写方法相同，仅烧写线连接对象、烧写选项不同，此处以 RBC 烧写为例进行描述，其他设备在烧写过程中按照提示选择相应的选项。

注意：连接烧写线前设备须属于断电状

态；烧写前必须确认烧写对象与烧写文件一致。

①烧写电脑 IP 地址。

②连接 PC⇔SCX 控制器模块。PC⇔SCX 控制器模块之间用网线连接，PC 侧连接到 RJ45 网络接口、RBC 侧连接到 SCX 控制器模块的 SCX2 前面板的 EPORT 接口。

连接 PC 和 SCX 控制器模块后，对应机笼上电（另外一个机笼断电），如图 4-52 所示。

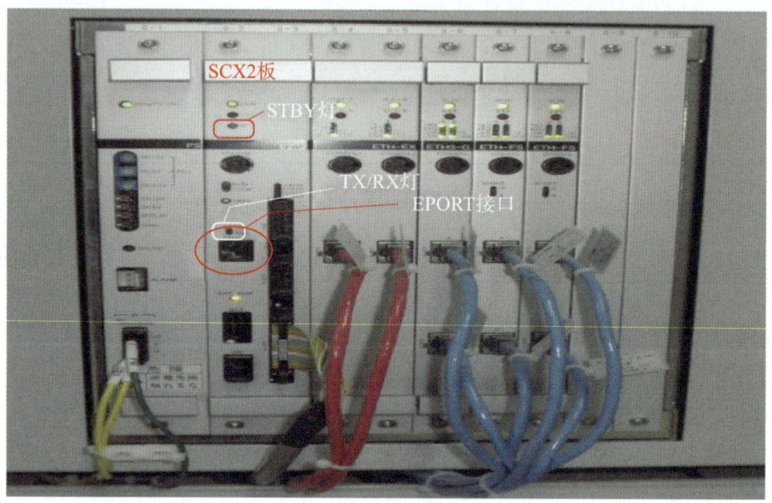

图 4-52　SCX 控制模块指示灯位置

③拷贝数据。将被烧写软件（RBC 包括 atpm01、SCX-Edition（RBC））拷贝至烧写电脑的“C:\scx\alloc”目录下。

④启动软件。烧写对象单系上电；待 SCX 模块的 SCX2 板的 STBY 灯闪烁，SCX2 板的 EPORT 接口上方的 RX 灯闪烁，双击桌面快捷方式“SCXLD. exe”，启动烧写软件，如图 4-53 所示，在 Main menu 中按照提示输入“2”，加载数据。

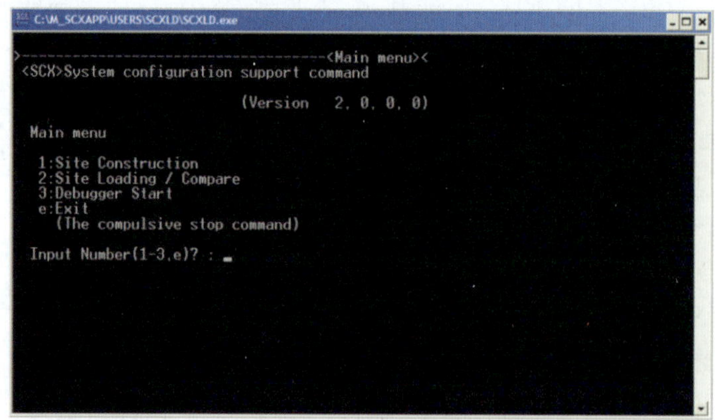

图 4-53　启动软件

⑤加载数据。在 Sub menu 中按照提示输入“1”，加载数据，如图 4-54 所示。

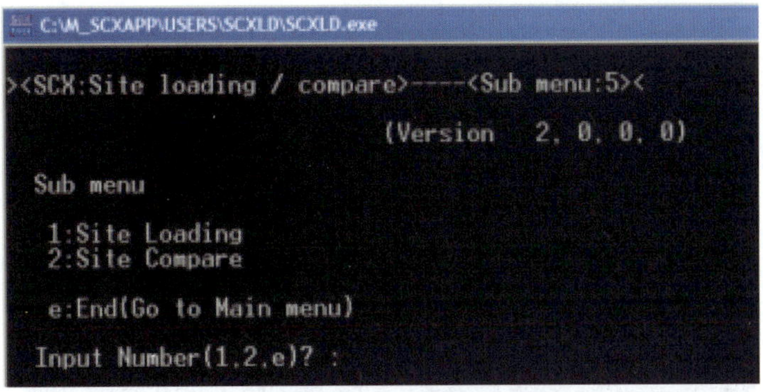

```
C:\M_SCXAPP\USERS\SCXLD\SCXLD.exe
><SCX:Site loading / compare>----<Sub menu:5><
                         (Version   2. 0. 0. 0)
 Sub menu
  1:Site Loading
  2:Site Compare
  e:End(Go to Main menu)
 Input Number(1,2,e)? :
```

图 4-54　加载数据

⑥选择烧写对象。在 Sub menu 中按照提示输入“1”，选择备烧写的设备如图 4-55 所示；其他设备须输入对应的编号，按照提示输入“y”如图 4-56 所示，程序开始烧写。

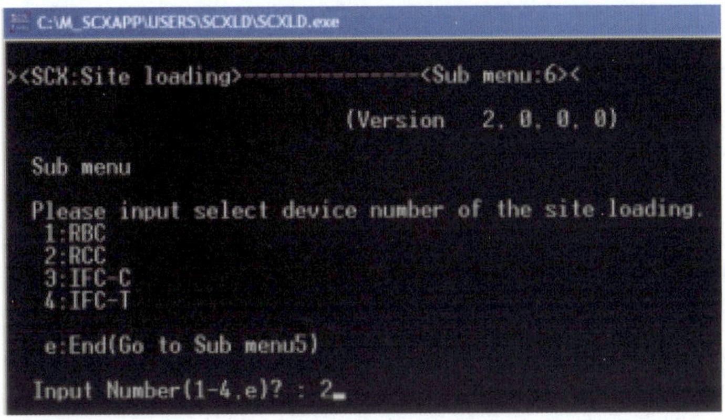

```
C:\M_SCXAPP\USERS\SCXLD\SCXLD.exe
><SCX:Site loading>--------------<Sub menu:6><
                        (Version   2. 0. 0. 0)
 Sub menu
 Please input select device number of the site loading.
  1:RBC
  2:RCC
  3:IFC-C
  4:IFC-T
  e:End(Go to Sub menu5)
 Input Number(1-4,e)? : 2
```

图 4-55　选择烧写设备

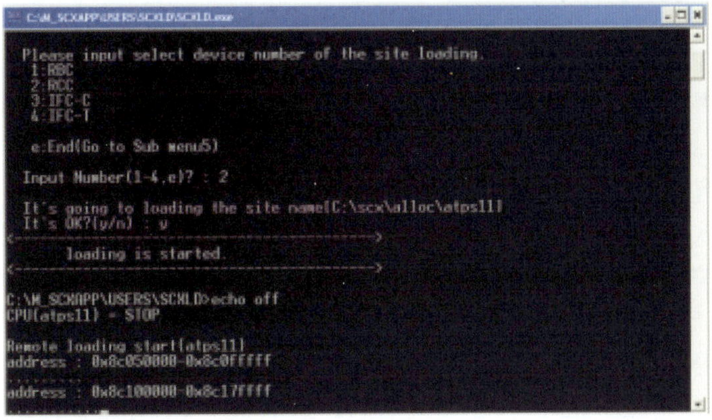

```
C:\M_SCXAPP\USERS\SCXLD\SCXLD.exe
 Please input select device number of the site loading.
  1:RBC
  2:RCC
  3:IFC-C
  4:IFC-T
  e:End(Go to Sub menu5)
 Input Number(1-4,e)? : 2
 It's going to loading the site name[C:\scx\alloc\atps11]
 It's OK?(y/n) : y
<------------------------------------->
      loading is started.
<------------------------------------->
C:\M_SCXAPP\USERS\SCXLD>echo off
CPU(atps11) - STOP
Remote loading start(atps11)
address : 0x8c050000-0x8c0fffff
address : 0x8c100000-0x8c17ffff
```

图 4-56　程序烧写

⑦烧写完成。等待约 3 min 后，烧写界面出现如图 4-57 所示画面，该设备烧写完成，点击任意键，可继续烧写其他设备。

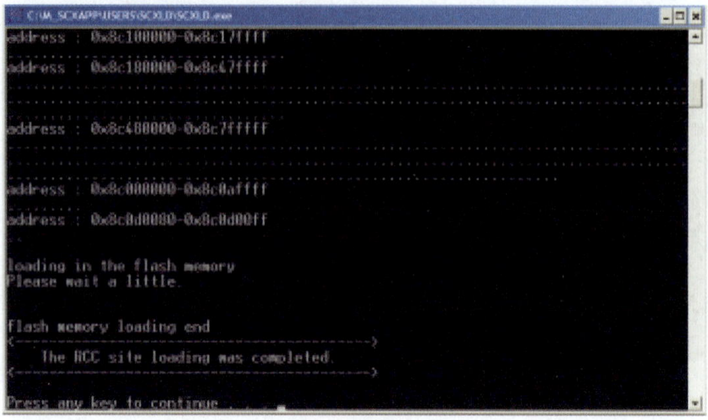

图 4-57　烧写完成

说明：

RBC、RCC、IFC-C、IFC-T 模块编译好的数据存放在下列路径下：

RBC——C:\scx\alloc\ atpm01

RCC——C:\scx\alloc\atps11

IFC-C——C:\scx\alloc\atps21

IFC-T——C:\scx\alloc\atps31

如果直接提供编译好的数据 atpm01、atps11、atps21、atps31 文件夹，可以先删除 C:\scx\alloc 下的既有同名文件夹后将编译好的数据拷入 C:\scx\alloc，然后进行软件烧录。

⑧其他软件烧写。关闭该单元(SCX 控制器)，网线接到另一单元(SCX 控制器)，打开另一单元(SCX 控制器)，重复步骤③～⑥，把 RBC 软件烧录到另一单元(SCX 控制器)中。至此，完成了 RBC 软件的升级，同理可相应完成 RCC、IFC-T、IFC-C 软件的升级。

(4)维护终端软件及数据更新

①准备软件及数据

准备好升级用的 RBC 维护终端软件 RBCMaT 及数据 km. dat、config. ini，并将文件拷贝至 U 盘。

②替换既有软件及数据

利用新版软件及数据替换 root/rbcm 目录下的维护终端中既有的软件及数据，至此维护终端软件及数据升级完成。

(5)升级完成检查

①查看报警信息

在完成 RBC 新版本软件升级后，应重启两系 RBC，然后在维护终端检查 RBC 与其他设备的连接是否有异常报警信息。查看方法如下：在维护终端软件界面选择“系统报警输出信息”，然后选择正确的日期、时间，再点击查询按钮进行察看。若有异常信息时，请记录报警信息并与研发人员沟通。从维护终端察看是否存在异常报警信息如图 4-58 所示。

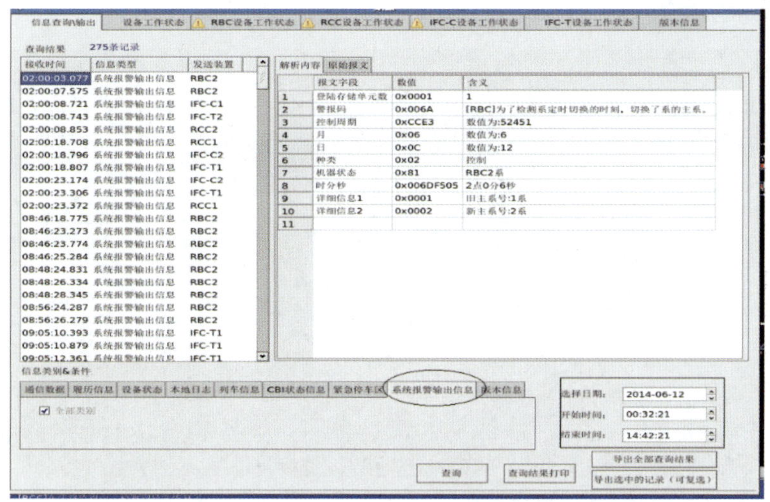

图 4-58 从维护终端查看是否存在异常报警信息

②查看软件版本信息

没有异常报警信息时，需要在维护终端检查烧录后的 RBC 软件版本是否已被更新。操作方法如下：在维护终端软件界面选择“数据”，弹出窗口后选择版本信息栏。只有当软件升级后的 RBC 模块作为主系重新启动后，维护终端中相应的版本信息才会更新。

比较结果一致时，说明本次 RBC 软件升级成功；如果不一致，应重新烧录一次软件或者与研发人员沟通。

(6)现场施工要求

①作业人员至少提前 30 min 到达施工地点。天窗点下达(允许施工时机)经电务部门确认后方可施工，在未得到施工命令的情况下，严禁擅自进行施工。严格执行电务作业“三不动”“三不离”制度，避免超前施工影响行车，在规定时间内施工完毕，施工结束后确认设备正常。电务部门实验期间要随时解答问题，不允许离开现场。施工结束后，电务部门允许后方可离开。

②更换软件后核对版本信息(工程应用发布说明及信号软件变更申请单)，并做好版本截图(截图在无报警完整状态下进行)。

③施工遇到特殊情况，首先通知工程负责人，然后根据情况进行处理。

④施工期间，遵守相应的规章制度，禁止带电作业，保证自身及设备安全。

4.2.1.3 联锁、列控、TSRS 改造

1. 深圳北 CBI

(1)硬件修改：新增 4 对 PIO 板(PIO 板固件版本为 V1.1.9)及 4 根采集缆(长度 30 m)，须对新增 PIO 板卡插槽拨码进行核对。

(2)软件修改：新增 XG1 四线制列控改方区间口，增 XG1 进站信号机(常态灭灯)。本站向深圳动车运用所发车，出站信号机(含点灭灯)开放列车或引导信号时增加检查对方红灯灯丝条件。2020 年 7 月第二阶段改造删除控显界面上删除 S700K 之外的道岔的尖轨按钮和心轨按钮。进行广深港 TSRS 设备软件升级施工，须 TSRS 中心配合下达临时限速初始化，停用广州南枢纽台、深圳北枢纽台、厦深台、客专应急调度台

相关 CTC 设备，如图 4-59 所示。

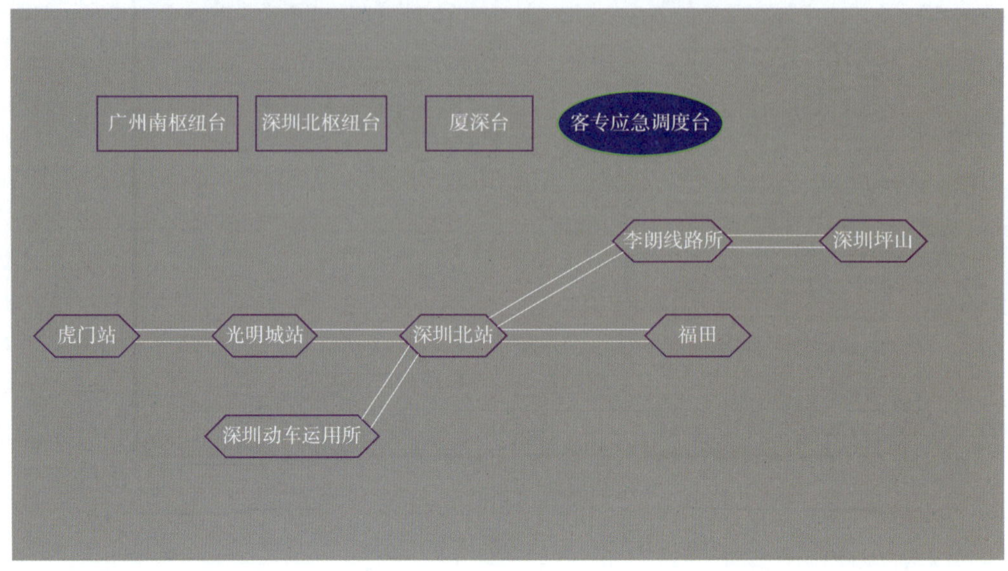

图 4-59　停用 CTC 设备

(3)TCC-CBI 接口表更新：修改及增加相关进路，XD 口及外方区间 ZX1G 调整至 TCC2 管辖。

(4)RBC-CBI 接口表更新：新增 16 条进路。

与深圳动车运用所站联协议更新，采用 60 字节校验版本号协议。硬件新增 4 对 PIO 板。

(5)信息修改。

①修改采集信息。更名道岔：33→33/45；新增道岔：109/111，113/115，117，90/92；更名区段：33－45DG33DG、15DG→15－111DG、47－49DG→47DG；新增区段：109DG、113DG、115DG、117DG、90DG、92DG、45DG、49DG；增加信号机：XG1。

②修改驱动信息。更名道岔：33→33/45；新增道岔：109/111，113/115，117，90/92；增加信号机：XG1。

③删除采集信息。删除道岔：安 2，45；删除区段：A2DG。

④删除驱动信息。删除道岔：安 2，45；所有站内区段新增采集后接点。删除除 S700K 之外道岔的尖轨、心轨按钮驱动位；升级运算板 ZARM 驱动程序 V0.3.1。

2. 深圳动车运用所 CBI

与深圳北 CBI 通过安全数据网通信长度修改为 60 字节，增加版本号校验功能；增加邻站进站信号机复示，向邻站发车增加检查条件，增加向邻站发送 JGJ；修改变更进路按钮唯一，与联锁表一致。修改调车进路折返自动解锁：先排列 D6→D2(或 D4)的调车进路，车辆由 4/34G 进入 4-6DG 后，再排列 D8→D92 的调车进路，车辆进入 4/34G 且出清 4-6DG，此时 D6→D2(或 D4)的调车进路满足折返条件，应自动解锁。

本次升级深圳北 CBI 软件，涉及 CBI-RBC、CBI-CTC、CBI-CSM 外部厂家接口文件修改，相关接口文件已签认，与 RBC、CTC 系统接口测试已完成。

3. 深圳北 TCC1

拆除 LEU15/16,新增 2 对 PI 板(PI 板固件版本为 V1.1.0)及 2 根采集缆(长度为 35 m),须对新增 PI 板插槽底板拨码进行核对。S1～S6 出站信号机移设,将第一步时增设的 BS1～BS6 无源尽头应答器组改回有源应答器组,修改 1G～6G 接发车进路报文,及相应预告报文。

站内拆除并增设部分道岔,预留往西丽方向 90/92 道岔,新增 XG1 进站口(暂不开通),将既有 XD 口、BXD 应答器及外方区间划归深圳北 TCC2 管辖,不再控制 LEU15、LEU16;调整 XD 进站信号机位置,深北动走 B 线(33 线)TCC 临时限速管辖范围变化,修改 XD 接发车进路、相应预告报文,增加往 XD、XF、SG 接发车变更进路。D1WG、D2WG 补码区段长度变化,修改往 XDF 发车进路报文。删除与深圳动车运用所列控中心接口通信;增加站内轨道区段方向继电器前接点采集;同步修改监测软件。

4. 深圳北 TCC2

开通 XD 区间口相关配置,增加与深圳动车运用所列控中心接口通信;修改 33 线临时限速管辖范围;增加 BXD 应答器相关配置,增加 XD 接车进路报文;动走线区间轨道电路 ZX1G 变更为纳入新增的 TCC2 控制;增加采集 XD 进站信号机内方首区段 109DG 的 GJ,实现区间逻辑检查功能;同步修改监测软件。

5. 深圳动车运用所

删除与深圳北 TCC1 的邻站改方及通信配置,新增与深圳北 TCC2 的邻站改方及通信配置;修改 SDF 口接发车进路降级配置和临时限速管辖范围;同步修改列控监测软件。在进行列控软件更换及试验施工过程中,深圳动车运用所所需转换为非常站控,须申请手摇把、鼠标控制权,开放信号进行试验,室外信号设备改造及调试,接触网终点标拆除等施工,如图 4-60 所示。

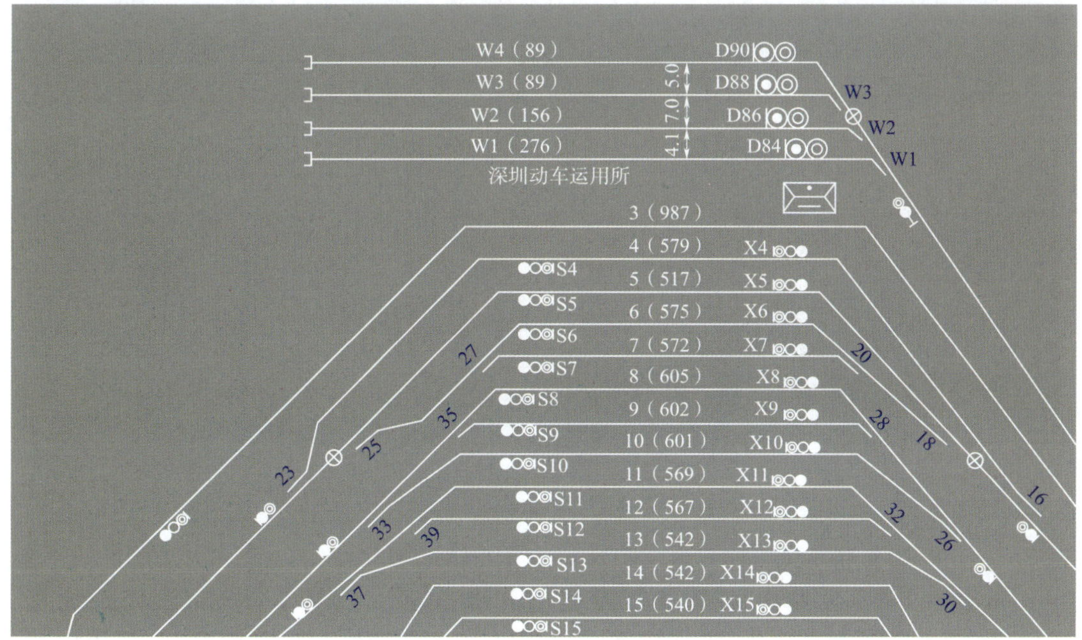

图 4-60 动车运用所转换为非常站控

本次升级深圳北 TCC1、深圳北 TCC2 涉及 TCC1-CBI、TCC2-CBI、TCC1-CTC、TCC1-TSRS、TCC2-TSRS 接口码位修改，系统间接口测试已完成。本次升级深圳动车运用所列控中心软件涉及深圳动车运用 TCC-TSRS 接口码位修改，系统间接口测试已完成。

6. 广深港 TSRS、TSRM

升级广深港 TSRS 主机基础软件版本至 V2.15.0；根据列控工程数据表信息，修改深圳北 TCC 及深圳北动走线临时限速数据；同步升级广深港 TSRM 软件。

本次升级广深港 TSRS 软件，涉及深圳 TCC1-TSRS 接口表，深圳北 TCC2-TSRS 接口表，深圳动车运用所 TCC-TSRS 接口表，广深港 TSRS 临时限速线路号及里程标系信息表修改，TSRS 与 TCC 及 CTC 接口测试均已完成。

4.2.1.4　应答器及 LEU

本次工程需将第二阶段第一步过渡时拆除的有源应答器组重新装回，对深圳北站及动车所应答器，进行报文修改及测试，如图 4-61 所示。接上尾缆，深圳北移设 S1～S6 出站信号机，站内坡度信息变化，修改 BS1～BS6、BX1～BX6 内站台侧信息[ETCS-72]包、坡度信息[ETCS-E21]包。将动走 B 线上的 BXD 有源应答器由深圳北 TCC1 管理调整至深圳北 TCC2 管理，修改 TCC2 柜内 LEU1/2 默认报文(需与 TCC2 同步实施)。结合本次工程，同步对标修改深圳北全站有源应答器默认报文及 LEU 默认报文，默认报文增加[ETCS-254]包。

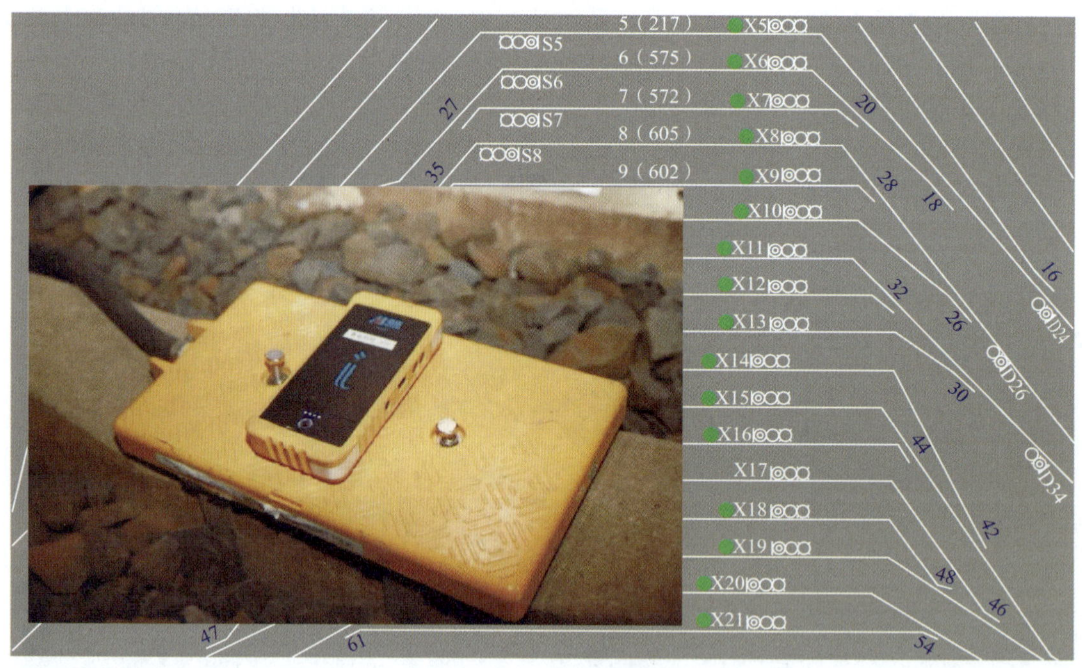

图 4-61　应答器测试

4.2.1.5　轨道电路系统

本次涉及深圳北站内 ZPW-2000A 轨道电路 D1WG、D2WG 补码区段及深圳北 1G～6G 股道区段长度变化，提供轨道区段变化后的调整表。动走线 ZX1G 编码由深圳北 TCC1 管理变更为深圳北 TCC2 管理。

4.2.1.6　前提及限制条件

(1)室内新增驱采板等硬件安装到位,继电接口电路等焊接完成,驱采点位对位状态正确。

(2)室外道岔、轨道电路等设备安装工作完成。

(3)既有 BS1～BS6 有源应答器组需安装回原位,BXD 有源应答器线缆由 TCC1 机柜挪至 TCC2 机柜;深圳北 CBI 驱动需使用 V0.3.1 版本。

(4)开通当天深圳北 CBI、深圳北 TCC1、深圳北 TCC2、深圳北 TCC2 的 LEU1/LEU2 默认报文、BS1～BS6 及 BX1～BX6 应答器组报文,深圳动车运用所 CBI、深圳动车运用所 TCC、广深港 TSRS、卡斯柯 CTC、和利时 RBC2 系统软件需同步实施。

(5)ZX1G 由深圳北 TCC1 管理调整至深圳北 TCC2 管理,TCC1 及 TCC2 管理的轨道区段数量发生变化,因此深圳北 TCC1、TCC2 软件必须与临时限速同步换装,TCC1、TCC2 上的轨道电路所有 TC 板必须在换装完及回退后全部重启。

(6)BXD 应答器有深圳北 TCC1 管理调整至深圳北 TCC2 管理,TCC1 及 TCC2 管理的应答器数量发生变化,因此软件换装及回退后必须对 TCC1 及 TCC2 柜内所有 TIU 板进行重启。

(7)单体调试期间,如不涉及临时限速软件换装试验,只需更换列控中心软件时,须安排人员对广深港 TSRS 进行换装及回退后的双系重启,同时申请 CTC 中心天窗对重启后的 TSRS 进行初始化命令下达,以防列控软件换装后 ZX1G 无法初始化。

(8)开通当天深圳北 TCC2 柜内的 LEU1/LEU2 默认报文必须与 TCC2 软件同步实施,全站其余 LEU 默认报文择机实施。开通当天 BS1～BS6 及 BX1～BX6 有源应答器组共计 12 个应答器报文必须与深圳北列控中心等系统同步实施,深圳北全站其余有源应答器默认报文择机实施。

4.2.1.7　单体调试阶段

1. 施工时间

2020 年 11 月 13 日、11 月 14 日,天窗时间点 00:00～04:00。

2. 前提条件

室内继电电路配线完成,新增驱采外界电缆拉放到位。

3. 工作内容

深圳北 CBI、深圳北 TCC1 新增驱采板安装、外接电缆校线。深圳北 TCC1、深圳北 TCC2、深圳北 CBI 软件换装,新增及删除的驱采点位状态对位确认,既有广深港 TSRS 软件换装前后双系重启。

4. 影响范围

停用深圳北 TCC1、深圳北 TCC2、深圳北 CBI 软件,影响深圳北站全站及区间信联闭功能。停用广深港 TSRS 设备,影响广深港 TSRS 管辖范围内的临时限速管理功能。

4.2.1.8　全系统软件换装,系统间通信状态试验

1. 施工时间

2020 年 11 月 15 日,天窗时间点 00:00～04:00。

2. 前提条件

厂家同步更换车站及中心 CTC 软件、广深港 RBC2 软件。

3. 工作内容

深圳北 TCC1、深圳北 TCC2、深圳北 CBI、深圳动车运用所 TCC、深圳动车运用所 CBI、广深港 TSRS 软件换装及回退，新增硬件上电。

4. 影响范围

停用深圳北 TCC1、深圳北 TCC2、深圳北 CBI，影响深圳北站全站及区间信联闭功能。停用深圳动车运用所 TCC、深圳动车运用所 CBI，影响深圳动车运用所全站及动走线区间信联闭功能。停用广深港 TSRS，影响广深港 TSRS 管辖范围内的临时限速管理功能。

4.2.1.9 配合电务验收阶段

1. 施工时间

2020 年 11 月 16 日、11 月 17、11 月 18、11 月 19 日、11 月 20 日、11 月 21 日，天窗时间点 00:00～04:00。

2. 前提条件

第一阶段新增硬件安装完毕，驱采信息核对正确。第二阶段全系统软件试验，各系统间接口通信良好。

3. 工作内容

深圳北 TCC1、深圳北 TCC2、深圳北 CBI、深圳动车运用所 TCC、深圳动车运用所 CBI、广深港 TSRS 软件换装。深圳北 CBI、深圳北 TCC1 新增硬件上电配合电务验收。

4. 影响范围

停用深圳北 TCC1、深圳北 TCC2、深圳北 CBI，影响深圳北站全站及区间信联闭功能。停用深圳动车运用所 TCC、深圳动车运用所 CBI，影响深圳动车运用所全站及动走线区间信联闭功能。停用广深港 TSRS，影响广深港 TSRS 临时限速管理功能。

4.2.1.10 开通阶段

1. 施工时间

2020 年 12 月 4 日，天窗时间点 00:00～04:00。

2. 前提条件

第三阶段电务验收试验完毕，厂家同步换装 CTC 系统软件、广深港 RBC2 软件、CSM 软件，厂家刷写深圳动车运用所地面相关应答器报文。

3. 工作内容

深圳北 TCC1、深圳北 TCC2、深圳北 CBI、深圳动车运用所 TCC、深圳动车运用所 CBI、广深港 TSRS 软件换装。深圳北 CBI、深圳北 TCC2 新增硬件上电，BXD 有源应答器电缆由深圳北 TCC1 机柜挪至 TCC2 机柜，深圳北 TCC2 柜内 LEU1/LEU2 默认报文刷写。BS1～BS6 有源应答器组安装回原位，BS1～BS6 及 BX1～BX6 有源应答器组报文刷写。

4. 影响范围

停用深圳北 TCC1、深圳北 TCC2、深圳北 CBI，影响深圳北站全站及区间信联闭功能。停用深圳动车运用所 TCC、深圳动车运用所 CBI，影响深圳动车运用所全站及动走线区间信联闭功能。停用广深港 TSRS，影响广深港 TSRS 临时限速管理功能。

5. 施工组网

施工组网如图 4-62 所示，对于有人值守的既有运营车站改造时，软件部署完成并开通后，要求必须在现场值守，待首趟列车正常通过后方可撤离；对于中继站等无人值守的车站，在接管单位验收完成并开通后，原则上须就近值守 24 h。

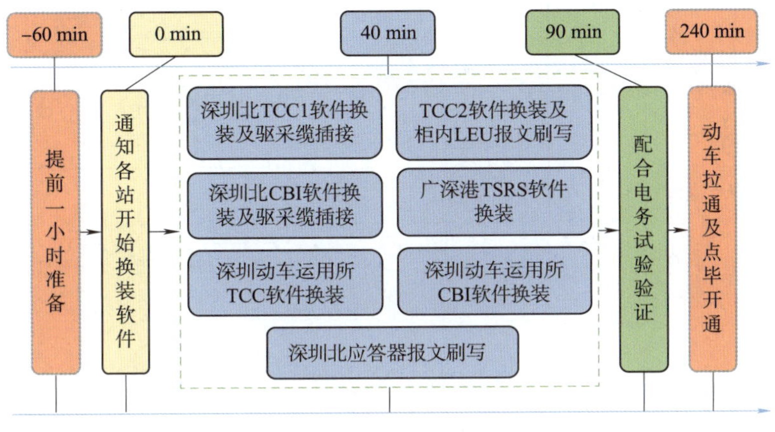

图 4-62　施工组网

接管单位对值班另有要求的，应遵照接管单位要求执行，对于值守时间超出 24 小时的，施工单位主管领导要安排好值守人员。

4.2.2　五线制交流道岔操纵箱

在室内交流道岔控制电路施工尚未完成或不具备室内外连挂试验条件时，必须借助交流道岔转辙设备试验装置来进行室外道岔电气及机械性能试验，为缩短道岔转辙设备室、内外正式连挂试验争取时间。本信号系统改造过程中发明了一种便携式铁路信号五线制交流道岔试验箱，此种试验箱集道岔定、反位操纵和位置表示功能于一体，可以方便地进行道岔转辙装置的室外电路试验。

4.2.2.1　技术背景

目前，国内五线制交流道岔转辙装置试验箱尚无定型产品，本实用新型试验箱根据五线制交流道岔控制电路原理制作，包括箱体和设置在箱体内部的操纵、表示电路组成。该试验箱组成结构简单，器材价格便宜，功能齐全，便于携带，使用操作方便，定、反位显示直观，可以很好地解决五线制道岔交流转辙装置的试验问题，是检查铁路信号室外五线制道岔转辙设备安装、配线是否正确，检查转辙设备能否正常工作的一种简便试验装置。

4.2.2.2　设计方案

研发一种集操纵、表示电路一体化的五线制交流道岔试验箱，包括外部的箱体及里面包含的操纵和表示电路，如图 4-63 和图 4-64 所示。

1. 外部箱体

箱体由底板、面板、侧板及箱盖四部分构成，箱体底板采用五合板，面对箱体依次将定表继电器 DBJ、反表继电器 FBJ、电阻 R1 及表示变压器 BB 固定在箱体的底板上。

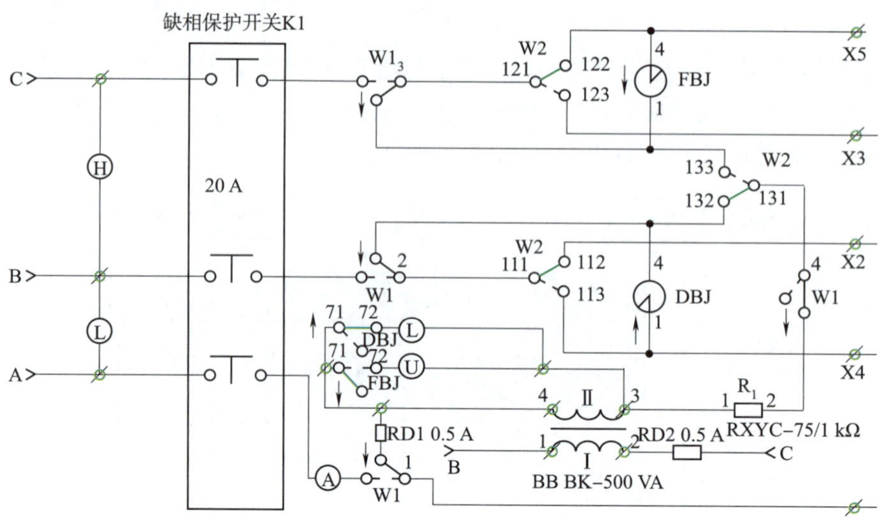

图 4-63　操纵、表示电路原理

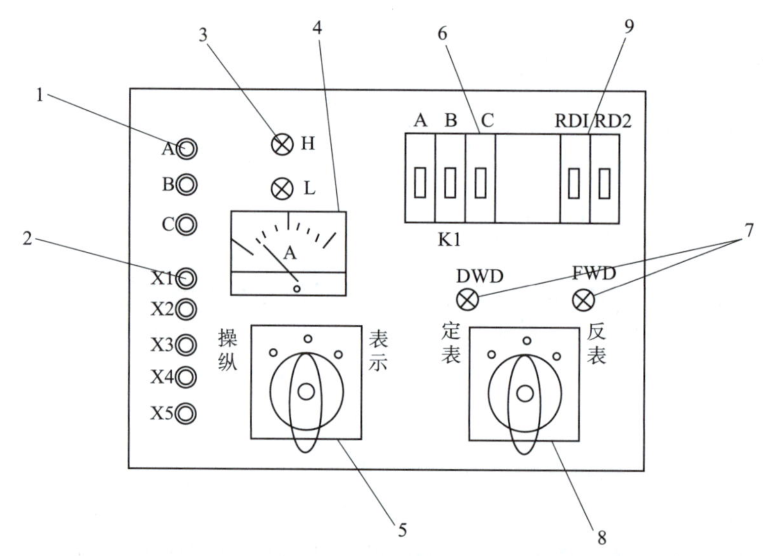

图 4-64　箱体面板

1—380 V 电源接线柱；2—道岔表示控制电路接线柱；3—三相电源指示灯；4—电流表；5—第一万能转换开关；6—缺相保护开关；7—定、反位指示灯；8—第二万能转换开关；9—断路器

面板采用环氧树脂绝缘版，面板从上到下、从左到右分别依次固定以下电气元件：ABC三相电源接线柱、X1-X5 五线制道岔控制及表示电路接线柱、三相电源指示灯 L、三相电源指示灯 H、道岔动作电流表、第一万能开关 W1、缺相保护开关 K1、定位指示灯 DWD、反位指示灯 FWD、第二万能开关 W2、断路器 RD1、RD2。以上所有电器元件操作面或显示面外露安装，便于操作或观察。

2. 电路

电路包括定表继电器 DBJ、反表继电器 FBJ、电阻 R1、表示变压器 BB、ABC 三相电源接线柱、X1～X5 五线制道岔控制及表示电路接线柱、三相电源指示灯 L、三相电源指示灯 H、道岔动作电流表、第一万能开关 W1、缺相保护开关 K1、点亮时发绿光的定位指示灯 DWD、点亮时发黄光的反位指示灯 FWD、第二万能开关 W2、断路器 RD1 和 RD2。

定表继电器 DBJ 线圈端子 1 与接线柱 X4 和第二万能开关的第一组节点 W2-113 连接。定表继电器 DBJ 线圈端子 4 与第二万能开关的第三组节点 W2-132 和第一万能开关的第二组节点 W1-23 连接。反表继电器 FBJ 线圈端子 1 与第一万能开关的第三组节点 W1-33 和第二万能开关的第三组节点 W2-133 相连。反表继电器 FBJ 线圈端子 4 与接线柱 X5 和第二万能开关的第二组节点 W2-122 相连。将电阻 R1 串联至 BB 变压器二次侧 3 接线端子和第一万能开关第四组接点 W1-43 节点之间。表示变压器一次侧端子 1 连接至三相电接线柱中的 B 相，一次侧端子 2 通过断路器 RD2 连接至三相接线柱的 C 相。BB 变压器二次侧端子 4 和第一万能开关的第一组节点间串联断路器 RD1 用以控制表示电路的通断。在 BB 变压器二次侧端子 3 和端子 4 之间并联定位表示灯控制回路和反位表示灯控制回路，其中定位表示灯控制回路依次由 DBJ-71、72，定位表示指示灯串联而成。反位表示灯控制回路依次由 FBJ-71、72，反位表示指示灯串联而成。三相电源接线柱 ABC 分别通过缺相保护开关连接至万能开关的 W1-12，W1-22，W1-32 节点，其中 A 相从缺相保护开关至第一万能开关 W1-12 之间串联电流表。接线柱 X1 连接第一万能开关 W1-11，接线柱 X2 连接第二万能开关 W2-112，接线柱 X3 连接第二万能开关 W2-123，接线柱 X4 连接 DBJ 线圈端子 1 和第二万能开关 W2-113，接线柱 X5 连接 FBJ 线圈端子 4 和 W2-122。W1-31 和 W2-121 连接，W1-41 和 W2-131 连接。三相接线柱 B 和 C 相连接电源指示红灯，三相接线柱 A 相和 B 相间连接电源指示灯绿灯。

综上所述，试验箱结构简单，实现方便且成本低，体积小，携带方便，使用操作方便，需要的外部电源种类少，定、反位及输入电源状态显示直观，使用的安全性高，实用性强，使用效果好，便于推广使用。

4.2.2.3　道岔操纵箱试验

使用时，首先将工频 380 V 电源接到 ABC 三相电源接线柱上，将 X1～X5 接线柱与道岔尾巴线相应电路连接，构成转辙机的动作、表示回路；道岔在定位状态时，首先将缺相保护开关 K1，断路器 RD1 和 RD2 断开，将外部三相电源接至三相接线柱。接线完成后合上缺相保护开关 K1，断路器 RD1 和 RD2，先将第一万能转换开关转向操纵挡。然后将第二万能转换开关 W2 转向反表挡。电机开始转换，转换到位后，将第一万能转换开关恢复至表示挡，如果配线无问题，此时反位表示灯 FWD 亮黄灯。道岔在反位状态时，先将第一万能转换开关转向操纵挡。然后将第二万能转换开关 W2 转向定表挡。电机开始转换，转换到位后，将第一万能转换开关恢复至表示挡，如果配线无问题，此时定位表示灯 DWD 亮绿灯。

4.3　电气化改造关键技术

4.3.1　接触网线缆识别

本次深圳北站改造原则上维持既有回流系统设计标准，回流系统利用既有吸上线及扼流变位置，并预留赣深上行联络线、下行联络线、第三联络线、第二动车所走行线回流线并入正线回流线接入条件。根据第一阶段封锁动走 A 线、17～20 股道北咽喉，17～20 道保留南向发车功能。第二阶段封锁动走 B 线、1～6 股道北咽喉（1～6 道保留南向发车功能），南咽喉预留深茂联络线局部改造。

4.3.1.1 工程概况

因好港变电所所有出所馈线电缆线路（接触网馈线电缆 211、212、213、214、215、216、217、218、219、220、221、222 馈线共 38 根 27.5 kV 高压电缆）、所有进所供电电缆线路（龙好甲、乙线共 4 根 220 kV 高压电缆）位于新建线路位置，且进、出所高压电缆存在空间交叉，现场施工难度大，均须进行多次临时迁移防护，并进行改造割接施工。

1. 既有电缆现状

（1）接触网供电电缆为 27.5 kV 1 300 mm^2 接触网专用电缆，总计 38 根共 12 回路，其中 211、212、213、214 为 AT 供电方式，其他为直供方式。所有 38 根供电电缆在好港所分 4 个出口出线，缆线密集，缆线径路频繁交叉，且在所外有空间交叉情况。

（2）缆线径路长、特别是 211、212、213、214 以及 221、222 馈线线路长，过轨处所多且位于槽道内、站台下方或处于包封状态。根据调查，既有电缆排布杂乱、无标识编号，缆线多，同一缆沟内最多有 26 根电缆，缆线识别困难。

2. 电缆在变电所内情况

好港变电所为广深港高铁建成时投用，馈线设备采用 ABB 公司的 GIS 柜结构，所内馈线电缆头安装空间狭小，柜体内结构复杂，施工要求高，作业空间小，难以拆装。好港变电所 27.5 kV 电缆 GIS 柜出线端如图 4-65 所示。

图 4-65 好港变电所 27.5 kV 电缆 GIS 柜出线端

3. 施工条件及环境

所有被割接缆线均是在用接触网供电电缆，必须在天窗点内施工完成并投入使用。广深港高铁既有施工天窗点封锁为 0:30～4:30，停电时间最多为 210 min，扣除停送电手续，实际施工时间仅为 180 min 左右，施工时间较短，缆线割接、搬移、做头、试验、投用等工序耗时多，施工组织困难。

4.3.1.2 主要研究内容和技术路线

1. 主要研究内容

如何确保每根电缆在不同割接点、上网点、电缆护层接地点、所内出线柜处的对应准确性，如何保证不影响运输、在天窗点的时间内完成电缆割接并投用是主要研究的内容。

通过分析现场电缆实际情况，应用现行的几种成熟可靠的电缆识别技术对所有38根供电电缆在所有割接点进行识别并验证，确保电缆割接点。

2. 主要技术路线

(1)对既有各供电电缆进行槽道、过轨等摸排和标识，对于各回路电缆路径进行调查，并绘制既有电缆径路图。根据设计结合施工调查情况，优化分接箱设置位置和每根电缆的割接位置，建立每根电缆识别点位置台账。

(2)根据每根电缆长度、割接点位置、上网点情况进行分析，选定每一回路电缆最优的识别方法，并建立台账，根据台账所反映的上网点位置、割接点位置、识别方法进行统筹安排，充分利用天窗点时间有序组织实施。

(3)编制一缆一识别方案，并按照方案进行识别标记。

(4)应用不同的识别方法互相进行验证。

4.3.1.3　电缆识别方案

1. 识别方法

识别原理：采用脉冲电流法和正交数字信号传输技术，发射机发出一个脉冲电流信号，脉冲电流在电缆周围产生电磁场，接收机通过夹钳接收磁场信号来辨别目标电缆。正确操作下，识别率可达100%。

(1)线芯直连法

将电缆识别仪发射机中黄绿色连接线(保护接地线)接地后，发射机输出线红色连接线连接到被测电缆线芯，线芯另一端连接地，黑色连接线接地，被测电缆与大地形成回路，发射机发送一脉冲电流信号，将夹钳箭头指向电缆远端，接收机夹钳接收目标电缆中的脉冲电流信号，接收机绿色指示灯显示，依此判定目标电缆；其他没有指示灯或指示灯为红色的，并且红色指示灯个数极少(铠装回流所致)的电缆为非目标电缆。

线芯直连法适用于识别区段内有2个及以上电缆中间绝缘头或电缆外护套破损可能性大的电缆。电缆铜屏蔽(铠装)被中间头分成多段，采用铜屏蔽(铠装)直连法需分段识别，工作量巨大；若电缆外护套存在损伤导致铜屏蔽(铠装)接地，将大大降低影响识别准确率。

(2)铜屏蔽(铠装)直连法

将电缆识别仪发射机中黄绿色连接线(保护接地线)接地后，发射机输出线红色连接线连接到被测电缆铜屏蔽(必要时可连接铠装进行二次复核确认)，电缆铜屏蔽另一端连接地，黑色连接线接地，被测电缆与大地形成回路，发射机发送一脉冲电流信号，将夹钳箭头指向电缆远端，接收机夹钳接收目标电缆中的脉冲电流信号，接收机绿色指示灯显示，依此判定目标电缆；其他没有指示灯或指示灯为红色的，并且红色指示灯个数极少(铠装回流所致)的电缆为非目标电缆。

该法适用于识别区段内无电缆中间绝缘头且电缆外护套状态良好的电缆。对于识别区段内无电缆中间绝缘头且电缆外护套状态良好的电缆，利用铜屏蔽(铠装)直连法，可减少拆除电缆终端头的时间及安全风险(存在损伤既有终端头或无法恢复安装的风险)，直接解开识别首末端的铜屏蔽(铠装)的接地引线即可进行识别。

2. 识别台账及实施情况

根据线芯直连法和铜屏蔽(铠装)直连法的特点及适用范围，对所有电缆及其割接点进行了分类，各回路缆线识别点台账见表 4-13。

表 4-13　既有 27.5 kV 电缆各回路识别点

序号	馈线电缆名称	识别位置	识别电缆根数	备　注
1	211、212、213、214、215、216、217、218、219、220、221、222 馈线	好港变电所围墙外侧（K2394＋640）	38	铜屏蔽（铠装）直连法
2	厦深 213、214 馈线	北咽喉既有支柱 162 号过轨点（K2395＋745）	8	线芯直连法
3	厦深 213、214 馈线	北咽喉留仙大道上垮桥旁（K2996＋020）	8	线芯直连法
4	厦深 213、214 馈线	南咽喉设计割接点 1（K2397＋620）	8	线芯直连法
5	厦深 213、214 馈线	南咽喉设计割接点 2（K2397＋910）	8	线芯直连法
6	公明 211、212、福田 215、216 馈线	北咽喉动走 A 线既有过轨（K2394＋588）两侧	36	线芯直连法
7	公明 211 馈线	北咽喉动走 B 线桥下（K2394＋460）既有过轨两侧	12	线芯直连法
8	公明 211 馈线	北咽喉人民路上垮桥下行侧（K2394＋165）	6	线芯直连法
9	公明 212 馈线	北咽喉人民路上垮桥上行侧（K2394＋165）	6	线芯直连法
10	福田 215 馈线	北咽喉动走 B 线桥下（K2394＋460）既有过轨两侧	6	线芯直连法
11	动车所 221、222 馈线	动走 A 线既有电缆中间头动车所侧	4	线芯直连法
	合　计		140	

3. 识别操作流程

(1)线芯直连法

①在电缆终端上网柱处，2 人上杆作业，按规范佩戴好安全防护用具，相互配合，攀登至上网隔开安装支架下部。

②拆卸作业前，首先检查支架本体安装是否存在松动或其他安全隐患，如有问题及时反馈设备管理单位并采取措施进行处理（如出现螺栓松动，按设计力矩要求紧固螺栓等）。

③检查支架本体无安全隐患后，拆除在电缆头尾部支架既有固定位置用尼龙绳缠绕对电缆进行加固处理，防止电缆头松动后下坠。

④2 人分工配合，利用专用扳手松动并卸下电缆头与母排连接螺栓（拆卸电缆头前先用短接线短接，释放余电），电缆头悬空后，利用 1 根 12 m 普通铜导线一端连接电缆头主芯，另一端引下至地面。

⑤将电缆识别仪发射机中黄绿色连接线（保护接地线）接地后，发射机输出线红色连接线连接到被测电缆线芯引下线，线芯另一端连接地（所内馈线刀闸打至接地端），黑

色连接线接地，被测电缆与大地形成回路。发射机发送一脉冲电流信号，用对讲机呼叫接收机组进行电缆识别操作，接收机夹钳接收目标电缆中的脉冲电流信号，将夹钳箭头指向电缆远端，夹钳的接口不要接触到其他电缆，接收机绿色指示灯显示，依此判定目标电缆，并及时给目标电缆做好标识；其他没有指示灯或指示灯为红色的，并且红色指示灯个数极少(铠装回流所致)的电缆为非目标电缆。

⑥第一根电缆识别完后，重复上述③④⑤步骤，依次进行其他馈线电缆识别，完成电缆识别后，关机后，再拆线，收好设备及附件。

⑦上网电缆头恢复，上杆人员相互配合，拆下电缆头引线，在铜排电缆头连接处涂抹导电膏，用力矩扳手紧固固定螺栓并达到设计力矩要求，检查无误后解开尾部加固尼龙绳，完成恢复作业。拆卸、识别电缆作业时，特别注意对电缆头等既有设备的保护，严格按照施工操作流程规范作业。

(2)铜屏蔽(铠装)直连法

①好港变电所侧

a. 发射机组进入好港变电所 27.5 kV 高压室内，找到识别电缆馈线对应开关柜，在变检车间配合人员监护下，将柜体后盖打开，找到电缆头下对应的铜屏蔽(铠装)鞭子(拆卸鞭子前先用短接线短接，释放余电)。

b. 将电缆识别仪发射机中黄绿色连接线(保护接地线)接地后，发射机输出线红色连接线连接到被测电缆铜屏蔽(铠装)鞭子，黑色连接线接地，被测电缆与大地形成回路。发射机发送一脉冲电流信号，用对讲机呼叫接收机组进行电缆识别操作，接收机夹钳接收目标电缆中的脉冲电流信号，将夹钳箭头指向电缆远端，夹钳的接口不要接触到其他电缆，接收机绿色指示灯显示，依此判定目标电缆，并及时给目标电缆做好标识。其他没有指示灯或指示灯为红色的，并且红色指示灯个数极少(铠装回流所致)的电缆为非目标电缆。

c. 第一根电缆识别完后，重复上述步骤，依次进行其他馈线电缆识别，完成电缆识别后，关机后，再拆线，收好设备及附件，恢复柜体后盖，配合人员检查既有设备无问题后，收拾清点好仪器工具，配合人员确认后退场。

②电缆上网柱侧

a. 发射机组上道至上网支柱处，在供电车间配合人员监护下，一人监护配合，一人按规范佩戴好安全带、安全帽等防护用具，登杆至上网隔开安装支架下部，找到电缆头下对应的铜屏蔽(铠装)鞭子，拆下鞭子与护层保护器连接(拆卸鞭子前先用短接线短接，释放余电)。选择 1 根馈线，用 1 根 12 m 普通铜导线一端连接鞭子的鼻子，另一端引下至地面。

b. 将电缆识别仪发射机中黄绿色连接线(保护接地线)接地后，发射机输出线红色连接线连接到被测电缆铜屏蔽(铠装)鞭子引下线，黑色连接线接地，被测电缆与大地形成回路。发射机发送一脉冲电流信号，用对讲机呼叫接收机组进行电缆识别操作，接收机夹钳接收目标电缆中的脉冲电流信号，将夹钳箭头指向电缆远端，夹钳的接口不要接触到其他电缆，接收机绿色指示灯显示，依此判定目标电缆，并及时给目标电缆做好标识；其他没有指示灯或指示灯为红色的，并且红色指示灯个数极少(铠装回流所致)的电缆为非目标电缆。

c. 第一根电缆识别完后，重复上述步骤，依次进行其他馈线电缆识别，完成电缆识别后，关机后，再拆线，收好设备及附件，恢复铜屏蔽(铠装)鞭子与护层保护器连接，配合人员检查既有设备无问题后，收拾清点好仪器工具，配合人员确认后下道。

识别电缆作业时，特别注意对电缆头等既有设备的保护，严格按照施工操作流程规范作业。施工完毕后把现场打扫干净，将现场杂物打扫带出施工场地，并做好清道工作。

(3)操作要点

①使用接收机识别时，确保夹钳上箭头指向电缆远端(电缆线芯接地端)，夹钳的接口不要接触到其他电缆。

②现场所有电缆必须全部用夹钳卡一遍，不得有遗漏。

③如果电缆有盘圈，一定要理清盘圈中电缆的方向，确保夹钳上的箭头顺着盘圈指向远端。

④CI 电缆识别仪只适用于已停电的电缆识别，严禁将 CI 接入正在运行的电力电缆。

⑤拆装既有设备前，确保设备已停电，并用短接线短接释放余电，拆卸前做好拍照检查记录，恢复后拍照记录，确保安全。

2018 年 9 月～11 月利用 20 个天窗点对所有缆线割接点进行了识别、标识，准确率 100%。

4.3.1.4 电缆识别标记

电缆识别时，采用防水标签纸外缠透明胶布保护标记，具体标记方式如图 4-66 所示。

图 4-66 既有 27.5 kV 电缆识别后标记

本次供电电缆改造涉及好港变电所接触网出所馈线电缆 12 回路，计 38 根。在牵引所围墙两侧对出线电缆进行割接并设电缆分接箱，实现所内、所外缆线分离，便于检修和应急。

4.3.1.5 割接点设计

厦深馈线电缆南咽喉改造区及北咽喉留仙大道桥旁 20 道外侧割接点新设电缆分接箱，其他割接点采用中间接头连接。各馈线割接点情况见表 4-14。

表 4-14　27.5 kV 电缆割接点汇总

序号	馈线名称	电缆根数	单根割接点数	绝缘中间头数	直通中间头数	分接箱终端	户外终端头数
1	公明下行 211 馈线	6	2	6	6	0	0
2	公明上行 212 馈线	6	2	6	6	0	0
3	厦深 213、214 馈线	8	5	8	16	48	0
4	福田下行 215 馈线	3	1	0	0	6	3
5	福田上行 216 馈线	3	1	0	0	6	3
6	站线 217 馈线	2	1	0	0	4	2
7	站线 218 馈线	2	1	0	0	4	2
8	动走 B 线 219 馈线	2	1	0	0	4	2
9	动走 A 线 220 馈线	2	1	0	0	4	2
10	动车所 221、222 馈线	4	2	0	4	8	0
	合　计	38	17	20	32	88	14

由表 4-14 可知，割接点多，同一电缆最多 5 处割接点，电缆割接施工工作量大，施工难度大。

4.3.1.6　施工方案

1. 作业内容、时间及地点

(1)作业内容

不需停电作业内容：电缆敷设、接地极安装、分接箱安装、拆除旧电缆及隔离设施。

停电作业内容：电缆割接及试验、电缆头拆装。

(2)施工等级：营业线Ⅲ级施工。

(3)工程地点：广深港线 K2392＋500～K2398＋300、深圳北～深圳动车运用所(含)间动走 A 线 K2394＋833～K2395＋500、动走 B 线 K2395＋046～K2396＋000。

(4)施工时间：计划需要 35 个天窗点，计划开工日期：2019 年 8 月 15 日；计划完工日期：2019 年 9 月 25 日，利用 00:30～04:30(240 min)封锁点进行深圳北站营业线施工，利用 11:30～15:30(240 min)封锁点进行深圳动车运用所及动走 A/B 线营业线施工，同步进行邻近营业线施工。实际开工日期及封锁施工时间以批复的开工日期及具体施工日计划(调度命令)为准。

2. 影响及限速范围

影响的接触网馈线电缆：北咽喉公明方向 211、212 馈线 2 回路；福田方向 215、216 馈线 2 回路；动走 B 线 219 馈线 1 回路；动走 A 线 220 馈线 1 回路；动车所方向 221、222 馈线 2 回路；深圳北站站线 1～6 股道 217 馈线 1 回路；深圳北站站线 17～20 股道 218 馈线 1 回路；厦门方向 213、214 馈线 2 回路。涉及的停电单元：广深港 11、12、13、14、15、16、17 及杭深 084、085。具体停电影响范围以当日批复计划为准。施工不影响铁路客车运行，无限速要求。

3. 设备变化情况

在牵引所围墙两侧出所 38 根馈线(除 211、212 馈线外)全部割接制作终端头并设电缆分接箱，厦深馈线电缆南咽喉改造区小里程侧及北咽喉留仙大道桥旁20道外侧割接点割接制作终端头并新设电缆分接箱，其他割接点采用中间接头连接，电缆规格型号TDDD-YJY721×300 mm²，与既有一致。

4. LKJ 基础数据修改情况

本次施工不造成 LKJ 基础数据改变。

4.3.1.7 施工工艺流程

本次施工采取人工加机械作业方式，采用随车吊进行电缆倒运、利用机动绞磨机辅助于人工进行电缆敷设，人工进行电缆割接及试验。总体施工流程如图 4-67 所示。

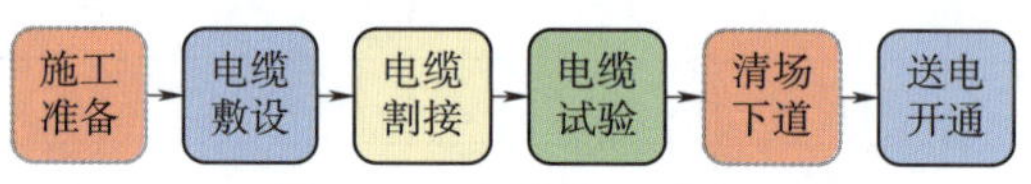

图 4-67 电缆施工流程

天窗点外施工项目：分接箱基础制作及箱体安装，接地极制作，新设电缆敷设、做头及试验，旧电缆回收、拆除临时护栏、掀临时电缆槽盖板、临时电缆槽搬移。

天窗点内施工项目：电缆穿过轨、拆装电缆头、电缆割接，中间接头、终端头制作，电缆试验。

1. 电缆分接箱安装施工

根据现场情况及设计规范要求，电缆分接箱基础与电缆预留井结合制作，如图 4-68 所示，电缆井尺寸为 2 900 mm×2 900 mm×1 600 mm，设计三根承重梁（制作时预埋角钢）作为分接箱基础，分接箱底座与分接箱基础采用焊接，箱体做好可靠接地。

图 4-68 电缆分接箱（4 进 4 出）

分接箱基础制作完成并达到安装条件后，利用汽车吊将设备运至安装地点，人工配合安装，摆正水平后将底座与预埋槽钢焊接牢固，焊接处做好防腐处理。

2. 电缆敷设施工

电缆敷设施工流程如图 4-69 所示。

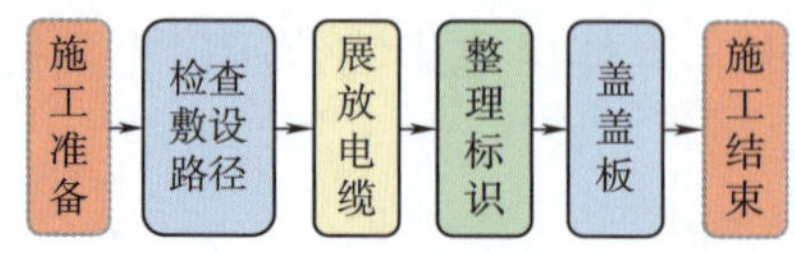

图 4-69 电缆敷设施工流程

(1)施工准备

①人员组织、机械、工器具、材料的准备按照要求进行。

②对吊装工具、放线盘进行全面检查。

③对作业人员进行现场交底,使其清楚作业内容、操作标准及注意事项。

④待敷设电缆盘提前吊装到平板或运输车上,按要求码放,并按敷设顺序排好。

(2)检查敷设路径

①安排人员对即将敷设电缆的电缆沟及沿途杂物进行清理,确认满足施工条件。

②对放置放线架的位置做好平整工作。

(3)展放电缆

①利用随车吊将电缆线盘倒运至敷设起点位置。

②将线盘平稳地安放于放线架上,检查放线架是否放置稳固,防止放线时倾倒或受力不均。

③将机动绞磨机放置于敷设终点(或敷设路径转角处),将牵引钢丝绳引出至放线架处,钢丝网套套入电缆端头后与牵引绳可靠连接。

④人员就绪后,按要求放置好地滑轮,启动机动绞磨,逐渐加速,低速放线,防止速度过快损伤电缆;完成放线后,将电缆端头进行密封防潮处理并做好保护措施。

(4)摆放整理

①每展放一根电缆后,从敷设起点间隔 2～3 m 安排站位,依次将电缆摆放至设计支架位置。

②整根电缆摆放好后,继续按程序展放第二根电缆后重复步骤①。

③电缆敷设完成,应安装标志牌,标志牌上标明馈线名称编号,字迹应清晰不易脱落,具有防腐性,且安装牢固。

(5)盖盖板

电缆沟电缆全部敷设摆放完成后,盖板覆盖防护。

(6)警示、标识设置

①电缆标识采用 PVC 胶印,按照电缆割接点每隔 40～50 m 进行分段编号。

②在电缆槽道田野侧侧壁,每隔 20 m 距离喷涂“供电电缆,高压危险”警示标语。

③供电电缆过轨处所喷涂“供电电缆,严禁开挖”和“供电电缆”警示标识。电缆标识包括区间名称、位置、电压等级、埋设深度等内容。

(7)施工结束

作业结束,人员机具撤离,清理现场,施工负责人填写“电缆敷设工程质量检查记录表”。

3. 施工注意事项

(1)吊运线盘时,严禁几盘同时吊装,注意对电缆的防护,防止磕碰对电缆外护套造成损伤。

(2)电缆放线架应放置稳妥,钢轴的强度和长度应与电缆盘重量和宽度相匹配,应保证电缆盘有可靠的制动措施。

(3)注意线盘放置方向,保证电缆端头位置由上部引出。

(4)提前调试好机动绞磨机,操作过程中,切不可时疾时缓,防止造成外层线局部松弛，也不可速度过快，防止电缆脱出滑轮或受力过大出现损伤。

(5)在敷设路径落差或弯曲较多的场所，应充分考虑电缆各点受力及放线架的受力情况，防止损伤电缆或发生倾覆。

(6)现场人员服从统一指挥，相互配合。

4. 电缆割接施工

施工流程如图 4-70 所示。

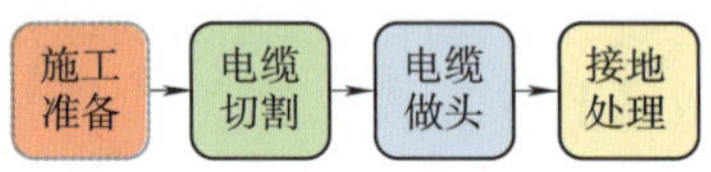

图 4-70　电缆割接施工流程

(1)27.5 kV 电缆头制作要求

①环境温度应高于 5 ℃，空气相对湿度宜为 70%及以下，当湿度大时，可提高环境温度或加热电缆；应防止尘埃、杂物带入绝缘内，严禁在雾中或雨中施工。

②电缆附件从剥切到完成应连续作业，一次性完成。

③采用专业工具进行专业化施工，中间头制作流程及终端头制作流程如图 4-71、图 4-72 所示。

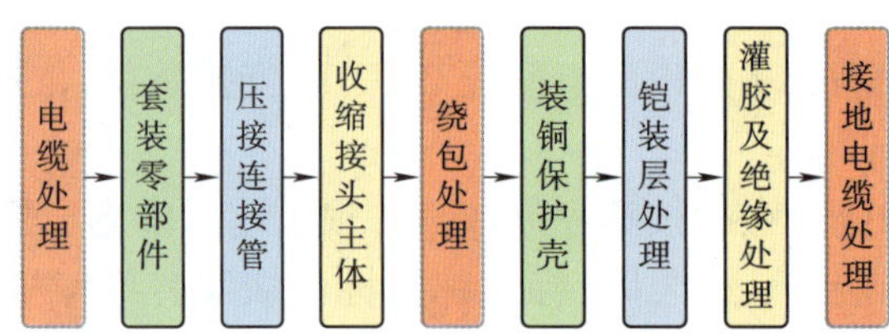

图 4-71　中间头制作流程

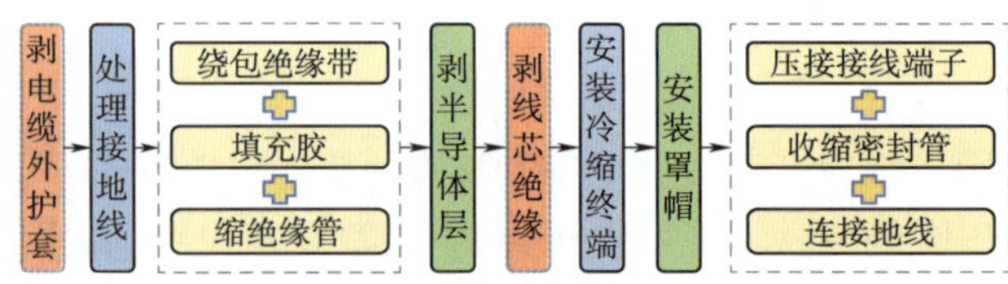

图 4-72　终端头制作流程

(2)施工准备

①核对电缆头及配套件是否齐全，对电缆及附件进行清洁和干燥，确保满足施工要求。

②检查施工现场各接地处接地电阻是否符合设计规范要求(电缆接地电阻小于 10 Ω)，作业环境是否满足需求。

(3)电缆切割

①切割前确定电缆已停电，为防止感应电伤人，所内和上网点电缆主芯做好可靠接地，释放残余电流后，再用电锯进行电缆切割。

②预先梳理好需切割电缆，摆放整洁，按照制作要求进行切割处理。

③电缆头制作工艺流程及注意事项见《电气化铁路 27.5 kV(U_0)冷缩式中间接头

（绝缘、直通）安装工艺》《电气化铁路 27.5 kV(U_0)冷缩式户内、户外终端安装工艺》。

(4)施工注意事项

①电缆终端固定夹具宜在电缆终端底部下方 100 mm 处。

②护层保护器与电缆头的引出线应绝缘处理。

③电缆屏蔽层与铠装层的接地线相互绝缘。

4.3.1.8　电缆试验施工

1. 施工总体流程

电缆试验施工总体流程如图 4-73 所示，在开始电缆试验之前，须预先完成施工准备工作：电缆头制作同时，进行试验设备倒运及预接线，既有终端及中间头铠装及屏蔽接地拆卸并悬空；新设终端及中间头制作完成后，随即组织开展试验作业。

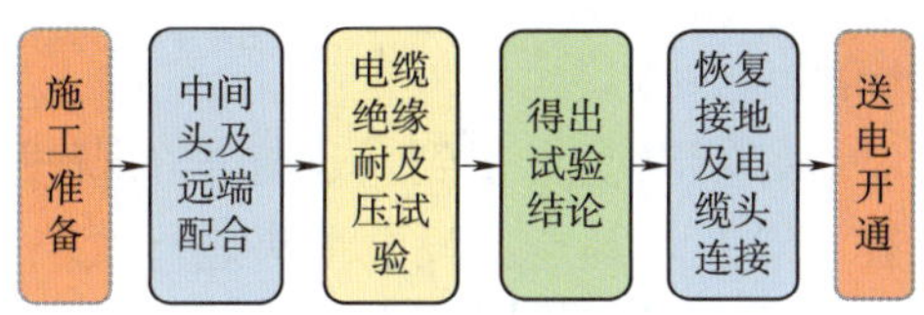

图 4-73　电缆试验施工总体流程

2. 施工方案

根据《电气装置安装工程电气设备交接试验标准》(GB 50150—2016)规定，27.5 kV 电气化专用电缆须进行以下试验项目：

(1)电缆主绝缘、外护套及屏蔽层的绝缘电阻测量；

(2)0.1 Hz 电缆主绝缘交流耐压试验；

(3)电缆外护套直流耐压试验；

(4)新运行电缆震荡波局放试验。

3. 施工准备

(1)核对试验所用设备及附件是否齐全，设备状态是否良好。

(2)按照预先选定位置，将设备搬移到位。

(3)提前梳理并接好设备接线，等待试验开始。

4. 人员组织

人员组织安排见表 4-15。

表 4-15　电缆试验施工人员组织安排

序号	人员职务	数量	任务分工
1	现场施工负责人	1 人	协调安排总负责
2	安全防护员	2 人	安全监督防护
3	测试作业人员	3 人	电缆试验操作
4	外护套测试配合员	10 人	配合测试人员施工
5	仪器搬运人员	4 人	辅助试验人员(1 组)

5. 试验工、器具

试验工、器具见表 4-16。

表 4-16 电缆施工试验工、器具

序号	名　称	规格型号	单位	数量	对应试验项目
1	交流耐压设备	0.1 Hz	台	2	交流耐压
2	震荡波局放测试仪	TDS60	台	1	新电缆局放
3	移动电源		台	2	
4	电子兆欧表	500 V	台	2	外护套绝缘测试
5	电子兆欧表	5 kV	台	3	电缆主绝缘测试
6	电子兆欧表	10 kV	台	1	外护套耐压
7	接地短接工具		套	1	

6. 试验工艺标准

(1)电缆试验项目及标准

利用非天窗点时间，对做好新电缆头达到投运标准的新投运电缆线路预先进行相关试验；利用天窗点对既有电缆及切割点新设电缆头进行试验。

①电缆主绝缘、外护套及屏蔽层的绝缘电阻测量

a. 耐压试验前后使用 5 kV 兆欧表对电缆进行绝缘摇测，耐压前后绝缘不应差别过大且绝缘大于 1 000 MΩ；

b. 耐压试验前后使用 500 V 兆欧表对电缆外护套进行摇测，数据：实测长度(km)×实测值＞0.5 MΩ·km。

②0.1 Hz 主绝缘交流耐压测试

对新投运电缆进行 55 kV 60 min 交流耐压试验，试验通过且泄漏电流值变化不应过大。对既有电缆进行 55 kV 30 min 交流耐压试验，试验通过且泄漏电流值变化不应过大。

③外护套耐压试验

采用 10 kV 兆欧表对电缆外护套进行耐压试验，试验应达到 10 kV 1 min 不击穿。

④震荡波局放试验(新投运电缆新增试验项目)

a. 使用 TDR 对电缆中间头位置和全长进行测试；

b. 使用 TDS60 进行震荡波局放试验；

c. 测试的电缆本体局放量不应超过 300 pc，中间头不应超过 500 pc，终端头不应超过 5 000 pc。

(2)电缆 0.1 Hz 主绝缘交流耐压测试

①作业工序流程

电缆 0.1 Hz 主绝缘交流耐压测试的主要作业工序流程如图 4-74 所示。

耐压试验时，每组 2 个专业资质单位测试员进行接线测试和数据记录，项目部安排 1 人进行安全监护，4 人协助仪器搬运。

耐压试验尾端由项目部安排电缆终端拆装人员进行拆装处理及安全距离确认。进行外护套测试人员携带外护套测试仪前往每个中间接头对每段电缆外护套进行分别摇测或将整段电缆中间头断开的铠装、屏蔽短接悬空。

外护套测试分为 2 组同时进行，一组为测试端，由专业资质单位派出 1 个测试人，

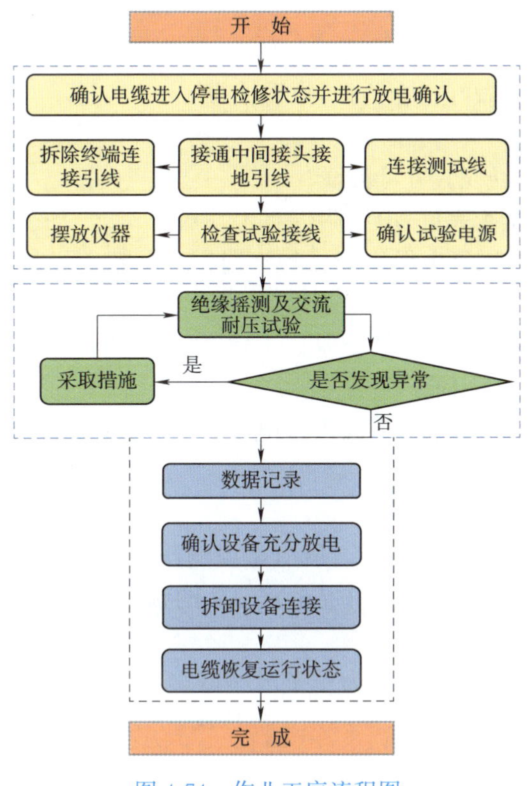

图 4-74 作业工序流程图

项目部安排 1 个安全监护；另一组为项目部安排 2 人进行屏蔽和铠装拆装悬空。

②测试细节

测试前与供电车间沟通，测试供电回路进行临时封闭，测试线路进入停电检修状态，电缆终端与电源和负载断开连接，电缆终端头须与附近金属部分保持至少 300 mm 以上的空气绝缘距离。现场设立标志牌、警戒带等进行警示。

根据仪器测试容量要求，仪器有效耐压 27.5 kV，电缆长度为 6 km，如单条电缆超过 6 km 或并联多条电缆之和超过 6 km 须将电缆分段测试，保证每次测试电缆长度在 6 km 以内。

外护套绝缘测试时须全段电缆铠装与屏蔽接地保持悬空状态，使用 500 V 兆欧表摇测铠装与接地和屏蔽与铠装间的绝缘。

外护套耐压测试时须全段电缆铠装与屏蔽、接地保持悬空状态，使用外护套耐压设备(10 kV 兆欧表)对铠装与接地之间进行耐压测试。

③试验要求

a. 检查被试电缆与邻近设备足够的绝缘距离(300 mm 以上)；

b. 检查试验设备各部分连接线牢固；

c. 试验时，不得在邻近设备作业；

d. 使用 0.1 Hz 交流耐压试验仪器对所内电缆进行主绝缘耐压测试，按要求对试验电缆使用 $2U_0$ 电压挡位，即 55 kV 电压挡位对电缆加压 30 min，并将数据记录入档；

e. 使用 10 kV 电子兆欧表做外护套耐压测试，10 kV 状态持续时间 1 min 不应击穿；

f. 试验人员在试验过程中做好呼唤应答；

g. 在试验区域必须做好安全防护，拉警戒带。

④恢复措施

a. 被试电缆要完全放电，方可拆线；

b. 检查被试电缆是否完好，电缆附件是否发热；

c. 耐压试验结束后恢复电缆中间头与终端头的连接。

(3)试验数据记录

根据试验要求在测试过程中须记录以下数据。

①电缆耐压前后绝缘记录

测试电缆绝缘数据为单条或串联多条电缆数据；使用5 kV绝缘摇表摇测电缆耐压前后绝缘，数据无明显变化。

②电缆耐压测试数据

电缆耐压试验电压应达到55 kV；既有电缆耐压试验时间应在55 kV的状态下保持30 min；新投运电缆耐压试验时间应在55 kV的状态下保持1 h。

③电缆耐压泄漏电流值数据

此次测试电缆泄漏电流值数据为单条或串联多条电缆数据；电缆耐压测试过程中泄露电缆值不应变化过大。

④外护套绝缘测试数据

使用500 V兆欧表摇测电缆铠装与接地间的绝缘，不应小于0.5 MΩ/km；使用500 V兆欧表摇测电缆屏蔽与铠装的绝缘，不应小于0.5 MΩ/km。

⑤外护套耐压测试数据

采用10 kV兆欧表对电缆外护套进行耐压试验，试验应达到10 kV 1 min不击穿。

⑥新投运电缆震荡波局放

电缆震荡波局放须达到1.7 U_0，试验过程电缆主绝缘不应击穿，电缆测试两端无放电现象；测试的电缆本体局放量不应超过300 pc，中间头不应超过500 pc，终端头不应超过5 000 pc。

(4)试验异常处理

①天气异常

工作开始前应及时关注天气情况，如果有阴天或小雨预报，应携带雨具做好防雨措施；如有大雨预报应取消当日作业计划。

工作过程中遇到小雨可在确认能做好防雨措施的情况下继续作业，如遇到中到大雨应立即停止作业。

②试验异常

试验过程中，发现任何地方有异常响声或放电现象，应立即停止试验，重新确认试验设备连接和安全距离，处理可靠后方可再次进行试验。试验容量异常，当电缆线路总长度超过6 km，须将电缆分段试验，电缆户外终端须单独分开引线连接，高压柜须单独拆卸电缆终端头。当试验不通过时，应立即停止试验计划，组织人员将不通过电缆两端进行悬空，单独进行摇测，确认不能通过试验的电缆。并及时组织安排甩开故障电缆，启动电缆故障应急预案,安排下个天窗点进行电缆故障的查找。需拆装高压柜电缆终端时,安排厂家专业人员进行指导拆装。异常处理完成后,应再次进行试验工序。

③安装拆卸异常

安装拆卸电缆中间头接地和终端电缆头时,有可能发生电缆附件连接件损坏,应在工作前备好更换物料。

7. 时间节点卡控

(1)从方案上根据考虑施工环境和作业情况反复推敲,对各工序时间节点进行了界定、分解,施工工序流程及时间节点安排如图 4-75 所示。

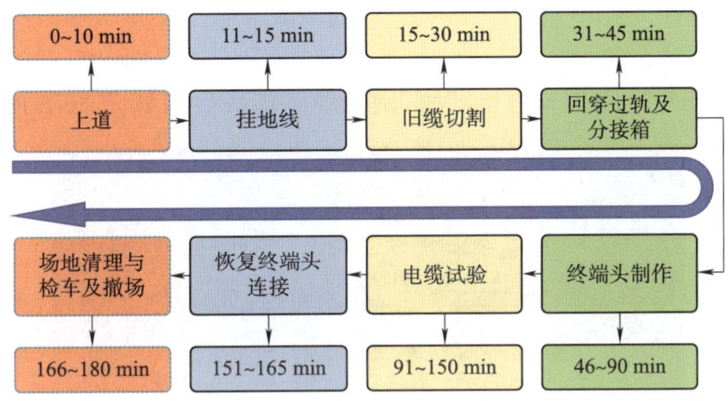

图 4-75　施工工序流程及时间节点

(2)对于每道工序耗时进行充分演练,并写实,卡控施工时间。

①对关键的电缆中间接头制作、电缆试验进行实作演练,如图 4-76 所示。

(a)电缆中间头制作

(b)电缆试验

图 4-76　电缆制作与试验

从电缆切割、外护套处理、绝缘层处理、套装零部件、压接连接管、收缩接头主体、绕包处理、装铜保护壳、铠装层及铜屏蔽接地处理、灌胶处理各个工序进行写实记录,并分析后续施工可优化压缩的空间,明确绝缘中间头制作时间卡控到 80 min 内。

准备工作就绪后,电缆主绝缘、外护套及屏蔽层的绝缘电阻测量时间卡控在3 min,外护套耐压试验时间卡控在 3 min,0.1 Hz 主绝缘交流耐压测试按照规范要求测试 1 h。

②对电缆分接箱电缆头进行模拟演练,分接箱终端头制作如图 4-77 所示。

图 4-77　分接箱终端头制作

③对上网点处装拆电缆头进行演练，网电缆终端头拆装如图 4-78 所示。

图 4-78　网电缆终端头拆装

④对变电所内避雷器进行拆装演练，变电所 27.5 kV GIS 柜避雷器拆装、柜电缆堵头安装如图 4-79 所示。

图 4-79　变电所 27.5 kV GIS 柜避雷器拆装与柜电缆堵头安装

(3)采用循序渐进方式组织施工，先组织实施单根电缆割接、简单终端电缆头制作，在各参与方逐渐配合默契后，同时割接单回路多根电缆。

(4)按照试验规范分解试验时间，试验安排见表 4-17。当日必须要在天窗点内实施电缆主绝缘、外护套及屏蔽层的绝缘电阻测量、0.1 Hz 主绝缘交流耐压测试等试验，满足电缆运行需求；对于外护套及屏蔽层的耐压试验在第二个天窗点内完成。

表 4-17　试验时间记录

序号	试　验　项　目	所用时间
1	电缆主绝缘、外护套及屏蔽层的绝缘电阻测量	5 min
2	0.1 Hz 主绝缘交流耐压测试	65 min

(5)在正常天窗点时间内不能满足电缆割接时间需求的 211、212、217 供电电缆割接施工，采用迂回供电方式退出此回路供电单元供电，在所有电缆割接、试验完成后投用。

8. 迂回供电方式退出运行方案

(1)天窗点内，所内 211 馈线柜 T/F 馈线避雷器拆离，避雷器插口用专用电缆堵头封堵，避雷器用保鲜膜缠绕防护并固定；好港变电所内配合利用 212 馈线实施迂回供电方案。

①断开 211DL、2111GK；

②断开接触网上网开关 3111GK；

③断开 212DL；

④合上上下行并联开关 3101GK；

⑤合上 212DL，由 212 馈线实行上下行并联供电。

注：由 212 馈线并联供电后，须将 212 馈线保护测控装置保护定值切换至上下行并联供电方式下定值 1 区。

(2)211T/F 馈线上网终端头拆离母排并甩开至线路栅栏外侧固定牢靠，挂上警示标识，做好防护隔离措施。

4.3.1.9　施工质量及工艺控制

1. 电缆控制要求及检验

(1)电缆本体各部分无机械损伤，无过热变色、变形、开裂、放电现象。

(2)电缆终端的固定处必须采用专用的铝制或非磁性材料抱箍，并加装保护垫。

(3)电缆固定支架无松动、严重锈蚀或变形，电缆悬挂钢索和挂钩无严重锈蚀或脱落。

(4)电缆铠装层、屏蔽层及电缆导体之间均应可靠绝缘。测量电缆铠装层、屏蔽层及电缆主绝缘之间的绝缘电阻值与历次数据比较，不应有显著变化。

2. 电缆敷设控制要求及检验

(1)电缆敷设应顺直，在敷设过程中，不应出现铠装压扁、电缆绞拧、护套折裂破损等现象，电缆弯曲半径不小于电缆外径的 20 倍。

(2)电缆上下行间敷设应无交叉，供电线、正馈线电缆间无交叉(特殊区段用绝缘板做隔离)，并按规定采取隔热及阻燃防护措施。

(3)当电缆穿管敷设时，保护管长度、内径应符合要求；当采用磁性保护管防护时，应顺向切割开缝，防止构成闭合磁路。

(4)当电缆直埋敷设时，电缆表面距地面不应小于 0.7 m；其径路应避开使电缆受到机械损伤、化学或地下电流腐蚀、振动、热影响、虫鼠等危害地段。困难情况下应设置电缆槽、沟，并采取必要的防护措施。电缆过轨时应加装防护套管，埋深低于轨面不少于 1 m。

(5)直埋或以直埋电缆槽方式敷设的电缆，敷设后应及时填埋电缆沟，并采取减振、阻燃、阻断鼠道措施。同路径并排展放的多根电缆，相邻两根之间应有隔离措施。

(6)在出所位置、电缆转弯处以及和其他管、线、路交叉处，设置标桩。电缆标桩上字样由各设备单位自定。

(7)电缆上杆时应自地面下 0.8 m 至地面以上 2 m，套非磁性防护管进行防护。

电缆支架安装标准如图 4-80 所示。

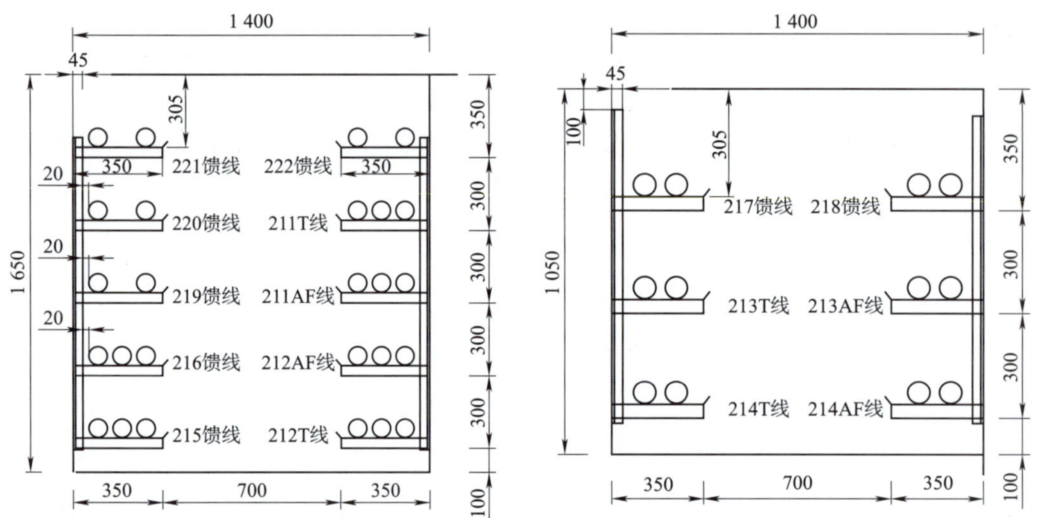

图 4-80 电缆支架安装标准(单位:mm)

3. 电缆终端质量控制要求及检验

(1)电缆终端表面干燥、清洁、密封良好，无渗漏水、裂纹、老化、破损等。

(2)电缆终端应保证竖直向上，不得出现偏转、扭曲变形，伞裙不得挤压变形，最大偏多角度不得大于 30°。

(3)电缆终端母排及零部件应与大地、接地钢构、固定抱箍等保持足够的绝缘距离。顶部端子对地空气绝缘距离不小于 450 mm，电缆终端应力锥对地空气绝缘距离须不小于 35 mm，多个电缆终端并联时，其间空气绝缘距离不小于 35 mm。

(4)电缆终端应固定牢固，金属端子不得承受拉力，应力锥无受力变形。电缆终端固定夹持部位距离冷缩地线管下端大于 100 mm，不得夹持在电缆终端椎体表面，并与接地线保证 50 mm 以上的距离。

(5)电缆及电缆终端投运前应按照《电气化铁路 27.5 kV 单相交流交联聚乙烯绝缘电缆及附件》(GB/T 28427)有关标准进行试验，试验合格后方可投入运行。

4. 电缆接地质量控制要求及检验

(1)电缆长度小于 100 m 时，电缆终端应一端直接接地，另一端可不接地。

(2)长度 100 m 及以上时，宜每隔 400 m(直供方式)或 800 m(AT 供电方式)划分区段且在每个区段应实施接地绝缘分隔。电缆终端应一端铠装层、屏蔽层直装接地，另一端端铠装层、屏蔽层通过护层保护器分开接地。

(3)电缆终端接地线及端子应采取绝缘包扎并固定在电缆上，不得与金属构架直接接触。

(4)电缆终端接地线无破损现象，受损股数不得超过总数的 20%。

4.3.1.10　施工组织过渡

1. 过渡方案

天窗点内，若某回割接馈线电缆故障、试验不通过或试验时间不足。在设计核算该回路馈线甩开单根电缆时载流量满足的前提下，当日天窗点甩开故障电缆，查找原因，第二天点内完成工作量后，恢复与设备连接投入使用。

2. 注意事项

(1)电缆头拆装须设备厂家进行操作或在其指导下进行。

(2)确保电缆头可靠连接。

4.3.1.11　电缆故障抢修预案

(1)当日能够恢复的，如电缆头故障，距天窗点结束有足够的时间，立即组织应急材料进行电缆头制作及试验，完成后进行供电恢复。

(2)如当日电缆损伤、试验不通过，无法查出原因或天窗点时间不足时，不能恢复供电，如果单根电缆故障，可将故障段电缆甩开，利用同回路非故障电缆单独保证供电(非故障电缆载流量满足情况下)，待下一个天窗再组织进行抢修；若同一上网点多根电缆故障(或同回路非故障电缆载流量不满足情况下)，则采用迂回供电方式。深圳北站供电故障应急见表 4-18，应急物资见表 4-19。电缆割接施工天窗点内完成时，故障电缆处用临时警示带进行围蔽，并安排专人 24 小时不间断巡视，待下个天窗点完成剩余工作。

表 4-18　深圳北站供电故障应急操作

序号	故障电缆	迂回操作步骤	利用迂回供电馈线
1	公明下行 211	分好港变电所 211、2111；分深圳北站 SW3111；合深圳北站上下行联络开关 3101；合好港变电所 212、2121	公明上行 212
2	公明下行 212	分好港变电所 212、2121；分深圳北站 SW3121；合深圳北站上下行联络开关 3101；合好港变电所 211、2111	公明下行 211
3	厦深下行 213	分好港变电所 213、2131；分深圳北站 SW(3131T/F)；合梅林隧道口上下行联络开关 LL3034；合好港变电所 214、2141	厦深上行 214
4	厦深上行 214	分好港变电所 214、2141；分深圳北站 SW(3141T/F)；合梅林隧道口上下行联络开关 LL3034；合好港变电所 213、2131	厦深下行 213
5	福田下行 215	分好港变电所 215、2151；分深圳北站 SW3151；合深圳北站上下行联络开关 3102；合好港变电所 216、2161	福田上行 216
6	福田上行 216	分好港变电所 216、2161；分深圳北站 SW3161；合深圳北站上下行联络开关 3102；合好港变电所 215、2151	福田下行 215
7	深圳北站线 217	分好港变电所 217、2171；分深圳北站 SW3171；合深圳北站 3001；合好港变电所 219、2191	动走 B 线 219

续上表

序号	故障电缆	迂回操作步骤	利用迂回供电馈线
8	深圳北站线 218	分好港变电所 218、2181；分深圳北站 SW3181；合深圳北站 3002；合好港变电所 220、2201	动走 A 线 220
9	动走 B 线 219	分好港变电所 219、2191；分深圳北站 SW3191；合深圳动车运用所 LL3001；合好港变电所 222、2221	深圳动车运用所 222
10	动走 A 线 220	分好港变电所 220、2201；分深圳北站 SW3201；合深圳动车运用所 SDL3003；合好港变电所 219、2191	动走 B 线 219
11	深圳动车运用所 221	分好港变电所 221、2211；分深圳北站 SW3211；合深圳动车运用所 LL3002；合好港变电所 219、2191	动走 B 线 219
12	深圳动车运用所 222	分好港变电所 222、2221；分深圳北站 SW3221；合深圳动车运用所 LL3002；合好港变电所 219、2191	动走 B 线 219

表 4-19　应急物资

序号	材料名称	规格型号	单位	数量
1	电缆分接箱	4 进 4 出	台	1
2	电缆直通中间头	27.5 kV，1×300 mm^2	套	2
3	电缆绝缘中间头	27.5 kV，1×300 mm^2	套	1
4	电缆户外终端	27.5 kV，1×300 mm^2	套	1
5	分接箱电缆终端	27.5 kV，1×300 mm^2	套	2
6	所高压柜电缆终端	27.5 kV，1×300 mm^2	套	1

4.3.2　接触网吊装施工

4.3.2.1　工程概况

本次接触网改造主要为赣深高铁引入深圳北站引起的接触网改造和预留深汕铁路西丽方向联络线引起的南咽喉接触网改造。接触网改造(影响)范围：广深港线 K2392＋500～K2398＋300、深圳北～深圳动车运用所(含)间动走 A 线 K2394＋833～K2395＋500、动走 B 线 K2395＋046～K2396＋000。接触网改造主要集中在既有深圳北站北咽喉及 1～6 道、17～20 道、南咽喉涉及少量改造工作。主要工作量：接触网供电电缆 12 回路计 38 条(25.78 km)、开关远动控制光缆 34 根及电源线 4 根割接改造，硬横梁架设 54 组、拆除 31 组及其引起的改锚、改网调整，新建和过渡接触网架设调整共 41 个锚段(39.1 km)，12 台隔离开关及相关接触网拆除等改造工程。本工程拟采用汽车吊和轨道车组两种机械施工，对困难区段支柱及横梁，采用轨道吊车组进行架设、拆除作业。

4.3.2.2　施工作业

1. 作业内容

支柱组立及拆除、横梁架设及拆除。

2. 营业线施工等级

(1)汽车吊吊装施工：Ⅲ级施工；

(2)轨道吊吊装施工：Ⅱ级施工。

3. 工程地点

广深港线 K2394+160 至 K2398+000、深圳北～深圳动车运用所(含)间动走 A 线 K2394+833～K2395+500、动走 B 线 K2395+046～K2396+000。

4. 施工时间

西半场封锁准备及封锁阶段:需 35 个天窗点,计划开工日期:2019 年 9 月 7 日,计划完工日期:2020 年 11 月 20 日;东半场、南咽喉封锁准备及封锁阶段:需 8 个天窗点,计划开工日期:2020 年 9 月 10 日,计划完工日期:2020 年 10 月 30 日;每日 0:30～4:30 使用 240 分钟封锁点在深圳北站进行作业,每日 11:30～15:30 使用 240 分钟封锁点在动车所及动走 A/B 线进行作业;同步进行邻近营业线施工,实际开工日期及封锁施工时间以批复的开工日期及具体施工日计划(调度命令)为准。

5. 停电影响范围

深圳北站施工:停电单元为广深港线 11、12、13、14、15、16 及杭深线 084、085;动车所动走线施工:停电单元广深港 17～21 单元;具体停电影响范围及停电作业行车限制卡以当日批复计划为准。

6. 设备变化情况

新设支柱 210 根,既有支柱拆除 143 根;横梁架设 54 组,横梁拆除 30 组。

7. 施工方案及流程

本次施工采取人工配合机械作业方式,采用汽车吊和轨道吊车组进行吊装施工。

(1)施工方案

本工程轨道吊车组由接触网作业车+2 副轨道平板+轨道吊车+接触网作业车编组而成,租用深圳供电段轨道车组。

支柱、横梁天窗点前运至轨道车组存放点临时卸料平台组织装车,轨道车装车后必须加固锁紧,并做好防溜措施。具备列车进出条件后,在封锁点内按照调度命令进行调车作业。

轨道车组存放于深圳动车运用所综合维修工区 W1 线,调度命令下达,经由动车所～动车走行线～深圳北站站线运行,等待封锁作业;封锁命令下达后,根据施工计划,将轨道吊车组调至相应施工股道,到达吊装指定地点后,做好防溜措施;确定接触网已停电,并加挂接地线,封锁区域两端已设置防护,准备就绪后,进行支柱、横梁架设或拆除施工。

轨道车组完成天窗点施工后,车组按深圳北站站线～动车走行线～动车所返回存放地点。

汽车吊吊装施工要求:

①每根支柱或横梁吊车作业时吊车拟摆放位置、方向进行现场勘查确认,按照吊车摆放"垂直背对广深港线""平行且倾覆吊臂不侵入广深港线""平行且倾覆吊臂侵入广深港线"三种工况进行分类,吊车摆放位置"平行且倾覆吊臂侵入广深港线"工点则必须在广深港线列车停轮期间进行施工。

②三种工况在吊装作业前必须组织进行试吊,各项技术参数和安全措施经检验合格后方可正式进行吊装作业;凡是新购置、安装的各种安全设备、装置必须对操作人员进行严格培训、考试合格后方可正式投入使用。

③严格执行《广铁集团铁路营业线施工安全管理实施细则》各项规定,落实" 新三

会”各项要求，吊车司机、防护人员必须参加日施工方案制定会、日施工方案布置会、施工单位日生产会。

④主动接受配合设备管理单位的现场检查，积极全面地落实检查问题的整改。

⑤施工前，提前进行现场勘查，明确施工路径及吊装点施工条件是否满足汽车吊站位要求。天窗点前，利用运输车将需组立的支柱及横梁倒运至吊装点，汽车吊配合卸载及横梁预拼装施工。

⑥天窗点开始后，汽车吊进入对应吊装地点等待封锁作业，确定接触网已停电，并加挂接地线，封锁区域两端已设置防护，准备就绪后，进行支柱、横梁架设施工。

⑦施工结束后，清点施工工器具，人员、汽车吊撤离现场。

(2)质量控制要求措施及检验

①钢柱

支柱焊接点无裂纹，支柱铭牌齐全、字迹清晰，镀锌层无损伤、表面无锈蚀，目视支柱无弯曲。

H 型钢柱的轴线应垂直于线路中心线，允许偏差不大于 2°；接触网支柱承载后的施工允许偏差应符合以下标准：普通中间支柱顺线路方向中心直立，误差±10 mm；曲线外侧和直线支柱垂直线路方向向田野侧倾斜，倾斜 40 mm，误差±10 mm；曲线内侧支柱、直线转换柱、中心柱垂直线路及顺线路方向均应直立，误差±10 mm；两侧式悬挂支柱、设备柱支柱垂直线路、顺线路方向均直立，误差±10 mm；对向下锚柱顺线路、垂直线路方向中心直立。

下锚柱各种杆型顺线路方向整正标准如下：H 型钢柱向拉线方向倾斜 30～50 mm。

②横梁

横梁焊接点无裂纹，镀锌层无损伤、表面无锈蚀；同组硬横梁对应两基础顺线路、垂直线路方向偏差符合技术标准要求；紧固螺母时应采用交叉、循环方式进行，使受力均匀，采用标准扭矩扳手，梁柱、梁段连接螺栓规格均为 M20，力矩为 280 N·m；连接螺栓穿向应符合设计要求，即横梁边段与支柱连接时，螺栓从支柱外向内方向穿，当横梁边段与横梁中段连接时，螺栓穿向由线路向田野侧；

支柱中心线与横梁纵向中心线应重合，且支柱中心连线与线路正线垂直，施工允许偏差不应大于 2°；横梁与硬横梁支柱连接密贴，间隙不大于 2 mm。

(3)安全措施及注意事项

参加施工人员必须经过安全技术培训，考核合格方可上岗；参加施工的司机、起吊工、司索工等必须持有专业资格证书，并进行岗前培训合格后，持证上岗；起吊过程中起吊工必须遵守操作细则及按超重机技术特性规定进行作业；立杆前，机械人员必须对走行车辆、吊车、吊装工具进行检查，确保性能良好；车辆装载支柱时应遵守支柱装载规定，控制数量，分层码放，平衡放置，严禁超载；起吊工应了解支柱限界及装载物重量等，使用支腿，保证施工安全，特别是在曲线地段或支柱较重时起吊支柱；施工中，传递工具严禁抛掷；安装列车在运行中，严禁进行起吊作业，吊臂应停在规定位置；当法兰式基础混凝土的强度达到 70%以上方可安装支柱；支柱安装后，临时固定支柱必须对角安装螺母并拧紧，支柱整正时，严禁卸掉螺帽，整正后及时补齐螺母。

支柱起吊时，机械作业人员与配合人员应统一听从现场负责人指挥，严禁随意移动车辆、转向和起落吊臂；作业人员不得在线路上坐卧、休息停留或打电话，所有施工料具堆放严禁侵入铁路基本建筑限界；横梁吊装时，必须安排多人无死角监护，防止剐蹭接触网等设备；大风、雷电、大雨等恶劣天气时，应停止支柱安装、整正；吊装作业时，重物下方及大臂作业半径范围内不得有人停留或通过，严禁用非载人重机载运人员；每次起吊前，应检查吊装带磨损情况，有明显磨损时，应及时更换；每次吊装时，应试吊，观察吊装带绑扎及变形情况，确认安全后再继续起吊；为机械设备提供必需的作业条件，并消除对机械作业有妨碍或不安全因素，夜间作业必须设置有充足的照明；高空作业正确佩戴安全防护用品，使用前检查安全带、安全帽是否合格达标；轨道吊司机与挂摘钩人员必须与指挥人员密切配合，严格按照指挥人员发出的指令（口哨或手势）进行操作。在指挥信号不清或错误以及出现其他不合乎规定的情况时，有权拒绝执行，并采取措施防止事故的发生；在架设、拆除横梁过程中，须由6～8名作业人员负责拉晃绳，密切关注组立、拆除的全过程，防止出现意外情况，支柱接触、损坏既有设备。防护人员应随时提醒作业人员保持安全距离，发现安全隐患应立即停止作业，做好安全措施后再恢复作业。

4.3.3 迂回供电及回流系统改造

4.3.3.1 工程概况

1. 既有供电分段

既有供电分段情况见表4-20。

表4-20 既有供电分段

馈线名称	停电单元	供电臂
好港211	广深港11	公明分区所～好港变电所下行
好港212	广深港12	公明分区所～好港变电所上行
好港215	广深港13	好港变电所～深圳北站7、8、9、10、Ⅺ道、福田站Ⅵ道
好港216	广深港14	好港变电所～深圳北站上行Ⅻ、13－16道、福田站Ⅶ、8道
好港217	广深港15	好港变电所～深圳北站1、2、3、4、5、6道
好港218	广深港16	好港变电所～深圳北站17、18、19、20道
好港213	杭深084	好港变电所～李朗分区所上行
好港214	杭深085	好港变电所～李朗分区所下行
好港219	广深港20	深北动车运用所D16～D23、D37～D39、动走B线
好港220	广深港21	深北动车运用所D24～D35、D40～D55、动走A线
好港221	广深港19	深北动车运用所D8～D15
好港222	广深港18	深北动车运用所D3～D7

2. 既有回流系统

既有回流系统由上下行架空回流线、钢轨扼流变分别通过回流电缆回所。架空回流线与钢轨扼流变分别在1道、20道站台北端设1处吸上线，南端分别设置2处吸上线。

3. 设计供电分段及回流系统

(1)供电分段变化情况

①根据新增股道影响，改变原站场咽喉区上半场(3171号)、下半场(3181号)，广深

港正线福田方向上下行，动走 A 线上网点位置，咽喉区供电分束根据新增股道重新划分，无新增馈线供电分束。

②将 17～20 股道合并为一个供电分束，原 17～20 股道两侧 8 个分段绝缘器改为 3 个绝缘关节(常闭)。

③优化 1～6 股道供电分束，将 1～2 股道分为一束、3～6 股道合并为一束，原股道两侧 12 台分段绝缘器减少为 6 台。

④35 与 42 号道岔之间由于新插入 67 号道岔，原绝缘关节无设置条件，该位置分段改为由绝缘关节形式改为分段绝缘器形式。

回流系统变化情况：改造后，回流系统维持既有方式，因支柱拆除后进行回流电缆连接处移设。

(2)供电臂供电区段变化：深圳北站改造后供电臂总体保持不变，广深港 15 供电臂(217 馈线)新增赣深下行疏解线供电、广深港 16 供电臂(218 馈线)新增赣深上下行联络线供电。

①217 馈线电缆割接期间退出运行，闭合 3019 开关，采用 213T 馈线对广深港 15 供电单元迂回供电，217 馈线割接完成投用后，恢复正常供电；

②封锁西半场(动走 A 线至 17～20 道北端线路)期间，由于 3181、3201 隔离开关及动走 A 线、17～20 锚段接触网需拆除，同时需保证 17～20 道向南发车、动车所正常运行。采取将既有 17～20 道站台北端接触网改锚、用临时电连接短接 17、18、19 道站台南端分段绝缘器的方式，闭合 3015 联络开关利用广深港 14 供电臂(216 馈线)对 17～20 道迂回供电，保证 17～20 道向南发车条件；闭合动车所 SDL3003 手动隔离开关，用临时电连接短接 D23 与 D24 线间分段绝缘器，利用广深港 20 供电臂(219 馈线)对动车所 24～35 道、40～45 道迂回供电，保证动车所正常运营。封锁期间，在临时车挡位置设置接触网终端标志牌。西半场开通时，供电臂恢复原有供电区段；

③封锁东半场(动走 B 线至 1～6 道北端线路)及南咽喉改造区期间，由于 3171 隔离开关及 1～6 锚段接触网需拆除，同时需保证 1～6 道向南发车。采取将既有 1～6 道接触网改锚，用临时电连接短接 2～6 道站台南端分段绝缘器的方式，闭合 3014 联络开关利用广深港 13 供电臂(215 馈线)对 1～6 道迂回供电，保证 1～6 道向南发车条件；动走 B 线 3001 绝缘关节隔离开关保持打开，并在南端下锚侧设置接触网终端标和高压警示标。封锁期间，在临时车挡位置设置接触网终端标志牌。东半场开通时，供电臂恢复原有供电区段。

4. 站改方案

按照批复的施工方案，17～20 道和 1～6 道在封锁期间作为尽头线使用，保留南向接发车条件，北端因为站改原因需将既有接触网拆除。根据既有供电情况，17～20 道和 1～6 道接触网供电是从好港变电所就近上网往南端向股道供电，接触网拆除后，按照原供电方式和范围无法向 17～20 道和 1～6 道供电。由此需实施过渡措施，采用变更既有供电方式向其进行供电，确保 17～20 道和 1～6 道实现南向接发车条件。

同样，17～20 道和 1～6 道北侧钢轨因改造原因需拆除，由此引起回流系统更改。在站改开通前，需取消过渡的供电方式，按照设计供电分段对新建接触网及 1～6 道和 17～20 道进行供电，同时回流系统按照设计对应修改。

4.3.3.2　技术路线

要保证17～20道和1～6道南向发车条件，就必须保证这些股道上方接触网有电，且保证回流系统畅通。

(1)分析既有供电示意情况，因改造期间218、220馈线供电上网处的接触网需拆除，同时停用218、220馈线供电，从而引起原218馈线供电范围(17～20道及相关线路)、220馈线供电范围(动车所24～35道、40～45道及动走A线)无电，为不影响运输，保证既有接触网设备使用，需由其他供电单元向深圳北站17～20道及深圳动车所相关接触网供电。通过对供电单元的供电范围、正常运行负荷状态下电流参数分析、正常运行负荷状态下电流数据分析、供电单元供电电缆容量，进行计算和设计比选，选择最优的供电单元对其供电。

(2)1～6道原供电单元是由好港所217馈线供电，因改造期间217馈线上网处的接触网需拆除，同时停用217馈线供电，从而引起原217馈线供电范围(含1～6道)无电。在北侧无电源的情况下，为保证1～6道接触网供电，需由南端接入电源向1～6道供电。通过对1～6道南端供电单元的供电范围、正常运行负荷状态下电流参数分析、1～6道正常运行负荷状态下电流数据分析、供电单元供电电缆容量，进行计算和设计比选，选择最优的供电单元从南端对1～6道迂回供电。

(3)为实现迂回供电需对既有供电分段进行更改，对相关供电回路进行修改。

(4)因17～20道和1～6道北侧钢轨因改造原因需拆除，通过研究分析信号牵引回流系统、接触网回流系统，对因钢轨拆除引起的回流系统进行完善。

4.3.3.3　站改期间迂回供电方案

对深圳北站1～6道、17～20道接触网改变供电方式后供电能力核算，并提出可靠的供电方案如下：

(1)17～20股道封闭改造期间，利用广深港14供电单元(好港变电所216馈线)对17～20道进行迂回供电，保证17～20道向南发车条件。

216直供馈线规格为3×(1×300 mm^2)，一根300 mm^{2}电缆载流量按635 A考虑，载流量为1 905 A，可满足为17～20道接触网迂回供电需求。

(2)1～6股道封闭改造期间，利用广深港13供电单元(好港变电所215馈线)对1～6道进行迂回供电，保证1～6道向南发车条件。

215直供馈线规格为3×(1×300 mm^2)，一根300 mm^{2}电缆载流量按635 A考虑，载流量为1 905 A，可满足1～6道接触网迂回供电需求。

(3)动走A线(好港变电所220馈线)改造期间，利用动走B线(好港变电所219馈线)迂回供电。动走B线(好港变电所219馈线)馈线改造期间，利用动走A线(好港变电所220馈线)迂回供电。

219、220直供馈线规格均为2×(1×300 mm^2)，一根300 mm^{2}电缆载流量按635 A考虑，载流量为1 270 A，可满足为深圳动车所24～35道、40～45道及动走A线接触网迂回供电需求。

上述迂回供电方案利用站线馈线为动走线接触网迂回供电，可能存在过负荷跳闸，需根据负荷电流数据调整相关保护定值。福田上行(216馈线)、福田下行(215馈线)馈线最大负荷电流调整为2 000 A，供电单元最大负荷电流调整为4 000 A，列车启动电流调整为 1 200 A。

4.3.3.4 站改期间牵引供电回流系统方案

1. 原深圳北站、深圳动车运用所回流系统概况

原广深港高铁好港变电所分相至香港方向采用带回流线的直接供电方式；深圳北站站线采用直接供电方式、直接利用轨道回流；原动走线及动车所采用直接供电方式、存车场内轨回流通过动走 A 线、动走 B 线并入深圳北站站线。

2. 深圳北站改造回流系统设计方案

本次深圳北站改造原则上维持既有回流系统设计标准，回流系统利用既有吸上线及扼流变位置，并预留赣深上行联络线、下行联络线、第三联络线、第二动车所走行线回流线并入正线回流线接入条件。根据第一阶段封锁动走 A 线、17～20 股道北咽喉，17～20 道保留南向发车功能。第二阶段封锁动走 B 线、1～6 股道北咽喉(1～6 道保留南向发车功能)，南咽喉预留深茂联络线局部改造。

4.3.3.5 施工方案

根据现场调查情况，既有 010 号～062 号区段上行回流线、029 号～069 号区段下行回流线安装于既有横梁顶部，为便于此区段横梁架设施工，提前对横梁上部安装的回流线改移至支柱田野侧。

电缆槽贯通后，按照设计路径重新由好港变电所综合接地箱敷设回流电缆至 G40、G41 支柱，将既有 5 号、6 号支柱处吸上线及新敷回流电缆移设至 G40、G41 支柱，后拆除既有吸上线及回流电缆。

1. 站改封锁第一阶段施工方案(西半场)

(1)利用 216 馈线对 17～20 道迂回供电

在 17～20 道南端通过电连接(17 号、18 号、19 号)短接 17～19 道分段绝缘器、保持 3017 隔离开关闭合，闭合 3015 隔离开关由广深港 14 供电臂(216 馈线)对 17～20 道迂回供电，如图 4-81 所示。

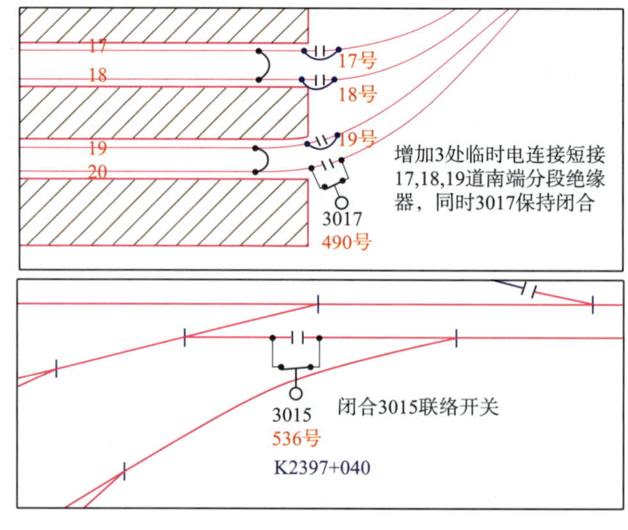

图 4-81　利用 216 馈线对 17～20 道迂回供电

(2)利用219馈线对动车所24～35道、40～45迂回供电

闭合动车所SDL3003手动隔离开关,同时利用电连接(D1、D2、D3、D4)短接动车所D23与D24线间分段绝缘器,利用广深港20供电臂(219馈线)对广深港21供电臂(动车所24～35道、40～45)迂回供电,如图4-82所示,保证了动车所正常运营。

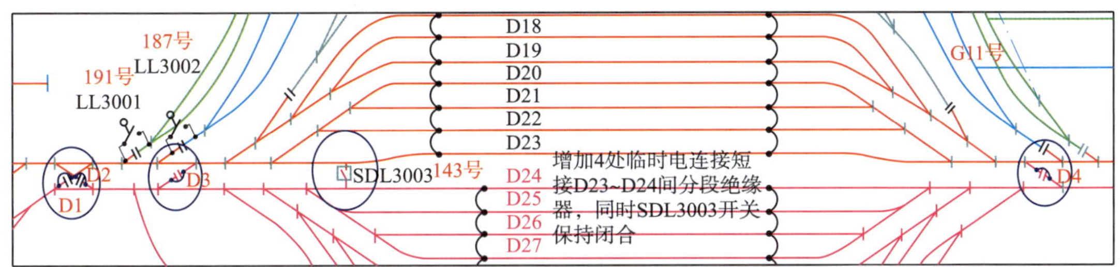

图4-82 219馈线对动车所24～35道、40～45道迂回供电

停用SW3201(G10/220馈线)、SW3181(G08/218馈线)上网开关供电;封锁期间,供电分段示意图发生变化,在站前设置车挡位置(K2396+110)大里程侧10 m设置相应的接触网终端标志牌。

2. 站改封锁第二阶段施工方案(东半场、南咽喉)

1～6道北端接触网改锚后拆除,停用好港变电所217供电臂,短接1～6道南端分段,闭合3014开关。

利用215馈线对1～6道迂回供电:在1～6道南端通过电连接(2号、3号、4号、5号、6号)短接2～6道分段绝缘器、保持3016隔离开关闭合,闭合3014隔离开关由广深港13供电臂(215馈线)对1～6道迂回供电,如图4-83所示。

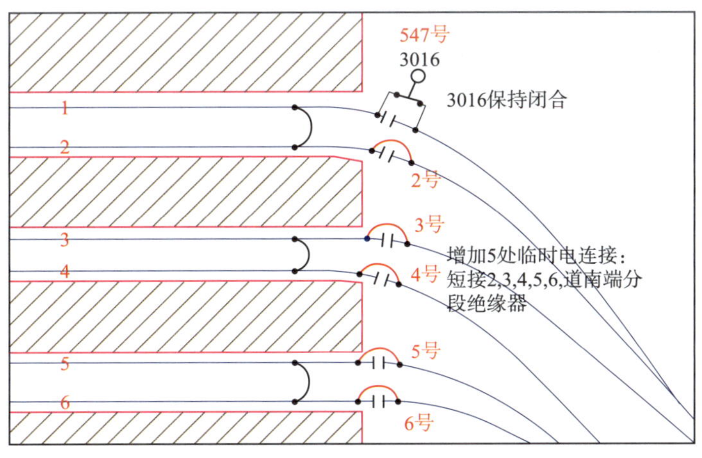

图4-83 利用215馈线对1～6道迂回供电

停用SW3171(G07/217馈线)上网开关供电,保持动走B线绝缘关节隔离开关3001打开。封锁期间,供电分段示意图发生变化,在站前设置车挡位置(K2396+110)大里程侧10 m设置相应的接触网终端标志牌。

第5章　施工工艺工法

5.1　路基工程

深圳北站正线及两侧帮宽铺设无砟轨道地段，基床表层采用级配碎石，表层以下采用A、B组填料填筑。改建动走线A线基床表层及底层采用级配碎石掺5%水泥。其余站线路基基床表层采用A组填料，基床底层采用A、B组填料填筑。此次改造涉及既有路基帮填以及路堑开挖，工程量较大，应在改造施工前做好施工准备。

路基工程开工前组织技术人员认真完成技术准备工作，主要包括全面熟悉施工设计图并进行核对；全面进行地质核查；交接桩及施工复测；测量、补桩、划线、复测导线点和水准控制点，并在施工范围内全面恢复中线；填料调查及试验；建设工地试验室；编制实施性施工组织设计及开工报告；进行技术培训等，同时架子队完成现场各项准备工作，主要包括修建进场便道、设置排水系统，建拌和站等。

根据设计及补勘的土质情况按照设计或变更规定进行严格的基底处理。基底处理完成后，按照设计和有关规范、规定对地基进行检测，符合设计要求后，才可进行上部填料的填筑。

本标段填料主要为A、B组填料，施工前，应做好土石方的调配方案。取土场应根据设计要求和施工地段总的土石方调配计划，并结合路基排水和当地土地利用、环保规划进行布置，不得任意挖取。路基填筑采取机械化施工作业，施工过程中做好设备的选型配套及各环节的配合工作，组织好土石方运输，使挖装、运输、摊铺、碾压各工序的作业连续、紧凑和互不干扰。按照“三阶段、四区段、八流程”的作业程序进行填筑作业，每层填筑须按规定的方法和频度进行检测，达到要求后，方可进行下一层的填筑施工。

采取必要的路基加固措施控制工后沉降，同时根据各种土类压实试验所取得参数，设置填层厚度控制杆，严格控制碾压厚度和填土速率，加强碾压以确保施工质量。

5.1.1　既有路基帮填施工

5.1.1.1　施工工艺

本工程涉及对既有线路基进行加宽改造。路基帮宽填筑施工工艺流程如图5-1所示。

首先在既有线砟脚处设置挡砟板，挖除基床表层部分，将新老路基结合部做成台阶状，按要求夯实整平，然后进行帮宽路基填筑。

既有线路帮宽的施工，根据现场实际作业面的情况，采用小型机械和人工辅以机具进行施工，挖掘机或人工使用风镐、铁锹开挖，小型运输车或人工使用手推车等工具运输，推土机和人工单独或配合整平，压路机或打夯机夯实。

1. 路基基底处理

有防护地段的路基帮宽填土前要先集中人力拆除既有线路边坡防护，然后挖台阶，

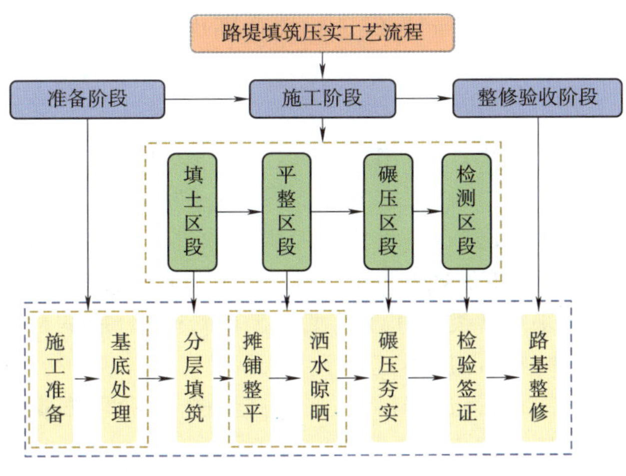

图 5-1 路基帮宽填筑施工工艺流程

台阶宽度不小于 1 m，路基的基底按设计要求和规范标准进行处理，并将石料堆放整齐以备再利用；同时要做到随拆随填，以确保既有线路的运行安全，并满足设计要求的搭接宽度。既有线路防护拆除如图 5-2 所示。

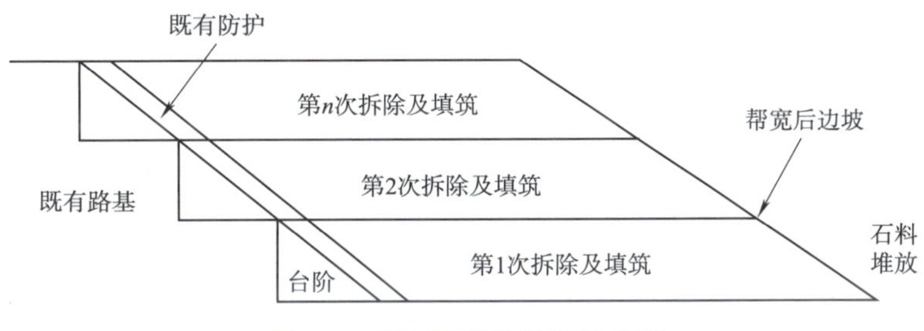

图 5-2 既有线路防护拆除示意

无防护地段路基帮宽直接挖台阶，台阶宽度不小于 1 m，路基的基底按设计要求和规范标准进行处理。施工前，先将路堤施工范围内的地表杂物，杂草等清除干净，对于松软土层进行翻松，打碎分层碾压，对于腐殖土则清理至界外集中堆放，用自卸车运至弃土场。

2. 路基填筑施工

分层填土，填料符合规定并尽量与既有路基填料一致，填土路基按照“三阶段、四区段、八流程”全断面水平分层的方法进行施工。

三阶段：准备阶段、施工阶段、竣工阶段；

四区段：填筑区、平整区、碾压区、检查区；

八流程：施工准备→基底处理→分层填筑→洒水晾晒→摊铺整平→碾压夯实→检查签证→边坡整修。

以此分层重复填筑至路基成型。采用挖掘机或小型机具装料，小型运输车或自卸汽车运输，采用小型夯实机具或振动压路机压实。

(1)分层填筑

路基填筑采取横断面全宽、纵向分层填筑的方式。当原地面高低不平时，从最低处分层填筑，由两边向中心填筑。为保证路堤全断面的压实度一致和完工后的路堤边缘有足够的压实度，边坡两侧各超填 0.3～0.5 m，根据填筑高度在过程中刷坡整平。

填筑施工根据现场施工条件，采用推土机、挖掘机或装载机配合自卸汽车运输。施工时，根据填筑高度及由试验段确定的分层厚度、压实系数，由技术人员计算出计划分层数、压路机走行速度、碾压遍数，并绘出分层施工图，向架子队长、领工员、班长、指挥卸土人员、压路机司机进行书面交底。架子队长、领工员负责控制松铺厚度，并配合机械随时进行厚度调整。采用砂类土和改良细粒土填筑时，分层的最大压实厚度不大于 30 cm。分层填筑的最小分层厚度不宜小于 10 cm。

为节省摊铺平整时间，在运送填料时，严格控制倒土密度，根据车载量及松铺厚度计算卸车密度。一般自卸车卸土间隔为 4～5 m。

用不同填料填筑路堤时，各种填料禁止混杂填筑，每一水平层的全宽用同一种填料填筑，并做成不小于 2%的横向排水坡。

(2)摊铺整平

填筑区段完成一层卸土后，用推土机、平地机摊铺平整，做到填铺面在纵向和横向平顺均匀，以保证压路机压轮表面能均匀地接触填铺面进行碾压，达到碾压效果。

摊铺时边坡两侧各加宽 0.3～0.5 m，在推铺的同时利用推土机对路肩进行初步压实，并保证压路机压到路肩时不致发生滑坡。

(3)含水率控制

施工控制含水率范围将根据填料性质、要求的压实度和机械压实能力综合确定。当含水率过大，可采用在取土场内翻挖晾晒和用推土机松土器松土晾晒的方法，或将填料运至路堤摊铺晾晒，经再次检测，填料含水率符合要求后方可进行下道工序施工。

(4)机械碾压

填土压实作业用光轮压路机配合重型振动压路机碾压。压实前，由领工员、值班班长、压路机司机进行检查，确认层厚及平整度符合要求后，再进行碾压。用振动压路机进行碾压时，第一遍静压，然后先慢后快，由弱振至强振，最快行驶速度控制在 4 km/h，由两边向中央纵向进退式进行。横向接头重叠 0.4～0.5 m，前后相邻两区段间纵向重叠 1.5～2.0 m。做到压实均匀，没有漏压、死角。

按照压实部位密度标准、填层厚度及控制压实遍数进行压实。压实遍数由试验人员根据试验段确定的压实系数提供。经密度和 K_{30} 检测合格，且监理平行检测合格后，方可转入下一道工序。不合格时进行补压，直至合格。

(5)检验签证

按验标对填料质量、填筑厚度、填层面纵横方向平整均匀度、路面坡、压实质量、边坡质量等进行检查验收。达不到标准的按要求进行整修合格后予签认。

(6)路面、边坡整形

路堤按设计高程填筑完成后，每 20 m 设 3 个桩(2 个边桩，1 个中桩)，进行高程测量，计算平整高度，施放路肩边线桩，修筑路拱，并用光轮压路机碾压一遍，使路面光洁无浮土，横向排水坡符合要求。

依据路肩边线桩，用人工按设计坡率挂线刷去超填部分。边坡刷去超填部分后进行整修夯实，整修后的边坡达到坡面平顺没有凹凸，转折处棱线明显，直线处平直，变化处平顺，压实度合格，达到验收要求。

5.1.1.2 工艺要点与注意事项

(1)路基填筑前做好路基两侧的防排水。

(2)对无须做地基特殊处理的一般路基的基底，当为土质地层时，按设计要求挖除表层土，再分层填筑；当为砂类土、砾卵石(碎石)类土地层时，先清理表面，再将原地整平碾压至路基相应部位的压实标准。

(3)测出基底处理后的原地面高程，依照设计资料精确测放路基边线及线路中心线，打桩标示；直线地段每20 m一个桩，曲线地段每10 m一个桩，并在桩上做出虚铺厚度的标记。

(4)路基填筑采用横断面全宽一次分层填筑、纵向水平分层压实方法。当原地面高低不平时，先从低处分层填筑，并由两边向中心填筑。

(5)不同性质的填料分别填筑，每一水平层的全宽采用同一种填料填筑，每种填料累计总厚度不小于50 cm。对于不同种类的填料，遵循有利于层间土层的渗透反滤原则施工。

(6)按工艺试验确定的合理摊铺层厚，进行分层上土，虚铺厚度控制采用“方格网法”和“挂线法”，填筑时路基两侧各加宽30～50 cm以上，以保证边坡压实质量。

(7)填料摊铺应使用推土机进行初平，再用平地机进行平整，填层面应无显著的局部凹凸，并应做成向两侧横向排水坡。

(8)在施工中始终坚持“三线四度”。三线即中线、两侧边线，且在三线上每隔20 m插一小红旗，明确中线、边线的控制点；四度即厚度、密实度、拱度、平整度。控制路基分层厚度以确保每层层底的密实度；控制密实度以确保路基的质量及工后沉降不超标；控制拱度以确保雨水及时排出；控制平整度以确保路基碾压均匀及路基面无积水。

(9)用含细粒成分较多的粗粒土填料填筑路堤时，必须严格控制其填料的含水率在工艺试验确定的施工允许含水率范围内。填料含水率较低时，应及时采用洒水措施，洒水可采用取土场内提前洒水闷湿和路堤内搅拌的方法。填料含水率过大时，宜采用场内开挖沟槽降低水位和用推土机松土器翻松晾晒相结合的方法，或将填料运至路堤摊铺晾晒。

(10)碾压时，按先两边后中间(曲线地段先曲线内侧后曲线外侧)，先静压后弱振、再强振、先慢后快的原则进行碾压。各种压路机的最大碾压行驶速度不宜超过4 km/h。各区段交接处互相重叠压实，纵向搭接长度不小于2 m，纵向行与行之间的轮迹重叠不小于40 cm，上下两层填筑接头错开不小于3 m。深层沉降观测管周围采用冲击夯夯实。

(11)松软土地段在路基填筑过程中，每天测量边桩侧向位移，指导控制填土速率。

(12)填至基床底面、基床表层底面高程后，及时恢复中线，进行高程测量，检查路基宽度。按照设计结构尺寸进行路面整修后，达到路面平整，横向排水坡符合设计要求。

5.1.1.3 质量控制与要求

(1)施工前应对设计取土场的填料进行核对确认。

(2)施工中应检查核对填料的试验和实际使用情况，当实际使用填料发生变化时，应另取样做土工试验进行鉴定。

(3)在每一层的填筑过程中，应确认填料质量、含水率、铺土厚度、填料表面平整度应符合设计及规范规定后，再进行碾压。

(4)填筑高度小于基床厚度的路堤应按设计要求进行基底处理，处理后的质量检验应根据所处路堤部位的要求进行。对于填筑压实质量可疑地段，应根据工程质量控制的需要，增加检验的点数。

5.1.2 路堑施工

5.1.2.1 施工准备

路堑施工应根据地形地质、气象、水文实际情况合理安排施工，膨胀土、黄土路堑不宜在雨季施工。路堑开挖施工前、开挖过程中均应核对地质资料，开挖后发现与地质资料不符时应及时反馈相关单位。

路堑开挖应根据地形情况、岩层产状、断面形状、路堑长度、施工季节和环境保护要求，结合土石方调配选择开挖方式，如平缓地面上短而浅的路堑宜采用全断面开挖。平缓横坡上的一般路堑宜采用横向台阶开挖，较深路堑应分层开挖。傍山路堑宜采用纵向台阶开挖，边坡较高时宜分级开挖。边坡较高的软弱、松散岩质路堑，应分级开挖、分级支挡、分级防护。

路堑开挖前，做好堑顶防排水设施，临时排水设施应与永久性排水设施相结合，并与原排水系统顺接，注意排水不应损害路基及附近建筑物地基、道路和农田，并不应引起淤积或冲刷；影响边坡的地面水和地下水应及时引排，施工过程中路堑开挖表面宜设排水坡，以利排水。开挖的路基面不应有积水。刷坡应保证边坡坡度及平整度，对特殊部位做好边坡防护工作。路堑开挖时应合理分段并自上而下进行，严禁掏底开挖。设有支挡结构的路堑边坡应分段开挖、分段支挡，支挡工程施工应与开挖紧密衔接。如防护不能紧跟完成的，边坡应预留不小于0.5 m的保护层，待支挡或防护施工时开挖。对于设计特殊要求分层开挖、分层防护的路堑边坡，应自上至下分层开挖、分层施工，支挡工程施工应与开挖紧密衔接。如防护不能紧跟完成的，不能开挖。

路堑开挖至预定高程后，按设计要求对路基基床底层厚度内地层和基底采用工程地质描绘、原位测试、电法物探，基床土质静力触探比贯入阻力 P_s 值检测（$P_s \geqslant$ 1.2 MPa），必要时进行钻探取样等方法，进行地基土地基条件的核查与检测，根据试验结果对不具有足够强度与抗变形能力的土质，按设计采取换填或其他措施进行地基加固施工。

5.1.2.2 路堑施工工艺

1. 施工方法

根据测量放样的桩位，连接成线，路堑开挖前应先检查坡顶、坡面，并对危石、裂缝或其他不稳定体妥善处理。

路堑开挖采用机械开挖，机械开挖不到的边角采用人工开挖，边坡坡面人工整修。根据地形条件和土方调配运距等，采用不同的机械组合和开挖方法。

(1)对于土方数量相对集中，地形较为平坦、宽阔，运距在100 m内(考虑经济性)，采用挖掘机平整施工场地，装载机装载土方直接运送至填筑场地，装载机装载台阶不宜过高，一般高度为 2～3 m。运距 50 m 以内的土方采用推土机直接推送到位，边坡采用挖掘机修整。

(2)对于傍山路堑，地势较为陡峭，施工场地狭窄的地段，采用挖掘机纵、横向台阶开挖施工，自卸汽车运输。边坡较高时分层开挖，台阶高度 3～4 m。

挖掘机、自卸车纵向台阶开挖土方如图 5-3 所示。

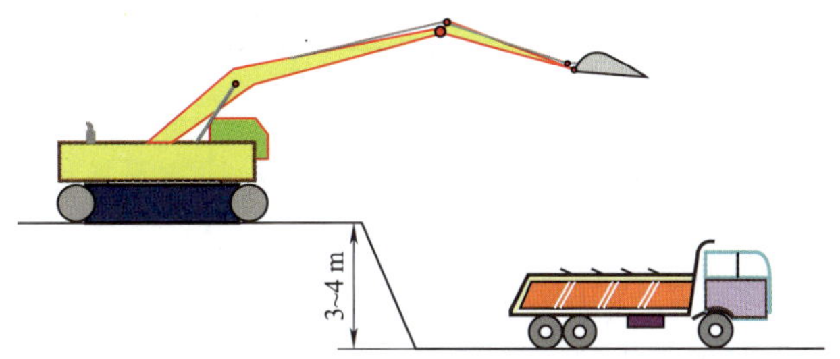

图 5-3　挖掘机、自卸车纵向台阶开挖土方示意

2. 工艺流程

装载机、挖掘机、自卸汽车开挖土方工艺流程如图 5-4 所示。

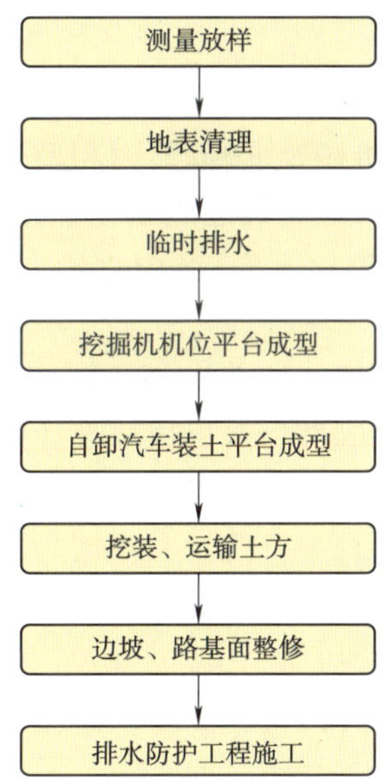

图 5-4　推土机、挖掘机、自卸汽车开挖土方工艺流程

3. 技术要求和标准

开挖坡面应平顺，无明显凹凸，无危石、浮土、渣堆、杂物。路堑开挖应自上而下纵向、水平分层开挖，纵向坡度不小于 4%。路堑边坡坡率、变坡点、平台位置、宽度、侧沟排水坡度允许偏差及检验标准应满足表 5-1 要求。

表 5-1 路堑开挖相关参数允许偏差及检验标准

项目	允许偏差	施工单位检验数量	检验方法
边坡坡率	不陡于涉及坡率	每 100 m 单侧检查 2 点	用坡度尺量、计算
变坡点位置	±200 mm	每 100 m 单侧检查 2 点	水准仪测或尺量
平台位置	±200 mm	每 100 m 单侧检查 2 点	水准仪测或尺量
平台宽度	±100 mm	每 100 m 单侧检查 2 点	尺量
侧沟排水坡度	不得积水	每条沟全验	目测

4. 施工注意事项

(1)在开挖施工过程中,对高边坡地段要经常巡查,注意开挖坡面是否有变化,堑顶是否有裂缝等。

(2)加强与支挡防护架子队伍的交流,了解其施工部署与工期安排等。

(3)开挖高度在 4 m 左右重新测量一次,进行边坡修整,严防超挖和破坏边坡。

(4)每个作业点每班现场领工员跟班指挥,随时掌握路基宽度、高程及其他情况,协调机械设备的配置,及时处理现场出现的各类事件。

(5)数码影像资料的收集应能够反映施工里程段及相关施工工序等信息。

5.1.2.3 安全质量及环保措施

1. 安全质量措施

路基施工首先处理好基底。按照现场调查资料,区别不同的土质类别配备各类施工机械,并留有一定备用余地。机械要配套,能力和型号满足施工需要。

(1)开工前,先进行施工测量,准确确定线路中桩、边桩的位置和高程。

(2)路基开工前首先应做好堑顶天沟、场内水沟、排水涵渠,永久和临时排水相结合,保证排水通畅。

(3)路堑应采用纵向分段、分层拉槽方式,采用大型机械作业,边坡预留保护层以人工刷坡,边坡成型一段防护一段,刷坡后要尽快按设计要求进行防护。

(4)石质路堑无论是浅孔爆破或深孔爆破,边坡都应进行预裂或光面爆破。爆破设计要在试验中不断修正。

(5)当路堑开挖至设计高程后,应核对路基面和边坡的水文地质和工程地质情况,当与设计不符时,应提出变更设计。

(6)边坡按设计要求及时施作防护,保证边坡稳定,免于冲刷、侵蚀等。

(7)排水、截水系统完善,排水通畅;地面水沟位置符合设计及实际地形情况,沟底、边坡平顺、整齐,砌筑牢固。

2. 安全保证措施

(1)路基工程施工应做好前期准备,进行全面安排,正确选用施工方法,编制实施细则。施工前应详细调查并掌握地质、水文资料,检查易于发生水害地段的施工安全,做好施工中的临时防护工作。对路堑施工,还须预先检查山体有无塌方、滑坡的可能,并拟定防护措施。

(2)路基工程采用新技术、新工艺、新机具和新的施工方法时,应制定相应的安全技术措施。

(3)从事爆破等特种作业人员，各种机械的操作人员及机动车辆驾驶人员，必须经地方政府主管部门专业培训和考试并取得合格证后，方准独立操作。

(4)施工现场设立安全标志。危险地区必须悬挂“危险”或者“禁止通行”“严禁烟火”等标志，夜间设红灯示警。

(5)在施工便道间的交叉口、便道与公路的交叉口，应设立标志。所有道路的便桥，在桥头树立标志，注明载重能力和限制速度。

(6)路堑开挖时，注意坡面的稳定。每天开工前、收工前应对坡面、坡顶及附近进行检查，如发现有裂缝和坍方的迹象或有危石、危土时，立即处理，凡不能处理且对施工安全有威胁时，暂时停止施工，并报告上级处理。

(7)在高于3 m的坡面上作业，必须拴安全绳；严禁在同一安全桩上拴几根安全绳和在一根安全绳上拴几个人。在路堑内作业，必须戴安全帽。

(8)开挖作业应与装、运作业面相互错开，严禁上下重叠作业；

(9)路堑开挖放炮后，在清理过程中，如发现有瞎炮、残药、雷管等应及时报告，设立警戒区，由爆破人员处理。

(10)边坡开挖中如遇地下水出露，应采取临时排水措施后方可继续开挖。岩溶地区，对堑顶或基底的岩溶水、上升泉水应按设计要求进行治理，不得任意堵塞出水口或任意抽水，以免导致突发性坍陷。

(11)弃土应保证弃土堆的自身稳定，其位置与高度应根据地形并考虑对附近建筑物以及农田、水利、河道、交通的安全影响合理设置，先防护后弃土。

(12)严禁有间发性癫痫、高血压、心脏病和恶性贫血患者担任撬石和高边坡作业。

(13)支顶危石悬岩，或采用嵌补综合防护的工点应按专门工点要求，制定相应的安全措施进行施工。

(14)路堑开挖应自上而下纵向、水平分层开挖，纵向坡度不得小于4%。严禁掏底开挖。

(15)设有支挡结构的路堑边坡应分段开挖、分段施工。

(16)石质路堑开挖宜采用松动爆破，严禁采用洞室爆破。石质边坡面应采用光面或预裂爆破开挖。爆破设计方案必须经有关部门审核批准后方可实施。

(17)各种机械要有专人负责维修、保养，并经常对机械的关键部位进行检查，预防机械故障及机械伤害的发生。

3. 环水保措施

(1)施工中采取措施减少粉尘，减少对生产人员和当地居民造成危害，必要时进行洒水。

(2)居民区尽量安排在白天施工，避免夜间施工噪声影响居民休息。

(3)工程完工后及时清理现场垃圾，做到文明退场。

(4)弃土场必须先防护后弃土，确保弃土环保。

5.2 轨道工程

轨道工程施工采取人工配合机械作业方式，涉及邻近广深港正线上下行线进行无砟轨道的拆除施工及有砟轨道拆除、外运，邻近既有动走 A、B 线进行轨料吊卸与倒运，邻近广深港正线进行无砟及有砟轨道道岔铺设、混凝土浇筑及线路附属工程施工。

本次改造主要涉及无砟及有砟轨道（道岔）铺设两种轨道形式。其中，拆除无砟轨道 364 m、拆除有砟线路 1. 8 km、道岔 6 组，如图 5-5 所示；插铺无砟道岔 4 组及无砟轨道 550 m，如图 5-6 所示。

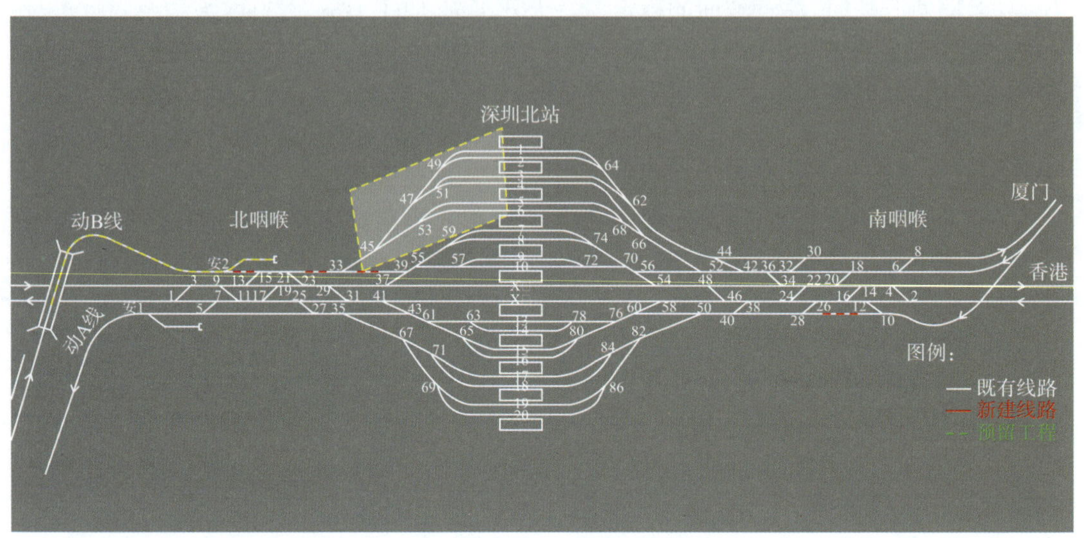

图 5-5　轨道拆除

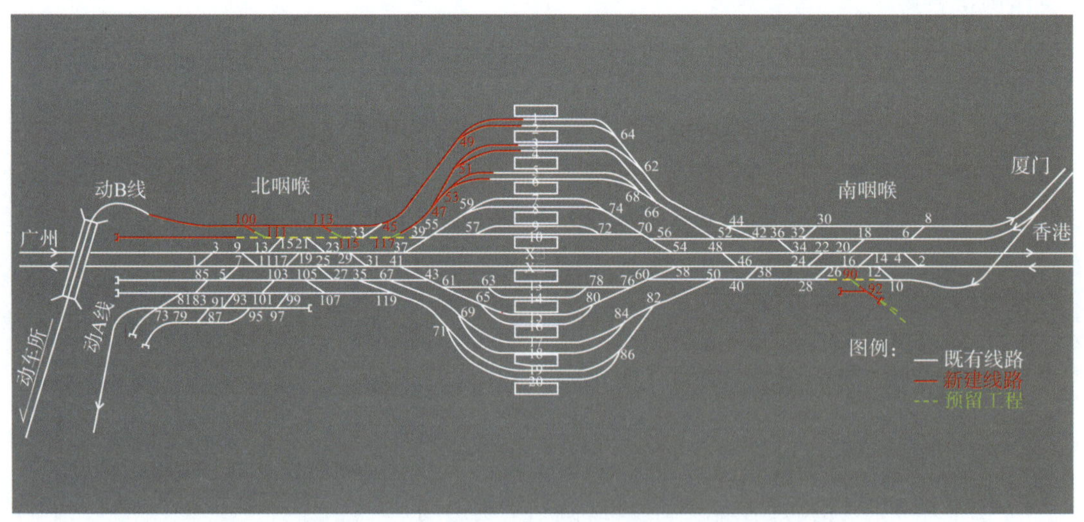

图 5-6　轨道铺设

本次改造过程中对于有砟线路、无砟线路和道岔的拆除，以及后续相应的轨道铺设、道岔插铺的具体施工流程如图 5-7 所示。

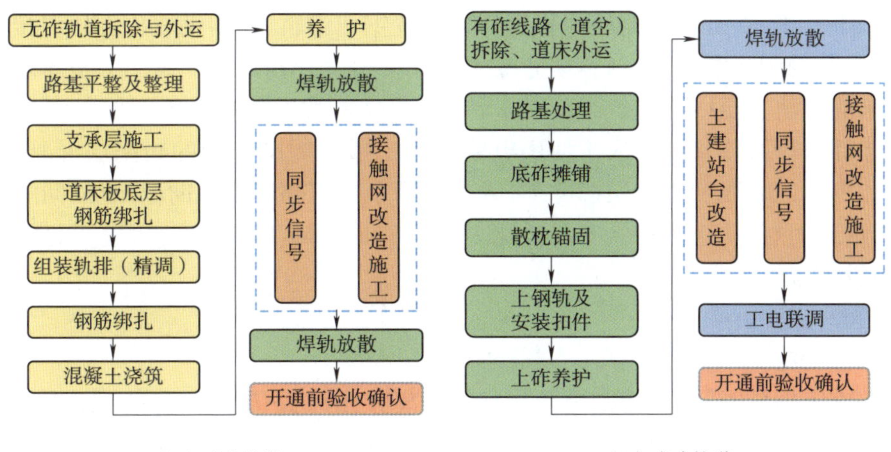

（a）无砟轨道　　（b）有砟轨道

图 5-7　轨道道岔插铺流程

5.2.1　无砟轨道（道岔）铺设施工工艺

无砟轨道(道岔)铺设施工包括无砟轨道拆除、无砟道岔插铺、钢轨铝热焊接等。

5.2.1.1　无砟轨道拆除

1. 施工流程

无砟轨道拆除施工流程如图 5-8 所示。

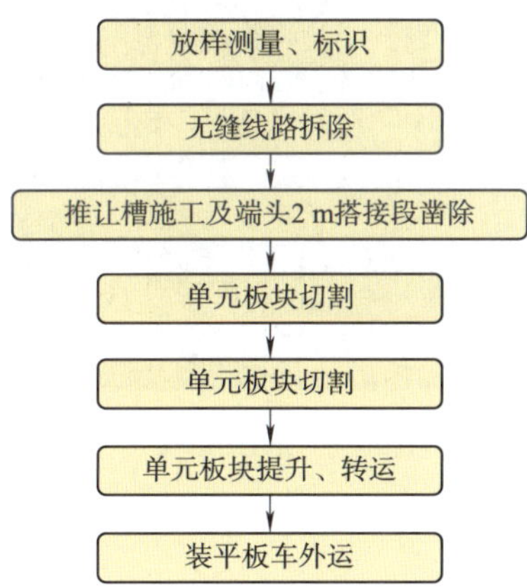

图 5-8　无砟轨道拆除施工流程

(1)无缝线路拆除

封锁作业点前，提前调查既有线钢轨焊头位置，结合设计图纸确定道岔岔位，确定线路拆除的起、终点，将需要拆除的钢轨、无砟道床位置、叉车叉槽位置经测量后在线路上用油漆进行分段标识，标识应清晰、不易丢失。钢轨原则上切割成 25 m/段。道床板单元块划分为 2.6 m/段，标识前应查阅既有深圳北站动走线双块式无砟轨道施工图，了解横向钢筋布置，在弹墨线时避开横向钢筋位置，防止墙锯锯切横向钢筋。

封锁命令下达后，对作业范围的外侧栅栏网进行拆除，同步安装线间物理隔离立柱及网片，将施工区域与广深港行车线进行隔离。按规定设置“两横一纵”铜导线，铜导线横截面积不小于 90 mm^2。锯轨组根据标识位置锯切钢轨，锯切钢轨应在轨温接近锁定轨温 30 ℃且处于降温阶段进行，防止夹锯。扣件组解开扣配件。施工人员紧随其后将切割下来的钢轨拨至线路外侧封闭层上，人工配合装载机将短轨拖至线外场地堆码并对既有扣件进行回收。同步人工使用电镐凿除支撑层周围外侧的封闭层混凝土，清理出线外。拆除区域线间封闭层凿除前，人工使用手持切割机沿纵向（靠近线间隔离基础外侧）切透封闭层，防止扰动既有线道床。待无砟道岔施工完成后，再进行封闭层混凝土施工及接缝。

（2）无砟道床拆除

①推让槽施工

无砟道床拆除时，首段切割单元块劈裂分离移出线路需要一定的推让空间，因此设置 0.3 m×0.6 m 的首块板劈裂推让槽。采用目前最先进的 WS440HF 高频墙锯配直径 1 200 mm 锯片沿墨线锯切两刀。在两锯缝中间位置沿道床板横向按一定孔距（500 mm＋600 mm＋600 mm＋600 mm＋500 mm）布置钻 4 个直径 40 mm、深度 450 mm 的劈裂孔，安装劈裂机启动油泵阀门，横向劈裂推让槽产生裂缝，如图 5-9 所示。人工使用进口大电镐凿除道床板和支承层混凝土并清出现场，完成 0.3 m 开槽工作。

图 5-9 推让槽施工

②端头 2 m 搭接段施工

为保证无砟轨道纵向连续，实现新老道床良好交替，本次拆除区域两端各 2 m 道床采用电镐凿除方式保留既有道床板纵向钢筋，如图 5-10 所示，通过道床板钢筋搭接，实现新老道床的连接。通过查阅既有深圳北站无砟轨道设计图纸得知，动走线双块式无砟轨道道床板顶面保护层厚度为 5 cm。为确保不破坏既有道床纵向钢筋，施工前使用定测雷达检测道床板钢筋保护层厚度。用手持切割机沿凿除范围边线横向切割，深度小于等于保护层厚度，采用调高板控制。切缝后，人工用电镐凿除 2 m 范围道床板混凝土，清除混凝土碎块及横向钢筋，保留纵向钢筋进行搭接。新老道床接缝处为薄弱环节，设计采用涂刷界面剂增强黏结力。接缝设置在两轨枕中间，浇筑混凝土前，应对周围松散的、不满足要求的部分进行凿除和清理，使接缝表面垂直轨道中心线，竖直、粗糙，确保新老混凝土之间有足够的黏结力。

图 5-10　人工凿除端头

③道床板切割分离成单元块施工

根据单元块长度划分，每 110 m 无砟道床拆除作业面划分为 42 个单元板块。使用高频墙锯沿标识锯切道床板，再用液压劈裂机劈裂分离形成单元板块，如图 5-11 所示。在墙锯切割前，为防止切到横向钢筋，减小锯片损耗，采取的预防措施为弹线标识前查阅既有无砟轨道施工图纸、定测雷达对钢筋进行定位等方式避开横向钢筋。施工措施为切割时，首先用取芯机骑墨线钻四个劈裂孔，孔距布置 500 mm＋600 mm＋600 mm＋600 mm＋500 mm，根据钻孔取芯情况判断锯切位置钢筋情况，若钻孔时未触碰横向钢筋，则该锯缝位置无横向钢筋，若钻孔时发现触碰横向钢筋，则将锯缝标识沿道床板纵向平移一个钢筋直径长度重新标识，可避免墙锯切割时锯切到横向钢筋。分段切割后，使用液压劈裂机将道床板劈裂分离为 2.6 m/块的单元板块。

（a）高频墙锯锯切道床板

（b）液压劈裂机劈裂分离

图 5-11　道床板切割

(3)道床板块外运(天窗点停电作业)

采用 HNF-160 型内燃平衡重式叉车叉运装车，额定起重量 16 000 kg，长 8 280 mm×宽 2 750 mm×高 3 365 mm，货叉长 2 600 mm。现场接触网至路基面净空6 160 mm，叉车顶部距离接触网距离 2 795 mm，满足不小于 2 000 mm 安全距离要求。道床板采用重型半挂牵引车外运。考虑机械、人员等不稳定因素对邻线行车安全的影响，决定道床板块起升、装车外运作业在天窗点停电期间进行。

①板块顶升:用电镐在道床板块侧面与路基接触面凿坑安放 2 台起道器,间隔 1.2 m,同步顶升道床板块,待道床板与路基面出现较大缝隙后安放 1.5 m 长 15 cm 方木条,然后撤下起道器,如图 5-12 所示。

图 5-12　板块顶升

②叉车叉运:叉车从侧向进入(垂直线路方向),货叉伸进道床板块与路基面的缝隙中,提升 70 cm 后原地向后转弯叉走板块至外侧便道较宽区域进行装车,如图 5-13 所示。常规地段板块叉车均以侧向站位叉走道床板,侧向叉运板块外侧空间要求大于等于 5.8 m,新建接触网基础内侧距板边 7.65 m,满足空间要求。在叉运相邻既有接触网基础的板块时,外侧空间过小不满足叉车侧向转弯要求,此时叉车采取纵向站位,沿线路中心方向进行板块起升转运,如图 5-14 所示。

图 5-13　叉车叉运

③板块装车:根据站场改造平面图计算得出,85 号、103 号、67 号、117 号、90 号岔位外侧新增线路路基较宽,道床板叉运后可直接装车。105 号、111 号、115 号岔外侧仅新增一股道,原位装车空间受限。该三处无砟道床板块装车,须将叉车就近开行至外侧股道多且空间满足装车要求的地段进行。板块装车如图 5-15 所示。

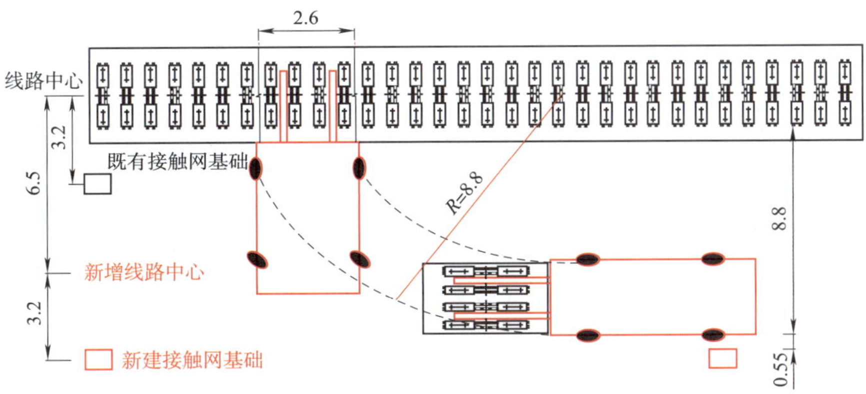

图 5-14 叉车叉运示意(单位:m)

图 5-15 板块装车

④板块运输:采用 13 m 长、荷载 35 t 牵引平板车将道床板块拉至指定场所卸车后返回,每车装 2 块,装车后进行覆盖,防止碎块掉落及粉尘污染。循环以上步骤,直至各作业面无砟道床板块全部外运。板块运输如图 5-16 所示。

图 5-16 板块运输

2. 施工方法

(1)无砟轨道拆除工程主要采取高频墙锯配备金刚石蝶式锯片切割。为减少对既有道床的影响,本次改造推让槽施工采用 ϕ1 000 mm 的锯片(切割深度达 440 mm)先行将道床板横向切割一刀,然后使用 ϕ1 200 mm 的锯片(切割厚度可达 540 mm)切割支撑层,最后使用电镐人工凿除混凝土,其余区域采用 ϕ1 000 mm 的锯片切割。

(2)按照 2.6 m/块划分的切割单元块,使用 ϕ1 000 mm 的锯片采用墙锯进行道床板切割。

(3)在墙锯切割道床板前道床板锯缝墨线位置骑缝按一定孔距(500 mm+600 mm+600 mm+600 mm+500 mm)钻 4 个直径 4 cm、深 50 cm 的劈裂孔。待墙锯锯切后安装劈裂机将劈裂棒伸进孔内,启动液压油泵总阀进行劈裂分离。

(4)道床板起吊装车外运,道床板切割分块长度拟选取 2.6 m(4 根轨枕),重量统计见表 5-2。

表 5-2　切割单元双块式无砟轨道道床板重量统计

序号	部　位	尺寸分类(m)	钢筋重量(t)	轨枕数量(根)	轨枕重量(t)	C40 混凝土重量(t)	总重量(t)	备　注
1	道床板	2.6	0.189 8	4	0.840	4.15	5.18	C40 混凝土
2	支承层	2.6	—	—	—	6.63	6.63	C15 混凝土
3	合　计						11.81	

根据道床板重量,选用的叉车额定起重量为 16 t。叉车型号及道床板外运过程如图 5-17 所示。

(a) 叉车

(b) 侧向叉运2.6 m道床板

图 5-17　道床板外运

(5)作业面划分:本次深圳北站改造工程无砟道床拆除主要由 8 组无砟道岔插铺引起,北咽喉西半场分为 4 个作业面,分别为 67 号、85 号、103 号和 105 号岔;北咽喉东半场分为 3 个作业面,分别为 111 号、115 号、117 号岔;南咽喉 90 号岔为 1 个工作面。

67 号岔位需拆除长度为 104 m,为避免影响行车安全,对应 67 号岔后 30 m 无砟道床拆除及新建 67 号岔后 30 m 铺设施工利用天窗点进行。

85 号道岔插铺位置拆除无砟道床为 22 m,其余为有砟线路拆除。

111号岔插铺位置拆除无砟道床为34 m,其余为有砟线路拆除。

103号、105号道岔插铺位置拆除无砟道床为240 m,采取从拆除两侧向中间位置切割拆除的方式。

115号、117号、90号道岔插铺位置拆除无砟道床为110 m,采取从一侧往另外一侧依次切割拆除的方式。

3. 施工组织

(1)劳动力组织

无砟轨道拆除工程选调有丰富施工经验人员成立领导管理工作组,操作工人由持有技术操作证的技术工人组成。在操作工人选调上充分考虑到专业水平,组成管理水平高、业务能力强、协调指挥得力、施工技术好、富有敬业精神的施工队伍。

劳动力组织以满足工期、组织平行、流水作业为原则。根据工程的工作量、施工条件和特点部署劳动力。施工技术力量根据本工程的项目内容及工程数量、工程特点进行合理配置。本工程项目总工程师专门负责本工程项目的施工技术管理工作,具体工作由工程技术部负责组织实施。项目部、项目队配备了工程、机械等工程技术人员和各专业技术工人,确保满足本工程的需要。

(2)人员及进度组织划分

本次无砟轨道拆除每阶段计划分四个作业面同时施工,每组道岔位置无砟轨道拆除分工序的时间、劳动力计划安排见表5-3~表5-5。

表5-3 25 m作业时间及劳动力安排

序号	作业项目	作业时间(min)	劳动力(人)
1	安装两横一纵铜导线	5	2(每端1)
2	安装锯轨机	5	2(操作1、配合1)
3	钢轨切割	5	2(操作1、配合1)
4	拆除扣配件	5	4(每股2)
5	拨移钢轨	5	8(作业7、防护1)
6	钢轨转移出作业区	5	10(作业9、防护1)
7	合　计	30	

表5-4 2.6 m(单元块)切割、外运作业时间及劳动力安排

序号	作业项目	时间(min)	劳动力(人)
1	墙锯安装、固定及调试	30	4(操作手1、配合3)
2	1 m锯片切割道床板	90	2(操作手1、配合1)
	钻劈裂孔	20	2(操作手1、配合1)
	劈裂机劈裂	5	4
3	叉车插入支垫方木	10	5(司机1、防护1、指挥1、支垫2)
	叉车叉运装至平板车	10	3(司机1、防护1、指挥1)
4	合　计	165	20

表 5-5　110 m(每组无砟道岔长度)既有无砟轨道拆除作业时间及劳动力安排

序号	作业项目	作业时间(d)	劳动力(人)	备　　注
1	隔离安装及信号设备迁改	2	40(8 组、每组 5 人)	
2	拆除钢轨、扣件并转移出线外	1	10(切割 1、拆垫板 4、拨钢轨 5)	与第 1 步同时进行
3	破除无砟道床及支承层并外运	5	40(2 班、每班 20)	
4	合　　计	7	40	

特殊位置 67 号岔插铺区域无砟轨道拆除时间及劳动力安排见表 5-6 所示。

表 5-6　67 号岔既有无砟轨道拆除作业时间及劳动力安排

序号	作业项目	作业时间(d)	劳动力(人)	备　　注
1	隔离安装及信号设备迁改	2	40(8 组、每组 5 人)	
2	拆除钢轨、扣件并移出线外	1	10(切割 1、拆扣件 4、拨钢轨 5)	与第 1 步同步进行
3	破除无砟道床并外运	5	60(3 班、每班 20)	天窗点施工
4	合　　计	7	60	

5.2.1.2　无砟轨道插铺

深圳北站改造工程共需拆除 8 处无砟轨道共计 728 m,拆除后铺设 8 组无砟道岔,分两阶段组织实施。无砟高速道岔组件通过汽车运输至铺设现场,由专业化队伍采用"原位法"铺设施工,道岔粗调、精调合格后,现场浇筑混凝土,同步完成高速道岔前后过渡段无砟轨道施工,注意做好岔区与既有无砟轨道的衔接,保证无砟轨道的高平顺性。

底座板施工流程如图 5-18 所示,道岔插铺施工流程如图 5-19 所示。

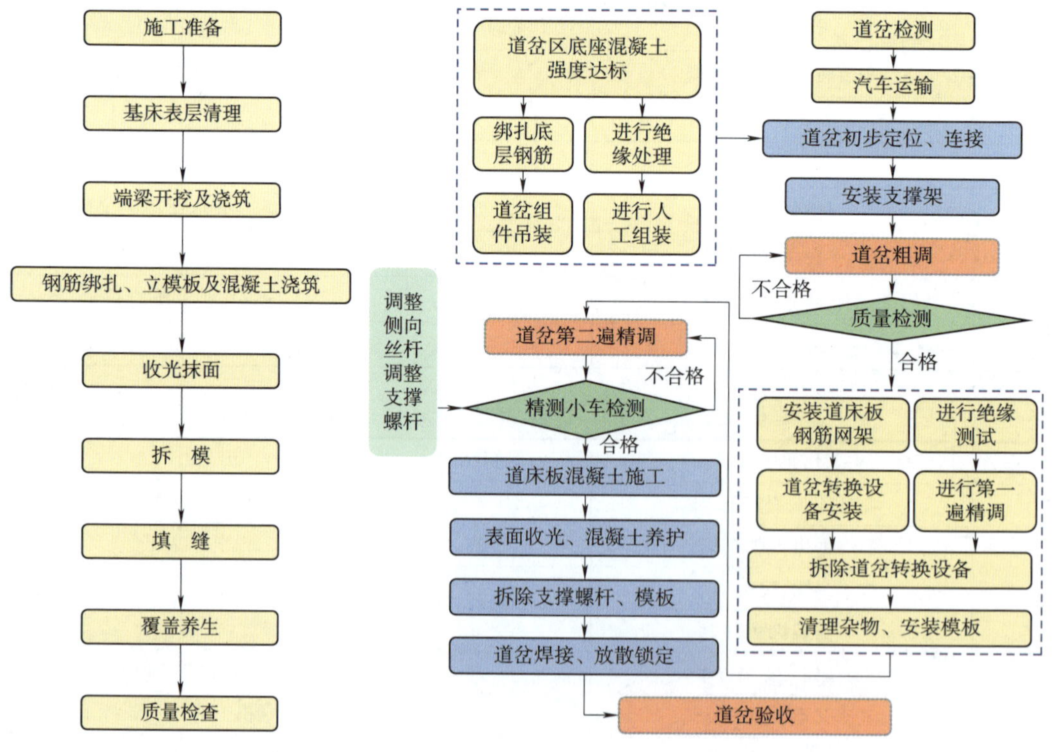

图 5-18　底座板施工流程　　图 5-19　道岔插铺施工流程

1. 测量放样

路基表层处理后，利用CPⅢ成果对路基面高程、平整度、岔位里程等进行复核，测放道岔控制基桩、中线线位。对照设计图纸按板块进行底座板混凝土外形放样，测设外边缘标记点，确定标记点高程和平面相对布置。对端梁位置进行精确放样。

2. 端梁施工

端梁尺寸为1.6 m×3.4 m×2.3 m，位于道岔前后第8、第16根轨枕正下方。本次改造共涉及端梁施工15个，其中第一阶段5个，第二阶段10个。端梁施工在道岔底座施工前进行，采用空压机配合人工挖槽，困难条件下采用小挖机带锤头振捣开挖。为减小对既有线行车影响，端梁开挖深度1 m以上部分按邻近施工，1 m以下的60 cm开挖必须在停轮期间进行，并提前绑扎好钢筋笼，基坑形成后及时安放钢筋笼进行混凝土浇筑。端梁与道床板连接的钢筋间距、外露长度及保护层厚度应符合设计要求，施工时，对外露连接钢筋采取保护措施，对变形的外露连接钢筋在道床板施工前予以恢复。

3. 底座施工

(1)钢筋安装

底座底层钢筋保护层为40 mm，顶面和侧面保护层均为50 mm。在钢筋绑扎前，确定钢筋绑扎位置，确保上下层横向钢筋对应。底座钢筋搭接长度不小于$40d$，同一连接区段内纵向钢筋的搭接接头面积百分率不大于25%。底座钢筋应按设计和规范安装，预埋及部件位置正确、牢固定位，预埋销钉尺寸如图5-20所示。底座上下层纵横向钢筋均采用现场绑扎。钢筋安放完成后在钢筋下安装混凝土保护层垫块，各排纵向间距0.8 m，每排两端最外侧安放各1个，中间横向0.6 m间距安放1个，梅花形布置，确保不少于4个/m^2。道床板与底座间采用长度为700 mm的ϕ25 HRB400钢筋进行连接。连接钢筋与道床板、底座内钢筋须绝缘处理，底座钢筋架设及连接如图5-21所示。

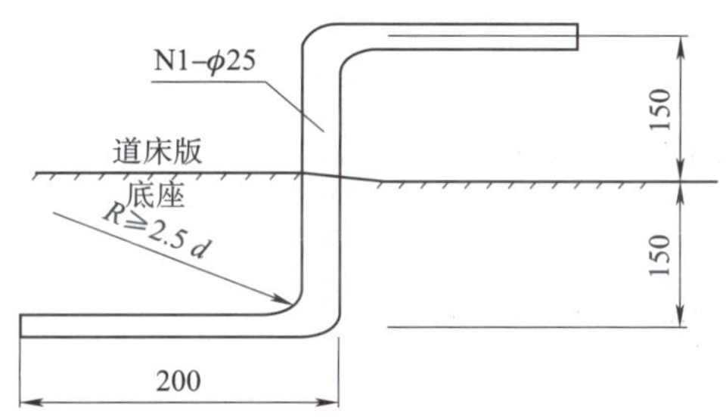

图5-20 预埋销钉尺寸(单位:mm)

(a) 底座钢筋及连接销钉

(b) 底座传力杆设置

图5-21 底座钢筋架设及连接

(2)绝缘

道岔底座内钢筋按绝缘设计,钢筋间设置小型绝缘卡,当与连接钢筋冲突时可沿线路方向适当调整底座钢筋位置。绝缘卡采用带尾巴型绝缘绑扎带。为保证钢筋与绝缘卡的连接紧密,绝缘卡的卡力不得小于 25 N。

(3)模板安装

根据道岔区线路控制基桩放样出道岔底座施工边桩,检查无误后进行模板安装。根据弹出的模板边线,精确安装侧模板、结构端缝模板。两侧模板连续设置,在结构缝处安装横向模板。模板安装应稳固牢靠,接缝不得漏浆。彻底清理模板范围内的杂物并刷脱模剂。混凝土入模前 2 h 应对基床面喷水雾湿润且不应有积水。

(4)底座混凝土浇筑

岔区底座混凝土为 C30 钢筋混凝土,由标段搅拌站统一供应。浇筑前应检测混凝土坍落度、含气量及入模温度。按设计要求混凝土坍落度为 140～180 mm。混凝土搅拌运输车运输,受营业线条件制约,采用地泵泵送入模,机械振捣。

在灌注前,须将模板上的杂物清除干净,不允许有铁锈水泥,并且模板接缝不密实处,采用双面胶嵌塞密贴。操作插入式捣固棒振捣,应快插慢拔,振动棒移动距离不超过振动棒作用半径的 1.5 倍,且插入下层混凝土内的深度为 5～10 cm,确保混凝土密实。混凝土浇筑完毕,及时收光抹面,使其表面平整美观。振捣过程中应加强检查模板支撑的稳定性和接缝的密合情况。施工中应严格控制底座高程。浇筑过程中遵循岔前至岔尾的浇筑顺序。

底座板混凝土强度大于 5 MPa 以上,其表面及棱角不因拆模受损时方可拆模,模板拆除后及时清理、涂油后集中存放,以便下次利用。底座表面抹平。

混凝土浇筑完毕后采用吸水土工布覆盖洒水养护施工方法,设专人养护。强度达到设计强度的 75%方可进行上部作业。

底座混凝土初凝前,表面应按设计进行拉毛处理,拉毛深度宜为 1.5～2.0 mm,两侧按设计要求设置 4%的排水坡。

4. 道岔插铺施工

无砟道岔插铺施工流程如图 5-22 所示。

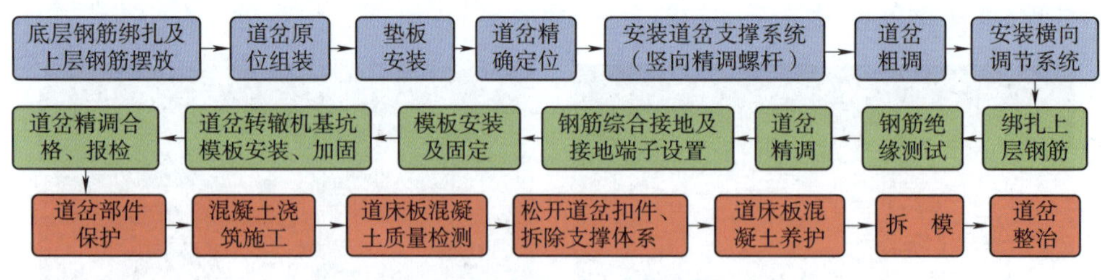

图 5-22　无砟道岔插铺流程

(1)底层钢筋绑扎及上层钢筋摆放

按照设计的钢筋布置图绑扎中上层钢筋。上层纵向钢筋与枕木下面的钢筋桁架连接绑扎。钢筋搭接长度不小于 40d,同一连接区段内纵向钢筋的搭接接头面积百分率不大于 25%。道床板钢筋应按设计和规范安装,安装允许偏差见表 5-7。道床板底面钢筋保护层为 35 mm，顶面、侧面均为 40 mm。钢筋安放完成后在钢筋下安装混凝土保护层垫块，梅花形布置，确保不少于 4 个/m^2，钢筋定位及垫块如图 5-23 所示。钢筋纵向钢筋搭接点应按设计安装绝缘套管，钢筋采用绝缘卡绑扎。在影响销钉布置、横向调节地锚布置和竖向调节螺杆布置的位置，钢筋间距可以进行适当调整。

表 5-7 钢筋绑扎安装允许偏差(mm)

序号	项目	允许偏差	
1	钢筋间距	±20	
2	钢筋保护层厚度 c	$c \geqslant 30$	±10,0
		$c<30$	+5,0

(a) 钢筋位置弹线定位

(b) 混凝土保护层垫块

图 5-23 钢筋定位与垫块

(2)道岔原位组装

根据测设的道岔控制桩位置安装组装平台，如图 5-24 所示。在道岔位置中心两侧连续摆放方木搭设平台，平台高程应当保持一致，不能出现高低不平的现象。人工抬运岔枕至布置好的方木上，岔枕按照编号进行布设，应当特别注意岔枕的左右开摆放方向，岔枕的间距，尤其是转辙器位置处的岔枕间距。按照道岔设计图进行道岔弹性垫板安装(扭矩为 300～350 N·m)。人工配合小型机具将提前卸至线路外侧的道岔配轨、岔尖、岔心横移并拨上至岔位，安装道岔弹条扣件(扭矩为 120～150 N·m)。此外，道岔组装期间还要对岔枕间距不合格的进行最后一次排查整改。注意道岔组装后垫板螺栓和弹条一定要达到相应的扭矩，且弹条中部下颚与绝缘块密贴。

(3)道岔精确定位

按照测设的岔前岔尾点对整组道岔进行精确定位，并按照测设的中线点对道岔轨排进行拨正，保证基本线形、道岔全长。

(4)安装道岔支撑系统(竖向精调螺杆)

根据原先布置的高程控制基桩，用齿条式起道机同时将道岔轨排起至高程位置(控制高程低于设计高程 5 mm 左右)，对每一根枕木的螺栓孔逐个安装竖向支撑螺杆，然后拆除道岔组装平台，如图 5-25 所示。

(5)道岔粗调

首先内业完成道岔线形的计算并导入小车软件。由于道岔组装过程中偏差较大，

(a) 组装平台、抬摆岔枕

(b) 紧固道岔扣件

(c) 接头夹板及夹具

(d) 无眼夹具

图 5-24 道岔组装及排查整改

(a) 道岔支撑系统

(b) 辙叉部位辅助支撑系统

图 5-25 支撑系统安装

应在安装横向调节设备之前对道岔进行粗调。利用精调小车测得道岔数据(道岔中线位置偏差、左右轨高程偏差、轨距),并进行现场交底。施工队伍结合交底和原先测设的道岔中线基桩和高程控制基桩,对轨排偏差较大的位置进行起道拨道,对轨距不符合要求的处所进行改道。对道岔的顶铁、尖心轨密贴进行检查,以保证后续的精调作业中数据的真实性。

(6)安装横向调节系统

横向调节地锚如图 5-26 所示。在底座上、枕木两端横向对齐枕木下面钢筋桁架的位置,利用取芯机取孔(直径 5 cm、深度视加工的地锚的长度而定,每三根枕木取孔两侧各一个),用早强砂浆将地锚植入孔内,地锚螺栓的另一端与枕木的钢筋桁架进行平齐焊接。

（a）横向对齐

（b）地螺栓锚

图 5-26　横向调节地锚

通过调节与岔枕底部钢筋焊接的螺杆完成对道岔中线位置的调整，同时可以稳固道岔。

(7)绑扎上层钢筋

按照设计的钢筋布置图绑扎上层钢筋。上层纵向钢筋与枕木下面的钢筋桁架连接绑扎。顶面、侧面保护层均为 40 mm。钢筋纵向钢筋搭接点应按设计安装绝缘套管，钢筋采用绝缘卡绑扎。在影响销钉布置、横向调节地锚布置和竖向调节螺杆布置的位置，钢筋间距可以进行适当调整，如图 5-27 所示。

（a）上层钢筋绑扎

（b）网绝缘电阻测试

图 5-27　上层钢筋绑扎及测试

(8)钢筋绝缘测试

底层和上层钢筋绑扎完毕后，应当使用电阻表按照要求完成绝缘测试，绝缘电阻值须大于 2 MΩ。绝缘性能测试合格后的数据应详细记录。

(9)道岔精调

利用精调小车结合 CPⅢ控制网对整组道岔进行精调。按照操作规范完成全站仪设站和精调小车调试后，精调小车软件施工模式界面上可显示出各项指标(道岔中线位置偏差、左右轨高程偏差、轨距、水平)的数据，如图 5-28 所示。利用调高螺杆完成左右轨高低和水平的调整，利用横向调节地锚完成道岔方向及轨距的调整。

精调时，方向、高程、水平、轨距等各项指标须确保直股控制在±0.5 mm 误差范围内，同时兼顾曲股。

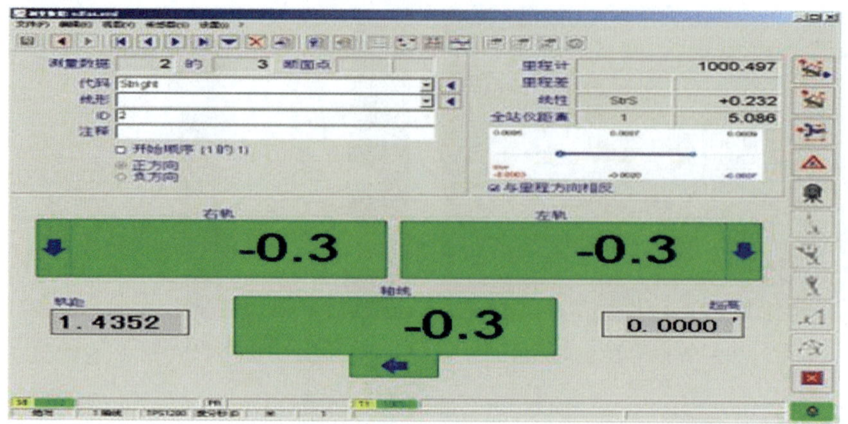

图 5-28　精调软件施工模式界面

(10)钢筋综合接地及接地端子设置

按照图纸设计完成综合接地钢筋和接地端子的布置，接地端子应与模板密贴。道岔道床板内应设置接地钢筋和接地端子，如图 5-29 所示。接地单元长度不得大于 100 m，每一单元内接地钢筋采用搭接焊方式进行连接，焊接长度单面焊不小于 200 mm，双面焊不小于 100 mm，焊接厚度至少 4 mm，钢筋间十字交叉时采用 L 型钢筋进行焊接。每一单元通过接地电缆与接触网支柱贯通地线单点 T 形连接一次。每一单元的接地钢筋采用绝缘接头连接。为了保证绝缘卡与钢筋的连接紧密，绝缘卡的卡力不得小于 25 N。

图 5-29　接地端子设置

注意：综合接地钢筋与道床板钢筋之间要进行绝缘处理。

(11)模板安装及固定

先用墨线在底座上打出道床板边缘的位置，然后进行模板安装及加固，如图 5-30 所示。模板安装之前，须对内表面进行除锈。混凝土浇筑之前应当涂抹脱模剂。道床板模板采用定型钢模板，相邻模板用螺栓连接，用双面胶结合保证密贴。模板配套使用三脚架及斜撑装置进行加固,三脚架用膨胀螺丝进行固定。钢筋与模板之间要设混凝土垫块,控制保护层厚度。模板底部与底座面用砂浆封堵,不得漏浆。用墨线在模板和枕木上弹出道床板上边缘的位置,并用双面胶标示。

图5-30 模板安装及加固

(12)道岔转辙机基坑模板安装、加固

根据设计道岔转辙机基坑结构形式,采用钢模板在两端封闭,木模板封底,转辙机基坑两侧枕木间加设临时支撑,固定岔枕木间距。木模板固定后,应检查转辙机基坑长度、宽度和深度。

(13)道岔精调合格、报检

道岔最后一次精调数据合格后,应对道岔各个检查项(钢筋及接地、销钉布置、模板安装、支撑调节系统、道岔几何线性等)进行自检,整改存在的问题,自检合格后向监理报检。按设计轨枕埋入式无砟高速道岔铺设技术条件中的要求逐项检查,各项满足设计要求时方可进行混凝土浇筑,并注意下列事项:

①检查道岔方向、水平、轨距等几何状态;

②根据偏差值进行轨排几何尺寸调整;

③注意岔枕预埋套管失效、尖轨顶铁不密贴、尖轨、可动心轨变形等问题;

④铺设及精调时,由于电务设备尚未安装调试,为确保尖轨状态,可使用简易连杆,即可保证尖轨状态又能保证尖轨同步运动,注意连杆的长度应满足尖轨各牵引点开口值的要求;

⑤道岔轨排精调完后应及时浇筑。

(14)道岔部件保护

道岔具备混凝土浇筑的条件后,对道岔钢轨部件、弹条扣件、滑床垫板、支撑设备等应加装临时防护膜,防止混凝土浇筑时的污染,如图5-31(a)所示。

(15)混凝土浇筑施工

①混凝土浇筑考虑南方实际气温,通常安排在傍晚或夜间进行,浇筑之前,底座须进行洒水润湿,模板内不得有杂物、明水。道床板混凝土为C40钢筋混凝土。浇筑前应检测混凝土坍落度、含气量及入模温度。按设计要求混凝土坍落度为160~200 mm。混凝土浇筑宜按“之”字形浇筑顺序进行均匀布料,混凝土应从轨枕一侧经轨

枕底部漫流至另一侧，以便排出轨枕底下的空气。

②混凝土到场后要求每 50 m^3 测试一次坍落度并记录，浇筑位置、浇筑时间、入模温度、环境温度须一同记录。

③现浇混凝土的每一结构部位取样不得少于一次，每次取样应至少留置一组试件。

④受既有线施工条件制约，本次站改工程无砟轨道及道岔混凝土浇筑均采用地泵泵送法，如图 5-31(b)所示。将混凝土接管泵送入模后，立即插入振动棒振捣。对岔枕底部、模板边缘位置、转辙机坑位置混凝土要加强振捣，确保混凝土的密实性。

⑤道床板混凝土表面进行人工抹平，确保道床板的顶面高程、平整度和排水坡符合设计标准，见表 5-8。

⑥一次抹面之后立即用毛刷清理枕木和道岔部件上残留的砂浆，并拆除道岔部件保护膜。

⑦混凝土表面稍微凝固、初凝之前，应对道床板表面进行二次抹面收光。

(a) 浇筑前道岔部件保护

(b) 地泵泵送混凝土

图 5-31　混凝土浇筑施工

表 5-8　道床板外形尺寸允许偏差(mm)

序号	检查项目	允许偏差
1	顶面宽度	±10
2	道床板顶面与承轨台面相对高差	±5
3	中线位置	2
4	平整度	3/1 m
5	伸缩缝位置	10
6	伸缩缝宽度	±5

(16)道床板混凝土质量检测

轨枕埋入式无砟轨道的混凝土结构使用年限应不小于 60 年，混凝土的各项耐久性指标应满足以上使用年限要求。施工之前，须提前进行混凝土相关配合比等资料进行验证，并提供实验报告。

(17)松开道岔扣件、拆除支撑体系

混凝土浇筑 3～5 h 后根据实验确定达到初凝时，竖向调节螺杆松开 1/4 圈。混凝土浇筑 5～9 h 后根据实验确定，在混凝土终凝之前，拆除竖向支撑螺杆。竖向支撑螺杆应进行清洗、涂油后备用。螺杆孔洞用同级无收缩砂浆填充。

混凝土终凝之前，如果温差过大，防止因温度影响钢轨温度应力传递到早期混凝土，应松开道岔的弹条扣件(岔心的扣件除外)。

(18)道床板混凝土养护

混凝土终凝后，应及时对其进行保湿养护，养护不少于 14 d。由于站改的特殊性，无砟道岔铺设前无时间对既有路基及外侧换填部分进行沉降观测及评估，且采用洒水养护混凝土方式容易浸泡路基基床，影响基床承载力。因此，本次站改工程无砟道床养护采用覆盖加固吸水土工布的方式进行混凝土养护，如图 5-32 所示，即按“六个一”(一布、一膜、一管、一袋、一牌、一桶)要求进行养护，这样既能保证混凝土表面湿润，又不会造成过多的水流入路基基床内。土工布及防护膜必须绑扎牢固防止吹起影响既有线行车安全。在道床板混凝土养护期间，施工区严格封闭，严禁行人及车辆在道岔上通过，并安排专人进行 24 h 看守。

(a) 覆盖吸水土工布

(b) 混凝土养护

图 5-32 道床板养护

(19)拆模

混凝土强度大于 2.5 MPa 以上，其表面及棱角不因拆模受损时方可拆模，模板拆除后及时清理、涂油后集中存放，以便再利用。安装紧固道岔弹条扣件(如果混凝土浇筑期间松开了弹条扣件)。混凝土强度达到 75%及以上，方可进行上部作业，且不得通过重车。由于站改时间的紧迫性，混凝土浇筑后续工序一环扣一环，为保证施工质量，施工前应对同条件试块进行抗压强度检测、对道床板强度进行回弹，根据试验数据判定其是否达到后续施工条件。

(20)道岔整治

利用精调小车采集道岔直曲股数据，观察混凝土浇筑前后的数据变化，对于数据不达标的位置，组织研究确定调整方案并再次进行精调。安装道岔电务转换设备，以垂直于道岔直股基本轨定位，在各牵引点分别安装转辙装置和锁闭装置，以各牵引点动程控制，调整连接杆件定位。各部螺栓应紧固，开口销应齐全。各部绝缘安装正确，不遗漏，不破损。电动转辙机通电后，检测各牵引点动程和牵引力，检查转换机构工作状态，工务配合调试到位。

5.2.1.3 钢轨铝热焊接

无砟道岔钢轨接头均采用铝热焊，首先焊接道岔区内部钢轨接头，具体焊接顺序为先直、后曲、先外、后内。道岔焊接顺序如图 5-33 所示。

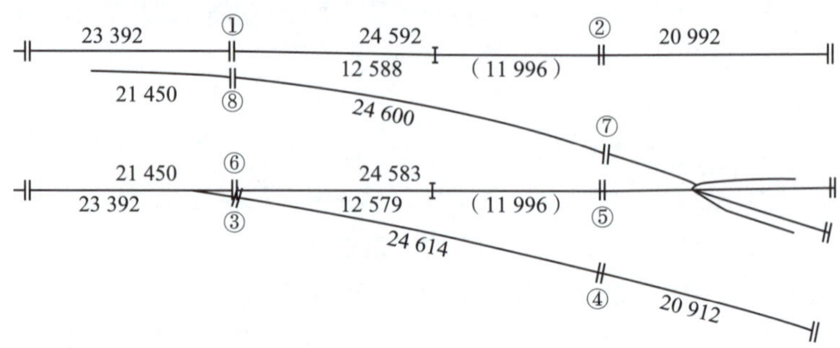

图 5-33　18 号高速道岔接头焊接顺序(单位:mm)

1. 道岔铝热焊焊前准备

(1)检查施工现场,焊接前专人根据焊接物品清单进行清点以防漏带,影响施工。

(2)检查施工机具且试用,保证焊接前设备性能良好。

(3)检查钢轨端头有无裂缝、倾斜或其他缺陷。

(4)检查轨缝大小与位置以及接头相错量情况。焊缝不得落在轨枕上,轨缝位置须距轨枕承轨台边缘 100 mm 以上。

(5)测量轨温。在钢轨背光一侧测量轨温,环境温度不宜低于 10 ℃,必要时可采取加热措施。

(6)焊接钢轨两侧 15 m 范围内必须严格按规定上紧扣件,确保焊接时轨缝间隙不得发生移动,影响焊接质量甚至发生钢水泄露。

2. 道岔铝热焊接防护

铝热焊接时,须对焊接影响范围内除钢轨接头以外的道岔零部件及道床板钢筋等材料加装防护,防止焊剂烧蚀。

3. 轨端干燥

对轨端除锈去污前可用预热枪对钢轨焊缝两侧 1 m 范围内烘烤,充分排除钢轨表面水分及油污。

4. 轨端除锈去污

(1)用带有钢丝刷的角磨机对焊接钢轨端部、两侧、轨头和轨底的锈污进行打磨清洁,范围为 50 mm,须特别要重视轨底的清洁。

(2)打磨完成后,轨头端部边缘须倒角 45°。

5. 对轨

(1)轨缝调整:在轨头和轨底的两侧进行测量,同等条件下,轨缝须满足 28^{+2}_{-1} mm。焊接过程中保持间隙不变,从对轨开始禁止在焊缝两端各 50 m 范围内松扣件、起拨线路、拉轨撞轨和通行车辆,直至焊接完毕,轨温降至 300 ℃以下为止或推瘤 20 min 以后。

(2)尖点对正:将 1 m 直尺的中点与焊缝中点重合,用钢楔子或者对轨架进行高度调节,焊缝两侧各 0.5 m 处钢轨轨顶面的上拱量为 1.5～2 mm,严禁出现低接头,接头轨顶错边量不大于 0.2 mm。

(3)水平对直:用1 m直尺分别紧贴钢轨的轨头、轨腰、轨脚,一般情况下必须做到三处均密贴方为水平对正。必须保证接头的作用面一侧水平对正,钢轨内侧纵向要求平直,如有误差,用对轨架或钢楔子进行调整,工作边和轨腰的错边量应保证不大于0.5 mm,轨脚错边量不大于1.5 mm。

(4)对轨先调高低,后调水平。

6. 夹具安装

(1)夹具装置安装要与轨面平行。

(2)在调整预热枪高度时,首先要调整预热枪与轨面平行。

(3)用多用塞尺测定夹具安装位置,并调整定位预热枪的高度,预热枪头到轨面的高度为40 mm。

7. 砂模安装

(1)检查砂模应无受潮、无裂纹、无变形,各组件完整,状态良好,有裂痕或受潮的砂型不能使用。

(2)砂模浇注孔略做修整,防止高温时砂脱落,形成夹渣。

(3)将砂模与钢轨接触面进行摩擦,使砂模与钢轨结合部位密贴。

(4)如果砂模与钢轨接触面吻合不好,则会发生漏钢水的严重后果。

(5)底模一定要对中,并且与钢轨紧贴。

(6)砂模浇注孔要与左右轨角对称,以确保两侧轨底受热均衡。

(7)砂型中央与轨缝中央一致,砂型与钢轨垂直,两片砂型要对齐,不要错开,对于砂型与钢轨接触缝隙较大可塞入白卡纸,防止封箱砂落入轨缝。

(8)在扭紧夹具时,应由一人完成,均匀夹紧。

(9)要试放分流塞,使分流塞在砂型中高低松紧合适。

8. 封箱

封箱过程是比较关键的步骤之一,如果封箱不严密,会发生漏钢水的问题,封箱完成后,焊接负责人应该检查封箱是否达到要求,以确保焊接质量。

(1)在封箱时要盖上砂型盖,防止砂粒落入砂型中形成夹渣。

(2)封箱分两步进行,首先对各缝隙关键部位压紧封砂,打好基础,然后整体封箱并用捣实棒捣实。

(3)在封箱过程中,两侧模板之间的砂要略高于砂型模板,防止钢水从两侧流出。

(4)封箱先从轨底开始,从下往上按顺序进行。

9. 预热过程的控制

(1)工作压力控制:氧气和丙烷的工作压力分别是4.5 bar和1.2 bar,如果使用的是氧气和乙炔气,其工作压力也分别是4.5 bar和1.2 bar。在调压过程中,首先将氧气打开,而后开启并调节丙烷压力与流量,调节预热枪火焰。

(2)预热火焰的调节:先稍开氧气阀门,再打开燃气阀门,然后点火逐渐交替打开两个阀门,直至氧气阀门完全打开为止,再通过调节丙烷阀门来调节火焰大小,使火焰的长度保持在15~20 mm,火焰为中性焰,预热枪头应距轨顶面40 mm。

(3)密切关注整个预热过程:在预热过程中,应该密切关注轨头受热颜色变化过程,轨腰预热完成的温度为950 ℃~1 000 ℃,预热时间参数3.5~4.5 min,最终以轨段预热效果为准，其颜色为亮黄色。

(4)预热枪头须调至轨缝中央，以保证预热效果。

(5)预热完后，先关丙烷，枪头朝上，注意安全。

10. 坩埚的使用

(1)使用坩埚前须检查坩埚，受潮、有裂纹的坩埚不能使用。

(2)须清除坩埚内的杂物，易熔塞表面须干净。

(3)从焊剂包装中取出焊剂，混合均匀后(反复倾倒三次)，将焊剂旋转倒入坩埚中，并使其顶部形成锥形，插入高温火柴，盖上坩埚盖，预热完成后，立即将坩埚安置在砂模侧模板的定位耳处。

11. 焊剂高温反应

焊剂反应时间：10～15 s；镇静时间：10～18 s。

焊剂反应及浇铸过程中，操作者应该距离坩埚 3 m 以上的距离，确保人身安全。反应完成后，如果钢水不能漏下，应使钢水在坩埚中冷却 20 min 后才能移动坩埚。

12. 拆模

浇铸完成后 2 min，移去坩埚，并将其放在安全干燥的地方，然后移去灰渣盘，并将灰渣倒入坩埚中，保持环境干净。浇铸完成 4.5 min 后，先拆除侧模板和夹紧装置。

注意：在拆模过程中要小心，不要将砂型一起脱下，造成钢水流出。拆模后，及时将轨面清理干净，防止推瘤时残渣拉伤轨面。

13. 推瘤

(1)浇铸完成 8 min 以后开始推瘤，浇铸棒在推瘤完成 20 min 后打掉。

(2)推瘤过早会因为焊头硬度不够而拉伤轨面。

(3)推瘤过迟会给推瘤带来困难。

(4)清理浇铸棒时，锤击方向应沿钢轨纵向敲击。

14. 热打磨

(1)推瘤完成后可以进行热打磨，浇筑完成 1 h 后可进行冷打磨。焊后接头温度降低到 300 ℃以下才能放车通行。

(2)应沿钢轨纵向打磨，不得横向打磨，焊缝表面不得出现打磨灼伤(发黑、发蓝)。

(3)打磨时母材消耗量不应超过 0.5 mm。

15. 精磨

(1)使用精磨机或仿型打磨机具对焊接接头的轨顶面及轨头侧面工作边进行外形精整，精磨后焊缝轨头应保持与母材一致的轮廓形状。

(2)精磨作业应在施焊后 24 h 进行。

(3)精磨后，焊头及其附近的钢轨表面不应有明显的压痕、碰痕、划伤等缺陷。

(4)使用 1 m 长靠尺检查最终打磨结果，轨顶面和工作面在高度和水平线性的精度要求见表 5-9。

表 5-9　钢轨焊接接头平直度允许偏差(mm/1 m)

序号	项　　目	允许偏差
1	轨顶面	+0.20

续上表

序号	项　　目	允许偏差
2	轨头内侧工作面	+0.20
3	轨底(焊筋)	+0.50

注:轨顶面中符号"+"表示高出钢轨母材轨顶基准面;轨头内侧工作面中的符号"+"表示凹进;轨底(焊筋)中符号"+"表示凸出。

(5)道岔焊接清理

焊接施工结束,拆除砂型、坩埚及支架后,应清理作业产生的杂物、残渣,道床和钢轨轨下的颗粒用吹风机清理干净。

(6)道岔焊接后复位、复测

焊接施工结束,再次检测道岔几何形位,复测线路高程、方向,对因钢轨拉伸产生的偏移及时调整复位,再进行道岔精细调整。

16. 钢轨焊头超声波探伤检查作业

(1)应按 TB/T 1632 的要求对无缝道岔内焊接接头进行超声波探伤,并填写探伤记录。记录应包括仪器、探头、焊接接头编号、测试数据、探伤结果及处理意见。

(2)新焊接头探伤应在推凸、打磨和热处理后进行,探伤时焊接接头的温度不应高于 40 ℃。

(3)扫查前应检查探测面表面状态,应无锈蚀和焊渣,打磨面应平顺、光滑,打磨范围应满足探伤扫查的需要。铝热焊接头焊筋部位的飞边和冒口根部的残留毛刺应清理干净。

(4)探头探伤铝热焊焊接接头时底波比正常焊接接头底波低 16 dB 及以上或焊接接头存在如下缺陷时,焊接接头判废。

①双探头探伤时,轨底角部位(距轨底角 20 mm 范围)大于等于 $\phi3$～6 dB(比 $\phi3$ 平底孔反射波低 6 dB)平底孔当量;其他部位大于等于 $\phi3$ 平底孔当量。

②横波单探头探伤时,轨头和轨腰大于等于 $\phi3$ 长横孔当量;轨底大于等于 $\phi4$ 竖孔当量;轨底角(距轨底角 20 mm 范围)大于等于 $\phi4$～6 dB(比 $\phi4$ 竖孔反射波低 6 dB)竖孔当量。

③铝热焊 0°探头探伤时,大于等于 $\phi5$ 长横孔当量。

④焊接接头中存在平面状缺陷。

⑤缺陷当量比上述 a～c 项规定的缺陷低 3 dB 或以内,但延伸长度大于 6 mm。

(5)经探伤检查不合格焊缝应锯切重焊。

17. 注意事项

(1)道岔前后焊接顺序:先岔前,后岔后;先直股,后曲股。

(2)无缝道岔岔区内部钢轨接头的焊接应在设计轨温范围内进行。

(3)道岔与两端无缝线路钢轨焊接应在轨面高程、轨向和水平达到设计标准后进行焊接。

(4)焊接时应对焊接影响范围内道岔零部件及道床板加装防护,防止焊渣烧蚀。轨道尺寸允许偏差见表 5-10。

表 5-10 轨道尺寸允许偏差(mm)

序号	检查项目	允许偏差
1	轨距	±1(逐枕测量)
2	支距	±1
3	尖轨第一牵引点前与基本轨密贴	<0.5
4	尖轨其余部分与基本轨密贴	<1.0
5	尖轨轨腰与顶铁的间隙	<1.0
6	尖轨轨底与滑床台间隙	<1.0,且 1.0 mm 缝隙不得连续出现
7	转辙器部分最小轮缘槽	≥65
8	心轨第一牵引点前与翼轨的间隙	<0.5
9	心轨其余部分与翼轨的间隙	<1.0
10	尖轨(心轨)各控制断面(轨头宽大于 15 mm)相对基本轨(翼轨)顶面的降低值	±1.0
11	心轨轨底与台板的间隙	<1.0
12	心轨轨腰与顶铁的间隙	<1.0
13	密贴状态下,尖轨轨底和辊轮间隙 Δ_1	$1 \leqslant \Delta_1 < 2$
14	斥离状态下,尖轨轨底和滑床台板间隙 Δ_2	$1 \leqslant \Delta_2 < 3$
15	尖轨限位器两侧间隙值	±0.5(焊连前测量)
16	尖轨各牵引点处开口值	±3
17	可动心轨辙叉第一牵引点处开口值	±1
18	心轨实际尖端至直股翼轨趾端的距离	$^{+4}_{0}$
19	护轮轨缘槽宽度	1.0
20	查照间隔	≥1 391
21	牵引点位置岔枕间距极限偏差	$^{+5}_{0}$
22	岔枕位置	±5,累计±10
23	道岔全长	18 号道岔±10,大于 18 号道岔±20

5.2.1.4 双块式无砟轨道施工

深圳北站改造工程插铺道岔地段为双块式无砟轨道,无砟道岔铺设岔前岔后与既有无砟线路连接段设计为双块式无砟,既有动走 A 线为有砟线路,改造后由于线路坡度的增大(34.72‰),改建后的动走 A 线 214 m 长曲线地段设计为双块式无砟轨道结构,新建动车所动走左、右线设计为双块式无砟轨道。本次道岔区前后连接段、动 A 线曲线段及新建动走左右线新建无砟轨道结构均为单元式 CRTSⅠ型双块式无砟轨道,较既有连续性双块式无砟轨道相比,该种轨道结构适应性更强、更能满足深圳北站改造施工现场作业要求。

1. 施工流程

(1)按照规范要求,无砟轨道施工前对路基基床表层验收及沉降观测评估(观测评估期不少于 6 个月),CPⅢ控制网布设测量加密桩控制点。本工程属既有线改造施工,由于深圳北站属铁路枢纽站,线路运营繁忙,长时间封锁会影响社会效益和经济效益,因此，无时间对填筑路基质量进行沉降变形观测及评估。为确保无砟轨道质量，经多方研究，道岔区既有无砟轨道因拆除施工减少对既有路基扰动，拆除后修整可直接铺设，改建动走A线无砟地段由原设计换填2.3 m厚A、B组填料变更为级配碎石加5%水泥进行换填（提前在路基侧位择地模拟道床换填进行沉降观测试验和评估），增强填料强度等级，增强道床刚性，确保沉降满足规范要求。

（2）对路基基床表层顶面清理，冲洗干净表面杂物。

（3）底座板施工流程如图5-34所示。

（4）铺设道床板底层钢筋、组装轨排、架立轨排、轨排粗调，施工流程如图5-35所示。

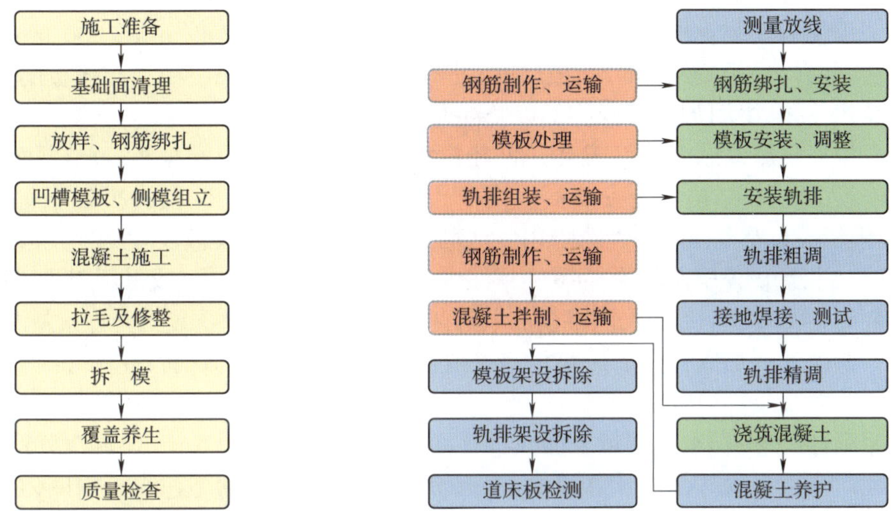

图5-34 双块式无砟轨道底座板施工流程

图5-35 双块式无砟轨道道床板施工流程

（5）顶层钢筋绑扎、纵横向模板安装及接地焊接、轨排精调。

（6）道床板混凝土浇筑、养护，拆除轨道支架、模板，进入下一道循环。

2. 施工工法

（1）底座施工

①底座施工前对路基进行验收，检查路基基床表层级配碎石压实标准满足设计要求，表面中线高程、路肩高程、中线至路肩边缘距离、宽度、横坡、平整度的允许偏差是否满足验标要求。验收项目、相关检测指标及检验方法见表5-11、表5-12。

表5-11 基床表层级配碎石压实标准

序号	检验项目	允许偏差	施工单位检验数量	检验方法
1	中线高程	±10 mm	沿线路纵向每200 m抽检5点	水准仪测
2	路肩高程	±10 mm	沿线路纵向每200 m抽检5点	水准仪测
3	中线至路肩边缘距离	≥1 900，120 mm	沿线路纵向每200 m抽检5点	尺 量
4	宽 度	不小于设计值	沿线路纵向每200 m抽检5点	尺 量
5	横 坡	±0.5%	沿线路纵向每200 m抽检5个断面	坡度尺量
6	平整度	不大于10 mm	沿线路纵向每200 m抽检10点	3.5 m支持量

表 5-12　基床表层级配碎石验收标准

填　　料	压　实　标　准	
	地基系数 K_{30}(MPa/m)	孔隙率(%)
级配碎石	≥190	<18

②测量放样：根据 CPⅢ轨道控制网，测量人员按施工精度要求放出底座边线，边线每隔 5～10 m 打上钢钎，并在钢钎上用红油漆标上顶面高程位置，再由施工员弹出墨线用来指导钢筋、模板定位。

③钢筋绑扎：按设计图纸确定的位置安放底座板钢筋网。

④模板安装：纵向模板为定型钢模板，分节尺寸为 3 250 mm×300 mm，模板面板及加劲肋均采用 Q235 钢，面板厚度 6 mm，加劲肋为 8 mm。模板与模板间用螺栓进行法兰式连接，中间加垫薄橡胶板以防漏浆，端模采用钢模。

根据测量放样，精确安装限位凹槽模板、侧模板、结构缝端模板，并支撑牢固，两侧模板连续设置，在结构缝处安装横向模板。计算底座板顶面高程，在模板上每 3m 标出高度；模板底与路基面间的缝隙采用发泡剂进行封堵。外侧模板设置钢筋三脚架通过地锚进行支撑，内侧模板左、右线对称支撑在中间临时固定的方木上(或采用工具式撑杆)，模板安装要平顺、牢固，接缝严密；端模加纵向支撑木楔加固。凹槽深度的允许偏差为±10 mm。

模板安装加固完成后应自检，自检合格后报监理工程师验收并做好报验记录。

⑤混凝土浇筑：浇筑前清理浇筑面杂物，提前 2 h 对路基基床表层级配碎石进行洒水润湿，但不得积水。测量复测模板顶面高程，测量点间距 5 m/处，技术员通过实测模板顶面高程与设计高程计算差值，用钢卷尺量测，用双面胶贴在模板内侧标记出混凝土浇筑面高度，通过两点拉线进行加密做标记。

底座混凝土采用项目部拌和站集中拌制，混凝土运输车运送至施工工点，采用地泵接管浇筑混凝土，人工配合浇筑。

混凝土拌和前，试验室应准确测定粗、细骨料的含水率，计算出施工配合比，待试验室通知单到达拌和站后方可进行拌和。搅拌站应根据试验室出具的施工配合比，进行操作拌制。混凝土在生产时应密切监视与检测拌合物的和易性，如不符合规范要求时，及时通知试验室进行处理，直至符合要求后持续生产。

混凝土运输采用混凝土罐车运送至施工现场。运输过程中宜以 2～4 r/min 的转速搅动，混凝土到达现场后，试验员检测现场混凝土的坍落度(不大于 140 mm)、含气量(2%～4%)、入模温度(5 ℃～30 ℃)合格后方可进行浇筑，并制作标养及同条件养护试件。

混凝土浇筑注时应保证混凝土面高出模板顶面少许，每作业面配置 2 台 50 型＋2 台 30 型振捣棒，用振捣棒振捣时应以表面有少量的气泡冒出和表面平整的泛浆为止，振捣过程中以快插慢拔的方式进行振捣，振捣点的间距控制在 60 cm 左右，振捣时间控制在 25～40 s，以混凝土表面不再下沉、无气泡、表面泛浆为宜，避免振捣时防止漏振、过振，加强底座板侧面及凹槽四周的振捣，但振捣时振捣棒不能靠近模板，保持 5～10 cm 距离。路基底座板是按单元分段，一次连续浇筑完成，不得中断。

混凝土振捣完成后，及时采用木抹子修整抹平，大约 1 h 后利用铁抹子收面压光，为了防止混凝土表面失水产生细小裂纹，在混凝土初凝前，铁抹子进行第三遍抹面，并利用 3 m 的靠尺检测，保证满足平整度≤10 mm/3 m 的要求，收面时严禁洒水。底座板顶面两侧 30 cm 排水坡，采用特制小刮尺做出的 6%排水坡。新浇筑的混凝土不得与流动水接触。

混凝土终凝后，在 12 h 内采用土工布覆盖并洒水养护，洒水数次应保持混凝土处于润湿状态。

待混凝土强度达到 2.5 MPa 以上，开始拆除模板。拆模时严禁强拉硬拽的方式拆除模板，防止损伤混凝土表面和棱角，拆下的模板派专人进行清理并涂油，倒运至下一循环使用。拆模的过程中不得中断混凝土的养护工作。混凝土在养护强度未达到 75%之前，严禁在表面行走车辆或碰撞。开始上部作业施工前，必须根据底座板同条件试块抗压强度试验及现场回弹数据确定上线条件。

(2)道床板施工

①施工准备：主要是对底座施工质量验收，清除底座表面的浮渣，灰尘及杂物。

②测量放样：以 CPⅢ控制网为基准，采用全站仪按直线地段每 10 m、曲线地段每 5 m 在底座板顶面放出轨道中线控制点，红油漆标识，用墨线弹出轨道中心线。以轨道中心控制点为基准放出轨枕控制边线及道床板边线(墨线标识)；根据弹出的轨道中心线位置采用墨线定位出道床板底层每根纵横向钢筋的位置。

③道床板钢筋及接地安装：按照设计要求将加工好的各种钢筋准确定位，然后绑扎绝缘卡，对钢筋进行绝缘处理；对每个接地单元内的贯通接地钢筋按要求焊接长度连接准确，并对绝缘性及接地电阻分别进行测试。施工中，必须严格控制钢筋加工精度及定位，否则，一旦有一处钢筋出现位置偏差，将影响到其他相邻钢筋的位置或保护层厚度不足，而调整将变得极为困难。

④轨道精调是无砟轨道施工中非常关键的一道工序，它对轨道的几何尺寸最终位置能否达到设计及验标的要求起着决定性作用。双块式无砟轨道采用轨排支撑架法施工，每隔 5 根枕木空安装一组支撑架，如图 5-36(a)所示。轨排铺设、架轨完成后，对无砟轨道进行调试。将验标要求的标准作为最低标准，调试过程中考虑测量精度误差、施工影响、环境影响、操作误差的因素，留有一定的富余量(高程、轨距、中线、水平调试误差均控制在 0.5 mm 以内)，确保浇注混凝土后满足精度要求标准。同时，严格控制钢轨接头误差，采用轨头钻孔、精调一遍后上接头夹板的措施，消除轨排之间的错台、错牙，保证线路的平顺性，如图 5-36(b)所示。

⑤轨排固定：在曲线地段通过在侧向增加斜拉杆的方式对轨排进行固定，防止其在混凝土浇筑过程中发生移位，同时尽量避免混凝土浇筑过程中对轨道的碰撞，确保最终轨道几何形位。

⑥混凝土浇筑：混凝土浇筑前 2 h 对底座及轨枕表面进行洒水湿润，确保轨枕和新浇注混凝土之间的良好黏结以及防止混凝土中水分的流失。混凝土生产前，首先检查混凝土拌和站设备状态，确保混凝土的均衡连续的生产，其次做好运输通道的调查，确保道路畅通，最后检查混凝土运输车辆，确保车辆状态良好。混凝土浇筑过程中，严格控制好混凝土的坍落度、含气量、入模温度等指标，加强混凝土捣固尤其是轨枕下混凝土的捣固。在气温高于 30 ℃时严禁浇注混凝土，防止胀轨造成混凝土开裂；对于昼夜温差较大时应注意对钢轨的升、降温工作，可以采用养护帐篷对浇注后的混凝土进行防护，也可采用在钢轨上覆盖毡布的方式防止其温度快速升降。

（a）轨排支撑架法

（b）接头连接

图 5-36　固定轨道几何形位

⑦钢轨铺设、焊接锁定、轨道调整：由于本次站改不满足长轨铺设条件，因此采用25 m标准轨代替工具轨直接铺设无砟轨道。轨道铺设完成后，及时进行钢轨铝热焊接，待气温适宜时，再进行应力放散及锁定焊接，形成无缝线路。随后对线路进行仔细测量，通过最终的测量数据针对性更换扣件调整轨道几何尺寸，保证轨道的高平顺性，满足高速行车要求。

⑧有砟无砟过渡段设置：本次站改涉及有砟无砟过渡段铺设 14 处，过渡段长25 m，其中无砟过渡段长 5 m，无砟过渡段长 20 m；有砟过渡段 20 m 范围内设置 C30 钢筋混凝土搭板。搭板宽 3 400 mm，厚度 20 cm，设置一层 HRB400 钢筋网片，直径16 mm，纵向筋间距 250 mm。过渡段范围设置 25 m 辅助轨。

⑨双块式无砟轨道铺设完成后，按照《高速铁路轨道工程施工质量验收标准》（TB 10754—2018）进行比照验收、整改。

5.2.2　有砟轨道（道岔）铺设施工

5.2.2.1　有砟线路、道岔拆除

封锁点下达前，人员、工机具到位并在防护栅栏往外侧待命。封锁点下达后拆除道口处栅栏网，人员、工机具依次进场，首先在已施工的物理隔离基础上部安装隔离立柱及网片，然后对改造范围内轨道的钢轨进行切割，切割后钢轨拨至道床外侧，由于旧轨料数量大、占地多，且站内堆放空间有限。每次拆除完成后，人工配合装载机将旧轨料堆放在铁路限界以外，严禁随意堆放，并且每次开通前专人对旧料的堆码进行检查。

1. 施工准备

（1）施工场地调查

调查施工场地地形地貌地势、场地拆迁平整及排水设施状况、地表障碍物及架空线路、地下管道等构筑物的分布情况及产权人，掌握现场的第一手资料。施工安排和布置时结合现场调查综合考虑各种因素的不利影响并进行必要的防护。

组织设计图纸和有关文件的现场核对，掌握水准点和坐标点的准确位置，了解既有设施及平面、高程等有关技术参数。

（2）生产设施规划

根据现场实际并结合深圳北站施工特点进行临时设施规划和设计，包括安全防护

设施、施工机械放置、废弃轨料堆放和施工便道等工程。

2. 技术准备

开工之前，组织技术人员审核施工图纸，正确领会设计意图。详细核算高程、尺寸、工程量，审核过程如发现设计差错漏或设计不明确时，及时与设计单位取得联系，直到问题得到解决。

3. 资源准备

(1)施工队伍

项目部进场后立即进行临时房屋、施工便道等修建工作，为施工做好前期各项准备工作。在正式工程开工前，组织全体施工人员进行岗位技术培训，使作业人员对工程概况、项目特点及各专业的施工内容有较充分的了解。加强施工作业人员的营业线安全培训和作业岗位安全教育，使作业人员充分认识安全施工重要性。

(2)工程机械

在施工准备期间，完成施工所需的全部工程机械的整修和分批进场工作。用于临时设施施工的机械必须先期进场。

(3)施工方法

拆除17～20道、1～6道及动走A、B线应拆除的线路及相关道岔，在股道里程K2396+110处设置车挡，改造期间17～20道、1～6道作为尽头线使用。车挡至站台范围内的工作量全部利用封锁期间的天窗点进行施工。

施工便道均利用外侧新建路基，进行轨料、工具等物资的运输。

4. 施工工艺及方法

(1)施工准备

标记拆除区段，人工清除锯轨位置周围道砟等杂物，搭设两横一纵铜导线。

(2)拆除线路

根据锯轨位置锯轨，原则上按25 m/段锯轨，然后拆枕木，钢轨和枕木及配件由人工配合装载机倒运至线路外侧，分类并码放整齐，码放位置选择应便于外运。道砟直接用装载机转运出场。

线路拆除施工流程如图5-37所示。

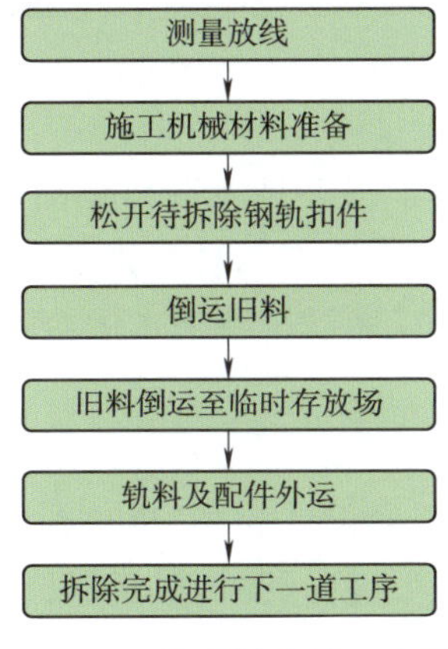

图5-37 线路拆除施工流程

5.2.2.2 有砟线路人工铺轨

1. 施工流程

人工铺轨作业施工流程如图 5-38 所示。

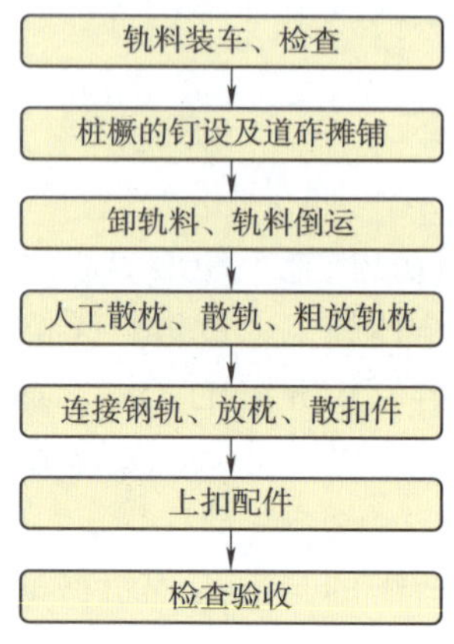

图 5-38 人工铺轨施工流程

(1)预铺道砟:采用小型自卸车二次倒运上路基自卸的方式卸砟,然后通过挖机进行摊铺碾压,计划预铺 60%～80%道砟,如图 5-39 所示。

图 5-39 道砟铺设

(2)铺钢轨:首先利用汽车吊车将工具轨倒运至铺轨现场附近的道口,利用铲车将工具轨拖拉至预铺完成的道砟上,人工将钢轨摆放在线路两侧,确保摆放枕木空间。

(3)摆枕木:利用小型自卸车或装载机将枕木运至路基上,自卸方式卸车,人工将枕木按照标准进行摆放到位。

(4)硫黄锚固:采用现场烧浆,现场锚固的方式进行螺杆锚固施工,严格按照施工技术要求进行控制,螺杆露出高度符合设计要求,及时进行抗拔试验,确保质量合格。

(5)轨排拼装:施工中应先进行区分配对,尽量保证轨排接头相对应,严禁出现瞎缝和构造轨缝。

(6)封砟起道:轨排拼装完成后,先进行首次拨道,根据设计中心桩和线路外移桩,控制轨道中心距线路中心不超过 50 mm，利用挖机进行封砟作业，利用门式液压起道机进行人工抬道作业，并按照要求全面捣固，计划抬道预留 80 mm 起道量，人工起道后及时进行人工封砟。道床稳定后进行测量，提供大机养护资料。

(7)大机捣固：大机由广深港正线运行至深圳动车运用所，利用天窗时间经动走B线运行至北站东、西半场有砟线路进行大机整道。进入工程线前，有砟线路必须进行人工使用小型捣固机械预稳定道床达到大机行车条件，并按要求养护至达到开通条件方可。大机捣固后及时补砟并整理整体道床。

(8)焊轨放散、线路精调、整体道床：施工严格按照设计及规范标准进行施工，放散锁定轨温控制在设计锁定轨温范围内。线路精调和整体道床施工过程中提前与工务部门进行沟通，确定施工标准，避免返工。

2. 人工铺轨施工工艺

(1)混凝土枕锚固作业

①螺旋道钉锚固材料技术条件

硫黄：应用纯度不小于 95%的一般工业用硫黄。配制前应破成碎块，如受潮，应在配制前干燥。

水泥：用普通硅酸盐水泥，如有结块，配制前应过筛。

砂子：粒径不得大于 2 mm，污沉含量不得大于 5%，配制前应烘干。

石蜡：为一般工业用石蜡，配制前应破成碎块。

各种材料不得混有杂物。

②锚固材料成分配合比

在选定配合比时，应当用实际采用的材料做成试件在锚固前进行实验，以求得最佳配合比。道钉锚固后的抗拔力不得低于 60 kN。

③硫黄砂浆熬制及道钉锚固

按选定配合比称好各种材料的一次熔制量，先倒入砂子加热到 100 ℃～120 ℃时，将水泥倒入加热到 130 ℃，最后加入硫黄和石蜡，继续搅拌加热到 160 ℃，熔浆由稀变稠成液胶状时，即可使用。锚固前施工现场应备好台秤。

控制好火力，不得过猛，熔制过程中应不断搅拌。工地锚固道钉时，可用两个铁锅轮流熔制，每锅熔制量不宜大于 50 kg，熔制地点与锚固作业距离不宜过远。锚固时应注意锚固浆温度不得大于 180 ℃，操作人员应在上风处，并应佩带防护用品，熔制场地严禁堆放易燃品。熬制成的熔浆应较稠，其溶动度以不影响灌注为宜。

锚固前，轨枕预留孔内杂物和螺旋道钉上黏附物应清除干净，螺旋道钉应干燥。轨枕锚固采用正锚。正锚时，预留孔底部应堵塞紧密，严防漏浆，锚固浆从枕面注入孔内后，螺旋道钉应即左右旋转缓慢垂直插入定位，硫黄水泥砂浆注入孔内时的温度不得小于 130 ℃，并应防止离析，一孔一次灌完。灌浆深度应比螺旋道钉插入孔内的长度大 20 mm，锚固浆顶面应与承轨槽面平，溢出的残渣凝固后应铲除整平，以保证垫板、挡板座能安装平整。残渣可回收再用。

技术要求：螺旋道钉应与承轨槽垂直，偏斜不大于 2°。螺旋道钉偏离预留孔中心不得大于 2 mm。绝缘涂料：为防止螺纹道钉锈蚀和提高绝缘性能，锚固后，应在锚固孔的顶面和螺纹道钉圆台下及四周涂绝缘防锈涂料。涂料在不同最低气温下的配方见

表 5-13。熔融绝缘防锈材料的温度不能超过 200 ℃。涂抹涂料时应力求均匀，涂抹后必须将承轨槽上黏附物清除，使绝缘垫片下保持干净、平整。为方便涂抹，绝缘涂料不宜过稠，应采用小排笔涂抹。

表 5-13　防锈绝缘材料配方

地区气温	材　料		
	石油沥青(%)	滑石粉(%)	油(%)
最低气温低于－20 ℃	100(四号)	25～30	10～15(机油)
最低气温高于－20 ℃	100(五号)	25～30	0～5(熟桐油)

(2)轨道铺设

①60 kg/m 钢轨，直线地段采用 U71MNG，曲线半径小于 1 200 m 地段采用 U71MN 在线热处理钢轨(淬火轨)。路基采用Ⅲa 型枕，安全线采用桥枕配套护轮轨。弹条Ⅱ型扣件，尼龙挡板座号为外 2 内 4，挡板号为外 10 内 6。

②不使用不合格的轨枕和有缺损而未完全修复的轨枕。

③钢轨接头应对正，误差不得大于 100 mm。

④轨距误差为±2 mm。

(3)验收标准

钢筋混凝土枕拼装要按要求进行拼装，不合格的轨枕禁止上线路拼装，有严重裂纹、掉块、断裂、漏筋的混凝土枕不准使用。

轨距公差±1 mm，误差变化率站线不得大于 2‰，轨距每根轨枕必须丈量一次；枕间距偏差和歪斜应符合规范要求。

螺旋道钉螺帽必须拧紧，螺纹须冒出 2～3 丝，严禁“酒窝”现象，螺帽不得反戴，接头夹板及钢轨接头范围均要涂油。

5.2.2.3　无缝线路应力放散

因广深港线路属于高速铁路，原则上不办理货运业务且施工现场不满足长轨卸车条件，本工程采用 25 m 标准轨铝热焊接形成无缝线路的方式进行施工，再选择气温条件适宜的时候进行应力放散及锁定焊接形成无缝线路。

无缝线路应力放散及锁定前应现场量测轨温，采用滚筒法进行应力放散及锁定，并按设计要求设置位移观测标桩。

1. 施工流程

应力放散施工有两种放散方法。第一种为滚筒放散法，即实际轨温在设计锁定轨温范围内，放散时在钢轨下加垫滚筒，利用锤击敲打钢轨，使钢轨自由伸缩，等钢轨充分回弹后，即钢轨内应力达到零应力后迅速锁定线路，滚筒放散法施工流程如图 5-40 所示。第二种为综合放散法，即实际轨温低于锁定轨温下限值时，钢轨下垫上滚筒，将要放散的单元轨节一端与已放散锁定的线路焊接，靠无缝线路提供反力，一端安装钢轨拉伸器，根据当时轨温计算出单元轨节的拉伸量，等单元轨节在当时的施工温度下处于自由伸缩状态时，进行位移零点标记，再用拉轨器将单元轨节拉伸至计算出的拉伸量，各测点位移均达到计算位移量后进行锁定。针对本项目情况，钢轨焊接采用铝热焊形式形成无缝线路，且铝热焊较闪光焊易产生脆性破坏，而道岔由于不允许进行拉升，所以本项目无缝线路放散均选择滚筒放散法，即线路及道岔放散必须在设计锁定轨温范围内进行自由伸缩放散。

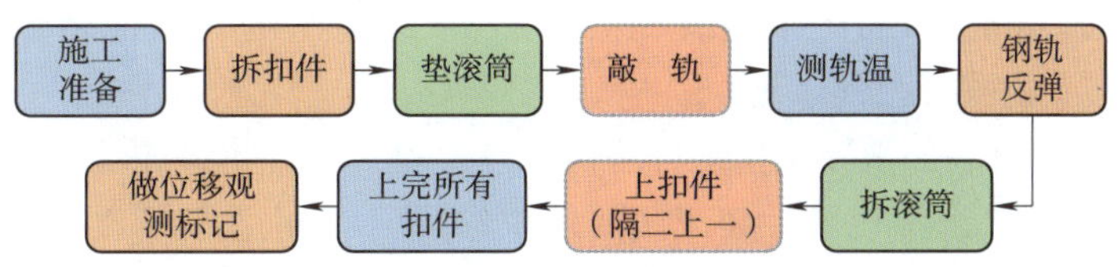

图 5-40 滚筒放散法施工流程

锁定轨温标准：无缝线路设计锁定轨温根据气象资料、无缝线路的允许温降和允许温升计算确定，应满足相邻单元轨节间的锁定轨温差不大于5 ℃，左右股锁定轨温差不大于3 ℃，同一区间内单元轨节的最高与最低锁定轨温差不大于10 ℃的硬性要求。无砟轨道设计锁定轨温30 ℃，锁定范围±5 ℃。道岔范围设计锁定轨温与区间一致，锁定范围±3 ℃。

2. 施工工法

(1)施工准备：埋设位移观测桩、选择作业时间、测量轨温、安装滚筒、解除无缝线路末端至零点范围内的扣件，按照分组分散作业人员和工具等，作业人员均分在单元轨节长度范围内，每组负责该段的拆上扣件。

(2)测量温度：取单元轨节的始、中终端的平均轨温，轨温计应放在背阳面的轨腰处进行测量轨温。

(3)支垫滚筒：拆下单元轨节内的所有扣件，在承轨槽和轨底之间支垫上滚筒(每隔10 m安放一处)。

(4)释放应力：当轨温计显示温度处于设计锁定轨温范围内，敲打轨腰，使长轨条释放其内部应力，达到自由状态。在满足轨端反弹、零点归零两个条件时可以对该单元轨节进行锁定。

(5)线路锁定：线路位移观测人员观测各点达到要求放散位移后即停止敲击，取出滚筒，先按隔二上一安装扣件锁定线路，然后在短时间内补齐剩余所有的扣件。

(6)设置观测标记：线路锁定后应立即用钢轨位移观测仪结合位移观测桩在轨腰上确定观测零点标记，按规定开始观测记录钢轨位移情况。

(7)锁定焊接：上下单元轨节进行锁定焊接，采用铝热焊接，并为下一个单元轨节应力放散做好准备，锁定焊接完成探伤合格后进行焊头标识。

3. 轨道整理及钢轨预打磨

无缝线路铺设完毕并通过静态检测合格后，在线路开通试运营之前进行钢轨预打磨。钢轨预打磨采用列车运行打磨、成形打磨等方式进行作业，打磨后再进行动态检测，检测合格轨道即达到验交标准。

5.2.2.4 有砟道岔铺设

本次改造范围的有砟道岔均采取拆除既有线(岔)后再进行路基换填，最后进行岔料倒运、原位铺设，新增有砟道岔直接在外侧帮宽路基上的岔位铺设。利用汽车或货运列车将岔枕和钢轨及配件运至西丽货场后，再组织大件运输专用车辆倒运至施工现场，人工配合随车吊等机械按设计位置吊卸岔料，进行人工铺设。

1. 施工准备

(1)轨料运输及装卸

由于岔枕长,重量大,易产生裂纹和被碰伤,一组道岔的材料应将钢材和岔枕分别装在两个车上,最好一次运到工地。

装岔枕的平板车底面要平,平板与岔枕以及岔枕之间应垫两根以上垫木,长岔枕适当多垫,垫木厚度应高出承轨槽。装车后要用铁丝捆牢,防止岔枕串动和互相摩擦碰伤。

岔枕配件多,装车时应清点配套,分类堆码,不允许混乱。

岔枕及钢轨一般应使用机械装卸。装卸时应慢装轻放。每次装卸岔枕应限制数量,防止压裂碰伤。吊枕钢丝绳要有相当长度,防止吊重打滑。

道岔钢轨尽可能一次吊卸到位,如不能到位再用人工拨移或纵移。

(2)进行现场勘测,调查道岔前后和两侧线路路基的宽度、高度以及环境情况,选择预铺位置。按设计要求,定出道岔的岔前及岔后位置。详细调查道岔位置及轨缝情况,结合咽喉区改建施工方案确定更换钢轨长度及既有道岔前后的短轨长度,并据此备料。

2. 施工工艺工法

(1)铺设道岔顺序和要求

测量放样定出道岔岔前、岔心、岔尾桩,按标准铺设图散布岔枕,搬运及安装道岔垫板,散配件。人工抬运岔轨(配备 10～14 人一组)或汽车吊按标准图钢轨排列顺序从岔前起,先直股后曲股进行散布。定出岔心位置,然后连接钢轨,并拨正位置。用起道机将钢轨打起,按轨腰上的岔枕间距精确方枕。安装紧固配件,道岔调整。

(2)铺设混凝土岔枕道岔

①人工配合机械铺岔枕就位(短岔枕可人工抬运)。

②用测绳自岔前至岔后拉直,并标出岔枕间隔距离,逐根散布,小范围内的细方岔枕用撬棍调整。安装道岔轨下垫板及橡胶垫。

③安装轨连接夹板:道岔钢轨一般直股直接卸车吊轨就位,曲股人工用撬棍拔移到混凝土枕承轨槽就位。连接夹板后要求轨缝均匀,岔前接头方正,道岔纵向误差不宜超过 5 mm。

④画轨枕印、细方轨枕:道岔钢轨上所画的岔枕印应严格要求,测量准确、标志明显。

⑤安装扣件:上扣件前应先垫好钢轨下塑料垫板及橡胶垫板,胶垫圆点朝下,沟槽朝上,特别注意斜坡胶垫不要放错位置。组装时对一些不合适的扣件不可用锤硬打入位,以防打坏配件和轨枕挡肩。按规定力矩拧紧扣件。

⑥封砟养护:道岔铺设完成后及时进行封砟养护,装载机端运道砟满铺道岔区,人工用养路设备将道岔养护至规定高程达到道岔大机进场养护条件。

⑦验收标准:铺设道岔应按现行标准图正确铺设,各部位轨距、支距、水平高低等尺寸必须符合标准图及相关验收规范要求。

5.2.2.5 铝热焊接施工

本次站改施工受场地制约无法使用百米定尺轨或 500 m 长钢轨,采用 25 m 标准轨铺设线路。道岔内外、到发线等线路钢轨接头全部采用铝热焊接。选择气温条件适宜的时候进行应力放散及锁定焊接形成无缝线路。

5.3 信号工程施工

5.3.1 信号工程施工流程

信号专业施工流程分为两个阶段。第一阶段是施工准备阶段，主要目的是为站前提供施工条件，进行敷设新电缆、迁改割接既有电缆，移设并拆除相关停用的信号设备，同步进行室内信号设备的安装及单项调试，点内既有电源屏扩容改造，点内室内新增设备挂连试验。信号工程第一阶段施工流程如图5-41所示。

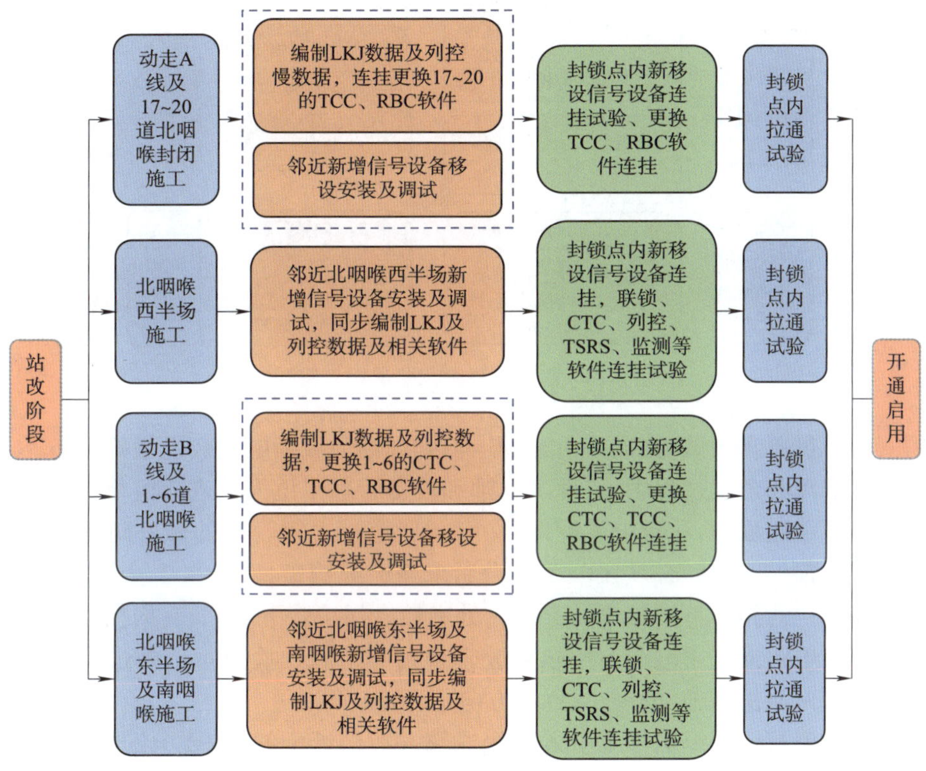

图5-41 信号工程第一阶段施工流程

第二阶段是站改阶段，即在配合站前施工阶段，在其完成轨枕板预制及道岔安装基础上，进行室外新增信号设备安装及调试，之后再进行室内外单项试验，再在封锁点内进行连挂试验，全部结束后，进行拉通试验，联调联试，最后完成开通。信号工程第二阶段施工流程如图5-42所示。

5.3.2 信号工程施工工艺

5.3.2.1 光电缆工程施工

电缆径路复测应按施工设计图进行，实地测量光电缆总长度（包括各种预留长度），调查线路电缆槽道贯通情况、直埋线路径路情况、地下管线状况，特殊地段确定防护处理方式。

电缆径路复测完毕，及时绘制径路复测台账，并确定单盘电缆长度安排订货。电缆

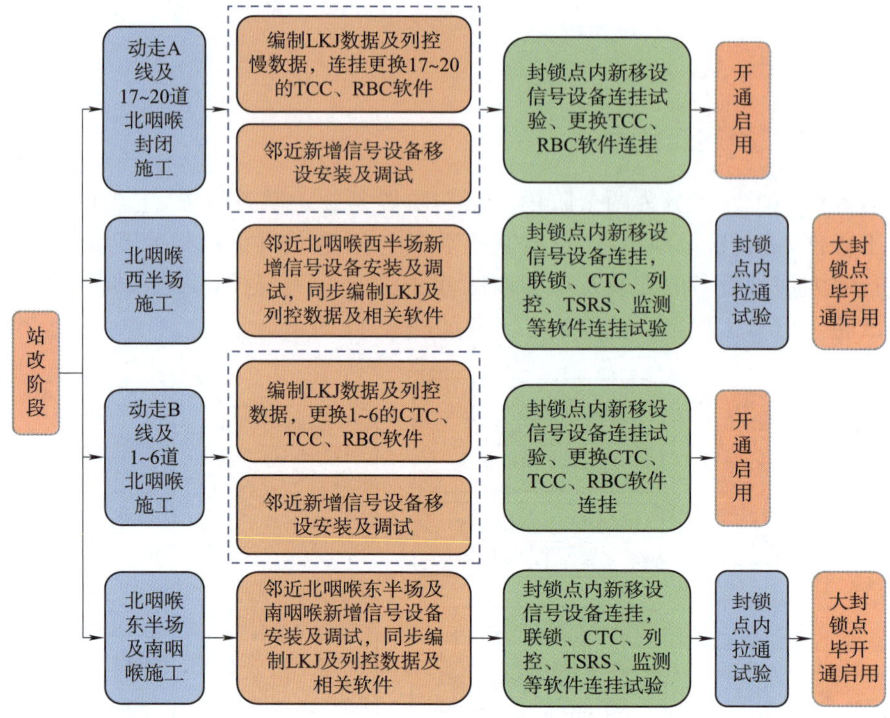

图 5-42　信号工程第二阶段施工流程

到场后安排人员单盘测试，完成后由车辆运输到现场为后续电缆敷设做好准备。

电缆沟清理和敷设过程中，监理工程师和设备管理单位人员进行监督验收，在逐根敷设应答器电缆过程中，注意电缆朝向，在穿越股道过轨钢管口处做好防护措施，防止在敷设过程中损伤电缆。必须在电缆敷设后未盖电缆槽盖板前，人工全面检查电缆是否破皮损伤，打“背扣”，特别是电缆穿钢管处和箱盒保护管下端，如有损伤，应根据受损程度采取更换电缆或采用电缆专用热缩胶带包封等措施。检查每一处过轨管口，沿电缆径路是否做好防护措施，电缆 A、B 端方向是否正确等。

电缆敷设完成后组织信号工引入箱盒成端并按图纸配线，需要电缆接续时对电缆采用地下免维护接续盒进行接续。

所有电缆敷设并电缆接续后，在未做屏蔽接地前应对电缆的钢带进行绝缘测试，以检验电缆在敷设过程中电缆皮未受到损伤，配线完成但未与信号设备连接前，应对其线间、芯线对地绝缘进行全程测试，其绝缘值不应小于 20 MΩ · km。

施工流程如图 5-43 所示。

5.3.2.2　箱盒安装施工

1. 施工流程

箱盒安装施工流程如图 5-44 所示。

2. 施工方法

(1)箱盒安装

变压器箱或终端电缆盒用于矮柱信号机时安装在显示反方向一侧，引线孔中心对准基础法兰盘中心，最近的基础螺栓中心距信号机基础边缘为 400～470 mm。

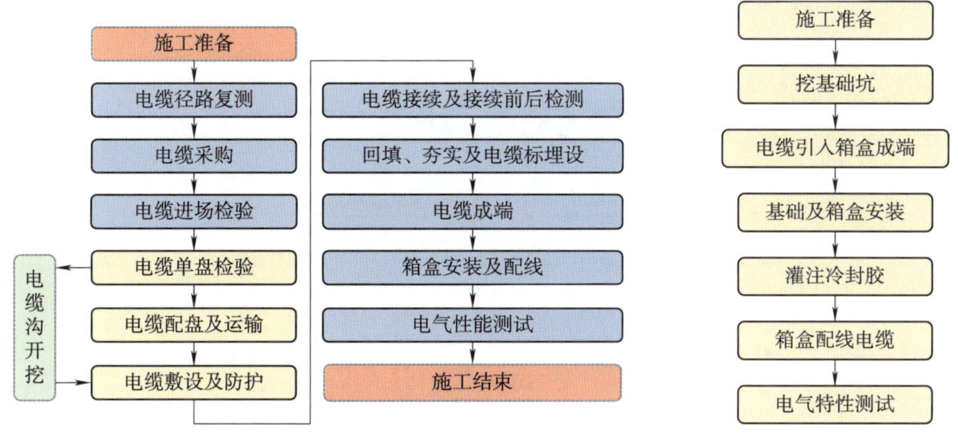

图 5-43 光电缆施工流程　　图 5-44 箱盒安装施工流程

轨道电路用的电缆箱盒引线孔背向轨道侧。双受时,电缆箱盒中心正对轨缝;单受时,箱盒中心对轨缝相应区段侧的一、二轨枕中心。电缆箱盒基础面与钢轨底面平。电缆箱盒中心距线路中心不得小于 1 900 mm。

(2)电缆成端与接地

普通电缆终端头的制作:根据具体箱盒的类型,实测留够电缆剥切长度,用直径 1.6 mm 铁线绑扎电缆 3～4 圈;将电缆穿过保护管及垫圈;除去电缆外护套;把钢带剥至铁线绑扎处,并用汽油将钢带及内护套擦洗干净;做钢带耳朵;剥切内护套,引入箱盒;上紧螺栓,钢带耳朵紧固在箱盒底部与保护管切口之间;电缆做头时按规定做好屏蔽地线。

(3)箱盒灌胶(若采用冷封胶)

灌胶前将箱盒内部打扫干净,多余的电缆引入孔用堵板堵严。

(4)箱盒配线

配线前,箱盒端子和电缆进行绝缘测试并做好记录。绝缘满足规范要求方可配线。配线时,先对电缆芯线叫号、编号,电缆引入箱盒后,除去电缆彩条编号线,用干净棉纱撸直,复核配线无误后在每根电缆内护套的根部,用塑料绑线绑扎 3～4 道,分出本根电缆的备用芯线。电缆在箱盒内严禁盘成环状,按配线图依次出线,分出芯线之后,留出统一长度制线环(预留 2～3 次制环长度),并按要求做成鹅头弯状或圆圈(备用芯线),上端子。备用芯线长度到端子最远端,电缆配线要做到整齐美观。

为了便于电务部门对设备进行维修和保养,电缆配线要有统一的配线标识。箱盒配线的起始端子应用红点和箭头标明。

5.3.2.3 地面固定信号施工

信号机施工前进行现场施工调查,根据相关设计文件,依据接触网支柱里程,确定信号机安装位置,根据安装要求制定安装标准,根据施工工作量准备物资材料及机具。地面固定信号机总体施工顺序与站前铺轨一致,具备条件确定一段,施工一段。

首先进行信号机基础、机构及箱盒安装,再进行设备安装、配线、调整完毕后,进行导通试验、调灯光及检查整理。在室内施工完成后,进行室内外设备联调。地面固定信号机及标志牌施工流程如图 5-45 所示。

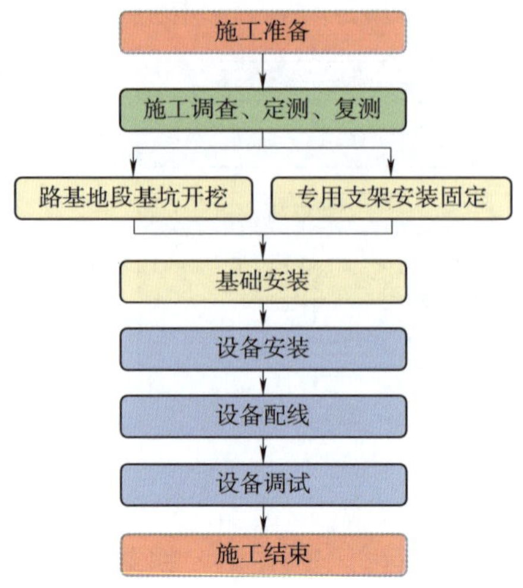

图 5-45　地面固定信号机施工流程

5.3.2.4　转辙装置施工

转辙机进场应对其外观进行检查，对于电气性能的检测由接管电务部门或建设单位指定检测单位进行检测并出具检测报告。

道岔上安装的转辙机和安装装置规格、型号及设置位置应符合设计文件要求。有绝缘的密贴调整杆、尖端杆、角型铁、角钢、分动道岔的锁闭杆和带绝缘的孔销等，绝缘装设完整、性能良好。

安装装置进场应进行验收，各组成部件应完好齐全，其规格、型号符合相关产品标准的规定。转辙机须经过电务接管部门检测合格后方准上道使用。

锁钩的安装要保证其中心线与锁闭杆中心线重合，锁钩与尖轨连接铁的连接销轴要涂润滑油，销轴应从表示杆侧穿入尖轨连接铁及锁钩(即从前向后穿)。

杆件的安装保证动作杆与内、外锁闭杆中心线重合，与表示杆中心线平行。在调整密贴的过程中，道岔左右两侧密贴调整片加装尽量保证平衡。

转辙装置必须确保道岔的正常转换，尖轨(或心轨)的一侧应与基本轨(或翼轨)密贴，当尖轨与基本轨间有 4 mm 及以上间隙时(牵纵拐肘除外)道岔不能锁闭和接通道岔表示。对多点(两点及以上)牵引的道岔，除第一牵引点外，其他牵引点奕应设置密贴检查装置或在两牵引点间装设密贴检查装置，密贴段各牵引点处有 4 mm 及以上间隙时，道岔不能锁闭和接通道岔表示。

密贴检查和装置安装：运动部件和表示杆应动作灵活，运动部件及螺纹部分应清洁、润滑。各开关组接通、断开良好；连接线连接牢固可靠；各部绝缘不破损且绝缘良好。道岔转换时，表示连接杆运动平顺，接头等零件旋转灵活，不别、卡和阻碍道岔转换。

转辙装置安装：安装前，先检查道岔调整状态是否符合电务设备安装技术标准，包括道岔的水平、方向、尖轨心轨的密贴程度、轨距、钢枕的位置、绝缘等工电结合部条件等。

锁闭框安装:用方尺卡在道岔基本轨直股上,横臂与直股基本轨贴紧,直臂边线与尖轨尖端所在混凝土枕中心线重叠,用划针在两条基本轨面上做标记,划出混凝土枕的中心线;按照安装图册以划定的中心线向岔后分别测量标出其他牵引点的中心线。

尖轨连接铁安装:在尖轨内侧,各牵引点中心线两侧安装尖轨连接铁;取出尖轨连接铁上销轴,安装锁钩;取下锁闭框上的导向销,安装锁闭杆,然后安装锁闭框上的导向销。

交流转辙机安装要求与工务线路的水平、方向、轨面以及列车通过时线路的水平、方向、轨面以及列车通过时线路振动的幅度大小,对电务设备的稳定有着很大影响。因此,在安装前应对工务设备的一些要求进行检查,须达到要求后才能进行安装。同时电务设备的安装也应严格按规定标准执行,其质量好坏将直接影响行车安全是否能得以保证,是提高维修质量的基础。安装流程如图 5-46 所示。

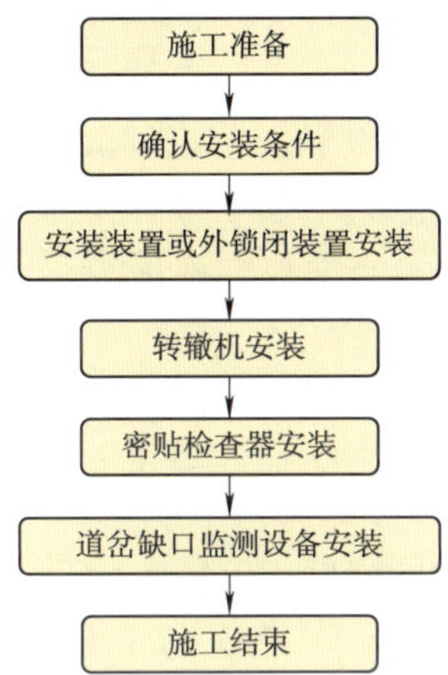

图 5-46　转辙装置施工流程

5.3.2.5　轨道电路设备施工

轨道电路施工前进行现场施工调查,根据相关设计文件,确定轨道电路箱盒安装位置。根据安装要求制定安装标准,根据施工工作量准备物资材料及机具。

轨道电路设备安装与站前铺轨一致,具备条件确定一段、施工一段。电缆完成后继续施工本区段的轨道电路。在确定的位置安装轨道变压器箱盒,将敷设到位的电缆引入轨道变压器箱内,同步进行电缆配线工作。

轨道设备预配可在室内提前或同步预配制作完成。

电缆配线及线把预配完成后,将预配的设备进入箱盒进行配设备软线。

在轨道电路配线过程中,室外可同步进行绝缘安装及轨端接续线的连接,道岔跳线线可在道岔施工过程中安装,扼流引接线仅连扼流变压,待开通时,完成轨道引接。

在设备安装、配线、调整完毕后,进行轨道电路单项试验(模拟方式),封锁点内进行点对点核对和软件挂连后区段核对。

注意:在站前铺轨专业钢轨应力放散前禁止钢轨打眼以及安装钢轨引接线。扼流变压器安装要与调谐区距离 100 m、距离电容 20 m。ZPW-2000A 设备连接线并置安装以减少干扰。

轨道电路设备施工工艺流程如图 5-47 所示。

5.3.2.6　应答器施工

1. 施工流程

应答器安装施工流程如图 5-48 所示。

施工准备
补偿电容安装
钢轨机械绝缘安装
轨旁设备安装
轨道连接线安装
施工结束

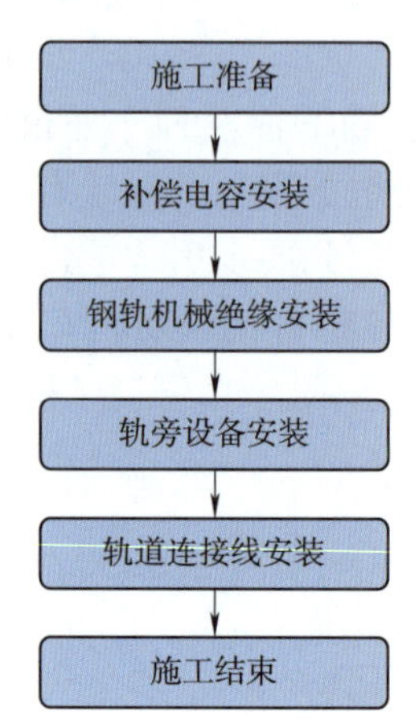

图 5-47　轨道电路施工流程

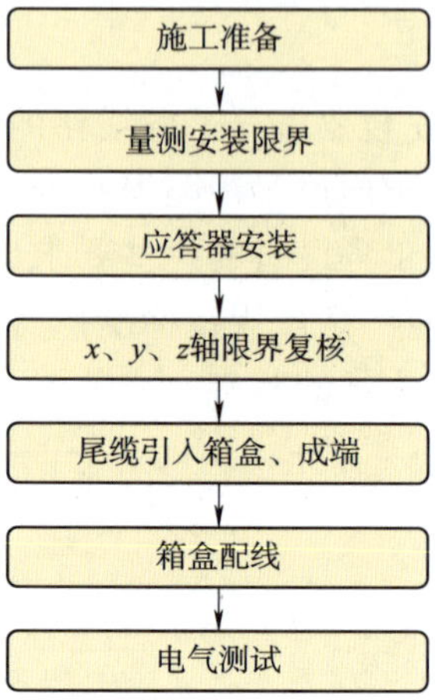

施工准备
量测安装限界
应答器安装
x、y、z轴限界复核
尾缆引入箱盒、成端
箱盒配线
电气测试

图 5-48　应答器安装施工流程

2. 安装要点及主要施工方法

(1)应答器组内安装偏差

应答器组内各应答器之间的间隔(5±0.5)m 方式安装，安装偏差取标准范围内大的一侧。

有源应答器尾缆如果在安装过程中有多余的长度(标准尾缆长度 9.6 m)，将多余的尾缆埋入接线盒旁的道砟下，严禁截取多余尾缆部分；埋入道砟下尾缆应盘绕不小于 500 mm 直径。

(2)检测 LEU 电缆绝缘性能

在检测 LEU 电缆的绝缘性能时，必须保持应答器尾缆与 LEU 电缆之间断开，否则有可能损坏应答器设备。

(3)应答器外壳保护

在应答器设备安装到线路上后，如果有威胁到应答器外表面污损、损坏的情况发生，应事先对应答器做好相应的防护工作，特别在有磨轨作业的区段，在磨轨作业之后安装应答器，或采取防护工作避免铁屑对应答器外表面的污染。

(4)应答器设备安装条件

应答器安装支架(抱枕安装方式)只适用于安装在Ⅱ型、Ⅲ型轨枕。在特殊区段应答器安装在宽轨枕和整体道床时需要在轨枕平面打孔，安装化学锚栓支架。

5.3.2.7　室内施工

室内设备施工涉及房建专业交付信号机械室的时间，根据房建专业施工进度跟进施工。室内设备施工前，按程序对房建等相关工程施工的接口、作业面验收交接，并确认符合下列进场条件：

(1)预留的沟、槽、管、孔符合布线要求。

(2)防静电地板安装完毕,防静电地板下、走线槽内清洁无杂物。

(3)法拉第笼屏蔽、网格线、集中接地端子排安装完毕,接地电阻值不大于1 Ω。

(4)门窗及玻璃安装齐全,室内无灰尘及杂物。

(5)空调设备安装、调试完毕,湿、温度等室内环境符合相关标准的要求。

(6)配电箱安装就位,供电电源稳定、可靠。

与站前土建(房建)专业办理交接后,根据设计图纸标定的机柜安装位置与设备管理单位进行对接,确认后再安装。首先对机柜底座进行安装,按设计图纸标定尺寸确定机柜与墙壁、排与排之间的距离;按设计图纸在地板上测量出机柜位置,并画出框线;每个机柜下的防静电地板上钻两个ϕ30 mm孔,用于机柜和网格地线连接。将机柜移至方框内,机柜正面朝向图纸标定方向。机柜与机柜侧面对齐,使上方的两个连接孔吻合,用M8×30 mm镀锌螺栓紧固,柜与柜连接密贴。当机柜的连接孔无法对齐,必须钻孔时,要采取措施防止铁屑掉入机柜内部。符合要求后将机柜抬放在底座上稳设。

为了信号设备的使用安全及减少雷电对设备的损坏和干扰,信号设备应按设计规定加装防雷及接地装置。机柜(架)、电源屏、分线柜(盘)等设备应用两根7×0.52 mm^{2}多股铜芯塑料软线环接后,接至防雷、屏蔽及公用安全接地装置上。

注意电源屏扩容设备安装前通知厂家到场指导组装,扩容施工须在封锁点内,屏间配线由厂家技术人员到场施工,配线核对后安装电源模块。电源屏接入稳定电源后配合厂家调试。

室内设备施工流程如图5-49所示。

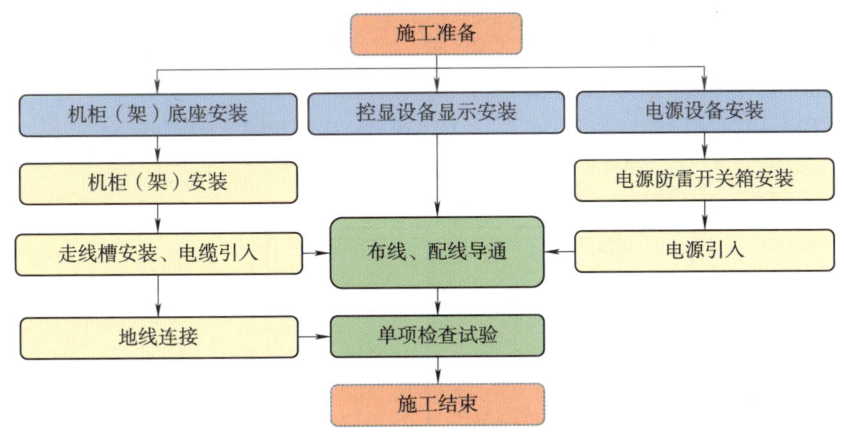

图5-49　室内设备施工流程

5.3.2.8　防雷及接地施工

1. 室内信号设备接地

信号机械室内地线网由网格地线、汇集接地端子排、机柜接地端子排、10 mm^{2}扁平铜网编织线等组成。信号地线网接地电阻不大于1 Ω。信号机械室内所有设备金属外壳、防静电地板各个支撑件相互焊接后,与地线网相连。当信号机械室有基础接地体时,与信号室内接地网连接。电缆屏蔽层及排流线、钢带、铝护套接汇集接地端子排。各种地线连接不能盘绕和迂回。

信号楼地线如图 5-50 所示。

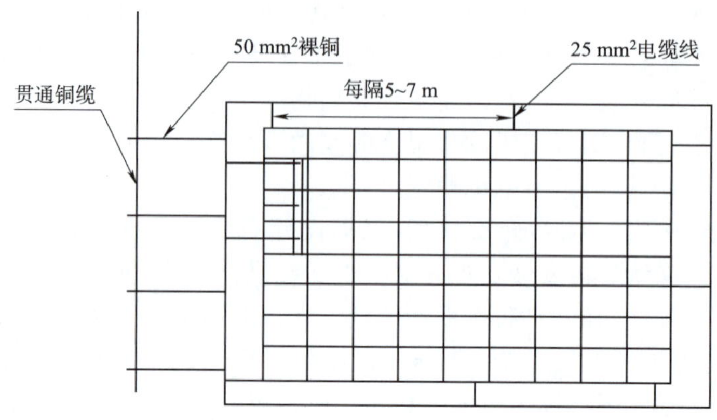

图 5-50　信号楼地线示意

2. 机架、柜接地连接施工

室内分线柜(盘)设接地铜板一块,规格为 700 mm×50 mm×5 mm,直径 4 mm 钻孔 30 个,孔间距 20 mm。接地铜板分别用一条 25 mm^2 接地电缆与总接地板和网格地线连接。所用电缆的铝护套和钢带分别采用一条 6 mm^2 铜塑线与接地铜板可靠连接。

分线柜(盘)和网格地线以及走线架的连线采用不大于 600 mm 的 10 mm^2 扁平铜线,扁平铜线与网格地线的连接采用焊接,与走线架、分线柜的连接采用连接线压接后螺丝固定,连接处的金属表面用砂纸打磨,保证可靠连接。

去分线柜(盘)处的所有屏蔽线的屏蔽网在分线柜处接地连接。

3. 组合柜(架)接地施工

组合柜(架)接地连接如图 5-51 所示。

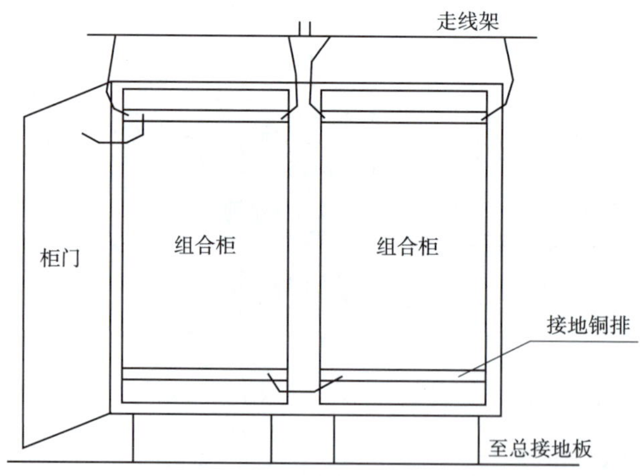

图 5-51　组合柜(架)接地连接

固定环凹槽内,移频柜接地连接,同一排各机柜之间采用 10 mm^2 扁平铜线连接。每个机柜下部中间的接地板均采用不大于 60 cm 的 10 mm^2 扁平铜线与防静电地板下接地地网相连。

电缆走线架要求为喷塑，移频柜上部引入的室内配线电缆屏蔽层与电缆走线架连接、电缆走线架与机柜上部接地板的连接均采用 10 mm^2 扁平铜线网，长度小于 300 mm，连接均采用连接线压后螺丝固定。

从电源屏至移频柜的电源线采用屏蔽线，电源线屏蔽层接地。

4. 其他设备接地施工

电源屏接地用 10 mm^2 扁平铜线或接地铜缆与网格地线连接。控制台接地用 25 mm^2 电缆与网格地线连接。

柜底接地如图 5-52 所示。

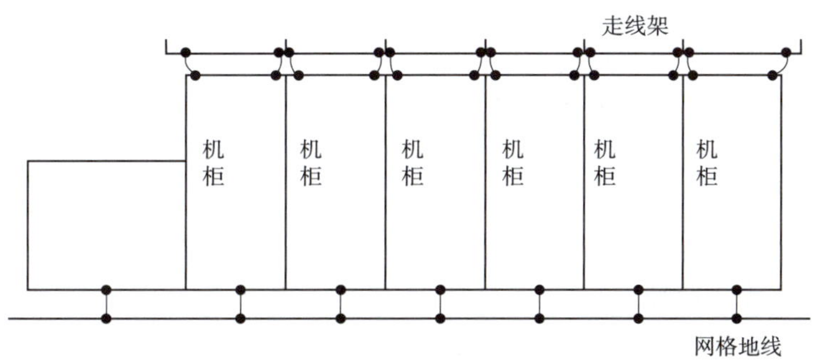

图 5-52 柜底接地示意

5. 室内设备防雷及屏蔽接地连接

设备的防雷地线连接是将各设备的防雷地线采用辐射连接方式直接接至公用接地板上，各种地线引接线不得盘绕和迂回，严禁将各设备的防雷接地端子环接在一起。

电气化区段干线电缆两端进行屏蔽接地，即将钢带、铝护套、内屏蔽层进行接地。

防雷柜零层的屏蔽线在走线槽内开剥，屏蔽线的屏蔽网在走线槽内汇集后，与 10 mm^2 引接线压接（或焊接）在一起，引接线的另一端和防雷柜的接地端子排连接在一起。

电源线屏蔽网在走线槽内开剥，每一机柜的电源线屏蔽网汇集后用 10 mm^2 引接线压接（或焊接）在一起后接至接地端子排上。

6. 室外设备防雷及接地

（1）信号机安全地线：信号机机构与梯子用 25 mm^2 的铜缆连接，将 25 mm^2 的铜缆两端分别与 ϕ6 mm 和 ϕ10 mm 的压接线环压接后，ϕ6 mm 压接线环与机构遮光板用 M6 的螺栓连接；ϕ10 mm 的压接线环与梯子用 M10 螺栓连接。梯子与贯通地线用 25 mm^2 铜缆连接，25 mm^2 铜缆连接梯子一端用 ϕ10 mm 压接线环与之紧固，25 mm^2 铜缆与贯通地线连接采用焊接方法。

梯子与机构、机构与铜缆连接点打磨干净，接触良好。

（2）干线电缆始、终端须屏蔽接地，电缆中间接续部分只需屏蔽连接。

在电缆箱盒内，每根电缆的钢带铝护套、内屏蔽层、卸流线分别连接。钢带、铝护套连接时，在钢带、铝护套两端打孔，用螺丝固定。同一根电缆的所有内屏蔽网汇接后与另一根的内屏蔽网连接。连接线采用单根 7×0.52 mm^2 铜芯塑料线。连接采用焊接方法。

5.4 电气化工程施工

本次接触网改造主要为赣深高铁引入深圳北站引起的接触网改造和预留深汕铁路西丽方向联络线引起的南咽喉接触网改造。接触网改造(影响)范围:广深港线 K2392+500～K2398+300、深圳北～深圳动车运用所(含)间动走 A 线 K2394+833～K2395+500、动走 B 线 K2395+046～K2396+000。接触网改造主要集中在既有深圳北站北咽喉及 1～6 道、17～20 道、南咽喉,主要工作量:接触网供电电缆 12 回路计 38 条(25.78 km)、开关远动控制光缆 34 根及电源线 4 根割接改造,硬横梁架设 54 组、拆除 31 组及其引起的改锚、改网调整,新建和过渡接触网架设调整共 41 个锚段(39.1 条公里),12 台隔离开关及相关接触网拆除等改造工程。本工程采用汽车吊和轨道车组两种机械施工。

5.4.1 电气化施工方案

根据站改总体方案,接触网改造工程主要方案分为三阶段实施。

1. 站改施工准备阶段

(1)光、电缆过渡迁移

好港变电所外挡墙路基施工时,出所 38 根 27.5 kV 电缆及隔离开关 38 根光电缆需在施工过程中配合土建进行迁移防护,待正式槽道形成后接并防护。

(2)光、电缆割接

正式接触网电缆槽移交后,进行 36 根(11 回路)27.5 kV 供电电缆割接施工,其中 220 馈线 2 根电缆须动走 A 线封锁后,XG10 开关柱组立后进行割接。光电缆槽移交后,进行 34 根光缆和 4 根电缆敷设,动车所方向光缆割接、光深区间光电缆割接工作。

(3)接触网改造

根据土建基础移交的顺序,采用汽车吊、轨道吊车组进行接触网支柱组立、硬横跨架设,附加线改造,进行吊柱(底座框架)、腕臂安装及改网调整,既有支柱、硬横跨拆除,隔离开关及避雷器安装。

2. 西半场(动走 A 线至 17～20 道北端线路)站改封锁施工阶段

将既有 17～20 道接触网改锚并拆除既有 17～20 道北端及动走 A 线 dz4 锚段接触网。土建基础移交后组立新支柱及横梁,随后进行附加线肩架安装及导线架设,接地及回流引线安装,下锚装置安装,吊柱(底座框架)、腕臂安装及改网调整,既有支柱、硬横跨拆除,承、导线架设及调整,3002、3201、X1、X2 远动光电缆敷设割接施工、隔离开关安装及远动调试施工。配合插铺道岔进行接触网调整,改造范围及新增设备经静态验收及克缺后启用北咽喉西半场开通区段(含动走 A 线及 17～20 道)的接触网。

3. 东半场(动走 B 线至 1～6 道北端)及南咽喉改造区封锁施工阶段

进行 X3、X4 分段隔离开关光、电缆敷设施工。

将既有 1～6 道接触网改锚并拆除既有 1～6 道北端范围接触网。土建基础移交后组立新支柱及横梁,安装腕臂后进行承、导线及附加导线架设调整;隔离开关、避雷器安装及远动改造施工。配合插铺道岔进行接触网调整,改造范围及新增设备经静态验收及克缺后启用南咽喉、东半场(含动走 B 线及 1～6 道)开通区段的接触网,如图 5-53 所示。

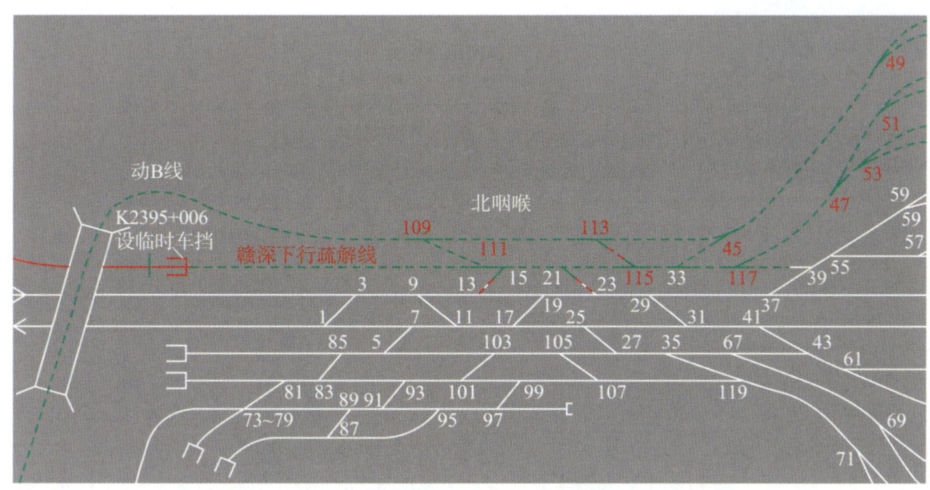

图 5-53 动走 B 线及 1～6 道接触网开通

5.4.2 电气化施工流程

电气化施工流程如图 5-54 所示。

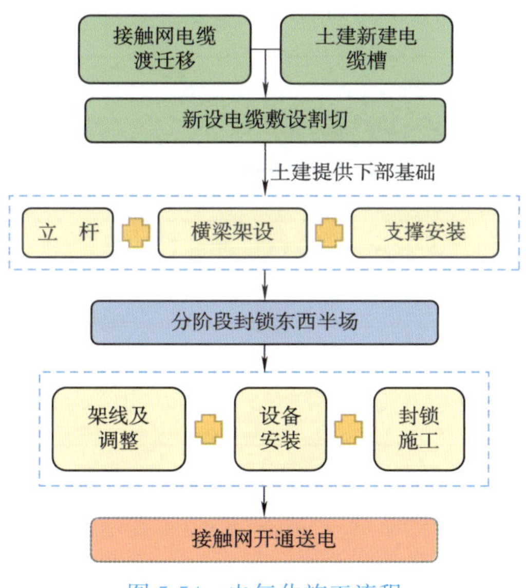

图 5-54 电气化施工流程

5.4.2.1 准备阶段

根据站改总体方案，接触网改造工程主要施工流程如图 5-55 所示。

1. 光、电缆敷设割接施工

为给站前路基帮宽施工提供条件，新设接触网电缆槽贯通后，进行接触网 11 回路(211、212、213、214、215、216、217、218、219、220、221、222)27.5 kV 馈线电缆敷设割接，共计需 28 个天窗点。

光电缆槽道移交后，进行新设 3102 上下行联络开关、3151、3161 上网开关光电缆敷设，动车所方向光缆割接、光深区间光电缆割接，既有 3191、3001、3171、3181、3005、

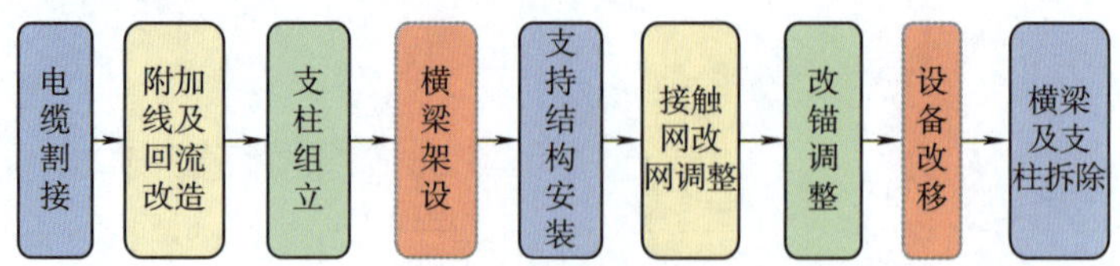

图 5-55　接触网改造施工流程图

3006、3007、3008、3009、3010、3011、3014、3015、3016 开关光电缆敷设工作，开关调试后投用。

2. 附加导线及回流改造

(1)附加线改移

根据现场调查情况，既有 010 号～062 号区段上行回流线、029 号～069 号区段下行回流线安装于既有横梁顶部，为便于此区段横梁架设施工，提前对横梁上部安装的回流线改移至支柱田野侧。

(2)回流线改造

电缆槽贯通后，按照设计路径重新由好港变电所综合接地箱敷设回流电缆至 G40、G41 支柱，将既有 5 号、6 号支柱处吸上线及新敷回流电缆移设至 G40、G41 支柱，后拆除既有吸上线及回流电缆，如图 5-56 所示。

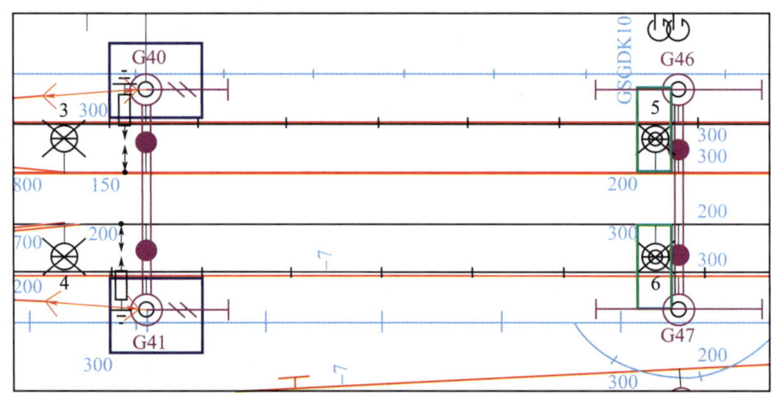

图 5-56　回流线改造

3. 接触网支柱及横梁组立

(1)根据站改施工组织方案，除 1～6 道、17～20 道、动走 A 线及部分既有线间或线路上支柱外，接触网改造范围内支柱需在封锁前全部施工完成。准备阶段需组立支柱 119 根。施工采用人工配合汽车吊、轨道吊方式，同时须完成 36 组横梁架设施工，计划汽车吊每个天窗点吊装 2 组，轨道吊车每个天窗点吊装 1 组。

(2)封锁前，利用天窗点完成 17～20 道过渡支柱 D20、G210、G208 及拉线基础 L17、L18、L19、L20 施工，如图 5-57 所示。养护完成后组立支柱并完成硬锚及拉线安装，为封锁当天改锚做准备。

4. 接触网改网调整

人工进行吊柱(框架)、腕臂安装后，将既有接触网改移至新设腕臂上，利用可调整

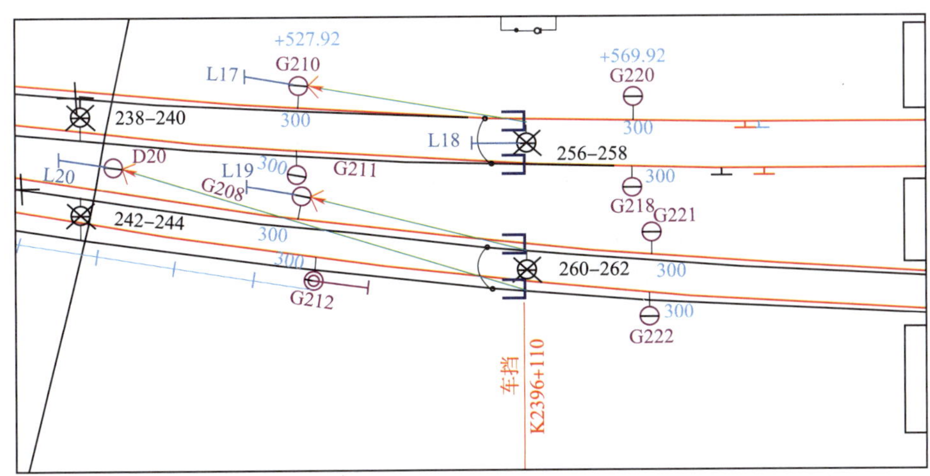

图 5-57　过渡支柱及拉线基础施工

体吊弦，完成相关接触网道岔、关节、中锚等改移调整。人工拆除既有接触网吊柱及腕臂。共计新装吊柱 101 组、腕臂 401 根，接触网改网调整 12.24 条公里，改网涉及道岔 27 组，道岔相关横梁全部架设后再进行道岔改网调整。

5. 接触网改锚

封锁准备阶段有 9 处改锚、倒锚作业。

(1)将 X-Ⅰ-1 锚段由 1 支柱延锚至 G29 支柱；

(2)将 X-Ⅱ-1 锚段由 2 支柱延锚至 G30 支柱；

(3)将光深下行区间锚段由 9 支柱延锚至 G59 支柱；

(4)锚段 a2 由 54 支柱下锚延锚至 G96 下锚；

(5)既有锚段 8 由 140 临时延锚至 G146 处下锚；

(6)a1 锚段下锚从 29 延长至 G83 下锚；

(7)d2 锚段下锚从 39 延长至 33 下锚；

(8)新放 X-Ⅰ-1 中锚在 59 和 77 支柱上下锚，拆除 65 和 81 处中锚绳；

(9)将既有 7 锚段从 123 支柱延锚至 G150 处下锚。

接触网改锚作业如图 5-58 所示。

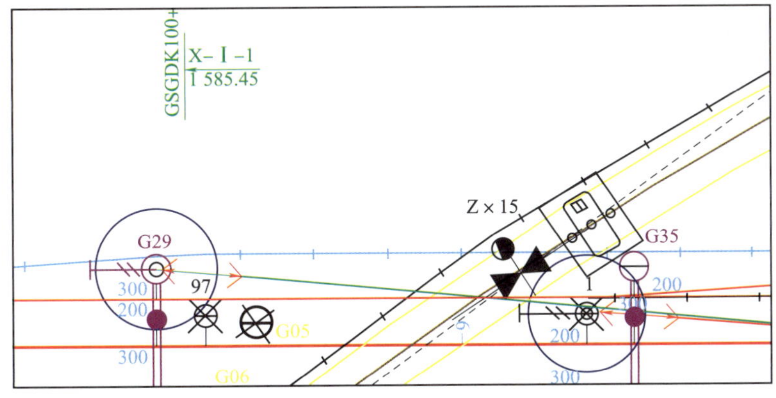

(a) X-Ⅰ-1锚段延锚

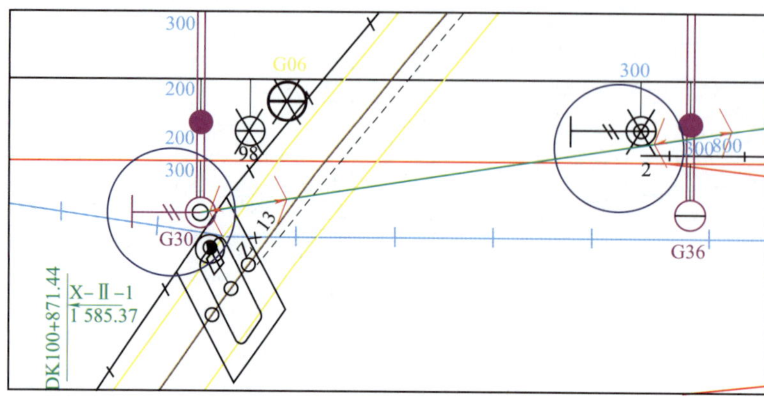

（b）X-Ⅱ-1锚段延锚

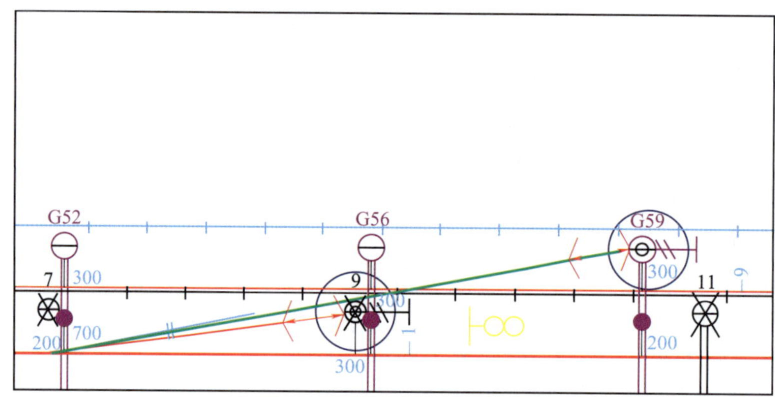

（c）深下行区间锚段延锚

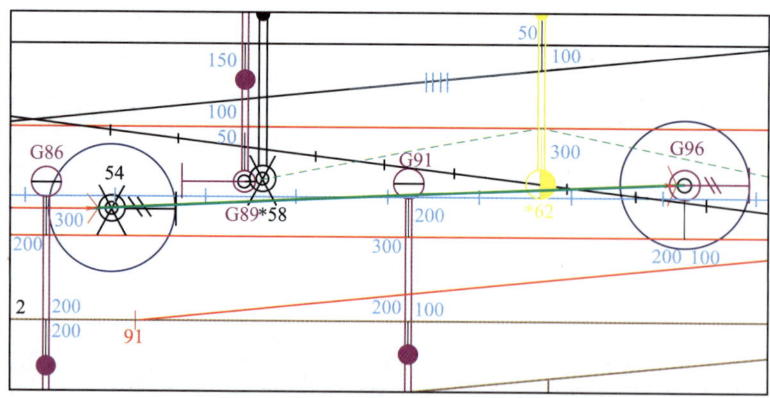

（d）a2锚段延锚

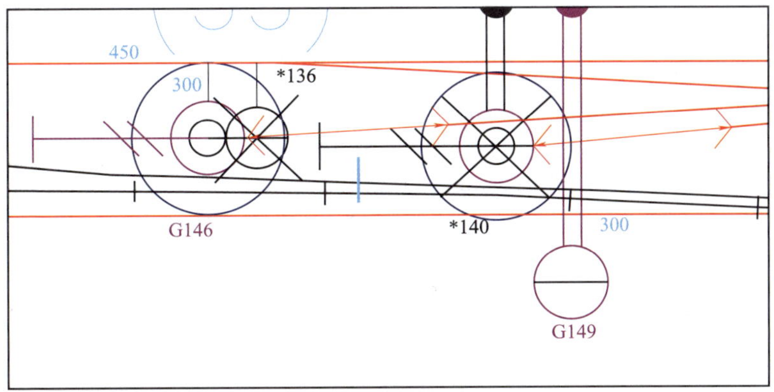

（e）锚段8延锚

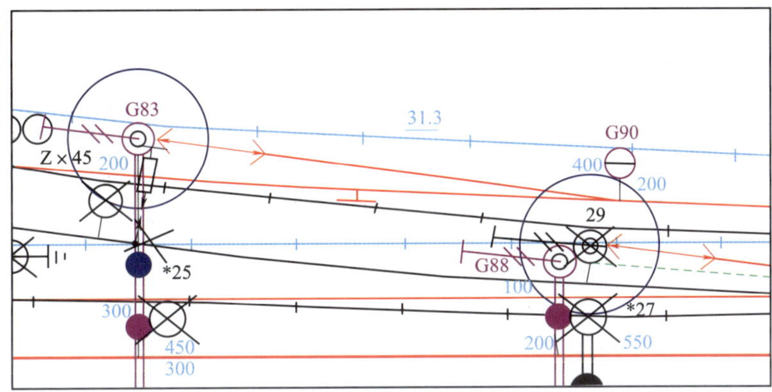

（f）a1锚段延锚

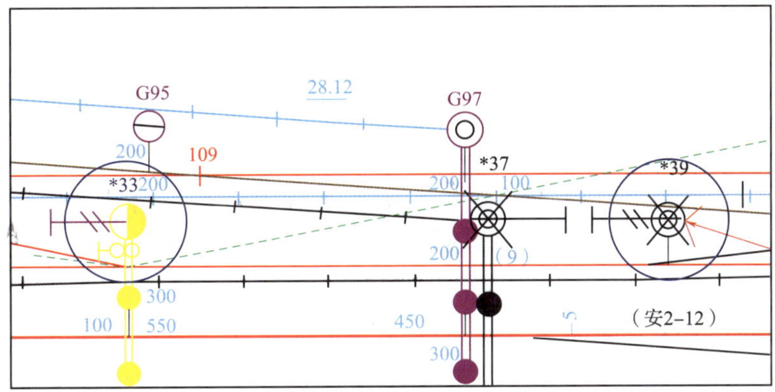

（g）d2锚段延锚

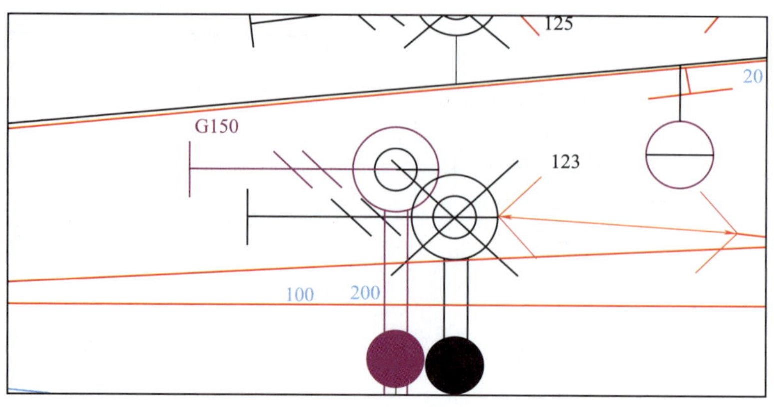

（h）7锚段延锚

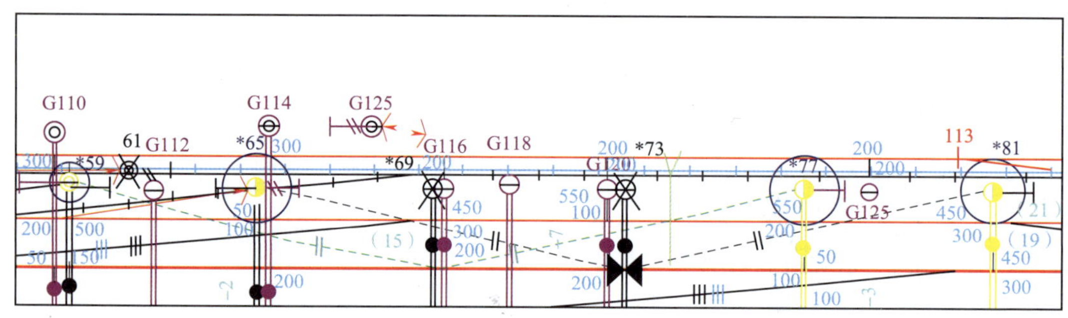

（i）X~Ⅰ~1下锚

图 5-58　接触网改锚作业

6. 设备改移

上网开关改移 3 处：上网开关(3151)及避雷器由 G05 改移至 G35；上网开关(3161)及避雷器由 G06 改移至 G36；福田上下行供电单元联络开关(3102)及避雷器由 21 改移至 G19～G20，如图 5-59 所示。

7. 硬横梁及支柱拆除

在完成接触网改移及既有吊柱腕臂拆除后，天窗点内完成 26 组硬横梁拆除及 65 根支柱拆除施工。

8. 改网区段精调整

将原改网使用的可调式吊弦更换为正式刚性吊弦，并进行精调整。

5.4.2.2　站改封锁施工第一阶段(西半场)

1. 封锁当天(2019 年 10 月 10 日)

(1)接触网改锚及拆除

既有 17～20 道站台北端接触网改锚，并拆除 17～20 道锚段中锚及站台北端接触网，拆除动走 A 线 dz4 锚段接触网。

①17 道接触网改锚及拆除：由既有 130 号支柱下锚改为 G210 号支柱下锚，并拆除两下锚间的接触网。

②18 道接触网改锚及拆除：由既有 178 号支柱下锚改为既有 256 号支柱下锚，并

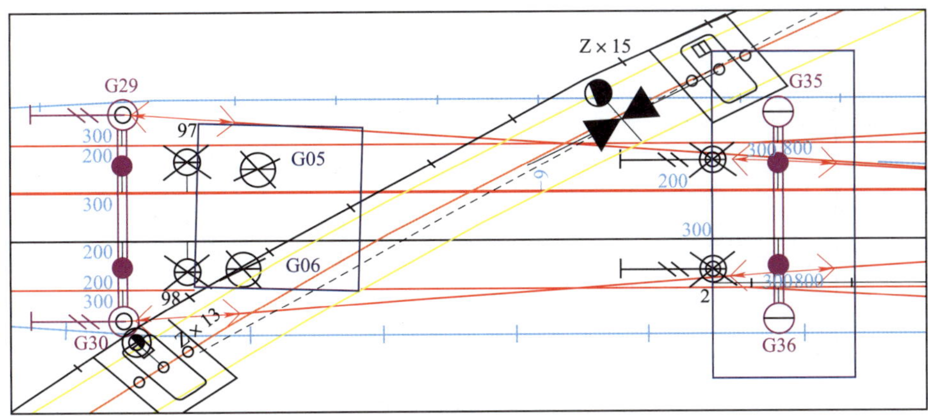

(a) 上网开关(3151、3161)及避雷器改移

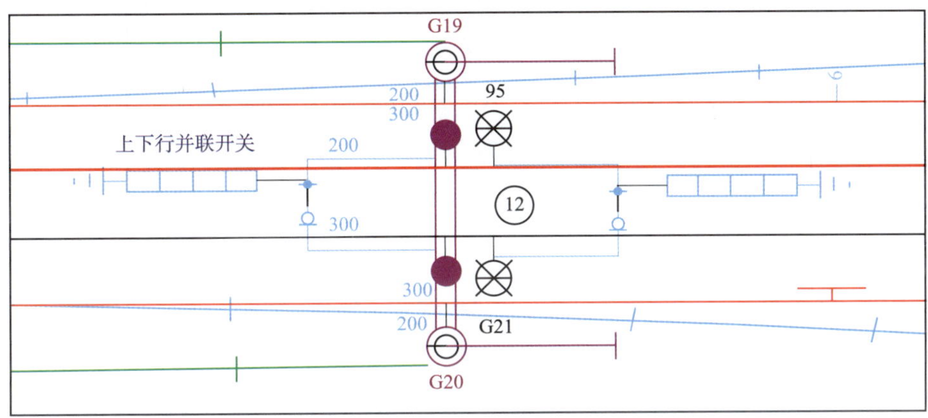

(b) 上网开关(3102)及避雷器改移

图 5-59　设备改移(单位:m)

拆除两下锚间的接触网。

③19 道接触网改锚及拆除:由既有 162 号支柱下锚改为 G208 号支柱下锚,并拆除两下锚间的接触网。

④20 道接触网改锚及拆除:由既有 170 号支柱下锚改为 D20 号支柱下锚,并拆除两下锚间的接触网。

(2)迂回供电实施

①利用 216 馈线对 17～20 道迂回供电。在 17～20 道南端通过电连接(17 号、18 号、19 号)短接 17～19 道分段绝缘器、保持 3017 隔离开关闭合,闭合 3015 隔离开关由广深港 14 供电臂(216 馈线)对 17～20 道迂回供电,如图 5-60 所示。

②利用 219 馈线对动车所 24～35 道、40～45 道迂回供电。闭合动车所 SDL3003 手动隔离开关,如图 5-61 所示,同时利用电连接(D1、D2、D3、D4)短接动车所 D23 与 D24 线间分段绝缘器,利用广深港 20 供电臂(219 馈线)对广深港 21 供电臂(动车所 24～35 道、40～45 道)迂回供电,保证动车所正常运营,如图 5-62 所示。

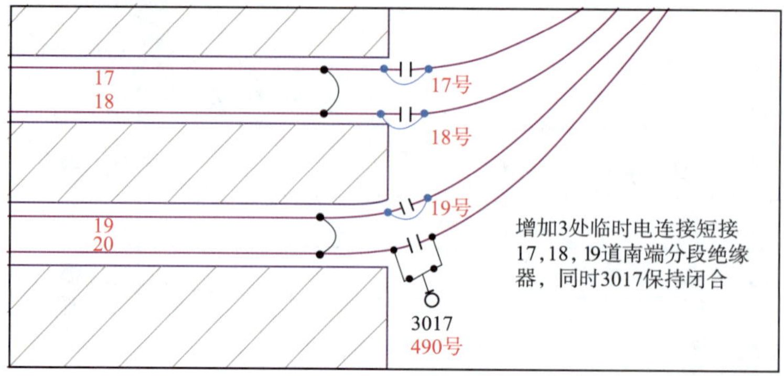

（a）短接17~19道分段绝缘器

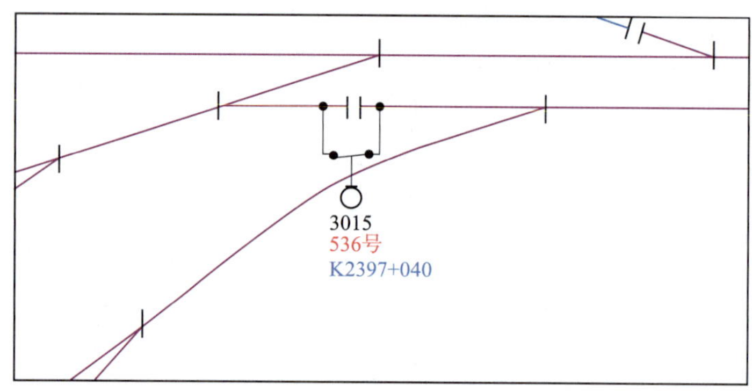

（b）闭合3015联络开关

图 5-60　216 馈线对 17～20 道迂回供电

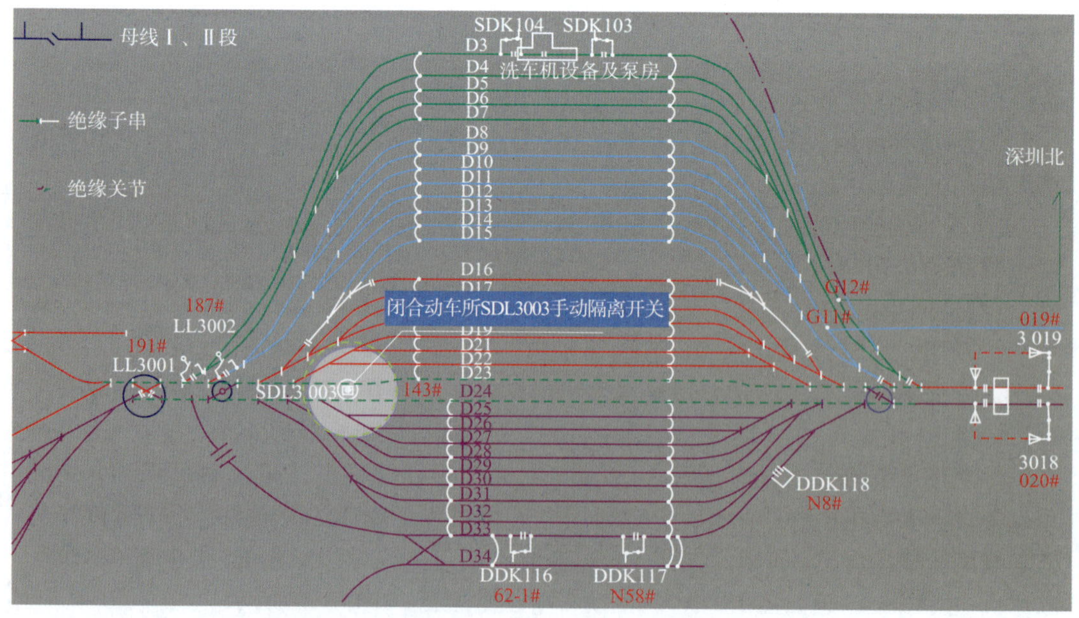

图 5-61　闭合动车所 SDL3003 手动隔离开关

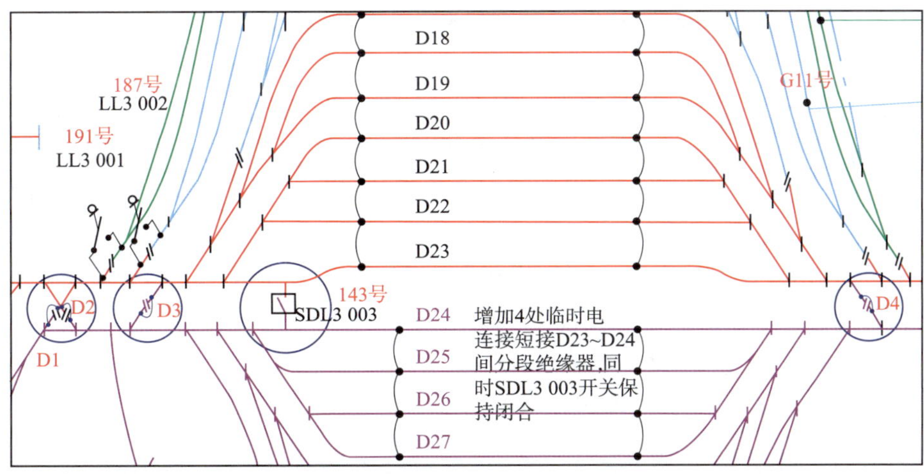

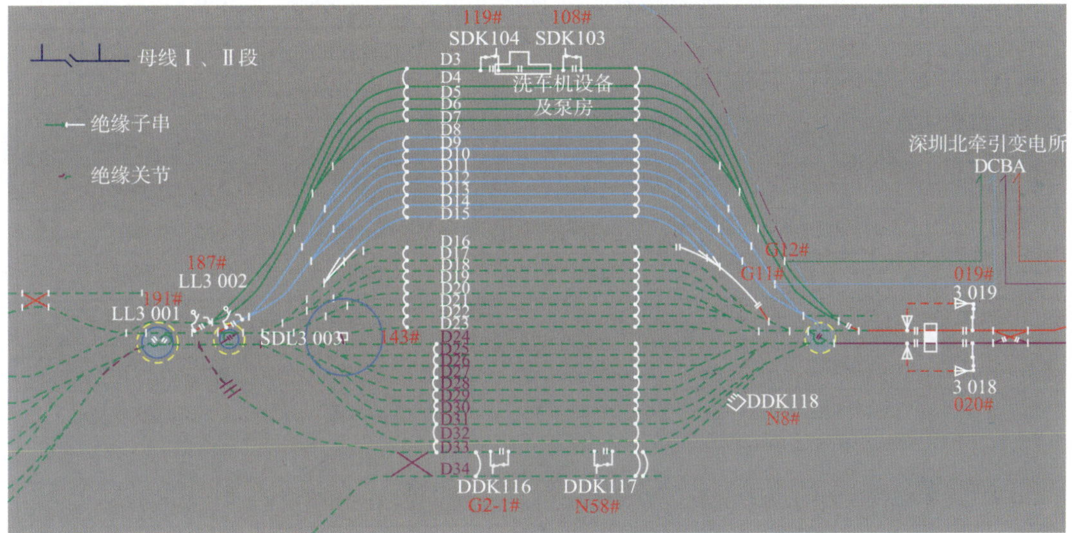

图 5-62　19 馈线对动车所迂回供电

停用 SW3201(G10/220 馈线)、SW3181(G08/218 馈线)上网开关供电。封锁期间,供电分段示意图发生变化,在站前设置车挡位置(K2396+110)大里程侧 10 m 设置相应的接触网终端标志牌。

2. 封锁后接触网施工

(1)第 2、3 天:拆除 d4、d3、a2、dz2 锚段接触网。各锚段工程数量见表 5-14。

表 5-14　各锚段工程数量

序号	锚段号	起锚支柱	落锚支柱	锚段长度(m)
1	d4	102	134	251.5
2	d3	34	78	288.5
3	a2	26	54	195.5
4	dz2	12	160	1 110.9

(2)第 4 天:拆除 17～20 道站台北端及动走 A 线接触网支柱等附属设施,如图 5-63 所示。

(3)第 5 天至第 30 天:接触网专业配合土建施工进行光电缆临时迁移。17～20 道路基施工时,需对该处 8 根 27.5 kV 供电电缆、7 根开关远动光缆及 2 根低压电源线进线迁移防护。动走 A 线施工时,需对该处 26 根 27.5 kV 供电电缆、12 根回流电缆、17 根开关远动光缆及 3 根低压电源线进线迁移防护。完成组立支柱 55 根、硬横梁架设 18 组,进行吊柱(框架)安装 35 套,腕臂安装 96 组,以及接触网改移调整作业和接触网横梁支柱拆除施工,施工过程如图 5-64 所示。

(4)第 26 天至第 47 天:完成 X-D2、X-D4、X-dz4、X-DZA、X-D6、XXL、SXL-1、SXL-2、DZ-Y、DZ-Z、D5 共 11 锚段接触网架设及调整,施工方式为人工+放线平板,见表 5-15。

表 5-15　接触网架设及调整

序号	锚段号	起锚支柱	落锚支柱	锚段长度(m)
1	X-D2	182	33	871
2	X-D4	98	134	284
3	X-dz4	G50	12	501
4	X-DZA	G27	G124	895
5	X-D6	G61	G145	893
6	XXL	G9	G165	1 468
7	SXL-1	G28	G96	606
8	SXL-2	G78	G178	990
9	DZ-Y	G25	G108	716
10	DZ-Z	G49	G129	789
11	D5	G146	G148	285

(5)第 39 天至第 50 天:完成 17～20 道接长架设及调整,具体调整位置见表 5-16。

表 5-16　17～20 道接长架设及调整

接长架设线路	接长架设前位置	接长假设后位置
17 道	G210	G154
18 道	256	G177
19 道	G208	G158
20 道	D20	G174

(6)第 42 天至第 50 天:槽道贯通及开关支柱组立后,进行 X1、X2、3201、3002 新设开关安装,如图 5-65 所示。后续进行远动光电缆敷设引入及远动调试。天窗点内拆除 3017 开关及附属设施,同时启用 X1 开关;迂回供电取消,恢复正常供电时,X2、3201、3002 开关同步启用。

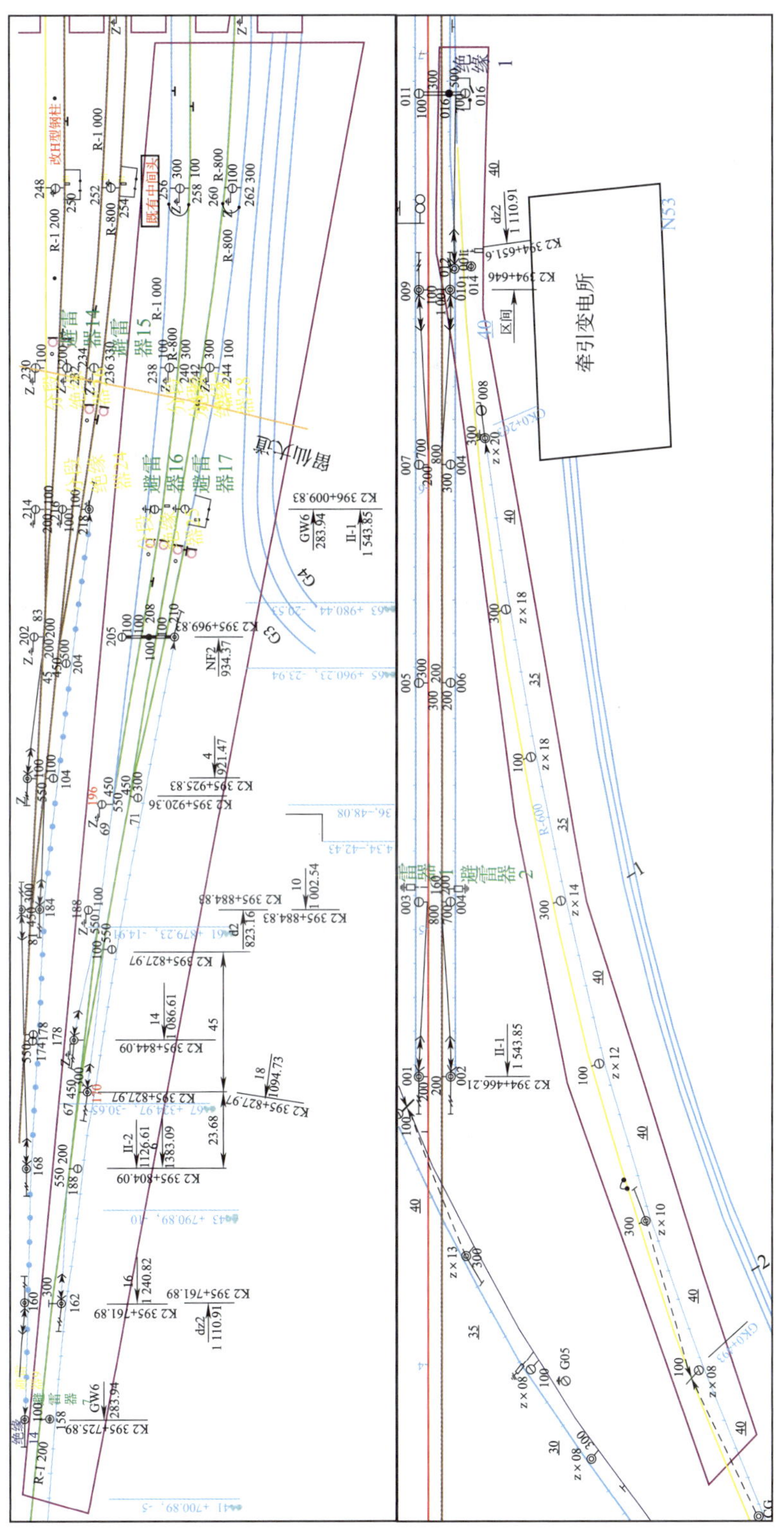

图5-63 拆除17～20道站台北端及动走A线接触网支柱等附属设施

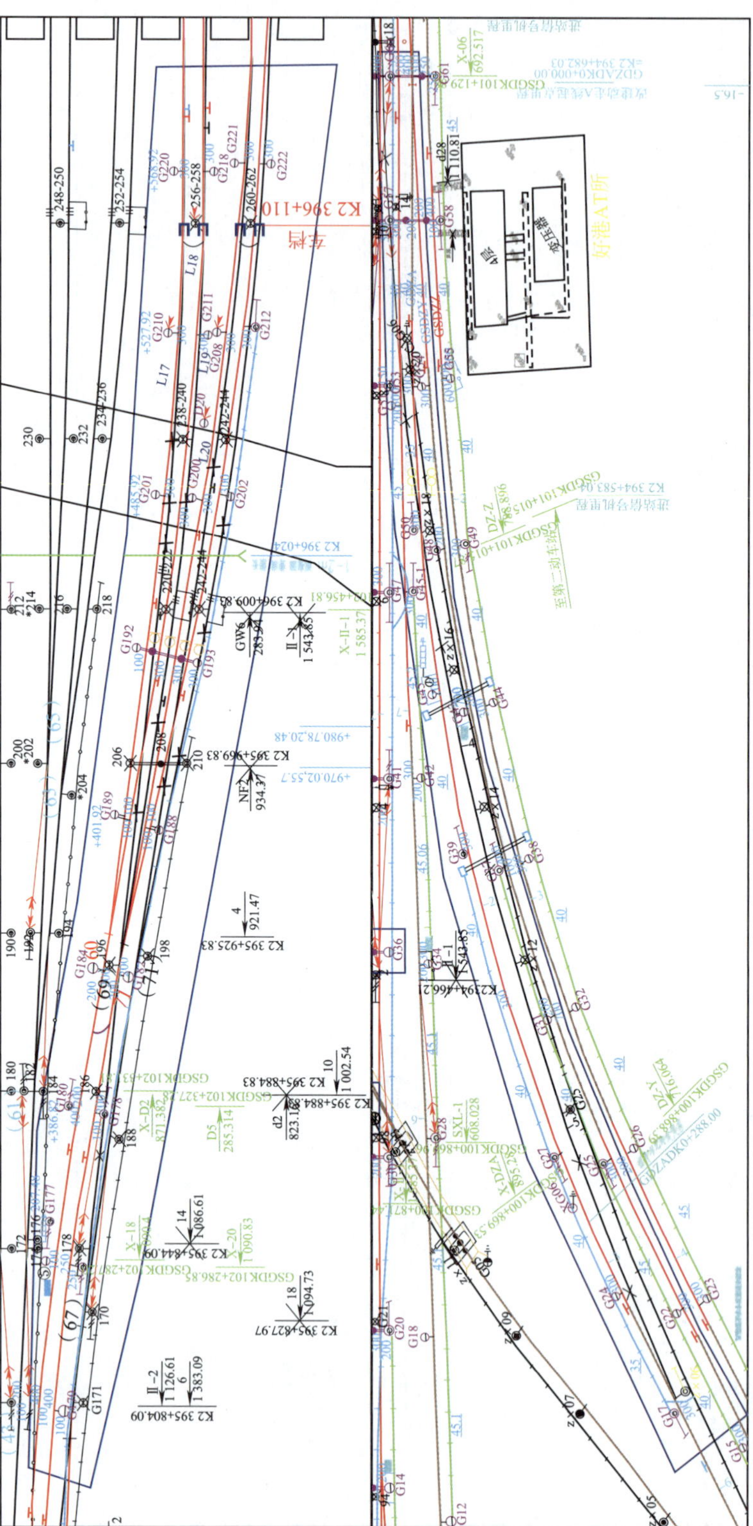

图 5-64 接触网施工

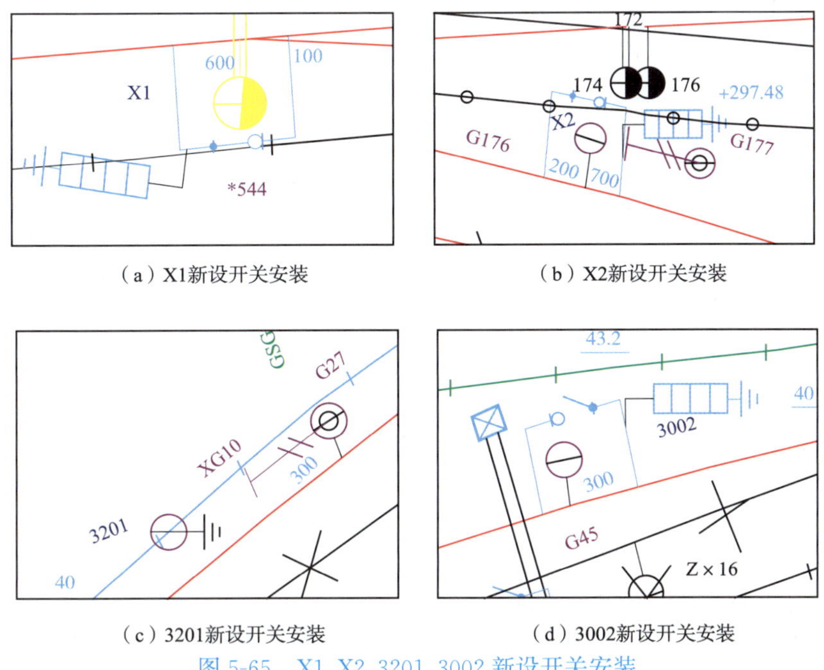

（a）X1新设开关安装　（b）X2新设开关安装

（c）3201新设开关安装　（d）3002新设开关安装

图 5-65　X1、X2、3201、3002 新设开关安装

3. 恢复正常供电臂供电

(1)第 55 天:天窗点内拆除迂回供电所涉及的电连接(17 号、18 号、19 号、D1、D2、D3、D4),SDL3003、3015 开关分开,启用 3201 和 3181 上网开关,恢复 218 和 220 馈线供电。

(2)第 51 天至第 57 天:静态验收及克缺。

5.4.2.3　站改封锁第二阶段施工方案(东半场、南咽喉)

东半场封锁前,利用天窗点完成 1～6 道支柱 G203、G205、G207 及拉线基础 L1、L2、L3、L4、L5、L6 施工,如图 5-66 所示。养护完成后组立支柱并完成硬锚及拉线安装,为封锁当天改锚做准备。

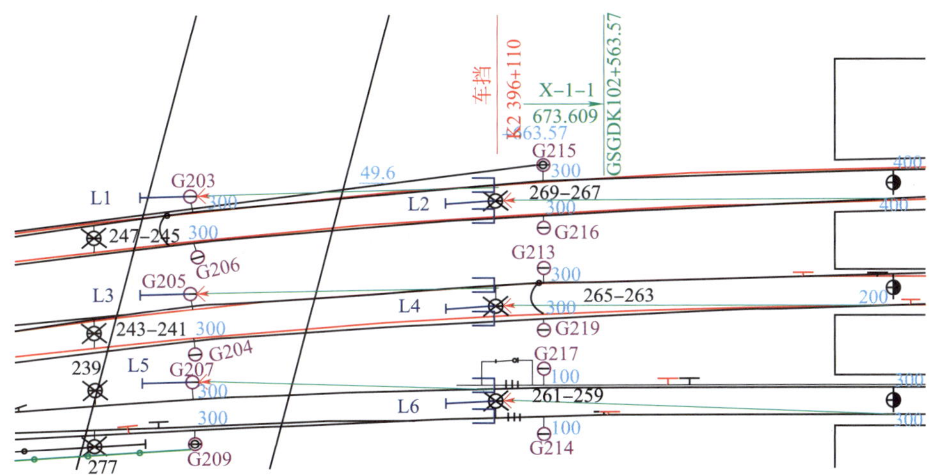

图 5-66　支柱及拉线基础施工

1. 封锁当天(2020 年 10 月 10 日)

(1)接触网改锚及拆除

既有 1～6 道站台北端接触网改锚,并拆除 1～6 道锚段中锚及站台北端接触网,见表 5-17。

表 5-17　1～6 道锚段接触网改锚及拆除

接触网位置	改锚前下锚位置	改锚后下锚位置
1 道	153 号支柱	G203 号支柱
2 道	137 号支柱	269 号支柱
3 道	97 号支柱	G205 号支柱
4 道	163 号支柱	265 号支柱
5 道	125 号支柱	G207 号支柱
6 道	171 号支柱	261 号支柱

(2)迂回供电实施

利用 215 馈线对 1～6 道迂回供电:在 1～6 道南端通过电连接(2 号、3 号、4 号、5 号、6 号)短接 2～6 道分段绝缘器、保持 3016 隔离开关闭合,闭合 3014 隔离开关由广深港 13 供电臂(215 馈线)对 1～6 道迂回供电,如图 5-67 所示。

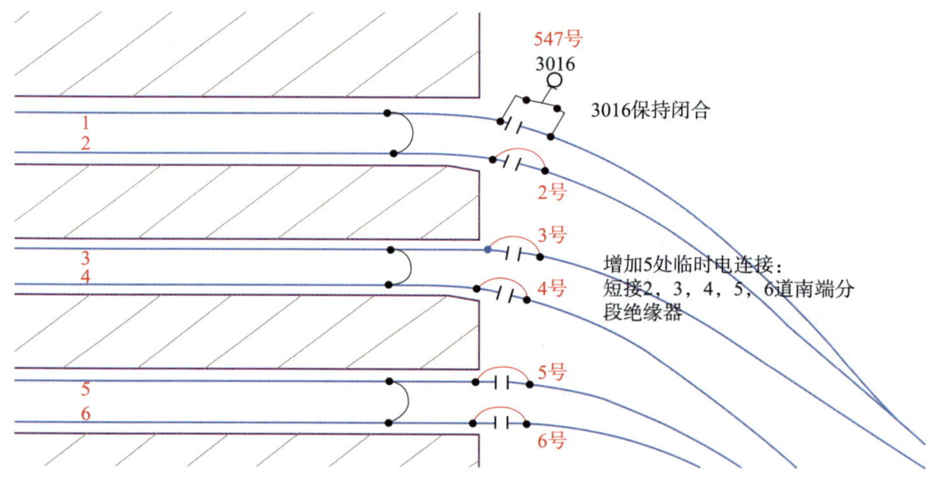

图 5-67　用 215 馈线对 1～6 道迂回供电

停用 SW3171(G07/217 馈线)上网开关供电,保持动走 B 线绝缘关节隔离开关 3001 打开;封锁期间,供电分段示意图发生变化,在站前设置车挡位置(K2396+110)大里程侧 10 m 设置相应的接触网终端标志牌。

2. 封锁后接触网施工

(1)第 2 至 3 天:拆除 a1、d1 锚段接触网,工程数量见表 5-18。

表 5-18 a1、d1 锚段接触网工程数量

序号	锚段号	起锚支柱	落锚支柱	锚段长度(m)
1	a1	29	61	197
2	d1	13	101	750

(2)第 4 至 5 天:拆除 1～6 道站台北端接触网支柱等附属设施。

(3)第 5 天至第 18 天:完成组立支柱 38 根,进行腕臂安装 36 组,进行相应接触网改移调整作业。

(4)第 22 天至第 42 天:完成 X-dz1、X-dz2、X-dz5、X-Ⅰ-1、X-D1、X-D3、LXS、X-1-1 共 8 锚段接触网架设调整,见表 5-19。

表 5-19 各锚段接触网工程数量

序号	锚段号	起锚支柱	落锚支柱	锚段长度(m)
1	X-dz1	zx33	65	451
2	X-dz2	G85	G168	837
3	X-dz5	11	G79	848
4	X-Ⅰ-1	G29	207	1 585
5	X-D3	G125	105	277
6	X-D1	G63	G141	753
7	LXS	G8	149	1 507
8	X-1-1	97	G215	674

(5)第 28 天至第 42 天:完成 1～6 道接长架设及调整。各锚段工程数量见表 5-20。

表 5-20 各锚段接触网工程数量

序号	锚段号	起锚支柱	落锚支柱	锚段长度(m)
1	X-1-2	G187	583	1 007
2	X-2	G169	663	1 580
3	X-3	111	599	1 463
4	X-4	G172	639	1 393
5	X-5	G159	589	1 237
6	X-6	G173	569	1 053

(6)第 37 天至第 52 天:槽道贯通及开关支柱组立后,进行 X3、X4、3171、3001 新设开关安装、远动光电缆敷设引入及远动调试,如图 5-68 所示。迂回供电取消,恢复正常供电时,X3、X4、3171、3001 开关同步启用。

3. 恢复正常供电臂供电

(1)第 55 天:天窗点内拆除迂回供电所涉及的电连接(2 号、3 号、4 号、5 号、6 号),3014 开关分开,启用 3171 上网开关恢复 217 馈线供电。

(2)第 51 天至第 57 天:静态验收及克缺。

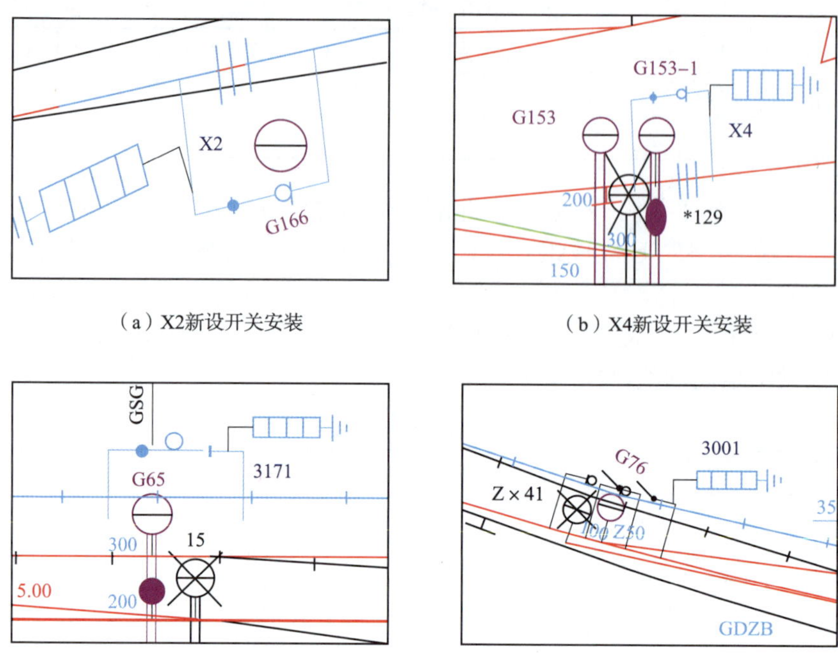

（a）X2新设开关安装　　（b）X4新设开关安装

（c）3171新设开关安装　　（d）3001新设开关安装

图 5-68　新设开关安装

5.4.3　电气化施工工法

5.4.3.1　接触网支柱组立

1. 施工准备

（1）基础质量检查。进行支柱吊装前，必须对支柱基础进行全面的质量检查，主要检查内容：跨距检查、侧面限界检查、螺栓外露长度及螺栓间距检查、螺栓防腐质量、基础接地端子预埋连接质量检查、基础顶面的高程偏差、同一组硬横跨两基础高程与间距，基础的方位（垂直线路，允许误差 2°）。

（2）对吊装机械、吊装工具进行全面检查。

（3）对作业人员进行现场交底，使其清楚作业内容、操作标准及注意事项。

（4）待组立的支柱提前吊装到平板或运输车上，按要求码放，并按组立顺序排好，利用邻近计划运至吊装指定位置。

2. 支柱吊装

吊装前做好现场调查工作，通过吊装半径及被吊物重量进行计算选择合适吨位的汽车吊或轨道吊车进行施工，作业安排专人指挥、专人防护。

支柱安装前应核对基础型号及支柱型号，作业负责人引导吊车到合适位置，采用汽车吊时，利用邻近计划提前将支柱倒运到位，采用轨道吊车时，运杆平板配合轨道吊运行到位。

支柱吊装应采用高强度尼龙吊装带，防止损伤支柱表面漆层及镀锌层。为保证 H 钢柱安装时吊装带不致滑脱，在 H 钢柱吊装时，使用一根小绳拴牢一个 ϕ16 mm 短钢筋穿入吊装带上方的腕臂底座孔内，确保吊装带不从支柱上方抽脱，保证安全。

支柱吊装对位时防止碰撞基础螺栓，下落时要缓缓下落，防止刮伤螺纹。每个螺栓都戴上主螺母、预紧后，方可收吊臂。

3. 支柱整正

支柱整正时，首先紧固四角螺母，然后对支柱的横线路、纵线路方向的斜率使用斜率尺进行初步测量整正，再用经纬仪进行复核检查。当支柱倾斜率达不到设计要求时，先松动主螺母，用撬棍抬动支柱，加垫片调整使支柱倾斜率达到设计要求，然后紧固支柱上部的螺母(硬横梁支柱，待横梁架设后再整正)，如图5-69所示。

图5-69 接触网立柱安装

紧固螺母时，应对角循环紧固，主螺母紧固到标准力矩后，上好锁紧螺母，依次紧固锁紧螺母。交叉扳手和快速整杆套筒配合使用可提高效率。

4. 施工结束

支柱安装、整正全部工序完成后，清理现场，填写施工记录。

5.4.3.2 接触网硬横梁安装

1. 施工准备

(1)人员组织、机械、工器具、材料的准备按照要求进行。

(2)对吊装机械、吊装工具进行全面检查。

(3)对作业人员进行现场交底，使其清楚作业内容、操作标准及注意事项。

(4)待组装分段横梁提前吊装到运输车上，按要求码放，并按施工顺序排好，利用邻近施工计划运至指定位置。

2. 横梁拼装

(1)利用邻近施工计划进行横梁拼装。

(2)硬横梁检查后全部合格后，方可进行预组装。

(3)按设计图纸，组装同一组硬横梁，各段先用木方垫起，如图5-70所示。

(4)将横梁对接，用木棍调整，并使其中心轴线在一条直线上。

(5)吊装拼接时，横梁边段与支柱连接时，螺栓从支柱外向内方向穿，边段与中段连接时，螺栓穿向由线路向田野侧。

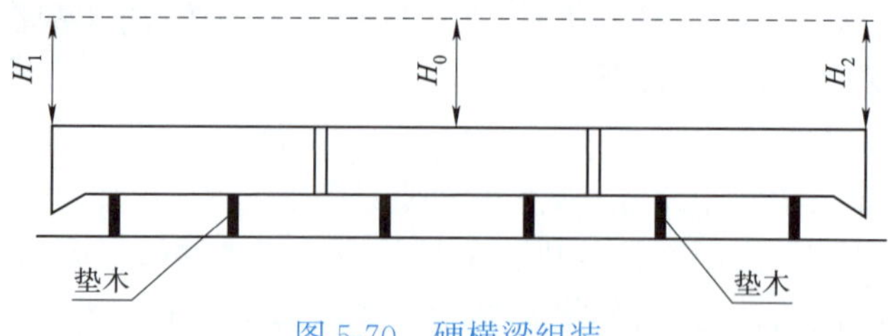

图 5-70　硬横梁组装

3. 横梁架设

(1)吊装前对要吊装横梁位置进行调查,利用轨道吊进行吊装时,在吊装天窗点内,提前将影响吊装作业的上下行线接触网向田野侧进行平移 1 m,横梁架设后恢复。

(2)吊装前测量横梁总长度和两支柱间距值应基本吻合,若有误差,可调整一边支柱使其符合要求。调整后用木楔固定好支柱(每根支柱用 4 处木楔)。

(3)开始吊装前,对应两支柱各安排两人,系好安全带,用小绳吊上装有紧固扳手、连接螺栓、定位销等工具的工具包。

(4)天窗点内,施工负责人指挥司机对位,使用轨道车吊装时,吊车宜停在纵向位置距安装横梁位置 6～7 m 左右处,横向跨中位置。使用汽车吊时,吊车宜停在纵向位置距安装横梁位置 4～6 m 左右处,横向靠跨中一侧,吊车伸出吊臂落吊钩,配合人员找出横梁重心,系好尼龙套,并将尼龙套套入吊钩,在横梁两端各系两条晃绳,吊车缓缓起钩将横梁吊起。

(5)横梁吊起至承力索上方 1 m 左右时,负责人指挥拉晃绳人员将横梁转向至垂直线路,再缓缓起吊,使横梁两端法兰与支柱侧法兰平齐对位。

(6)对接时,杆上人员先连接已整正好支柱,吊车配合杆上人员,杆上人员扶梁对位,利用定位销(或短撬棍),对好横梁与支柱连接孔位,另一人配合将螺栓穿入连接孔,一人循环紧固,直至扭矩达标。

(7)另一支柱与横梁连接重复步骤(6)。

(8)横梁与支柱的连接螺栓安装达标后,摘掉吊带和晃绳。

(9)轨道车组离开施工现场后,梯车作业组将平移的接触网恢复调整。

4. 硬横跨整正

(1)如硬横梁与实际跨度有微小差距时,可松开支柱递交螺栓,用撬棍撬动支柱底板,使横梁与支柱连接处密贴,杆上人员连接螺栓并达标。

(2)用经纬仪或支柱斜率测量仪测量,通过加垫片的方式调整支柱顺、横线路斜率,达标后螺栓循环紧固,直至扭矩达标。

5. 施工结束

完成当日任务,收回工具、余料,吊装机械在点内返回停放地点,负责人填写安装记录。

5.4.3.3　吊柱安装

在吊装安装位置的横梁上 2 人(应站在不同侧)在横梁上梁挂好钢丝套、滑轮,把绳头递给地面辅助人员,地面人员将吊柱按照要求绑牢、使大绳受力,缓缓将吊柱直立,由专人抓稳扶牢。

现场负责人指挥，开始匀速向上拉吊柱，拉到位置后稳住，由横梁上人员进行微调后与预先安装的底座用螺杆穿好，戴上螺帽，并进行紧固。解开大绳，卸下滑轮、钢丝套，检查各连接零件连接是否可靠，确认各连接件连接良好、符合要求后，横梁上作业人员下到地面，作业结束。

施工作业完成后，作业人员回收料具，所有施工人员撤至安全地带。施工负责人会同设备管理单位配合人员对所安装的吊柱进行巡视检查，确认达到行车放行条件后撤除防护，通知驻站联络员申请开通线路并办理施工销记。

5.4.3.4 接触网腕臂安装

杆上作业人员在上下底座处各站一人(应站在不同侧)，在杆顶挂好钢丝套、滑轮，把绳头递给地面辅助人员，地面人员将组装好的腕臂按照要求绑牢、使大绳受力，然后将腕臂竖直放在支柱侧面，由专人抓稳扶牢。

现场负责人指挥，开始匀速向上拉腕臂，上拉过程中腕臂要紧靠支柱边沿(注意绝缘子与支柱磨损)，由专人扶住腕臂下端保持腕臂受力平衡，待拉到一定高度后杆上人员抓住腕臂头，直到斜腕臂棒式绝缘子底部到下底座位置停下，上底座处作业人员抓住腕臂头并将腕臂方向转动合适，下底座处人员抱住绝缘子将绝缘子底部预留孔对准底座压嘴孔穿上销钉，戴上螺帽后将开口销塞入并按规定掰开，如图 5-71 所示。

图 5-71 接触网碗臂安装

地面辅助人员将大绳稍向下放到合适位置稳住，下底座处作业人员向上站至上底座处，托起平腕臂绝缘子对准上底座压嘴预留孔，另一人穿上销钉，戴上螺帽后将开口销塞入并按规定掰开。

解开大绳，卸下滑轮、钢丝套，检查各连接零件连接是否可靠，确认各连接件连接良好、符合要求后，杆上作业人员下到地面，作业结束。

施工作业完成后，作业人员回收料具，所有施工人员撤至安全地带。施工负责人会同设备管理单位配合人员对所安装的腕臂进行巡视检查，确认达到行车放行条件后撤除防护，通知驻站联络员申请开通线路并办理施工销记。

5.4.3.5 接触网改网及调整

作业人员采用梯车作业将既有悬挂点定位线夹拆除，并将承力索从既有腕臂上卸下，采用绳索悬吊在既有横梁上(高度尽量保持与原来一致)。

拆除既有吊弦，用带滑轮的铁线固定在承力索上。将承力索倒至新设腕臂上，并按设计要求固定好。安装新设腕臂定位装置并将拉出值调整到位，如图 5-72 所示。

图 5-72 接触网夜间改网及调整

从新设悬挂点处往两侧进行可调式吊弦布置，并进行导高调整达到设计要求。

5.4.3.6 硬横梁拆除

1. 既有横梁检查

提前利用天窗点对既有硬横梁与支柱连接螺栓螺母进行松卸作业，确认螺栓能够顺利取出后将连接螺栓紧固至设计要求。

2. 既有横梁拆除

天窗点内人工上横梁将吊车吊带安装好，并挂到吊车大钩上，吊车缓缓收钩至吊带受力。横梁上人员移至支柱位置并将安全带固定在支柱上，后用将大绳固定在横梁两端，梯车上人员将大绳端头翻过既有接触网。

对既有硬横梁与支柱连接螺栓螺母进行松卸作业，至螺栓全部拆除。

用小钢钎或撬棍配合吊车将横梁逐步提升，直至横梁完全脱离支柱。

拉绳索人员逐步将横梁向顺线路方向拉动，直至横梁下移没有障碍，吊车缓缓松钩直至放到临时护栏外的地上。人员将吊装下的横梁分段解体后用汽车拉离施工现场。

3. 安全防护措施

吊装前对要吊装横梁位置进行调查，在吊装天窗点内，提前将影响吊装的接触网提前进行拨移，吊装横梁后恢复。

施工作业完成后，作业人员回收料具，吊车降下吊臂、归位、撤离，所有施工人员撤至安全地带。施工负责人会同设备管理单位配合人员对所安装的硬横梁进行巡视检查，确认达到行车放行条件后撤除防护，通知驻站联络员申请开通线路并办理施工销记。

5.4.3.7 接触网承力索、接触线架设

1. 施工准备

根据平面图编制架线作业计划；对架线区段前道工序进行检查；准备架线工具、机械及材料；检查线盘上标注的线索长度与锚段实际长度是否相符，相符后做好终端线夹。

驻站联络员接到车站值班员下达的调度命令后，驻站联络员、设备管理配合单位负

责人签认后，及时通知现场施工负责人。在现场负责人的指挥下，按照规定设置好防护后，下达开工命令，进行架线。

2. 起锚

汽车吊将线盘及放线架吊入锚柱处，作业人员安装锚坠砣串。架线梯车上人员将补偿装置与下锚角钢、承力索终锚线夹相连，地面作业人员将补偿装置与坠砣串相连。

起锚需要穿线时，作业人员停在需穿线位置，然后穿线。穿线后起锚人员将承力索拉至锚柱与补偿装置连接，利用 PVC 管保护既有承力索，防止承力索相磨。

3. 架线

起锚完成后，派 2 人并带一台对讲机看护线盘，操作放线架的张力控制装置，使承力索的张力均控制稳定匀速牵引。

人工牵引放线，放线过程中线材不能拖地，采用闭口铝滑轮加双股铁线固定在腕臂上，与其他线交叉的地方，小于 300 mm 时加装等位线，采用承力索连接，相磨时承力索加护线条。

4. 落锚

承力索牵引至锚柱前，落锚人员安装好落锚处补偿装置，预先计算好 A/B 值，并将补偿坠砣串预先用导链葫芦提起至设计高度，与补偿装置连接。

施工负责人通知起锚、扪线人员配合落锚，当起锚、扪线人员准备就绪后，利用人工预紧线，使各跨承力索对轨面高度大于 5 m。

落锚作业人员在承力索上安装紧线器，并用导链葫芦连接补偿装置与承力索连接，摇动导链葫芦紧线，同时通知线盘看守人员缓缓松开线盘张力，使张力机构的张力缓慢转移至下锚柱上，继续摇动导链葫芦，使下锚坠砣提升至计算高度后停止紧线。

梯车作业人员将导线与补偿进行实测，量出断线位置，并做好标记，检查无误后在标记处剪断，安装终锚线夹，连接补偿装置，然后松开导链葫芦，卸下紧线器、钢丝套，线盘看守人员将多余线收回，将线盘加固好。

5. 承力索归位

落锚后，将两边坠砣串离地高度调到合适位置，然后将承力索按规定加装预绞防护条后，倒入平腕臂承力索座内，螺栓按紧固力矩拧紧，将放线滑轮卸下。

6. 安全措施

施工作业完成后，作业人员回收料具，所有施工人员撤至安全地带。施工负责人会同设备管理单位配合人员对所架设的线索进行巡视检查，确认达到行车放行条件后撤除防护，通知驻站联络员申请开通线路并办理施工销记。

5.4.3.8　接触网悬挂调整

1. 中心锚结安装

按照承力索架线要求架设承力索中心锚结，架设梯车到中心锚结中心柱，将承力索中心锚结绳倒在承力索座内，然后安装承力索中心锚节线夹，螺帽按紧固力矩拧紧。

梯车到中心柱两侧跨距中心，安装接触线中心锚结线夹及接触线中心锚结绳，安装后将接触线吊起，梯车向中心柱移动，安装承力索中心锚结线夹将承力索与接触线中心锚结绳连接，检查接触线中心锚结线夹是否入槽，确认入槽后所有螺帽按紧固力矩拧紧，取下接触线吊线。

2. 定位装置安装

施工负责人发布开工命令后，车梯上道，从中心锚结处向下锚方向依次安装。

2 人攀上车梯，地面辅助人员将定位装置递上车梯，车梯 2 人配合将定位管挂在定位环上，确定高度后 1 人紧固定位环，1 人安装套管双耳螺帽。

安装定位管后，1 人安装定位器，1 人用扭面器校正接触线线面，将定位线夹安在接触网合适位置，按紧固力矩拧紧。

移动车梯向下锚侧运行至下一安装位置，运行中车梯上作业人员要找准线面，安装下一个定位器时线面与已安装的定位线面一致。

3. 整体吊弦安装

在封锁点内，车梯上道，按吊弦预制时标注方向依次安装。2 人攀上车梯，地面配合人员按吊弦布置间距定好安装位置。车梯 1 人安装上部尼龙护套，1 人安装下部线夹，按紧固力矩拧紧。依次移动车梯至下一安装位置继续安装其他吊弦。

4. 承力索、接触线调整

按规定设置好防护后，在施工负责人的指挥下，车梯上道，2 人上梯车作业，4 人推扶梯车，从中心锚结处向下锚方向调整。

调整腕臂偏移量：根据安装曲线、气温查出腕臂偏移量，若与实际偏移量不符，松动承力索座顶端螺帽，拉动腕臂至设计偏移位置，紧固松动螺帽。曲线上要对承力索采取加固措施后方可调整。

5. 调整定位点接触线高度

车梯推到定位点附近，将激光测量仪放于定位点下方，调节对光孔至接触线底部，读出接触线的拉出值、导高。

若定位点接触线高度超标，记下偏差值，用导链葫芦配合调整套管双耳位置（或底座位置），复测达标后将套管双耳（或底座）按紧固力矩拧紧。

6. 调整定位管

定位管应与腕臂在同一垂面内，若不一致松动定位环，拉动定位管至腕臂垂面内，曲线上要对接触线采取加固措施后方可调整。

定位管开口应符合设计要求，超标的调节腕臂定位环位置，定位管坡度，直至开口达标为止。

定位器坡度待接触线高度、拉出值调整后要复核调整。

7. 调整接触线拉出值

若拉出值测量值超标，记下偏差值，推梯车至定位点下。梯车上 1 人扶接触线，1 人量出需调整到的位置，松动限位定位器，两人配合把接触线拉至设计位置处，紧固限位定位器。复测合格后结束，不符合标准，重复调整，直至符合标准。曲线上采用导链对接触线进行有效加固后，方可松动定位器调整拉出值。

8. 调整承力索拉出值

接触线拉出值调整到位后，比照接触线拉出值用线坠测量承力索拉出值，若测量值超标，量出承力索需调整到位置，直线上只需松动承力索座，将承力索座移动到位后，紧固复测，直至达标。曲线上采用导链对承力索进行有效加固后，方可松动承力索座调整拉出值。

调整限位定位器间隙，限位定位器间隙满足接触线抬升量要求。

9. 安全措施

施工作业完成后，作业人员回收料具，车梯下道，抬至安全地带存放并加固牢靠，所有施工人员撤至安全地带。施工负责人会同设备管理单位配合人员对所安装的腕臂进行巡视检查，确认达到行车放行条件后撤除防护，通知驻站联络员申请开通线路并办理施工销记。

第6章 施工组织管理

6.1 工程前期准备

6.1.1 缆线物探

凡是涉及营业线电缆安全的施工工点，施工前必须对施工队伍进行相关施工内容的培训，同时联系相关设备管理单位进行现场交底，做好书面记录并签字。现场确认电缆等地下设施具体走向、埋深深度等，确认后在电缆中心线两侧喷洒石灰粉或拉彩旗绳等，做到标识明确、清晰，特殊地段要加标桩进行防护，如图6-1所示。对不能确定缆线位置的，施工单位必须会同设备管理单位现场探测，每隔30 m挖一条探沟，找出电缆准确位置，做好电缆警示标识，铁马防护每隔10 m、每个角钢铁笼安装1个警示标识。

图6-1 电缆警示标识

6.1.2 管线拆迁

6.1.2.1 各单位职责分工

1. 管线权属单位

权属单位应及时、全面地进行管线交底工作，确保施工单位准确、及时地掌握各管线走向、埋深及铺设年代等信息；参与场地及施工工法交底，掌握各管线沿线工点工法、重要区域及不良地质地段情况。施工进场前期，对所属管线进行检测排查，发现破损缺陷及时修复；施工过程中加强各管线的巡视和排查，明确专人做好日巡查报告记录，及时提醒施工单位做好各管线的保护工作；接到应急抢险事故报告后，应在规定或承诺的时间内到达现场立即开展抢修、抢险工作，及时恢复各管线功能，管线权属单位根据施工现场实际情况对迁改或保护方案予以确定和调整。

2. 设计单位

根据施工影响范围和现场既有管线设施走向、材质、埋深，结合施工实际需要，按照各权属单位行业规范，制订迁改设计方案；出具设计图纸后与权属单位、建设单位、施工单位、监理单位进行图纸方案的研究讨论；方案确定后，在施工过程中遇特殊情况须及时根据现场情况做出方案调整。

3. 施工单位

参与管线交底工作，掌握管线的材质、走向、埋深等基本情况，通过地勘报告、权属单位交底材料及物探等方式掌握管线影响的范围，不定期组织施工架子队进行交底工作；向权属单位进行施工场地及施工工法交底，并做好应急物资储备，做好应急演练；结合现场情况编制好相关管线迁改或保护方案，经单位技术负责人审核签字，必要时组织相关专家评审论证；施工过程中严格按评审后方案、施工图纸及相关规范组织施工，同时加强管线巡视和监测工作，若发现异常及时通知参建各方进行相应地处置。

4. 监理单位

参与管线交底工作，督促施工单位做好各类施工交底工作；审查施工单位管线迁改及保护方案，并组织管线方案评审工作；监督检查施工单位是否按设计图纸、已审批的施工方案实施，加强施工过程中的旁站、巡查工作，收集整理过程数据及影像资料，检查施工单位应急物资储备和应急演练等相关工作；定期主持召开工地例会，并根据施工需要及时组织管线专题会议，解决施工过程中出现的管线问题。

6.1.2.2 改迁工作流程

首先从城建档案馆调取相关管线资料，组织相关单位对权属单位进行交底，交底内容含轨道交通线路走向、施工影响的范围、周边建筑关系、施工工艺、工法、工期等。权属单位根据地方主管部门组织交底的内容，进一步现场排查核实施工影响范围内的各类管线，摸清走向、埋深、使用年限、管线材质、运行情况(破损、渗漏、泄露)、重要性及影响范围等。根据排查核实结果，权属单位对施工单位、监理单位进行交底。组织参建单位进行详细勘察，通过人工排查、开挖探槽、各类仪器扫描等方式再进行核实，对发现破损、渗漏、泄漏等现象及时通知权属单位及时进行修复；同时施工单位根据权属单位交底及详细勘察结果，组织技术人员编制管线迁改、保护方案和应急预案及应急物资储备等。监理单位组织管线迁改和保护方案的评审，施工单位根据评审通过后方案组织施工作业队实施，对于施工过程中遇到的问题按照各参建单位职责解决落实。

6.1.2.3 管线改迁防护管理

1. 管线迁改防护管理控制原则

(1)落实先集中调查，后分类研究具体实施方案的防护管理制度；

(2)在充分尊重各设备管理单位意见的基础上，分专业制定管线迁改或防护方案，方案要以安全为导向，充分考虑各类管线的现状；

(3)建立设备管理单位监督、指导管线迁改防护的现场管控机制。

2. 管线迁改防护管理控制要点

(1)建设单位要及时组织施工、监理单位，通信、信号、电力、给排水及车务部门对既有线各类管线进行详细调查、踏勘。

(2)结合工程建设实际影响，在充分尊重各设备管理单位意见的基础上，分专业制定管理迁改或防护方案，实施方案编制过程中要充分考虑各类管线的现状，采用合理合规的迁改或防护措施，以导向安全为第一要务的原则进行细化迁改或防护过程卡控措施。

(3)督促施工单位与各设备管理单位签订管线迁改或防护施工配合安全协议，明确各方管理权限与安全责任。

(4)施工过程中设备管理单位的配合人员必须进行旁站指导，施工单位要严格按照施工迁改或防护施工方案要求进行施工。

(5)各类管线在迁改或防护过程中严禁使用大型机械作业，谨防压坏电缆，对沟槽开挖地段宜采用小型机械配合人工作业，施工中要有专人负责指挥，待沟槽开挖完毕，再统一进行迁改。

(6)管线防护措施要及时跟进并落实到位，如架空地段宜采用钢管或胶套管对既有管线进行包裹加固处理，并用钢丝绳吊挂，吊点布设应均匀合理。雨棚拆除或车辆通行地段管线沟槽上方提前满铺 10～15 mm 厚钢板进行防护。

(7)管线迁改施工中要注意电缆切割过程的安全卡控措施落实，严格按照施工方案施工，必要时申请施工天窗进行切割施工，点内要明确施工管线的型号、数量与施工影响范围，切割施工不应贪图量多、线长，而是要注意实际效果与切割质量，确保管线迁改施工中电力、信号、通信及信息设备的正常使用。

6.2 质量管理

6.2.1 质量保证措施

6.2.1.1 质量目标

按施工设计文件组织施工，质量符合国家颁布的施工规范、规程和质量标准，并接受招标人派驻的工地代表及监理工程师检查，办好隐蔽工程的签认手续。工程竣工按验收标准验收，工程一次验收分项合格率须达到 100%，单位工程一次验收合格率达 100%，创建安全文明优质工程。

6.2.1.2 质量保证体系组织机构

为了加强质量管理组织领导，施工单位成立项目部工程质量领导小组，以项目经理为组长，各部室负责人、作业队队长、技术负责人为组员。质量领导小组负责本项目全面质量管理活动，执行质量方针，落实质量保证措施，实现质量目标，质量保证体系组织结构图如图 6-2 所示。

6.2.1.3 质量保证管理体系

针对本次改造工程特点和创优要求，建立和健全质量管理体系，如图 6-3 所示，确保施工安全、主体工程质量零缺陷。在工地配备专职的质检人员，建立完善的质检制度。

在工程施工的全过程中，以全面质量管理为中心，以施工单位 ISO9001 质量体系标准为准则，严格执行行业的有关规定，对工程质量进行全面控制。

在工程质量保证体系中，工程质量的第一责任人是项目经理，对本次站改工程质量

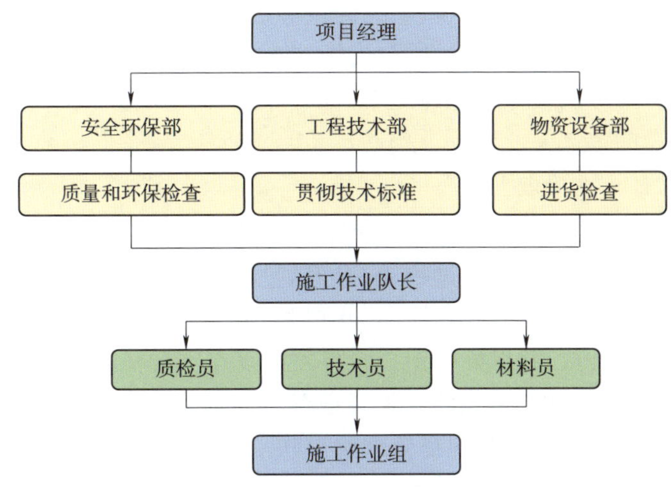

图 6-2　质量保证体系组织结构

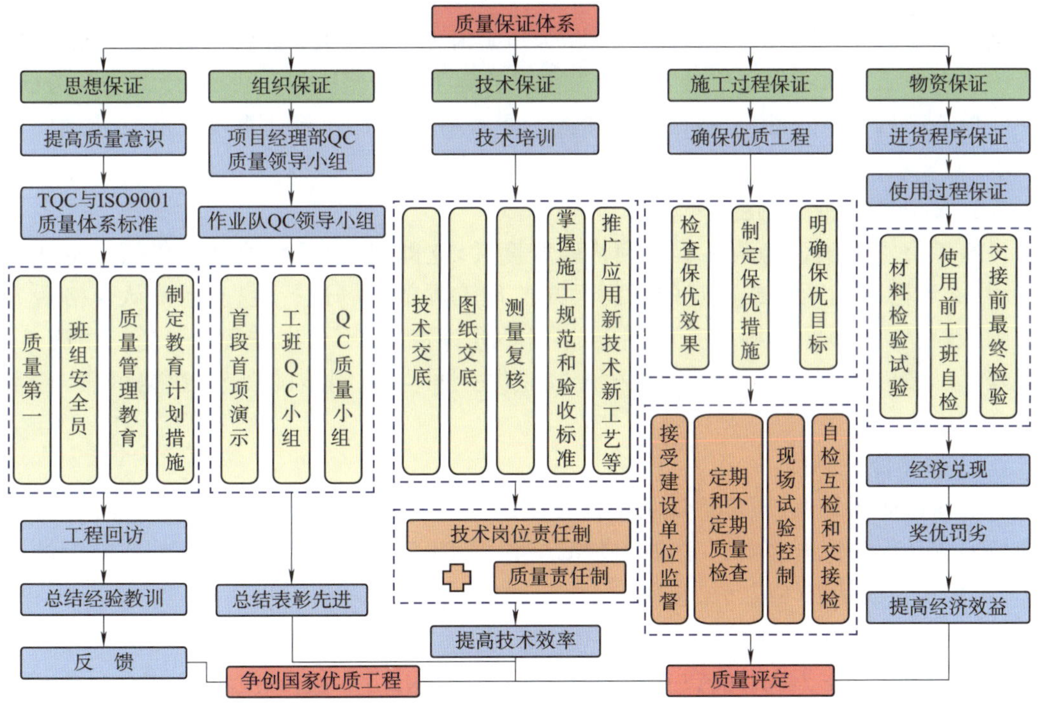

图 6-3　质量保证管理体系

负责，在项目经理领导下，分别建立各管理部门横向到边和纵向到底的工程质量保证体系。积极开展全面质量管理活动，优化施工工艺，提高工程质量，争创优质工程。工程技术部门根据工程实际，制定创优规划和详细的创优措施，成立相应的攻关小组，定期或不定期举行活动，分析工期、安全、质量、成本等存在的问题，查明原因，并及时研究解决，制定出对策，确保工程质量。

项目部每月进行一次质量检查。质量检查由主要领导组织有关人员参加，依照现行施工规范和验收标准，对道岔铺设、轨道铺设等进行实地测量检查。一次检查合格率不足100%，黄牌警告，并内部通报批评；连续二次检查合格率不足100%的，加倍考核并责令调离工地。对一次检查合格率达到100%，且工程质量优良的，给予奖励、内部通报表扬。

6.2.1.4　质量保证体系管理制度

1. 材料、设备、构配件进场检验及存储管理制度

凡进入工地的原材料、必须经过检查，凡经检验认定为不合格的原材料一律拒收，不准用于工程。对进入现场的材料、设备、构配件，物资设备部必须进行验证。对已验收的材料进行合理的堆放，并做好标识。一旦发现复查不合格的材料、设备、构配件，必须分开堆放并做好标识，并严禁发放。物资设备部应有专人做好每批材料、设备、构配件的收料记录。材料进场必须与现场监理取得联系并告之情况，并配合监理平行抽验。

2. 样板引路制度

项目部各专业的样板工序，按设计要求，严格控制施工过程，使其完全符合设计要求。项目管理机构、监理、设计和施工等参建四方须组织对样板工序验收，验收合格作为整个工序的样板工程。样板工序作为本专业施工指导工序，各架子队施工方法按样板的要求施工。对不符合样板工序施工要求的施工方法坚决给予否定，违者按章考核，使样板工序具有唯一性、权威性。将样板工序运用到施工中，确保整个工程均达到样板要求。

3. 隐蔽工程检查制度

施工负责人确认隐蔽工程达到检验程度后，立即组织自检，填妥检查证并备齐有关附件，于隐蔽前两日或商定的时间通知监理工程师到场进行检查，经确认合格后方可隐蔽(留存好影像资料)。检查不合格者不允许覆盖，不允许进行下一道工序施工，必须立即整改。隐蔽工程检验证必须做到描述详尽，用词准确规范，数据可靠，签字齐全。

4. 成品保护制度

根据作业指导书、质量管理制度有关规定，对工程产品进行标识防护，并统一施工现场的成品保护标志。对已完成的成品，应根据不同阶段、不同部位进行切实有效的保护，防止发生成品损坏或污染事件。

6.2.1.5　既有设施恢复

在营业线场所内作业时，如对既有设备造成损坏，应立即停止施工，组织人员对既有设备进行恢复，如天窗时间内不能完成恢复，应立即启用应急预案，实施越区供电或迂回供电。

6.2.2　质量管理实名制

按照“谁施工谁负责、谁管理谁负责”的原则进行分块管理，杜绝责任不到位。将各质量管理第一责任人进行公示，把每个施工、工序、质量责任按岗位和分工落实到每个人，建立质量责任界定和追溯体系，一旦发现问题，便可立即找到责任人，确保施工质量处于可控状态。

6.2.3 质量管理效果

施工过程中确保每项施工程序中的材料质量合格。针对既有线施工编制科学合理的施工计划,确保各项工作正常开展。通过制定完善的质量计划,有效解决施工过程中的施工难点,科学完善施工方案。

参建单位成立深圳北站无砟道床拆除施工技术研究小组,研发满足本工程整体道床切割及板块外运的配套施工设备和工装,并提前在场外进行无砟道床拆除工艺性试验,通过试验段的模拟拆除为正式拆除施工提供科学依据。试验段严格按照既有线无砟轨道标准制作,保证试验数据接近现场施工。通过试验结果确定相关参数,调整资源配置,为深圳北站既有线无砟道床拆除施工做好准备。

6.3 安全管理

6.3.1 施工安全管理体系

6.3.1.1 安全目标

杜绝重伤及以上生产安全责任事故,遏制因工轻伤事故;杜绝主要责任较大及以上道路交通事故;杜绝一般及以上特种设备责任事故;杜绝一般及以上火灾责任事故;杜绝一般生产安全责任事故;杜绝一般D类及以上铁路交通责任事故。

6.3.1.2 安全保证体系

施工单位建立以项目经理为首的施工安全保证体系组织机构,如图6-4所示,确保施工自始至终处于安全保证的环境下有序进行,用安全生产制度来约束施工人员的行为,确保安全生产。把业务精湛、事业心强、考试合格的专业人员,充实到各层安全管理岗位,保证其独立行使安全监察权利,充分发挥其安全监督作用,实施超前控制,把事故消灭在萌芽之中。接受建设和监理单位对安全生产的指导和协调,接受对项目部违法、违章行为和存在问题所采取的相应措施和处罚;承担因项目部责任而发生的人员伤亡事故或其他事故造成的经济损失及连带经济损失;按照有关安全工作规程、制度、办法,针对本工程特点、性质、规模以及施工现场条件编制施工组织设计和相应的专项安全施工方案,制定并组织落实各项施工安全技术措施,向全体施工人员进行安全技术交底,严格按照施工组织设计和有关安全要求施工;坚持"安全自查、隐患自改、责任自负"的原则,加强对施工的日常安全检查,及时制止和处理各类违法违章行为,消除安全隐患。

贯彻"安全第一,预防为主,综合治理"的方针,建立以项目经理为首的安全保证体系,如图6-5所示。各管理部门具体负责,以加强施工作业现场控制和职工生产安全教育为重点。采取定期检查、专人检查、班组自查、职工互查相结合等方式,深入开展创建安全标准工地活动,严格执行建设单位制定的有关安全管理办法和国铁集团现行的有关轨道、行车等施工技术安全规则,确保本次站改工程施工安全。以营业线行车安全为首要职责,严格遵守国铁集团、广州局集团公司有关营业线施工安全规定,建立健全安全生产管理制度,逐级签订安全生产责任书,制定安全保证措施,定期检查召开安全会议，发现问题及时解决，抓好安全预防，开展预想、预测、预防活动，把不安全的因素消灭在萌芽状态。

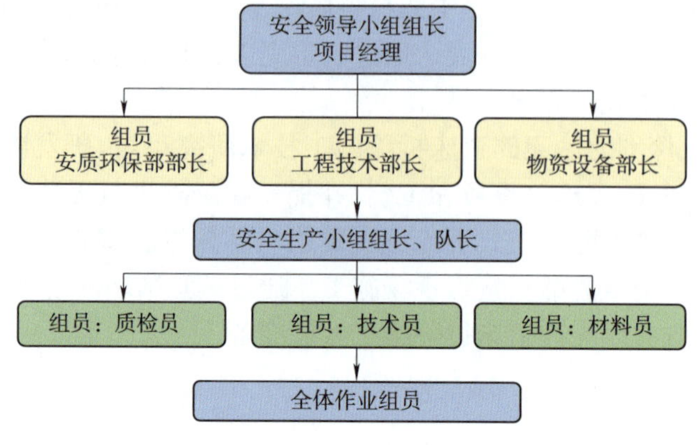

图 6-4　安全保证体系组织机构

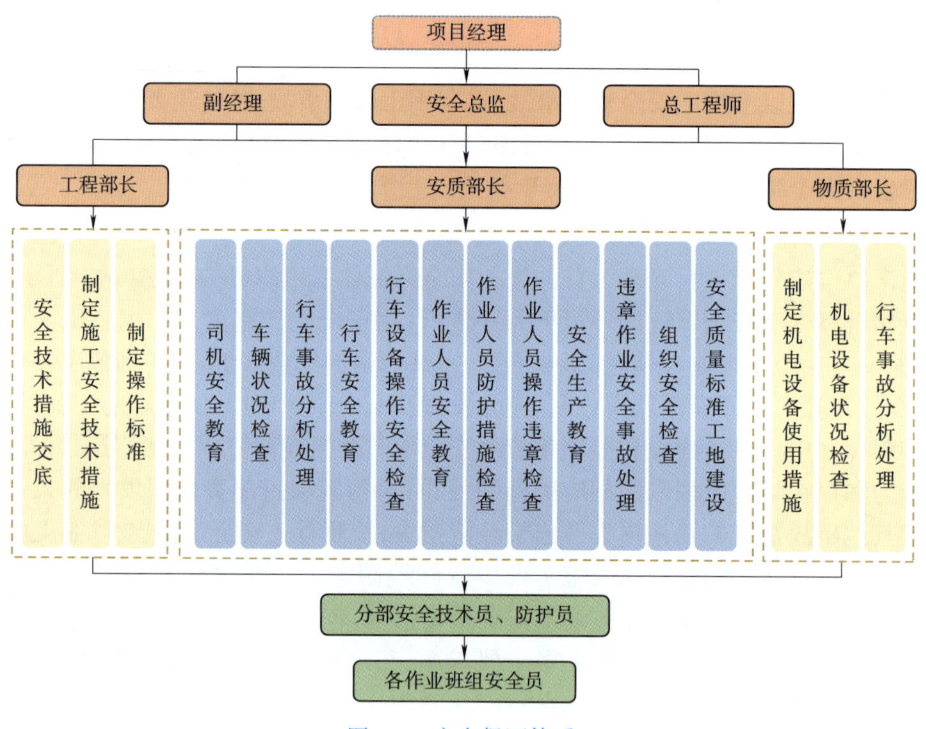

图 6-5　安全保证体系

为有效保障站改期间施工安全，确保营业线运行安全，顺利完成深圳北站改造工程，成立安全保障领导组对所有安全问题进行检查并督促落实整改。领导组下设四个小组。

（1）安全纠察小组：负责对站改期间每日施工生产安全情况进行不间断巡视，及时制止和扭转现场违规、违章问题；负责分阶段对现场安全舆情以快报形式进行实时通报。

(2)缆线巡查小组:负责每日对施工区域的既有及新敷缆线保护情况进行全面排查,对违章行为进行制止,确保施工现场24小时有人监管;根据现场检查内容下发整改通知单或考核通知单,督促现场对检查问题落实整改。

(3)机械巡查小组:负责每日对施工现场机械的机况和作业环境进行全面排查;对机械配套设施(如吊装索具)的配备和更换;负责对重点区域的路况和照明情况进行检查和分析。

(4)隔离防护小组:负责对管辖范围的隔离栅栏全面排查,对松动、破损的情况及时通报,每日向分管领导汇报当日检查情况;负责管辖范围内四轮运转机械倒车及调头的安全监护工作,严禁车辆侵入安全限界并触碰接触网拉线、立杆、箱盒等既有设施。

每日编制一张防护体系图,确保营业线施工安全。

6.3.1.3 安全管理制度

1. 安全生产教育培训及持证上岗制度

(1)提高安全意识,经常对全员进行遵章守纪的安全教育,及时传达上级安全文件精神。

(2)项目经理、副经理,安全、技术、质量等主要负责人和安全员、防护员、带班人员和作业队长须经过安全培训,持证上岗。

(3)作业人员必须经安全生产教育培训、考试合格取得安全合格证后,方准从事与安全等级相符的工作。

(4)特殊工种按国家规定进行培训,并取得"特种作业操作资格证书"方准上岗。

(5)开展安全生产宣传教育活动,利用安全月、安全周以及安全竞赛等各项活动促进安全生产工作。

(6)新产品、新工艺、新设备、新技术使用前由总工程师组织技术、安质部门对相关人员进行安全操作、安全技术技能的培训。

2. 安全检查考核制度

(1)项目经理要定期组织各部门有关人员开展施工整体检查,专业检查和季节性检查活动。

(2)强化班组自检工作。作业队和班组负责人、作业队安全员要明确班前、班中、班后检查内容,班组安全活动要有记录备查。

(3)安全检查问题的闭环处理。发现问题后要按照五定原则制定整改措施,明确处理的办法,整改责任人、完成时限、整改标准等,并及时将整改情况反馈检查人、复查责任人。对整改不到位造成严重隐患者,按照相关规定进行考核。

3. 严格"八不准制度"

未取得施工许可证不准开工;未签订施工安全协议书不准施工;不登记要点不准施工;未设置防护或防护不到位不准施工;监理人员没到位不准隐蔽工程施工;配合单位人员不到位不准施工;没有制定安全措施和应急预案不准施工;不准擅自变更施工地点、扩大施工影响范围和增加施工项目。

4. 班前点名安全讲话制度

每日出工前,作业队长集合全班施工人员列队进行点名。班前点名内容:总结前一天施工安全情况,存在问题以及改正的措施,当天工作的安全预想,特别是针对当天作业采取的安全措施等。作业队安全员根据工作安排进行必要的补充讲话,作业队施工人员对当日工作中的安全事宜有权质疑。班前点名,应认真填写"班前点名安全记录"。

5. 干部盯岗制度

全面实行领导干部盯岗作业制。领导干部要协助施工负责人,对主要工序的施工安全严格把关,保证施工组织与各项安全措施的落实,协助施工负责人协调施工内外关系,确保工程顺利进行。施工作业中遇有危及人身、行车及施工安全的情况,果断采取应急措施。遇有违章操作不听劝告者,有权停止其施工作业。协助施工负责人抓好文明施工,树立企业的良好形象。

6.3.2 物理隔离

深圳北站改造拆除动走A线及西半场既有CRTSⅠ型双块式无砟轨道后铺无砟道岔4组双块式无砟道岔,改造线路与广深港既有行车线路线间距为5 m。既有高铁C40钢筋混凝土道床板切割破除及外运施工难度大、封锁时间长、风险高,属国内首例。为做到施工与运输统筹兼顾,设置线间物理隔离、本线封锁施工,邻线行车,减少对既有运营线路影响,节约了工期。

(1)隔离基础施工前请专业物探公司进行隔离路径上的管线、缆线物理探测,并对线缆及管道路径进行标记明确,基础施工时,避开既有地下管线及既有设备,确保地下管线及既有设备安全。

(2)线间隔离安装后,必须经过施工验收方可按邻近施工办理。隔离设置警示牌,禁止人员随意攀爬及抛物,隔离栅栏顶部安放滚刀刺笼。

(3)设专人每日对隔离栅栏进行安全检查巡视,发现有松动、倾斜、损坏等安全隐患时,立即进行防护并组织人员进行维修、加固或更换。物理隔离栅栏如图6-6所示。

图6-6　物理隔离栅栏

6.3.3　岗前培训

本次站改期间，在落实营业线安全管理的同时，对每一名进场作业人员及机械操作人员进行了上岗前的安全培训教育，并颁发上岗合格证（持证方可进入施工现场）。防护、驻站及主要管理人员均纳入广州局集团公司的相关制度考核。针对现场存在的隐患，项目部安质部须再次召开专项的培训教育交底，并要求培训人员记名，做到应知应会，通过抽考、提问方式来强化作业人员的安全意识，同时邀请设备管理单位专业人员，为站改管理及作业人员授课。

现场各出入口均设立防护岗亭，聘请专职安保人员进行 24 小时安全盯控，无证车辆、不按要求佩戴防护备品的人员、不按要求登记一律禁止入内。各岗亭附近均设置了高清球形摄像机和定点摄像机，对进出车辆、人员进行双重确认，实现了对现场作业工点实时监控，如图 6-7 所示。

（a）各工点进出设置岗亭并登记　　（b）360°　无死角实时监控

图 6-7　各工点进出岗亭及监控

6.3.4　色标区分

为更高效做好人员管理，项目部对作业人员、管理人员、防护人员、安全管理人员防护服进行了色标管理，采用黄、红、蓝三色反光标识区分土建、铺轨、四电各专业人员。

6.3.4.1　安全帽

（1）项目管理人员佩带白色安全帽。土建专业：缠绕黄色反光标识；四电专业：缠绕蓝色反光标识；铺架专业：缠绕红色反光标识。

（2）作业班组佩戴黄色安全帽。土建专业：缠绕黄色反光标识；四电专业：缠绕蓝色反光标识；铺架专业：缠绕红色反光标识。

（3）项目防护员（含机械防护员、隔离巡查员）佩戴蓝色安全帽。土建专业：缠绕黄色反光标识；四电专业：缠绕蓝色反光标识；铺架专业：缠绕红色反光标识。

6.3.4.2　防护服

（1）项目管理人员身着黄色防护服。土建专业：背后印土建分部；四电专业：背后印四电分部；铺架专业：背后印铺架分部。

（2）项目安全管理、缆线巡查、机械巡查身着深灰色防护服，背后印安全纠察、缆线巡查、机械巡查。

(3)作业班组(长)身着荧光绿防护。土建专业:背后印土建分部;四电专业:背后印四电分部;铺架专业:背后印铺架分部。

(4)项目防护员(机械防护员、隔离巡查员)身着浅蓝色防护服,背后印防护员、机械巡查员、隔离巡查员字样。

6.3.5 设备防护

施工前对沿途施工环境进行调查,在妨碍列车运行、危及人身和既有设备安全的地段施工时,制定相应的安全技术措施。对施工中不能马上迁移、已经迁移、不能迁移、施工完毕的信号电缆箱盒采取了金属隔离防护,防护材料采用角钢焊接而成,用金属网片将四周围好,缠绕反光标志或涂刷警示颜色,在明显位置悬挂警示标志的方式进行防护。

经过封锁后,接触网有多数立柱及拉线被隔离至金属护栏网外,如不能采取有效措施将会影响既有接触网安全,项目部对所有在金属栅栏外的接触网支柱用放光铁框进行了隔离,在接触网基础两侧设置了水马防护,由于夜间接触网拉线不容易被人发现,项目部将接触网拉线用反光贴进行了缠绕,保证施工人员夜间清晰发现接触网拉线,作业时及时进行避让保护。通过这种方式将信号箱盒、接触网立柱、拉线进行有效保护,如图 6-8 所示,使全体施工人员均了解此处设备为既有设备,在施工过程中注意加以保护。

图 6-8　既有设备防护

由于封锁站改施工时间紧、任务重、工期异常紧张,必须使用部分大型机械进行水沟开挖、挡墙浇筑、路基填筑、线路拆除及轨料外运等作业。本项目采取多项措施控制大型机械施工安全。一是在施工前通过层层筛选,选用了有资质、有能力的机械租赁公司签订合同,保障机械设备性能良好;二是每台机械设置一名机械防护员,严格执行"一机一人、人随机走"的防护制度;三是制定了大型机械施工作业"十不准""六禁止";四是机械设备在移位、转场前,架子队安全员、技术员及机械防护员必须全部到场,经确认各项安全措施到位,场地处理满足要求后方可进行移机;五是机械操作人员每次上岗前检查操作证、岗前培训合格证等证件,同时进行酒精测试,全部达标后方可上岗;六是每日机械巡查组不间断检查机械设备是否存在安全故障,将安全隐患消灭在萌芽中。

6.3.6 安全保证措施

6.3.6.1 施工人员、机械侵线防护措施

(1)参与施工的有关各方,加强运输、通信、信号、工务、三电迁改及接触网等专业间相互联系。

(2)室外作业设专人防护,瞭望条件差时增派防护人员,防护人员随时了解列车运行情况,不得参与其他工作,并将列车运营情况及时通报作业人员。

(3)作业过程中,防护员发出列车临近指令后,施工人员必须立即停止作业,工具、材料撤至安全地点。

(4)严格执行民工同进同出制度,使用单轨车必须有防护员全程进行防护。

(5)作业所用工机具、材料按规定放置严防侵限,施工中严禁抛掷工机具。

6.3.6.2 地下管线排查安全保证措施

(1)对所有参加本工程作业人员进行既有线施工安全和施工生产安全教育,特种作业人员须经培训考试合格后持证上岗,严格执行班前讲话制度。

(2)探挖作业由生产副经理负责,既有运营铁路范围内挖探要严格按照铁路相关文件执行,设置安全防护,并与铁路部门协商签订安全协议后方可动土,严禁没有签订安全协议擅自开挖探沟。对于已经签订安全协议及配合协议的施工区段,挖探沟前要通知相关设备管理单位进行现场配合监护。

(3)开挖前对作业人员进行挖探沟方面安全培训,讲述既有线范围地下管线重要性,提高作业人员的安全认识。开挖前依据技术交底提供的施工范围,由测量人员提供探沟十字线位置,作业人员根据测量人员提供测点进行开挖,开挖人员按测量提供测点撒好白灰作为开挖线。探沟开挖前由开挖人员及现场带班配合做好探测工作,安质部门应联系相关设备管理单位对施工范围采用电缆探测仪进行全面的探测,对于探测到的地下管线位置用插小红旗等进行标记,并将位置交代给现场带班和安全员,带班指派专人看守,防止被人为拔除等。开挖完成后应及时联系安质人员用电缆探测仪探测确认开挖好的探沟内没有电缆方可结束,确保继续进行开挖探沟时,可探测范围没有电缆。对在已探明有电缆等地下物范围内挖探沟时要交代作业人员注意保护电缆等地下物,严禁大力挖掘损坏电缆。

(4)开挖过程中如遇既有管线等应立即通知安质人员及现场带班,并到现场指认地下物位置,对于需要设备管理单位进行监护开挖的,要在开挖前进行联系相关单位,监护人员没有到位时严禁继续进行开挖。对于探明的影响施工的地下管线等设施,配合产权方做好管线改移和保护工作,并在发现电缆位置插好小红旗警示标志,并在对应站台墙上用油漆做好标记。

开挖范围必须做到覆盖施工的全范围,只有待确认地下管线拆改完成后方可施工,在探沟开挖范围外严禁动土。

(5)探沟开挖完成后,工程部门配合安质部门一起绘制施工范围内电缆位置示意图,示意图中应标明已确认位置的电缆走向,电缆距离施工范围的准确距离等,并书面下发给施工队伍、现场副经理、施工队长、带班、安全员、防护员。

6.3.6.3　封锁既有线施工安全保证措施

(1)施工现场设置防护员,深圳北站设置驻站联络员。驻站联络员、防护员配备对讲机。防护员配备扬声器或喇叭,身着黄马夹,戴袖标。作业现场四周拉设警戒绳。出入口或通道上方作业搭设防护棚或其他隔离设施。脚手架、防护设施悬挂警告牌,施工现场悬挂安全标志、警示牌或安全标语。

(2)驻站联络员须提前进入车站,及时通知现场施工人员,联络员上班期间必须保持高度的精神集中,对每一趟列车要尽早通知现场的施工人员,每一次通知,必须得到回复才可结束,并做好记录。

(3)防护员在施工前,将标志牌插入指定位置,随时与联络员保持联系、通话,并对每一次通往车辆及时通知现场,每一次通知必须得到回复。

(4)线路封锁命令下达后,驻站联络员确认要点情况及时通知现场施工负责人下达施工命令;在施工命令未下达前,严禁任何人、机械进行作业。

(5)严禁穿越开通的线路或在开通的线路上行走;严禁在开通的线路间作业、钻火车和爬越火车。机动车辆在站台行驶和通过道口、跨越轨道搬运材料、机具,有专人在前引导防护,施工人员不得进入运行站台、线路中。在营业线邻近地段进行机械施工时,施工机械均不得侵入铁路限界。

(6)每班作业前要进行详细的安全交底,明确告知封锁施工范围、时间,严禁超范围作业;严禁作业人员穿越开通线路。

(7)在开通的线路上空作业,作业处水平垂直距离必须满足安全要求,且设有防止物品坠落的措施,下方防护员进行防护。

(8)现场施工负责人须及时回复每一次通知,并在接到防护员通知时,命令所有施工人员进行避让。

(9)在封锁期间,所有人员必须听从指挥,在封锁前必须充分做好准备工作,争取最大限度压缩基本作业。

(10)封锁线路进行卸料,铺设线路,拆除线路等各类营业线设备的施工,必须提前做好一切准备工作后,通过所在车站值班员向行车调度员取得调度命令,并按规定的防护项目设好防护后,方可进行封锁施工作业。

(11)在组织上道作业前,施工负责人、技术负责人应认真做好技术交底工作,详细落实施工计划执行的可靠性,施工劳力、机械设备、材料配备的合理性,并随时掌握好进度和质量,确保施工安全。

(12)在防护期间,远程防护员必须采取“三级报停”措施,必须坚持 3～5 min 通话一次和复诵,防护人员必须服从工地负责人的统一指挥。

(13)车站封闭过渡施工中严守“三不动,三不离”的安全制度。三不动:未联系登记好不动;对设备的性能、情况不清楚不动;在正常使用中的设备不动。三不离:设备有异状,未查清原因不离;影响设备正常使用未修复不离;未试验好不离。

(14)封锁施工期间,在站内线路,站内道岔,进、出站道岔上施工,必须严格按照规定设置防护。

(15)拆除线路、铺设线路及其他设备时,必须在电务及其他有关单位人员配合的情况下进行。

(16)在封锁时间内,当施工完必须要开通线路前,施工负责人必须仔细检查线路,确认达到开通条件后,方可向车站报开通。

(17)封锁时间内,如不能按时完成计划施工任务,需要延长作业时间,工地负责人必须提前 30 min 向车站申请延时作业要求,确保线路开通的行车安全。

(18)既有线作业施工中,穿越既有线是应一停二看三通过,注意既有线列车,以防发生人身安全。

(19)作业结束后,现场负责人应确认所有工作人员都已撤至安全地点且线路上无绳索、电线等可飘扬物以及可能坠落物,方可通知驻站联络员开通线路。

6.3.6.4 防止人身伤害措施

(1)施工场区全封闭,非施工人员严禁入场,进入场区施工人员必须穿防护服。

(2)所有施工人员均须进行岗前安全教育,特别是既有线行车安全教育,要认真学习,做到人人熟知,并始终贯穿在施工全过程中。

(3)特殊岗位和技术工种,如安全员、防护员、工班长、机械操作员等,要进行岗前培训,经考试合格后,执证上岗。

(4)施工中备足备齐各类防护劳保用品,并及时发放。所有现场施工人员必须挂牌上岗。

(5)严禁酒后上岗,严禁疲劳上岗。

(6)不得在轨道上行走,如在两旁路肩行走时,所扛的工具不得侵入铁路限界。

(7)横过股道时,要止步瞭望,确认两端均无列车通过时方准通过。

(8)列车开动时严禁抓车、扒车、跳车。

6.3.6.5 接触网附近施工安全防范措施

(1)在电气化铁路线路上,严禁人员直接或间接与接触网的各导线及其连接部位接触。在接触网带电距离不到 2 m 作业时,与设备管理单位联系,须接触网线停电安全措施完备后方可施工,发现接触网断线及其部件损坏或在其上挂有线头、绳索等物时,人员不准与之接触,在接触网整修人员未到达,应距断线接地处 10 m 以外设置防护,禁止人员进入。

(2)在电气化区段通过或使用各种车辆、机具设备不得超过机车车辆限界,所有作业人员和接触网的距离必须保持在 2 m 以上。

(3)接触网附近作业时,必须有安全防护员现场防护,施工时严禁水或者其他杂物溅到接触网上而导致停电事故发生。

(4)在接触网外部作业时,接到列车靠近通知后所有作业人员停止作业,并与列车保持安全距离。

(5)在接触网附近作业时,产生的易漂浮垃圾及时清理,避免漂浮到接触网上。

6.3.6.6 邻近营业线施工安全措施

(1)施工单位必须明确施工负责人。施工负责人对施工项目的安全工作全面负责。因施工原因发生的铁路交通事故,首先要追究施工负责人的责任。

(2)参加营业线施工的劳务工必须由具有带班资格的正式职工(即带班人员)带领,不准劳务工单独上道作业。

(3)凡邻近营业线及营业线施工影响行车安全,均应设置专职防护人员、驻站(所)

联络员。驻站(所)联络员进入车站行车室(调度所)必须佩带上岗证。驻站(所)联络员主要负责办理施工联系、施工登销记手续和施工路用列车进出施工封锁区间的申请,向施工负责人、现场防护员传达施工命令,预、确报列车运行情况等。共用封锁施工点时,各共用施工单位应分别派遣驻站(所)联络员,负责与施工主体单位的联络,并及时转达施工命令,预、确报列车运行情况等。

两端防护员负责工地两端防护信号的设置与撤除,并注意瞭望,及时向工地防护员通报列车接近情况,并做好防护记录。

工地防护员应与驻站(所)联络员之间保持密切联系,随时接转驻站(所)联络员通报的信息,并及时转达至施工负责人,向驻站(所)联络员和两端防护员转达施工负责人的指示命令,及时将列车运行情况向施工负责人和作业人员通报。在列车接近施工地点时,通知作业人员下道避车,负责施工地点信号标志的设置与撤除。

(4)施工单位在施工前,要做好充分准备,并提前向设备管理和使用单位进行技术交底,特别是影响行车安全的工程和隐蔽工程;施工中,要严格执行技术标准、作业标准、工艺流程和卡控措施,严禁超范围作业,确保施工质量。

(5)施工单位的安全员、防护员、联络员、带班人员和工班长由业务处或项目管理机构向铁路局职培主管部门提出培训需求,由铁路局职培主管部门会同相关业务部门或项目管理机构组织任职资格培训,经过培训,考试合格后持证上岗。

6.3.6.7　防台风、防洪安全措施

项目部成立以项目经理为组长的防台风、抗台风领导小组,预防为主,制定专项施工计划,周密安排台风期间的施工,严密注意台风动向,避免在台风预报日铺设线路、浇筑大体量混凝土等需要连续作业的施工项目。指定专人每天定时收听、收看天气预报,做好记录、通报,加强与气象部门的联系,遇有恶劣天气随时准备调整现场施工作业安排,保证在台风、洪涝到来之前停止施工,对所有的材料设备做好固定和防护,人员撤到安全的地方。

(1)组织灾情演练工作,在演练中总结经验,做到灾情发生后人员、机械等能够快速有序的撤离至安全地区,减少灾情发生后的损失。

(2)主动与气象部门、建设单位、监理单位联系,台风到来前,及时向现场所有人员通报。

(3)对机械、轨料、土工格栅等进行临时加固,现场轻质材料进行收集并固定牢固,尽量转到材料库存放。

(4)台风来临前,立即停止施工,将施工区内所有人员及时撤到安全地带,临时工棚内严禁人员滞留。

(5)接受和配合上级主管部门的统一指挥和部署,贯彻落实上级主管部门的防台风精神,切实做好防台抗灾工作。

(6)合理布置现场,悬挂物、标志牌固定牢固,同时确保施工道路畅通。

(7)及时做好疏通清理工作,做到沟不积水、涵不堵塞、涵沟相连,在施工中被损坏的排水设施须在洪汛到来之前予以恢复。

(8)在汛期,施工用的机具、材料、设备等应放置在不易被水淹没的高处,因施工需要或地形限制设在低洼处时,采取有效的防淹措施。

(9)防洪值班员每天与当地气象部门取得联系,并将气象预报及时通知有关人员和单位,并严格执行雨前、雨中、雨后检查制度,对防洪工作情况了如指掌。

(10)防汛、防台风期间,领导干部24小时轮流值班,重点施工地段设专用通信工具,以便及时了解现场情况。准备充足的器材、运输工具及劳动力,以备应急抢险。

6.3.7 应急处置措施

为确保突发安全事故、事件后,能及时、有效整合指挥部人力、物力、财力组织现场救援,最大限度降低事故、事件危害程度,特制定以下应急救预案。

6.3.7.1 应急领导小组

营业线施工前,对可能发生的安全险情事先制定好应急预案,做好人力、物力以及机具设备的储备工作,以防险情发生后能迅速排除,并将应急预案成员联系电话做成宣传牌,安装明示于工地显眼位置,让每一位施工人员熟悉知道应急预案的人员号码。

6.3.7.2 应急措施

1. 室内外施工造成断线、缆及电源短路、设备故障

(1)现场施工负责人应立即与设备管理单位人员联系,根据设备故障情况、设备出现故障的现象,分析发生故障原因,查出故障点,确定抢修办法,并同时通知项目负责人。

(2)现场施工负责人根据抢修原则,立即做出决定,下令停止施工,尽快组织人员抢修及恢复,如项目抢修人员在设备管理单位人员到来之前能够完成抢修工作的,可根据情况提前进行抢修;不能抢修的须在设备管理单位人员组织指导下进行抢修。

(3)抢修完成后,现场施工负责人应进行全面检查确认,原有设备恢复正常,并经设备管理单位人员和车站值班员确认同意,抢修人员才可收回工具、材料。

2. 挖坏光、电缆及其他管路

(1)当发生挖坏光、电缆及其他管路事故后,现场施工负责人应立即通知项目负责人,并同时与设备管理单位联系,确定接续、抢修办法。

(2)施工负责人根据抢修原则立即做出决定,如项目抢修人员在设备管理人员到来之前能够完成抢修工作的,可根据情况提前进行抢修;不能抢修的须在设备管理单位人员组织指导下进行抢修。

(3)抢修人员要听从负责人指挥,按方案抢修。

(4)接续、抢修完成后,现场施工负责人应进行全面检查确认,原有设备恢复良好,并经设备管理人员确认同意,抢修人员才可收回工具、材料。

3. 人员伤亡

(1)事故发生后在积极进行自救的同时,根据人员伤亡情况快速拨打属地人民医院、救护中心的急救电话,告诉其准确事故发生地,以便医务人员及时赶到事故现场进行救治。

(2)立即向项目负责人报告,报告内容要详细(事故地点、部位、类别、伤亡程度以及工地附近醒目建筑物等),并安排专人在主要道口接车,以便项目负责人、急救中心或消防队能准确判断方位到达事故现场。

(3)在接到现场事故报告后,事故所属施工单位现场负责人立即启动应急预案,迅

速赶到事故现场按照事故应急预案,紧急调动人、财、物等,组织开展现场应急处理工作。同时,应保护好事故现场。

(4)在急救中心医生到来之前,应尽最大努力进行自救,以使伤害降低到最低点。在急救医生到来后,应将伤员受伤原因和已经采取的救护措施详细告诉医生。

4. 洪灾、台风

(1)组织保障措施:建立以项目经理为指挥的防洪防汛前线指挥部,分工负责,明确责任,确保责任到人;加强调度,做到一切行动有指挥,一切行动听指挥;汛期到来时,安排专人现场值班,并落实抢险预备队。

(2)物资保障措施:做好物资供应计划,安排好防汛度汛物资的准备工作,在汛期来临前,准备好足够的编织袋、黄沙、橡皮艇、救生衣等防洪物资。

(3)设备保障措施:现场配备装载机、反铲、吊车、运输车等设备,同时加强设备保养与维修,确保汛期来临时设备能正常运转,特殊时期能充分发挥设备的应急作用。

(4)施工管理应急措施:制定合理的施工组织,统筹安排,受洪水影响较严重的工程项目安排在非汛期施工,减少洪水对工程的影响;严格执行国家、地方制定的有关防洪法律与规定。

6.3.7.3 信息报告和现场保护

(1)事故发生后,应立即报告应急抢险指挥小组,由项目经理负责现场总指挥。发现事故发生人员首先高声呼喊,通知现场安全员,安全员必须立即向项目经理报告,由项目经理通知铁路主管部门并采取相应的措施,现场安全员组织施工人员紧急撤离至安全区域。事故信息上报流程如图 6-9 所示。

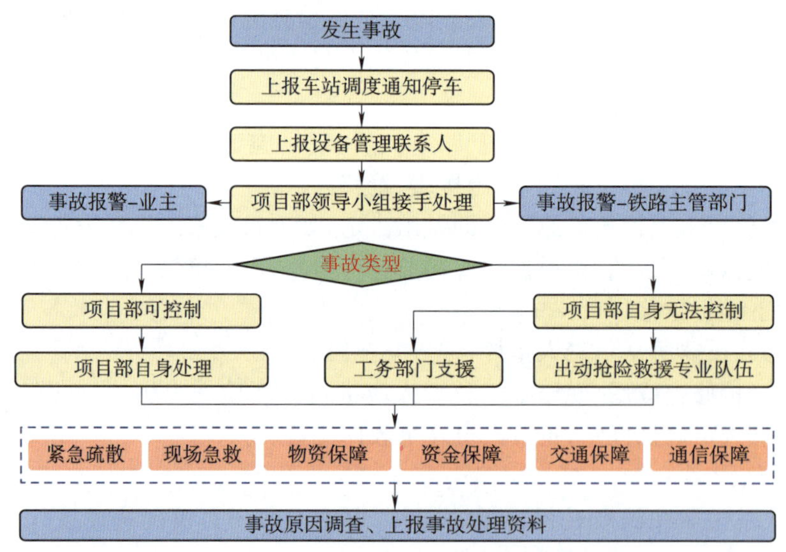

图 6-9 事故上报流程

如有人员受伤,立即拨打“120”急救中心电话取得联系,详细说明事故地点、严重程度,并派人到路口接应。在向有关部门电话求救的同时,对受伤人员在现场安全地带采取可行的应急抢救,如现场包扎止血等措施。防止受伤人员流血过多造成死亡事故发生。对受伤人员如需转移地点必须用担架或木板抬运,对呼吸、心跳停止的伤员予以心脏复苏(不能挤压)。

如有人员被掩埋,在采取有效安全防护措施后,组织人员按部位进行人员抢救,尽快解除重物压迫,减少伤员挤压综合征的发生,并将其转移至安全地方,防止事故发展扩大。

(2)事故发生后,事故单位必须在24小时内将事故的情况逐级上报,并通报建设单位、设计单位、监理单位;发生重大安全事故,还必须向事故发生地的建设行政主管部门及检察、劳动(如有人身伤亡)等部门报告,并启动上级单位应急救援预案。

(3)事故发生后,事故单位应当严格保护事故现场,采取有效措施抢救人员和财产,防止事故扩大。凡影响下一工序的主要施工过程的事故,未经处理前应做出隔离标识,不得继续施工。

(4)对工程安全事故的调查处理必须严格按照“四不放过”的原则。对一、二级重大安全质量事故,由有关行政单位、行业主管部门按《工程建设重大事故和调查程序规定》要求组成联合调查组进行调查处理。对事故进行原因分析,制定相应的纠正措施,认真填写伤亡事故报告表、事故调查等有关处理报告,并向上级有关部门报告。

6.3.7.4 应急决策、协调和响应程序

应急领导小组做出启动应急救援预案的决策后,按照该应急救援程序确定应急救援方案,协调各有关方面,调动各应急救援队、物资和设备展开应急救援工作。

1. 应急领导办公室

发生事故后,负责事故处理中各救援队伍之间的通信联系,并在指挥长的授权下向上级应急管理中心和地方公安部门、安全生产监督管理部门报告。同时,立即向建设单位、监理单位、地方政府有关部门报告。

2. 抢险队

抢险队应组织配备相关的工程技术和相应的救灾、排险设备。接到任务后,以最快的方式赶到现场,排除险情,控制事态进一步恶化。一是出现险情、需要采取措施紧急转移人员和财产;二是参加紧急抢险工程,延缓或阻止工程灾害发生或防止工程灾害进一步扩大;三是工程灾害发生时,承担抢险救灾工作。如遇到特殊的事故,可以通过联系取得地方抢险救灾部门支援。

3. 医疗救护队

接到任务后,以最快的方式赶到现场。组织救护车辆及医务人员、器材现场抢救伤员。对事故中的轻伤人员,现场及时进行包扎救治,伤情严重的,专人负责送至附近医院紧急抢救。

4. 后勤保障队

接到任务后,以最有力的方式,确保准备应急救援车辆、物资、通信设备、资金等所需物资的供应和通信的完好畅通。

6.3.7.5 警戒、疏散、信息发布

应急救援领导小组认为事故可能危及公众生命财产安全时,及时汇报指挥部,指挥长授权指挥部级应急组织发出指令,动员可能受到事故危害范围内的公众采取必要的安全防范措施或者紧急撤离危险场所。组织现场勘察和治安保卫,负责现场警戒和清理疏散现场方圆150 m范围内的工人。

6.3.7.6 应急救援设备、工具和器材资源配置

应急救援资源包括应急救援队伍和应急救援器材、设备两个方面。应急救援队伍由训练有素的专业救援队伍和培训合格的人员组成。建立健全现场、武警、消防、卫生、防疫、公安、医院等部门可用的应急资源、设备台账，确保联系畅通和应急有备。对应急救援设备如发电照明器材、登高车、切割焊接机械、挖掘装载机械、抢险工程车、起重吊装机械、简单医疗急救设备、个体防护设备(呼吸器、防护服)等提前足量储备，单独储存保管，不能挪作他用。应急救援物资在进场前必须有出厂合格证或材料品质证明，其性能与材质须经试验室检验合格，满足工程需要。材料不合格、不能满足工程需要或不能满足设计要求，不能进场。

应急救援的设备和机械提前落实，实行“定人定岗定设备”责任制度，经常对机械设备进行维护与保养，始终处于完好无故障状态。救援指挥车辆、救援工程车辆、医疗卫生车与司机应保持良好状态，确保应急救援工作需要。

6.4 进度管理

6.4.1 组织保证措施

6.4.1.1 进度管理组织

为保证深圳北站改造按期顺利完成，施工单位成立集团和公司两级保障体系，确保站改施工高效推进，多级管理模式如图 6-10 所示。项目部在建设单位指挥下，加强统一领导，统一指挥协调，全面负责工程进度、质量、安全、文明施工等工作，从组织管理上保证总进度的实现。

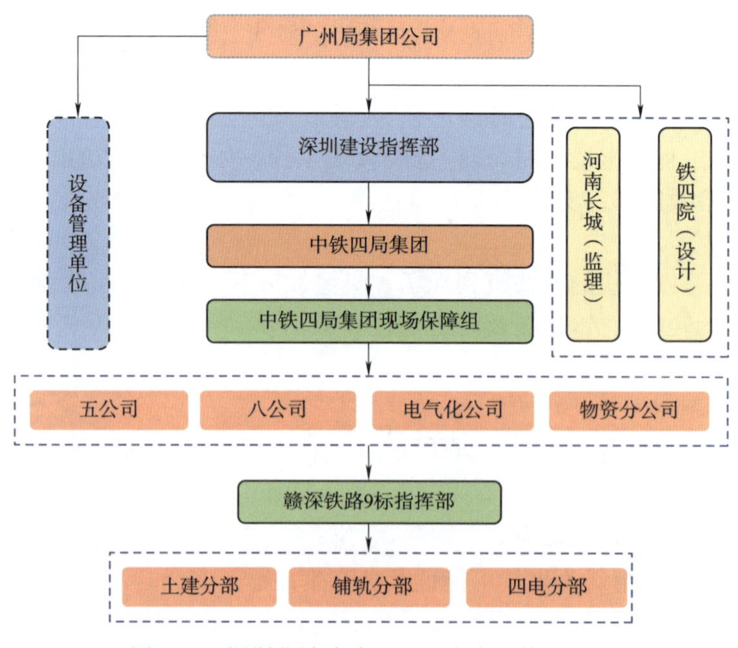

图 6-10 深圳北站改造工程形成多级管理模式

针对站改工程施工过程复杂、专业交叉多的特点，每日由建设单位牵头召开日推进会，由监理单位牵头组织开展现场日排查活动，及时快速协调解决各专业存在的问题。

6.4.1.2 制度保障

1. 控制体系

(1)建立健全项目管理机构进度管理和控制体系，通过优化建设方案、设计方案、资源配置方案和施工方案，采取科学的方法和有效的措施，随时纠正建设项目实施过程中出现的偏差，确保建设项目按期建成。

(2)建立进度控制管理制度，明确分管领导、分管部门、具体管理人员与职责。

(3)编制项目施工进度总计划、单位工程施工进度计划、工程项目年、季、月实施计划，并控制其执行。

(4)加强动态监测，完善动态控制手段，定期检查进度计划的实施，收集实际进度数据，编制工程的进度周报、月报、季报。

(5)各级工程管理小组要组织小组成员对所管工程形象进度、实物进度及投资完成进度进行定期检查核实。分析当前项目施工进度状况，发现进度偏差;分析偏差产生原因，采取纠偏措施。

(6)调整施工进度计划，并根据施工实际进度及时调整相应的工程概预算和资源安排。

2. 保障措施

(1)节点控制

施工单位必须按照建设单位指导性施工组织设计所确定的工期总目标、节点目标、技术标准、施工方法、施工工艺、物资供应方式，结合自身的实际情况，制定体现科学性与实用性相结合的实施性施工组织设计，进行科学施工、有序组织、全面推进。

(2)弹性控制

进度控制因素多、变化大、持续时间长，项目专业繁多、专业间干扰频繁、工程量巨大、工程质量标准高、施工工艺流程精细、施工环境复杂等，使得工程改造不可能十分准确地预测未来趋势，不可能对工期做出绝对的准确安排，施工进度计划执行过程中往往会出现偏差，必须留有余地，以便进度控制具有较强的可控性。

(3)循环控制

项目进度控制包括计划、实施、检查和调整四个过程，构成了一个循环控制系统，在项目实施过程中，分别以单位工程、分部工程、分项工程和检验批为对象，建立不同层次的循环控制系统，并不断循环下去，既确保了工程进度的推进，又促进了管理水平的提高。

(4)网络控制

确定合理的工程进度目标，编制科学的进度计划是实现进度控制的必要条件。在编制施工组织设计中，必须根据实际情况，凭借经验、施工水平绘制进度计划横道图。为了形象、直观地反映各工程的计划进度，必须绘制时标网络计划图，找出关键线路，确定关键项目、关键工程，在实施过程中重点控制，另一方面，在实施过程中进行进度对比，绘出进度前锋线比较图，分析找出进度偏差，采取措施，制定对策，调整计划。

(5)信息反馈

为随时掌握施工进度、现场实际情况，各参建单位必须加强信息反馈，每日调度快报，还要编制周报、旬报、月报、季报、年报，随时掌握信息，对出现偏差的信息时必须及时做出纠偏反应。

(6)责任追究

对施工造成工期延误的，除按合同规定进行经济索赔外，还要依法、依规严肃追究有关责任人的责任。

6.4.1.3 过程控制

1. 项目前期阶段

指挥部根据初步设计明确建设总工期目标，各施工单位项目进度以满足建设总工期目标编制，实现施工合同约定的竣工日期为最终目标，并制定工期保证措施。

建设单位在指导性施工组织设计中应明确工期目标及分项目、分专业的工期安排，并及时将国铁集团审核同意的施工组织设计下发各施工、设计、监理单位。

施工单位建立以项目经理为责任主体的项目进度控制体系。根据建设单位下发的指导性施工组织设计明确的工期目标及分项目，分专业工期安排编制实施性施工组织设计，按承包的专业或施工阶段分解，并制定年、季、月计划目标，以分解项目进度控制目标。

2. 项目实施阶段

建设单位计财部门应编制年计划、季度计划、月度计划，施工单位应根据建设单位计划相应编制年度计划、季度计划、月度计划，周计划及日计划，配备详尽具体的施工任务，各施工进度计划应逐级落实，做好进度记录及掌握施工实际进度情况，把握施工进度进展。

施工单位应编制施工方案，包括总体施工方案和单项施工方案及阶段施工方案，并编制相应的施工计划，做到计划在方案中实施，方案服从于计划。

施工单位应实施进度控制，由专人负责计划的实施，专人监督，及时跟进，灵活调整，按期完成。在施工进度计划实施的过程中要进行下列工作：

(1)跟踪计划的实施进行监督，当发现进度计划执行受到干扰时，应采取调整措施。

(2)在计划图上进行实际进度记录，并跟踪记载每个施工过程的开始日期、完成日期，记录每日完成数量、施工现场发生的情况、干扰因素的排除情况。

(3)跟踪形象进度应对工程量、总产值、耗用的人工、材料和机械台班等的数量进行统计与分析，编制统计报表。

(4)落实控制进度措施应具体到执行人，目标、任务、检查方法和考核办法。

施工进度计划检查应采取日检查或定期检查的方式进行，检查后，要求向建设单位提供月度施工进度报告，依据施工进度计划检查结果进行施工进度计划的调整，调整施工进度计划应采用科学的调整方法，并应编制调整后的施工进度计划报送建设单位。

3. 竣工验收阶段

(1)完成工程设计和合同约定的各项内容

①施工单位在工程完工后，应组织对工程质量进行监督抽查，确认工程质量符合有关法律法规和工程建设强制性标准，符合设计文件及合同要求，并提出工程检查报告，工程检查报告应经项目经理和施工单位有关负责人审核签字，勘察设计单位对勘察设计文件及施工过程中由设计单位签署的设计变更通知书进行监督抽查，并提出质量监

督抽查报告，质量监督抽查报告应经该项目勘察设计负责人和勘察设计单位有关负责人审核签字。

②有完整的技术档案和施工管理资料，并报广州局集团公司质监站审查通过，有工程使用的主要建筑材料、建筑构配件和设备的进场试验报告。

③有关部门责令整改的问题全部整改完毕。

(2)控制方法

①以施工准备的充分性保证工期。项目经理部主要领导应根据目前新建项目施工复杂，施工周期短的实际情况，加强组织协调工作。一要争取地方各部门的理解、支持、配合，在协调中要有超前意识；二要对施工方案，沉降控制等重大问题提前考虑，解决技术难题，确保施工顺利实施；三要及早进场，做好开工前的各项准备工作；四要高标准修建临时工程设施，重点抓住通路、通电、通水及生产和生活房屋建设，同时做好征地拆迁工作；

②以技术装备的先进性保证工期。项目经理部由总工程师负责组织技术攻关和技术咨询，对主要施工机械设备的选型配置要提前摸底、提前掌握、提前研究，提前培训，提前落实。

③以施工组织的严密性保证工期。项目经理部应抽调有丰富的施工管理经验人员，组织人员进行客运专线技术培训与现场调查，充分细致地做好上场开工前的准备工作，快速组织进场；精心编制实施性施工组织设计，并按施工组织设计要求配齐生产要素；弄准、吃透技术标准和工程项目数量，依靠科技进步，精心安排工序，保证均衡生产，以保证每个关键环节和阶段工期目标为前提来保证总体工期。

④以安全质量的一次达标保证工期。安质部及各架子队应通过抓质量、保安全来促进度。确保不出现任何安全质量事故，稳步推进，保证施工按计划进行。

⑤协调社会及周边关系保证工期。积极主动同当地各级政府和有关主管部门取得联系，共同协商。在开工前办理好有关审批事项手续、签订有关协议，避免因手续不全的强制停工，造成工期损失。

6.4.2 资金保障措施

执行专款专用，既要充分保证劳动力、施工机械的充足配备、材料及时采购进场，又可以随着工程各阶段关键节点的完成及时兑现各施工队伍的劳务费用，充分调动作业队伍的积极性。

第7章　建设组织管理

7.1　运输组织管理

7.1.1　运输组织调整

深圳北站作为深圳市“四主四辅”客运格局的核心车站，是高铁通往香港的唯一通道。站改施工的完成使深圳北站具备广深港、厦深以及赣深、深茂、深汕等多方向列车接发能力，极大地优化深圳北站运输布局，凸显粤港澳大湾区铁路枢纽地位，对推动粤港澳大湾区建设具有重要意义。

为最大限度减少站改施工对运输影响，广州局集团公司多次组织设计、监理、施工单位以及站段研究站改建设方案，确定了北咽喉东、西半场两阶段封锁施工方案，将封锁时间选在国庆后至春运前，避开了春运暑运等运输高峰期。确定封锁方案后，通过对比分析封锁时间范围、施工内容以及对运输的影响，最终确定了运输组织方案。

1. 第一阶段北咽喉西半场改造

(1)计划封锁时间及范围

2019年10月11日至12月18日封锁动走A线～5号(含)～27号(含)～43号(不含)岔间线路及17～20道北端线路。

(2)施工内容

拆除17～20道既有水沟挖除换填基床表层填料，反挖施工过轨管、接触网基础、电缆井、线间水沟及回填；同步实施站台墙切割、帮宽；线间物理隔离、拆除无砟轨道两端道床锚固，拆除无砟轨道、无砟及有砟道岔、有砟线路，插铺及新铺无砟轨道、无砟线路、有砟道岔、有砟线路，接触网改造、信号改造、软件换装等相关四电工程施工。

施工结束后，开通既有动走A线～43号岔间线路及17～20道，恢复动走A线及17～20道原使用功能；西半场按设计就位。

(3)对运输的影响

封锁期间，动走A线及17～20道北端改造段线路无法使用；17～20道作为尽头线使用，无法接发广深港高铁广州南方向列车，仅保留南端接发车条件；13～16道动车组进出动车所均需切割广深港高铁正线经动走B线运行。

(4)运输调整方案分析

基于2019年第三季度调整列车运行图基础分析，车站总办理量345对列车，动走A线图定进出库49趟，17～20道共接发列车82对，其中经北端接发列车62对。运输调整总思路是施工封锁期间避免对运输的影响，最终是要解决动走A线的49趟进出库动车组和经17～20道北端接发的62对动车组问题。

①采取共线、调整进出库时间、调整股道运用、压缩在站技术作业时间等统筹优化进出库时间，将动走A线37趟进出库动车组整至动走B线进出库。

②借潮州动车所 2019 年 10 月 11 日启用之际，调整深圳动车所 40 组动车组到潮州动车所配属检修、存放，潮州动车所承担 36 趟动车组进出库。

③无法安排进出库的动车组调整至惠州南、深圳坪山周边站及广州南过夜存放，计 4 组。

④停运淡季同方向有多趟图定列车开行的动车组 4.5 对，既能最小化减少对运输收入影响，又能优化进出库及深圳北站股道占用能力。

⑤调整 26 对原 2～16 道接发动车组经南端在 17～20 道终到始发，腾出到发线能力，调整 62 对经 17～20 道北端接发的动车组至 2～16 道接发。

最终运输调整方案：停运客车 4.5 对(其中直通 4 对)；调整过夜存放 3 组，增加惠州南、深圳坪山 2 个车站作为临时动车组过夜存放点；调整运行区段 0.5 对，调整检修安排 1 组动车组。

2. 第二阶段北咽喉东半场、南咽喉改造

(1)计划封锁时间及范围

2020 年 10 月 14 日至 12 月 18 日封锁动走 B 线～39 号(不含)岔间线路(含安 2 号岔)及 1～6 道北端线路(含 45 号、47 号、49 号、51 号、53 号岔)。南咽喉封锁 28 号～10 号岔间线路。

(2)施工内容

拆除有砟线路、无砟道床，线间物理隔离、无砟轨道两端锚固、插铺无砟道岔，路基处理，新铺无砟轨道、有砟道岔、有砟线路，同步实施站台墙切割、帮宽，接触网改造、信号改造、软件换装等相关四电工程施工。

施工结束后，开通既有动走 B 线及 1～6 道，恢复动走 B 线及 1～6 道原使用功能；东半场按设计就位。

南咽喉拆除无砟轨道，插铺无砟道岔、新铺有砟轨道与此步同期施工、同步开通。

(3)对运输的影响

封锁期间，动走 B 线及 1～6 道北端改造段线路无法使用；1～6 道作为尽头线使用，无法接发广深港高铁广州南方向列车，仅保留南端接发车条件。南咽喉施工期间影响经杭深深北联络线接车，须迂回广深港上行正线运行。

(4)运输调整方案分析

基于 2020 年第三季度调整列车运行图基础分析，车站总办理量 361.5 对列车，动走 B 线图定进出库 47 趟，1～6 道共接发列车 108 对，其中经北端接发列车 40 对。运输调整总思路是施工封锁期间避免对运输的影响，最终是要解决动走 B 线的 47 趟进出库动车组和经 1～6 道北端接发的 40 对动车组问题。

①调整动走 B 线 18 趟进出库动车组至动走 A 线进出库。

②调整 7 组动车组至惠州南、福田、潮汕、广州南、深圳北站过夜存放。

③停运动车组 2.5 对。

④调整 22 对动车组经南端在 1～6 道终到始发，调整 40 对动车组至 7～20 道接发。

最终运输调整方案：停运客车 2.5 对；调整车站站内过夜存放动车组 7 组；限制使用 8 辆编组动车组担当 2 对；调整运行区段 1 对；调整检修安排 5 组动车组。

7.1.2 车站施工管理

(1)站台旅客安全与施工:第一阶段北咽喉西半场改造时,需要切割20、19、18站台北端,影响旅客乘降安全。车站与施工单位共同协商,在20、19、18站台北端设置临时围闭,并粘贴警示标语,防止旅客进入跌落股道。

(2)上水吸污上道:第一阶段北咽喉西半场改造,切割20、19、18站台北端并进行围闭,影响车站上水员20、19、18站台的固定行走路线。车站召开协调会,重新制定新的安全行走路线,满足20、19、18站台动车组的上水吸污作业。

(3)停车标移设及接发动车组限制:两个阶段的站改都影响4~6条到发线有效长度变短,初步方案甚至影响大编组、重联动车组的接发,对车站接发车能力造成灾难性的影响。经过多次会议协调及设计方案优化,最小化减少动车组停车标移设长度,保证大编组、重联动车组的接发,将影响减到最小。

(4)改造工程完成启用站改新站型,原CTC控制台显示屏高度、宽度及分辨率都出现不够的问题,导致车站在接发列车及设备操作过程中存在较大的错办风险,且已经成为危及深圳北站行车安全的重大安全隐患。车站积极协调施工单位优化CTC控显终端,增加两台43寸显示屏并排摆放,以解决深圳北站面临的重大行车安全隐患。

7.2 站段配合管理

7.2.1 站改工程组织机构

为确保站改工程安全优质按期完成以及广深港高铁运营安全,由广州局集团公司分管运输、建设副总经理牵头,集团相关业务部室参与,建设单位具体实施,各参建单位组织专人,成立了现场施工组织小组、现场安全盯控小组、后勤保障小组、宣传舆论小组等,每日天窗点开展现场盯控工作,对重点区域、重点工序、重点卡控,内容到岗,责任到人,狠抓落实各项防范措施。

1. 现场施工组织小组

(1)负责站改工作现场组织和管理,统筹抓好安全、质量、技术、进度等各项工作。

(2)负责参建单位和有关运营、设备管理单位对营业线、营业线施工方案,包括季节性、惯性事故的防范措施进行审查。

(3)参与营业线、邻近营业线施工项目的全过程安全管理,组织现场施工安全交底;督促施工单位建立健全安全保证体系并正常运行;审核施工单位提报的施工计划,对重点施工项目的实施参与组织协调,并落实施工安全把关工作。

2. 现场安全盯控小组

(1)负责组织落实广州局集团公司、建设单位关于营业线、邻近营业线施工管理有关办法,确保施工安全和运输安全。

(2)负责组织对盯控范围内的施工安全进行全过程监督检查,防止各种施工机械、路材路料、设备、人员侵入铁路限界。负责督促现场负责人每日施工结束后,对现场进行全面检查和清理,确认施工机械、路材路料不侵限、不影响行车安全。

(3)负责检查现场施工作业与施工计划、范围是否一致,杜绝无计划、超范围施工现象。

3. 后勤保障组

(1)负责站改后勤服务管理工作,指导参建单位做好站改后勤服务管理工作。

(2)组织做好因站改调整运输后异地存车客运、机务、车辆、人员出退勤用房申办、设备设施配置等。

(3)组织做好因站改调整运输异地存车客运、机务、车辆、人员食宿安排、交通用车。

4. 宣传舆论小组

(1)负责制定站改宣传实施细则,提出宣传计划意见,做好各类专项宣传的组织工作。

(2)围绕站改中心工作,做好宣传舆论导向工作,营造站改良好氛围。

(3)负责对外新闻报道和与新闻单位的联系工作,负责站改宣传栏、宣传橱窗等舆论阵地的管理。

7.2.2 协调与配合

(1)问题集中反馈,统一处理。本次站改工程涉及土建、轨道、接触网、通信、信号、电力、房建等多专业内容,施工过程复杂,工序交叉多,协调事项繁多。针对此类现象,各参建单位、配合站段充分利用每日交班会、周推进会将各自需要协调解决的问题集中反馈。会上统一了设计文件验收与工务验收标准不一致的问题;明确了既有钢轨、道岔,接触网支柱、硬横梁等既有设备拆除后处置问题;解决了南咽喉90号道岔无砟道床与通信信号电缆槽位置冲突等问题。对于会上不能及时解决的问题,会议各方商榷现场勘察明确了人民路框架桥段部分栅栏临时改迁问题;明确了K2395+414右侧距离既有2395+393涵洞排水处理方案;解决了栅栏围蔽与电缆冲突等问题,确保施工现场忙而不乱,有序推进。

(2)实行每日联合平推检查制度,及时消除安全隐患。监理单位每日16:00牵头组织建设、施工单位、各配合站段进行现场平推检查。各方现场平推检查发现无砟道岔混凝土养护土工布加固不牢靠,日常现场安全巡查不足,既有线路设备、管线保护不足等问题,并将检查问题及时上报微信专群并同步纳入站改问题库,施工单位制定整改措施和期限,同时配合站段按时回复跟踪落实情况,实现闭环处理。及时发现现场问题,解决问题。

(3)重难点工程专题研究,重点突破。站改工程面临多项国内站改首例技术难题,如改建动走A线无砟轨道路基换填无沉降观测期、无砟轨道拆除铺设道岔、振动对新浇筑混凝土质量影响等。建设单位组织相关参建、配合单位进行多次现场勘察及会议研究,集各单位之意见优化施工方案,同时施工方案实施时,相关配合单位安排专人进行现场指导和技术支持,携手突破各项重难点工程。

(4)做好技术支持工作。设计院技术负责人常驻工地,发现问题及时到场勘察,及时提供设计图纸和设计联系单。配合站段高度重视,积极配合,成立介入小组,配足介入人员,提前介入,全程介入,制定介入日报,现场问题及时给予解决,共同把好站改安全质量关。

7.3 监控组织管理

7.3.1 监控组织机构

1. 安全监控重点

(1)驻所联络员、施工现场防护人员是否到位,通信联络是否畅通,是否按要求备齐防护备品,工务配合人员是否到达现场;

(2)监理是否掌握营业线施工日计划,并到岗就位;

(3)大型机械邻近既有线作业时,是否做到"一人一机防护,人随机动";

(4)施工前未经设备管理单位同意,擅自开启作业门进线作业;

(5)施工准备时超范围作业;

(6)施工作业人员违章穿越铁路、行走道心、单独行走;

(7)线路开通未按规定进行三方检查确认;盲目登记销点。

2. 监控小组

根据深圳北站站改实际,监理公司对监理人员做到高配、多配,还破格配备了 5 名有多年站改经验的监理盯控人员。在两个站改施工阶段中,项目部共配备了 16 名站改监理人员,其中配备站场专监 2 名、轨道 1 名、通信 2 名、信号 2 名、电力 1 名、接触网 2 名、给排水专业 1 名、盯控员 5 名,成立了深圳北站第一阶段站改领导小组。

7.3.2 风险隐患管控

站改前,组织编制了《营业线施工安全风险控制手册》《营业线施工安全监理实施细则》和《营业线(邻近营业线)施工安全监理工作实施方案》,制定了安全监理目标及控制方法、措施,并将安全生产控制要点分解到专业,形成控制网络。

(1)严格对施工等级把关和实施现场监控制度。在站改天窗点施工中,做到对施工项目负责人、把关人员未到现场、站改项目未签订安全协议及设备管理单位监控人员未到现场不准施工。

(2)严格执行施工现场安全防护制度。施工前,对驻站联络员及工地防护员营业线施工安全培训情况进行严格审查,防止不合格的防护人员进场。

(3)严防挖断地下既有管线、电缆。施工前,督促施工单位和设备管理单位对现场划定地下管线、电缆位置范围。无法确定准确位置时,在设备管理单位监护人员监护下,采取人工开挖探槽对管线、电缆进行探清管线、电缆数量及线路走向,地下管线、电缆探挖,杜绝了使用机械探挖,对暴露的管线、电缆采取了包扎防护措施。督促施工单位在施工前主动联系设备管理单位,施工时做到了有相关设备管理单位,施工单位和设备管理单位安全监督把关人员,共同确保施工安全。

(4)加强施工临时开口管理。施工期间,督促施工单位对多个通道开口,按有关规定办理审批手续,并安排保安人员看守,实行进门登记和人脸识别制度。

(5)加强路材路料的安全管理。督促对使用的路材路料进行集中堆码,对拆除废旧路料做到及时清运,在天窗点施工范围,做到工完料清。

(6)切实加强雨季施工安全工作。站改期间,督促施工单位确保施工范围排水系统的畅通及营业线路基、桥涵等设施设备稳定。

(7)严格执行大型机械进场验收制度。施工机械具备相关检验合格证书,机械性能良好,并进行登记、编号。施工大型机械坚持"一机一人"盯控限。大机械设备采取防倾覆措施。邻近营业线,大型机械设备做到与接触网设备保持了一定的安全距离。

(8)执行站改刚性隔离制度,包括邻近营业线施工按要求设置物理硬隔离及警戒等,未发生机具侵入限界现象;营业线施工便道设置钢轨桩、土堆或混凝土块等,确保通行车辆不得侵入限界。在设有防护网区段施工,如需临时拆除防护栅栏,设专人 24 小时看守,闲杂人员不得进入防护栅栏内。

(9)落实检查制度。每日巡视检查施工现场安全防护措施的落实情况,对检查中发现的问题督促施工单位立即进行整改。

(10)在整个站改施工过程中,由于建设单位的督控、监理的监控、施工单位的自控到位,杜绝了"无施工方案或未按照审批的施工方案进行施工""擅自扩大施工范围""未按规定设置现场防护员、驻站联络员,未按规定登、销记""盲目放行列车""大型施工机械未按'一机一人'设置防护""基坑开挖未严格执行许可证制度""机具、路材路料侵入限界""未按规定设置物理隔离措施""自轮运转设备状态不良,装载加固不牢固,盲目上道""施工高空作业防落措施不到位"等 10 个突出施工安全问题的发生。

7.3.3　阶段监控

1. 严核相关方案,争取内容齐全

按审批权限核审,对施工组织设计、施工专项方案等内容的针对性、可操作性和对现场施工的指导性进行了严格把关,提出了优化建议,避免了方案内容与现场实际施工情况不符。对不符合设计要求、验收标准以及现场实际的方案内容,及时提出了相应的审查意见,待施工单位修改后重新审核签认,对涉及"综合接地""供电联合整治及联调联试"等方案提出了意见及建议,使得制定的方案在现场能够顺利实施。

审查确认了广州局集团公司批准的施工计划、施工调度命令、专项安全措施、安全预案。组织相关监理人员见证了施工单位对作业人员进行的营业线施工安全技术交底及应急预案的演练。

2. 审查特殊工种,核备安全协议

作业人员进场前,先后对 18 家专业劳务分包企业资质、营业范围、特殊工种、进场培训等进行了严格的审查,重点对 108 名管理人员及特殊工种作业人员(其中电焊工 43 人,电工 2 人,汽车吊操作司机 19 人,架子工 11 人,起重信号司索工 10 人,21 个防护员以及 2 名驻站联络员)进行了审查确认,同时对施工单位与各设备管理单位安全协议签订进行了审查确认。

3. 审查进场机械

先后对进场的 140 台机械设备进行了保证资料审核,并建立专门台账进行登记,同时在现场进口进行一一核对,做到对未经核审的机械设备,一律不准进场。

4. 提前审查计划,确保计划兑现

针对深圳北站改造施工场地狭窄、工作面多的特点,充分考虑施工中可能出现的情况,督促施工单位做好施工前的准备工作,考虑施工环境、周边环境对施工的影响,要求施工单位特别注意加强对既有设备的保护，避免准备工作不充分或保护措施不利而影响正常施工进度或施工质量。根据建设单位有关站改节点要求，对施工单位编制的施工进度计划提前进行审查，对施工单位编制的不合理工序，提出合理的调整意见，使进度计划能够满足实际工程需要。

5. 配合设计交底，参加图纸会审

在设计交底和图纸会审前，组织监理人员熟悉 32 份图纸并进行内部会审，对图纸中出现的 7 个问题提出了书面或口头意见。

6. 召开监理交底会议

在监理交底会上提出监理对施工单位人员资质、质量管理体系、技术管理体系、质量安全保证体系方面的具体要求，同时介绍了监理规划，并依据监理规划向施工单位进行了工作交底。

7. 抓好人员培训，提高整体素质

抓好站改参建人员前期培训，是顺利进行站改的管理基础之一，先后组织 4 场次 226 人次的营业线施工安全等内容的培训，同时组织对 62 名涉及营业线、邻近营业线施工的监理人员进行《铁路营业线施工安全应知应会》内容的考试。

8. 召开专题会议，及时信息反馈

根据《广铁集团铁路营业线施工安全管理实施细则》以及建设单位有关文件要求，监理公司站改指挥机构指定了一名站改经验丰富、业务及协调能力较强的副总监全面负责站改期间的工作协调，在参加建设单位组织的推进会上，反映当天问题，对上次问题的整改情况进行汇报，为解决工作困难提出建议。

9. 做好施工测量，加强放线检查

专业监理工程师按有关要求对施工单位报送的测量放线控制成果及保护措施进行检查，符合要求时，专业监理工程师对施工单位报送《施工测量放线报验表》进行签认，其中包括检查承包单位专职测量人员的岗位证书及测量设备检定证书；复核控制桩的核校成果、控制桩的保护措施，以及平面控制网、高程控制网和临时水准点的测量成果。

10. 严查进场材料、核备构件设备

专业监理工程师对进场的电力牵引、电气化接触网、通信、信号电缆、所有进场设备和原材料的产品出厂合格证进行严格审查，并及时对外观检验和送检见证，符合要求的材料允许在工程上使用，不合格产品进行退场，同时在监理过程中对使用的材料实行跟踪监控，杜绝以次充好现象的发生。

11. 认真组织协调，建立畅通渠道

认真协调施工单位、运营设备管理单位、设计等方面的工作关系，同时按建设指挥部有关要求，会同中铁四局、深圳供电段、广州电务段等相关人员对深圳北站站改防护措施进行调研；组织施工单位、设备管理单位负责人及技术人员对深圳北站站改的新信号楼内引入综合接地线方案现场比选并落实实施；召开现场施工会，解决技术难题；组织中铁四局、广州电务段、广州高铁工务段相关负责人及专业技术人员对深圳北站无砟道岔进行工电联调达标检查验收；按建设单位要求，牵头组织广州电务段、广州通信段、深圳供电段、广州高铁工务段等设备管理单位、施工单位，坚持每日对施工现场进行安全质量联合检查，并对现场检查发现的问题做到限期整改、及时闭合，为站改任务的顺利完成奠定坚实基础。

12. 抓好接口管理，做好专业协调

两个阶段站改涉及接口共有20余个，涉及轨道专业接口1个，接触网专业接口6个，电力专业接口3个，通信专业接口10个。由于改造涉及运输、建设、设计、监理、线下施工、轨道施工、电化施工、信号施工等多单位、多专业协作，需要各单位和部门及设备管理站段间的密切配合，是一项技术极其复杂的系统工程。

7.3.4 竣工验收

1. 制定工期措施，确保责任落实

为确保工期兑现，按照建设单位的要求，在监理单位的督促下，施工单位将站改施工计划详细分解到日，把各阶段性目标工期落实到各工班。建立和健全合同工期目标责任制，项目经理与各职能业务部门负责人、负责人与各施工队长签订工期目标责任合同，施工队长与各作业工班工班长签订工期目标责任合同，将工期目标责任层层分解到每个参建人员，并与经济挂钩考核兑现。

2. 配合竣工验收，积极组织克缺

为了确保运营安全万无一失，监理项目部在站改竣工后，仍留有部分站改监理人员参加每个天窗点的剩余工程或克缺施工，做到有发现问题、有记录、有整改、有复查。

3. 编制监理档案，积累整理归档

针对站改时间的特殊性，监理单位本着实事求是的原则，在做好监理本身相关资料整理的基础上，督促施工单位加快竣工资料的梳理。

第 8 章　建设监理管理

8.1　监理管理组织机构

为进一步系统、规范地加强工程建设的质量安全管理工作，实现“一流的工程质量、一流的装备水平、一流的运营管理”的建设目标，根据有关基本建设的法律、法规、规章及标准规定，结合本工程具体情况，建立建设工程质量安全管理体系，并制定了相应的规定，对监理单位进行管理。

8.1.1　组织机构

深圳北站改造工程监理管理组织机构如图 8-1 所示。

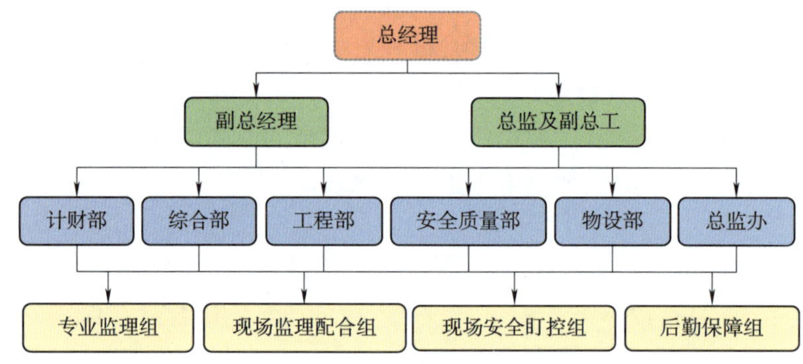

图 8-1　监理管理组织机构

8.1.2　监理机构主要职责

(1)按监理合同规定的工作范围、内容和约定的组织形式，确定监理机构人员的分工和岗位职责。派出总监理工程师、副总监理工程师、招标文件规定的专业监理工程师及其他人员。

(2)编制监理规划和监理实施细则。对危险性较大的分部、分项工程单独编制安全生产监理实施细则。

(3)负责与建设单位的日常联系，及时转达建设单位的各项指令，根据合同和有关工程建设监理程序要求，协调处理好内外关系，保证监理计划目标的圆满实现。

(4)在总监理工程师的指导下，负责工程进度、工程投资的控制、工程施工的过程质量控制，并对施工关键过程进行旁站监控、现场检测和试验室试验工作。所有监理人员必须履行现场监督检查职责，按规定对关键工序进行旁站，负责隐蔽工程检查、检验批及分项、分部工程质量签证。负责全体监理人员的培训工作。

(5)督促检查施工单位技术、质量、安全管理体系的建立和运转。检查施工单位履约情况(包括人员、机械设备、仪器、检测试验设备等),有权对不符合要求的施工技术、管理人员提出更换意见,对施工安全生产情况进行巡视,对危险性较大工程作业进行定期检查。

(6)督促检查工程开工准备情况,参加由建设单位主持的第一次工地监理例会,定期召开工地监理例会,不定期召开专题会议,审查施工组织设计文件、施工方案并签署意见,按权限签署工程开工报告。

(7)组织或参与工程质量检查、评价与验收,检查施工进度与施工质量,提交监理工程质量评估报告和监理工作总结报告。

(8)参与处理变更设计事宜,协助建设单位处理与施工单位的合同争议,对索赔、工程延期等提出处理意见。

(9)按权限审查并签发单位工程停工令、复工令,签认工程付款凭证和工程结算书,参与工程安全质量事故的处理。

(10)审核施工单位的施工进度计划,审核监理合同段内施工单位的月、季、年度和末次验工计价,组织编写和签发监理月、季、年报及监理工作总结。

(11)协助组织完成竣工资料的编制,参加静态验收、动态验收、初步验收、安全评估和竣工验收。

(12)负责缺陷责任期内工程的所有监理工作。

8.2　监理制度

根据有关法律、法规、规范、标准等规定,针对深圳北站站改要求高、新技术多、施工条件差等特点,借鉴监理单位的一些先进的经验、管理方法、先进的管理理念,对监理规范的内容进一步细化形成了一套比较完善的监理工作制度。

8.2.1　工作制度

1. 工地例会

第一次工地例会由建设单位主持,承包单位、监理单位(总监理工程师)、设计单位参加。第一次工地例会由监理单位负责会议记录,形成纪要由与会各方会签。施工期间的工地例会由总监理工程师或授权的专业监理工程师主持召开,监理人员和施工单位的项目经理及主要人员参加(必要时邀请建设单位、设计单位参加会议),工地例会按第一次工地例会商定的时间定期举行,并形成会议纪要。如果建设单位、施工单位或现场监理机构任一方认为有必要或出现亟待解决的重大问题可召开专题会议研究处理。

2. 施工组织设计(施工方案)审定

在项目开工前,各施工单位编制的各专业施工组织设计,经技术负责人审核签认后报标段监理项目,由总监组织专业监理工程师审定,经总监审核签认后报建设单位。

3. 技术交底

监理项目部根据实际情况经建设单位授权由总监主持、施工单位及相关部门参加、设计单位交底,主要明确以下内容:施工图主要内容及其注意事项;主要桩位交底,必要时进行复测和定位、定桩；明确有关配套、防护、环保水保要求；对设计文件的解释答疑并对涉及施工安全的重点部位和环节，提出防范安全事故的指导意见。对技术交底内容需要变动和补充设计的，约定提供日期，明确办理人及相关决定，一并写入技术交底会议纪要。

4. 工程变更管理

对提交的工程变更提议单，由总监理工程师组织专业监理工程师进行审查通过后，由建设单位转交设计单位编制设计变更文件，并根据工程实际情况及时签发变更单，并监督施工单位实施。在施工中，采取灵活的形式及时与建设单位沟通，现场调查处理变更，要求现场监理发现问题及时汇报。

5. 项目监理交底

在第一次工地例会结束后，由总监主持，施工单位经理及有关职能部门人员、施工单位主要负责人、项目监理人员参加的项目监理交底，主要明确以下内容：监理规划的监理工作内容及对各类监理人员的授权情况；监理工作基本程序、方法和手段；提出有关施工监理报表的报审要求；施工单位有关问题回答。项目监理交底为顺利开展监理工作提供便利。

6. 测量成果及测量放线查验制度

采用 GPS 设备对全线测量控制点进行贯通控制测量成果复测。监理工程师对施工单位报送的测量资料和放线控制成果及保护措施按照《铁路工程建设监理规范》中工程测量的有关规定进行检查，符合要求时应予签认。对承包单位测量成果进行复测、审查的内容包括：施工单位专职测量人员的岗位证书及测量设备检查证书；复核控制桩的校核成果、控制桩的保护措施；对施工单位报送的“施工测量放样报验单”进行审核和确认。根据深圳北站采用精密测量的实际情况，安排测量技术过硬的监理人员专门负责测量工作，并参加培训。在无砟轨道施工中，采用轨检小车和精密全站仪，进行平检测量。

7. 试验检测工作

监理单位应按照验收标准要求，负责本标段平行检测和必要的抽检任务及部分试验工作，实现原材料和施工过程控制。对施工单位试验中心进行资质等级、法定计量部门对试验设备出具的计量检定证明、试验中心的管理制度、试验人员的资格证书、本工程的试验项目及其要求五个方面的考核。对于达不到要求的，下发通知单或发通报要求整改。监理单位根据原材料进场情况，由现场试验监理人员分种类、分批次取样送检。专业监理工程师对施工单位报送的工程材料、构配件和设备的报审表及其质量证明资料进行审核，对工程材料按监理合同约定或按承包单位抽样试验 20%的比例进行见证试验或按 10%的比例进行平行试验，未经监理人员验收或验收不合格的，监理人员不得签认，并签发监理工程师通知单，限期将不合格的工程材料、构配件和设备撤出现场。原材料质量的优劣直接关系到工程质量的好坏，具体措施：从源头抓起，采取施工单位 100%自检，现场监理见证 10%、专业监理工程师平检 10%并结合不定期抽检的检测工作方法，设置多道质量监控防线，有效控制现场施工原材质量。

8. 隐蔽工程检查签认

在工程隐蔽前，施工单位根据《铁路工程质量检查验收评定标准》进行自检、自查，合格后填写“隐蔽工程报验单申请表”，并按规定报专业监理工程师进行隐蔽检查。对合同约定的重点部位、特殊设计或与原设计变动较大的隐蔽工程，会同建设、施工和设计单位共同检查。对隐蔽工程检查不合格或检查所填写的内容与实际不符，监理不予签证，并将意见记入工程日志簿，经整改确认合格后方可进行签认。隐蔽工程检查合格后，如长期停工，复工时应按上述程序重新组织检查签证。

9. 工程质量安全检查

监理人员对施工过程进行巡视和检查时发现工程质量安全问题，立即口头通知施工单位整改，并做好记录，必要时签发“监理工程师通知单”限期纠正；比较严重的质量安全问题，应签发“质量安全问题通知单”或由总监理工程师签发“工程暂停令”，并抄报建设单位。待施工单位改正后，再报监理复验，合格后发“工程复工令”。

10. 工程质量安全事故处理

当发生工程质量(安全)事故时，责令施工单位立即采取措施保护施工现场，同时向建设单位及相关单位报告；责令施工单位尽快进行事故分析，及时报送“工程质量(安全)事故报告单”；参与质量(安全)事故调查，研究事故处理方案；对工程质量(安全)事故的处理过程进行检查，对工程处理结果进行验收；向建设单位及时提交由总监理工程师签署意见的质量(安全)事故报告，并将质量(安全)事故处理记录整理归档。施工中如构成质量事故，需要返工处理或加固补强的事故工程，督促施工单位在规定的时间内将质量事故性质、类别及事故工程情况报告建设、设计、监理单位。监理工程师发现施工中存在重大质量安全隐患，可能造成质量安全事故或已经造成质量安全事故时，立即报告总监理工程师，总监理工程师及时下达“工程暂停令”，要求施工单位整改，经监理人员复查符合规定后，由总监下“工程复工令”；总监理工程师下“工程暂停令”和“工程复工令”前向建设单位报告。监理单位根据经设计单位出具的处理方案或变更设计对质量安全事故的处理过程和处理结果进行跟踪检查和验收，关键部位实行旁站监理。

11. 工程施工旁站监理

编制监理规划时，制定旁站监理方案，明确旁站监理范围、内容、程序和旁站监理人员职责。在施工过程中对关键部位、关键工序、隐蔽工程、下道工序施工后难以检查的重点部位，安排监理员进行旁站监理。

12. 监理日志、日记

监理日志、日记是监理单位项目、现场监理工作的体现，同时也记录了人员、机械、材料进场情况及现场安全、质量、施工进展等情况。现场监理按照按统一的格式和用语要求要求逐日填写监理日志，做到记录事件真实、数据准确、条理清晰、语句简练。监理项目部每月检查一次，同时不定期检查，监理人员离开岗位时将监理日记交给所在监理机构登记后归档。

13. 监理工作报告

根据有关要求，监理单位建立监理工作报告制度：工程监理月报、工地例会报告，发生大、重大工程质量安全事故、工伤事故或其他危急情况，监理人应及时通报委托人；建设单位要求提交的监理业务范围内的其他报告，工程竣工后，向建设提交监理工作的总结报告及工程质量评估报告。

14. 对项目监理单位的考核和奖惩

按招标文件的规定，结合广州局集团公司现行对项目监理单位考评暂行条例进行定期检查、考核，及时总结、交流“新技术、新工艺、新材料、新设备”监理的经验体会，表彰、奖励业绩突出的监理人员，不断提高项目监理单位的管理水平和监理人员工作能力。监理人员有违规行为的，项目监理单位要认真对其进行批评教育，予以纠正，并根据对工作的影响程度给予警告，通报批评，扣减工资奖金。情节严重的上报指挥部，撤换或开除，构成犯罪的，报请司法机关处理。

15. 监理资料管理制度

指定专人具体负责项目监理单位资料的管理工作。资料按现行资料编制、管理办法或规定的要求进行分类管理，并建立图、表台账，监理资料的组卷、规格、装订应执行档案管理的统一规定。

16. 监理廉政责任制度

项目部监理单位与监理人员签订廉政责任书，责任书有效期为监理合同签订之日起至该工程项目竣工验收合格时止。严格执行本工程监理合同文件，自觉按合同办事，抓好本工程建设工期、投资效益和工程质量的动态控制，维护建设单位的利益。监理业务活动坚持公开、公正、诚信、透明的原则(除法律法规另有规定者外)，不为谋取不正当利益而损害国家和对方的利益，不违反工程建设监理规章制度。

8.2.2 质量验收制度

质量控制目标：通过监控，实现质量控制的总目标，确保全部开工工程达到国家现行的工程质量验收标准。

监理单位组织各专业监理工程师运用主动控制与被动控制相结合的方法，对各项工程的施工质量采取事前、事中与事后控制，确保工程质量达到承包合同、设计文件及相关验收标准的要求。具体的单位工程质量验收按检验批、分项工程、分部工程、单位工程方面进行验收。单位工程达到交验条件时，由总监理工程师组织专业监理工程师依据有关部门法规、强制性标准、设计文件及施工合同，对施工单位报送的竣工资料进行审查，并对实物工程质量进行预验收。对预验收存在的问题，及时要求施工单位整改，整改完毕由总监理工程师签署工程竣工报验单。总监理工程师对竣工预验收工程提出书面工程质量评估报告，并报监理公司技术负责人审核签字。在单位工程验收合格后，监理单位按《铁路建设项目竣工验收交接办法》参加有关单位组织的静态验收、动态验收、初步验收、安全评估和竣工验收。

1. 检验批质量验收

(1)主控项目和一般项目的质量经抽样检验合格。

(2)具有完整的施工操作依据、质量检查记录。

验收记录由施工项目专业质检员填写，监理工程师组织施工单位项目专业质量检查员进行验收。

2. 分项工程质量验收

(1)分项工程所含的检验批均应符合合格质量的规定。

(2)分项工程所含的检验批的质量验收记录应完整。

分项工程质量由监理工程师组织施工单位项目专业技术负责人等进行验收。

3. 分部工程质量验收

(1)分部工程所含分项工程的质量均应验收合格,质量控制资料应完整。

(2)地基与基础、主体结构和设备安装等分部工程有关安全及功能的检验和抽样检测结查应符合有关规定。

(3)观感质量验收应符合要求。

分部工程质量由监理单位组织施工单位项目经理和有关勘察设计单位项目负责人进行验收。

4. 单位工程质量验收

(1)单位工程所含分部工程的质量均应验收合格,质量控制资料应完整。

(2)单位工程所含分部工程有关安全和功能的检测资料应完整。

(3)主要功能项目的抽查结果应符合相关专业质量验收规范的规定。

单位工程验收,由建设单位负责人组织施工、设计、监理等单位负责人进行验收。验收记录由施工单位填写,验收结论由监理单位填写。综合验收结论由参加验收各方共同商定,建设单位填写,应对工程质量是否符合设计和规范要求及总体质量水平做出评价。单位工程有分包单位(含设备分包)施工时,分包单位对所承包的工程项目应按本标准规定的程序检查评定,总包单位应派人参加。分包工程完成后,应将工程有关资料交总包单位。

5. 静态验收

静态验收由铁路局组织接管单位、监理单位、设计单位、施工单位等参建单位对建设项目进行检查,确认工程是否按设计完成且质量合格,系统设备是否安装并调试完毕。监理单位积极对静态验收检查存在问题,按竣工验收工作组及专家组意见督促施工单位按期整改。

6. 动态验收

动态验收是在静态验收合格并经国铁集团确认后,进行综合调试,并委托专业机构进行动态检测,对工程质量和系统集成安全运行状态进行全面检查和验收。监理单位积极对动态验收检查存在问题,按竣工验收工作组及专家组意见督促施工单位按期整改。

7. 初步验收

初步验收是在动态验收合格后,由国铁集团对静态验收、动态验收结果进行检查和确认。监理单位积极对初步验收检查存在问题,按国铁集团初步验收意见做好相关整改工作。

8. 安全评估

初步验收合格后,由国铁集团安全监察部门组织安全评估,就站点试运营提出安全评价意见,完善安全措施,完成安全评估工作。监理单位积极按照建设单位意见做好安全评估工作中检查存在问题的相关配合整改工作。

9. 竣工验收

竣工验收是指在初步验收一年后,由国家主管部门或委托国铁集团组织对深圳北站改造工程进行整体验收和综合评价。监理单位积极按照建设单位的总体安排配合做好竣工验收前的相关准备工作,主要是竣工决算和竣工文件的编制等工作。

8.3 现场监理

8.3.1 监理主要工作程序

实行监理工作问责制度，现场监理工程师发现问题下发监理工程师通知单后，施工单位未进行整改，应及时上报监理项目部；监理督促后仍未整改的，应及时上报建设单位。监理工作流程如图 8-2 所示。

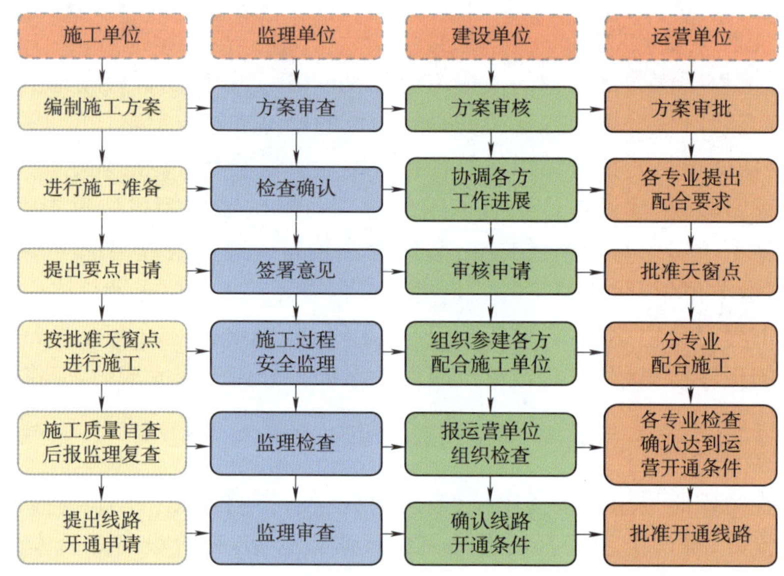

图 8-2 监理工作流程

8.3.2 “五控、三管、一监督、一协调”监理措施

根据委托监理合同、铁路建设工程监理规范、有关加强监理工作的文件等规定，监理单位在监理委托合同履行方面主要对工程实施“五控、三管、一监督、一协调”的措施，即质量、安全、进度、投资、环保及水保控制，合同、信息与内业管理，文明施工监督，组织协调。

8.3.2.1 质量控制

监理单位、各专业监理工程师从影响工程质量的各个因素入手，运用主动控制与被动控制相结合的方法，对各项工程的施工质量采取事前、事中与事后控制，确保工程质量达到承包合同、设计文件及相关验收标准的要求。

1. 施工单位及施工人员资质控制

施工单位进场后，首先对施工单位的企业资质以及营业范围入手开始进行审查，同时重点审查其管理人员及特殊工种作业人员的上岗资质，对其上岗执业资格予以确认，对分包单位的施工资质及其管理人员的上岗执业资格予以确认。

2. 原材料、构配件质量控制

工程监理过程中，严格按照监理规范进行进场原材料、构配件的报验检查，要求施工单位进场材料必须附产品出厂合格证，并及时报现场监理工程师进行进场材料的外观检验和质量证明文件审查，对按要求须做二次复试的原材料及时进行见证取样，并送法定检测单位检测。对于外观检验和检测结果不合格的材料，要求施工单位立即清出现场，不得使用。同时在监理过程中对使用的材料采取跟踪监督，杜绝施工单位在使用材料时存在“以次充好，偷梁换柱”的现象发生。

3. 施工技术措施控制

在控制施工单位的施工方法和技术措施方面，采取预控措施。着重审查施工单位提交的施工组织设计或施工方案是否具有针对性和可操作性，并根据设计文件、规范、验收标准以及现场实际情况提出相应的审查意见，对其内容中存在的编制错误或与设计文件、规范及验收标准相违背的地方给予指正，要求其在修改后重新报审。同时及时组织对线间物理隔离、无砟轨道道岔插铺等新技术、新工艺中的技术创新的转化和转换，参加建设单位组织技术创新评审和总结。

4. 施工机械设备及场地环境控制

核对施工单位是否将投标文件中承诺的拟采用设备进场使用。进入现场的施工机械设备，除了对其书面保证资料进行核查外，而且在现场对其运转时的工作能力进行检查，以保证机械设备满足现场的施工要求。监理过程中，对其采用的机械设备的实用性给予监控。

在环境控制方面，针对各项工程特点及其周边情况的特点，充分考虑生产环境、劳动环境、周边环境对施工的影响，充分考虑施工中可能发生的情况，提前书面通知施工单位充分做好施工前准备工作，避免工作准备不充分或保证措施、防护措施不利而影响正常施工进度或施工质量。

5. 施工现场质量控制

(1)采用现场会、书面通报、工程暂停令、返工处理、抓典型等五项举措。

(2)根据工程进展情况有针对性地定期组织开展专项检查，及时发现和纠正施工中存在的问题。

(3)通过对控制网贯通复测、无砟道床沉降监测、混凝土养护强度试验等检测手段来加强质量控制，确保工程质量。

(4)针对一些施工单位自控体系存在的问题，组织各监理站对施工单位的主要管理人员在岗情况进行检查跟踪，对长期挂名而实际很少到位的少数工点负责人发出书面通知要求到位。

(5)与建设单位联合深入开展质量安全专项整治、安全大检查、施工安全隐患排查等系列活动。

(6)定期对站点的高风险源工点(营业线或邻近营业线施工点、站台墙等)进行排序并加强动态管理，以点带面抓好安全控制。

(7)针对少数技术工艺复杂、施工难度大、进度一段时期滞后的情况，会同参建各方分析原因，制定改进措施促进工程进度。

(8)根据站前工程进展情况，多次进行站前四电接口工程施工质量的专项检查和抽查，对存在的质量问题进行原因分析，明确执行标准和工艺工法，并以通报形式要求站前施工单位进行整改，现场监理进行监控。

6. 关键工程质量监控

深圳北站改造涉及无砟轨道道床拆除、无砟道岔插铺、双块式无砟轨道浇筑、钢轨铝热焊接等施工。插铺无砟道岔标准新、精度高，是高速铁路轨道工程技术的高度体现，为保证无砟轨道的工程质量，监理项目部加强了质量监控：一是及时增派无砟轨道专业监理人员，对施工及监理人员进行培训；二是积极参加建设单位组织的对施工单位无砟轨道施工组织设计和作业指导书的评审，在施工中对照施工组织及作业指导书进行检查；三是成立无砟轨道监理领导小组，派出专门的无砟轨道工点监理人员，加强过程控制，有效规范了无砟轨道施工工序与施工质量；四是在施工过程中加强巡视检查，对发现的问题及时通过下发通知单、召开现场观摩会和分析会等解决存在的问题；五是在无砟轨道道岔铺设及精调过程中，监理要进行检查或旁站。

8.3.2.2　安全控制

建立施工监理安全保证体系和安全生产监理工作制度，编制安全监理实施细则，规范安全监理的工作程序。组织监理人员加强学习法律、法规、管理条例、生产许可证条例、《铁路建设工程安全生产管理办法》《关于落实建设工程安全生产监理责任的若干意见》等，通过教育培训使监理人员的安全监理素质得到进一步提高。

开展形式多样的安全检查，及时发现安全隐患，杜绝安全事故发生。认真开展工程质量安全管理专项整治活动，开展了以落实安全责任制为主要内容的检查，如隧道施工、高边坡防护施工安全检查，既有线、邻近既有线施工及防台风、防洪、施工用电、火工品管理、压力容器等安全专项检查。通过查问题、促整改、抓落实等闭环管理手段，有效地促进各项安全目标的实现。对重大安全隐患，坚决下达停工令进行整改。

8.3.2.3　进度控制

监理单位依据合同和建设单位要求，细化进度计划监督管理，加强施工进度的信息收集、统计分析和预测报告工作，使进度控制工作始终处于良好状态。根据施工组织设计要求，结合现场实际情况，对施工单位编制的施工进度计划进行提前审查。在工程进展的不同阶段会同施工单位定期对剩余工程进行分析研究，对可能影响各节点工期的工点和项目加强跟踪督促，督促施工单位在确保质量和安全的前提下加强施工组织、优化施工方案，确保节点工期要求。监理单位根据施工单位施工进展情况，实行 24 小时报检制度，施工单位自检合格向监理报验后，现场监理工程师及时进行检查验收，为快速进入下道工序节约了时间。

8.3.2.4　投资控制

监理单位按照建设单位要求配备了专门验工计价负责人及专业人员，同时组织相关专业监理工程师学习并掌握铁路验工计价的规定，熟悉设计文件的工程内容及工程量构成，熟悉合同的工程量清单及数量，掌握二者之间的对应关系，熟悉工程量清单内和清单外工程数量的计价原则。专业监理工程师在计量与支付审核时严格按合同约定，做到客观、准确、及时，计量与支付的项目和数量不漏、不超、不重，认真做好工程计量与支付的审核签证工作，严格对合同变更、设计变更等审核控制，在合同工程总量控制的前提下，加强分析预测，提高审核工作准确性与可靠性。

8.3.2.5　环水保控制

严格审查施工单位的施工组织设计中环水保运行体系，保护目标，防尘、除尘、降低噪声及污染的技术措施，发生环水保事故的应急机制，环水保责任制度，事故报告制度，如不达标总监理工程师不得批准开工，要求施工单位进行补充。施工过程中对防尘、除尘、降低噪声及污染中可能出现的情况进行分析，制定有针对性的临理监督措施，并进行监督。参加环保部门组织的验收，进行环境保护资料的归类、编目、建档及总结。根据工程进展在施工过程中将环水保纳入日常监理工作中，如审查施工单位现场环水保相关制度的建立，人员设置，环水保措施及应急预案是否满足相关规定；检查施工单位落实设计文件中的环境保护、水土保持措施；对施工场所进行巡检，掌握取土场、弃渣、汽车运输、机械噪声、固体废物等环保、水保措施的落实情况。对施工单位违反设计文件中环保、水保要求的，专业监理工程师发出整改通知书，督促施工单位进行整改，并对整改的结果复查。

8.3.2.6　合同管理

监理工程师合同管理主要是对建设单位与设计单位、施工单位、材料设备供应商签订的合同管理，着重从合同条件的拟定、协商、签署、执行情况的检查和分析等环节进行管理工作，通过合同体现进度、投资、质量、安全控制管理任务要求，维护好订立合同双方的正当权益不受侵害。监理单位设置兼职合同管理监理工程师。合同管理监理工程师组织专业监理工程师严格按合同条件对合同执行进行监督管理，对施工单位资质、投标文件、工程合同进行审阅，提出针对性工作建议，将审阅意见分别制成“施工单位资质审核表”“施工单位投标文件审核表”和“工程合同评价表”报总监理工程师审批后报建设单位。合同管理监理工程师组织专业监理工程师按照目标控制要求，根据有关政策、法律、法规、技术标准和合同条款处理合同问题，通过监控实现进度、投资、质量、安全、环境保护和技术创新“六位一体”目标要求。在建设过程中监理联合体对于设计变更、洽商、工程暂停及复工、工期延长、费用索赔、合同争议、违约处理等施工管理，做到以事实为依据，以合同为准绳。按照监理程序处理好各项合同管理事务。现场监理过程中，根据施工现场相关合同的约定对工程工期、质量进行监督、管理。监督材料、设备采购合同的订立与履行，掌握合同的内容，进行合同跟踪管理，检查合同执行情况，及时准确反映合同信息，认真检查施工合同的履行情况，实现科学管理。

8.3.2.7　信息管理

为及时准确有效地反映工程实际进展情况，监理单位指定专职人员负责信息和调度工作，并尽量做到人员固定，人员如有变动及时通知建设单位。通过互联网和电信以及即时通等方式保证信息畅通，正常工作日手机24小时开机，及时反映工程进展情况，为深圳北站改造的生产、指挥、协调、管理信息畅通提供保障。在信息管理方面，准确、全面及时地收集、分析、反馈信息，并做好分类归档，同时对施工单位上报的调度报表、施工动态报表等资料认真进行核对，及时向建设单位进行反馈。

8.3.2.8　内业管理

监理单位进驻施工现场后，对建设项目管理资料的管理提出了严格要求。专人负责监理资料的收集、整理、归档及管理，及时购买与监理工程专业有关的最新版本的验收标准和规范并进行宣贯，由监理人员下达给施工单位的开工、停工、返工令、通知及通报等，都以书面形式由监理项目部签发，避免口头通知，真正把工程问题落实到书面上，使现场监理人员能够有理有据地开展监理和审查工作。内业资料管理根据实际情况需要，编制了实用性很强的质量、安全、进度、控制、环水保控制、合同管理、试验工作等监理资料表格。内业资料实现了表格化，并实行文件随时收发、随时登记的制度，实现文件收发的可追溯性。监理进驻现场后，所有的工程技术资料全部及时输入计算机，上报的材料和文件全部由计算机输出，使资料的管理趋于科学化和规范化。

8.3.2.9 文明施工监督

（1）督促施工单位建立完善文明施工管理制度，健全文明施工管理资料。

（2）通过监理例会提高施工单位对文明施工的认识，使施工单位充分认识到文明施工是安全生产的保证，促进施工单位文明施工管理。

（3）认真审核施工单位的环保、文明施工的具体实施计划、方案。

（4）对施工现场各生产活动进行检查，加强对现场文明施工管理实施的监控。

8.3.2.10 组织协调

深圳北站改造工程技术复杂、工程艰巨、工期紧，站前、站后施工单位各专业交叉作业，因此与施工及设计单位之间的相互沟通、协调和配合十分重要。对四电、铺轨和站前施工单位的施工配合问题，监理单位深入现场协调，通过召开会议、下发文件、现场协调按照施工组织设计要求，合理进行各专业的工序组织，保证了工程总体顺利进展，形成良好的合作氛围。以监理为主的协调小组，对各方配合进行统一协调，确保了房建、接触网、四电设备安装等工程如期完成。

8.4 土建工程监理

8.4.1 土建工程特点及监理工作重难点

8.4.1.1 土建工程特点

土建工程不同于其他的工程，它具备一些独特性，而且系统性较强，从设计与建筑的角度讲，都会有不同的施工方案与施工技术与之配套。深圳北站改造工程的主要特点，一是在车站不停止运营、现有规模不改动的情况下，对部分路基开挖及填筑和站台及四电电缆沟槽、水沟等进行拆除重建；二是涉及信号、供电、土建、铺轨等多专业进行交叉“破旧扩新”等，只能利用天窗点进行封锁施工等特点；三是每项分项工程施工期可能就在当天天窗点完成，不过夜，如站场水、电缆沟槽等混凝土浇筑，隔栅防护网安装等硬隔离工程必须被限期完成。

8.4.1.2 监理工作重难点

1. 深圳北站站改监理工作重点

（1）要对营业线及邻近营业线的各种安全风险进行管控；

（2）要对包括施工方案及执行情况、人员持证上岗及培训情况、进场物资设备及材料进行验收与审查；

（3）要对营运线施工安全防护措施（物理隔离等）进行盯控；

（4）对施工设备及材料存放等进行检查；

（5）对施工方法及质量进行把控；

（6）对施工过程安全隐患及时进行处理等，杜绝封锁施工“砸点”“红光带”、既有运营设备受损及人身安全隐患的发生。

2. 深圳北站站改监理工作难点

(1)路基挖方28.8万 m^3、填方9.5万 m^3,电缆槽道113 687 m,水沟7 465 m,挡墙、拱形骨架、桩板墙等防护工程4.8万 m^3,接长涵洞4座,改建既有站台墙420 m等工程都必须在站改阶段内完成。

(2)在天窗点的夜间施工过程中,因场地存在窄小,大型机械设备难以施展,材料运输困难,若不能按批准的施组兑现,极易造成封锁施工“砸点”,造成整体“目标工期”滞后。

(3)营业线和邻近营业线施工安全风险压力大。在白天施工邻近广深港高铁运营车出入站密度大,施工使用大型机械设备距电化接触网较近,存在的安全风险高。夜间封锁施工照明差易造成吊装物坠落、动轮设备易造成碰撞既有运营设施、开挖易造成挖断光电缆、接触网余电易造成人身伤等。

8.4.2 监理工作方法和措施

1. 工作方法

(1)事前控制:督促施工单位制定和落实安全管理措施。监理工程师应对施工单位在营业线上施工安全技术方案及安全保障措施进行审核,检查施工单位是否进行了岗前安全培训学习;是否持有上岗证及合格的机械操作证书;各工种人员是否到位;安全防护装置是否配备齐全。

(2)事中控制:特别涉及隐蔽工程、静态验收、工电联调、克缺整改等关键环节问题的整改。对设备管理单位配合人员到场,施工负责人、驻站联络员、现场防护员到岗、检查了施工登记手续完善、检查了施工方案实施、料具存放是否侵限及有无安全隐患、检查了现场排水、防止坍塌措施落实等情况进行了主动检查。

(3)事后控制:对标检查施工质量是否满足设计要求,线路是否具备开通条件、线路开通手续是否齐备等。对监理监控、盯控检查发现的安全隐患,当即进行口头责令整改。

2. 工作措施

(1)布置安排当天工作。在每个天窗点施工开始前,现场分管副总监会组织各专业监理对当天作业范围内的施工方案、施工内容、施工设备及作业人员资质进行审查,杜绝一切导致事故发生的不利因素产生。

(2)坚持落实包保制度。在深圳北站两个阶段站改过程中,监理项目部始终派员跟班作业进行巡视检查。

(3)做好协调工作。监理工程师应督促施工单位在营业线旁施工前应与铁路车辆运营管理单位、铁路设备管理单位、铁路工务管理单位、铁路电气化管理单位、行车组织单位等相关单位报请,并分别与他们签订施工安全协议,明确双方的安全责任和义务,及时协调施工与运营的关系,解决行车与施工中的安全问题。

(4)做好落实工作。检查施工单位在营业线上施工时,是否派驻站联络员与车站进行联系,驻站联络员与车站应及时准确地将施工命令及列车运行情况通知工地防护员及施工负责人。

(5)做好把控工作。监理工程师在督促检查施工单位在每个单位工程项目开工前，严格按规定进行申报和审批，未经审批的项目，禁止开工。需申请封锁线路施工或列车限速的施工时，坚持按铁路有关规定上报施工计划。封锁施工前的各项准备作业必须按施工列车条件的要求进行，其他施工不得影响列车运行。

(6)做好验收工作。监理工程师根据站改工作实际，因地制宜，督促并对施工单位提出申请已完工程进行随报随验。对工程完成并达到设计要求后，督促施工单位及时向建设单位提出验收交接申请；在开通使用前，组织或协调验收交接工作。竣工验收交接后，方能正式移交使用单位运营或投产使用，未办理验收交接或验收不合格的工程一律不得交付使用。

8.5　轨道工程监理

8.5.1　轨道工程特点及监理工作重难点

1. 轨道工程特点

轨道专业本次改造涉及在既有双块式无砟轨道上插铺无砟道岔，主要内容为南、北咽喉既有 CRTSⅠ型双块式无砟轨道拆除 728 m，插铺 7 组 60-1/18 无砟道岔、1 组 60-1/12 无砟道岔。无砟道岔设计为轨枕埋入式无砟道岔，岔区连接线路为 CRTSⅠ型双块式无砟轨道，结构高度 860 mm，结构自上而下分别为：P60 轨、WJ-8B 扣件系统、SK-Ⅰ型双块式轨枕、C40 钢筋混凝土道床板以及 C20 素混凝土支撑层。改造线路与行车线路线间距为 5 m。同时本次站改涉及既有有砟线路及道岔的拆除与重新铺设，多种轨道结构同时存在，与既有线路接口多，施工技术难度大。

2. 监理工作重点

(1)做好环保工作。拆除既有无砟轨道及插入无砟道岔，混凝土废渣及道岔轨料的临时存放，监理要从站场的安全和环境保护角度出发，督促施工单位落实无砟轨道拆除和运输方案。

(2)确保道岔施工精度。道岔插铺区域、新旧混凝土接合区域应加强施工控制，保证道岔的施工精度及质量。

(3)优化邻近既有线施工安全措施措。深圳北站改造范围插铺道岔线路紧邻正线的到发线区域，邻近既有线施工，需要对施工隔离措施开展优化设计，减小施工期间对运营正线的影响。

(4)确保工期兑现，不影响第二天营业线的正常运营。

3. 监理工作难点

(1)深圳北站为路基车站(以路堑形式为主)，南、北两端咽喉区紧邻正线的到发线均为无砟轨道，无砟轨道改造比较困难。

(2)牵涉轨道隔离和道岔区域隔离两类，需要统筹考虑。

(3)改造施工期间，正值南方雨季，降水量较大，深圳北站改造线下施工专业站场、路基、轨道应进一步研究深圳北站改造到发线和车站范围的排水设计，保证新建和既有运营线路的排水顺畅。

(4)既有深圳北站的正线及两端咽喉区平行于正线地段两侧动走线及联络线均为

无砟轨道,增建的道岔中有8组是需要破除既有动走线普通无砟道床后重新插铺新无砟道岔。运营中高铁车站无砟站改属国内首例,既有无砟轨道破除施工暂无经验可循,无砟轨道破除占用时间长、难度大,无法在每日连续的天窗点内完成。

(5)新无砟道岔混凝土浇筑后按规范要求须28 d养护时间。

8.5.2 监理工作方法和措施

1. 工作方法

(1)做好提前预谋,制定有效措施。根据站改轨道施工存在困难,开工前,督促施工单位应对施工场地影响范围内存在的危险源、危害因素进行辨识、排查。对已经辨识、危害因素,应进行风险综合分析和评估,确定其风险级别,制定和完善有效应对措施、劳动保护和的安全防护等制度,以确保人员及既有设备安全。同时,要求做好人力、材料、设备及安全措施的投入准备。

(2)坚持旁站监理,加大巡检频率。由于轨道施工涉有砟轨道、无砟轨道、道岔施工。就轨道基础设施而言,具有“四高”的特征,即高平顺、高稳定、高精度、高标准。因此,要求现场监理不仅熟悉、掌握设计图纸。加之无砟道床须一次成型,测量要求精度高,工作量大,且工作面狭长,材料运输困难,施工难度大,更是需要监理认真检查和记录,尤其是遇有下雨天,更是需要加大巡检频次。

(3)由于施工工期紧张,须妥善处理好无砟道床与线下工程施工进度及工序间的合理衔接,形成秩序井然,快速、高效的施工作业线,同时,也使得采用的新技术、新工艺、新装备、新材料、新检测方法得以顺利运用。无砟道床混凝土底座、自密实混凝土、混凝土道床板全部为混凝土结构,对混凝土原材料、配合比设计、施工工艺、质量控制提出了更高要求。

(4)狠抓安全控制,落实安全制度。一是重视施工全过程的安全控制,对全体参建人员进行施工安全知识教育,做到“三不伤害”,即不伤害他人、不伤害自己、不被别人伤害,正确穿戴好安全防护用品。二是加强现场作业人员和机械设备的安全管理。严格执行有关安全生产的各项规章制度进行现场操作。三是制定切实可行的安全防护措施。施工现场使用的各种安全标志(牌),安全防护设施应遵守先验收后启用制度。四是各道工序开工前,见证对参加施工人员进行详细的安全交底。

2. 工作措施

(1)明确安质职责,兑现经济考核。严格按照ISO 9000族系列标准,建立健全和明确、落实监理人员安全质量责任制。

(2)严格隔离制度,盯控把控安全。督促施工单位对所有邻近施工都实行了警戒措施,确保机具不侵限;营业线的施工便道设置钢轨桩、土堆或混凝土块等措施,确保通行车辆不侵限。在设有防护网区段施工,确需临时拆除防护栅栏的,做到有资格的防护员实行24小时看守。

(3)发挥盯控作用,严把安全关口。按照建设单位要求,监理项目部先后聘任了17名有站改经验的监理盯控员,在站改现场安全监督管理中发挥了积极作用。

(4)严格材料检验,把关源头质量。为了从源头把站改的轨道施工材料进场质量关,监理项目部坚持对先后进场的钢轨、轨枕、钢轨扣件及联结配件、道岔及钢轨伸缩调节器护轨及其扣件、轨距杆、轨撑、混凝土试验报告、钢筋、道砟的产品合格证、质量证明文件和施工检验记录等进行了检查。

(5)过程旁站监理,消除质量隐患。由于站改轨道施工当天铺轨或岔,当天通车,监理人员把住当时施工质量关尤其重要。

①抽查轨距、接头相错量和每千米轨枕铺设数量及规格、型号。

②抽查扣件安装质量、螺旋道钉扭矩和螺旋道钉丝杆涂油;检查轨排质量检验标识。

③审查焊接施工工艺和质量保证措施;见证钢轨焊接型式检验取样检测,检查全部检验报告;检查现场钢轨焊缝外观质量检验和焊头探伤检查记录,平行检验。

④见证施工单位进行的线路贯通测量,检查基桩的设置位置及数量、中线和高程测量精度。

⑤检查基桩标志设置是否牢固,标识是否设置齐全、色泽鲜明、清晰完整。

⑥检查进场道砟产检验报告和产品合格证,对实物观察检查。

⑦检查道砟粒径级配、颗粒形状及清洁度试验报告,见证取样检测。检查压实密度检算资料,见证检测压实密度。

⑧检查铺轨后铺设的道床使用大型养路机械分层铺砟整道。每层起道、捣固作业后,进行 1～2 次动力稳定作业。50～80 mm 时进行双捣作业。一次起道量不超过 80 mm。道床铺设厚度不足 150 mm 时不得进行捣固作业。

⑨线路锁定实际锁定轨温必须在设计锁定轨温范围内。轨道达到稳定状态时,监理工程师检查检测记录,见证检测。

⑩检查钢轨预打磨。

⑪板间、单元等综合接地设置要符合设计要求。

⑫绝缘测试在监理工程师旁站监督下进行,并形成记录。

⑬为便于精调时的调整,排架粗调时轨面高度按“宁低勿高”的原则控制。一般粗调精度为:中线允许偏差控制在 5 mm,轨面高程允许偏差控制在 0～5 mm。

⑭道床板模板安装、排架精调与精调测量要符合设计要求。

⑮把好道床板混凝土、底座施工、底座基层处理、CRTSⅠ型双块式无砟轨道,CPⅢ测设及评估精调控制等质量关。

8.6 机电设备监理

8.6.1 机电设备特点及监理工作难点

8.6.1.1 机电设备特点

1. 信号

深圳北站维持既有调度区划不变,由广州局集团公司客专调度所广深港调度台管辖,CTC 站机设备及中心设备根据站场变化进行修改。

(1)列控系统

根据初步设计审查意见,深圳动车运用所至深圳北站采用 CTCS-2 级列控系统模式;由于受既有深圳北列控中心控制 LEU 数量的限制,本次新增一套列控中心。新增列控中心管辖新增赣深上下行联络线及疏解线,既有列控中心管辖维持既有不变。

既有列控中心及广深港 RBC2 根据信号设备布置的变化修改列控数据、修改编码逻辑、新增进站口增加方向控制;临时限速服务器及相关接口服务器软件根据列车径路变化及接口变化进行修改;修改安全信息传输接口、增加与赣深客专的安全信息传输接口;结合赣深客专引入增设应答器、LEU 等列控设备。

(2)联锁系统

车站联锁系统结合站场修改增设或调整信号机、轨道电路、道岔转辙机等联锁设备,修改联锁软件、硬件。

ZX1G、ZX2G 采用 ZPW-2000 移频轨道电路,其余新增区段维持既有标准采用 97 型 25 Hz 相敏轨道电路(室外 3 V 化+室内双套微电子接收盒),无新增电码化设备。

(3)信号集中监测系统

信号集中监测车站设备软、硬件在既有标准基础上结合站场变化相应修改。修改既有道岔缺口监测主机设备,将本次新增道岔的缺口监测分机纳入其管理。

(4)电源

电源系统根据本次改造增加轨道电路、交流道岔电源、信号点灯电源输出模块容量。

2. 电气化

(1)电缆过渡迁移:好港变电所外挡墙路基及围墙拆除施工时,出所 38 根 27.5 kV 电缆及隔离开关光电缆需在施工过程中配合土建进行迁移防护,待正式槽道形成后割接。

(2)电缆割接:正式电缆沟移交后计划进行供电电缆及隔离开关光电缆敷设割接工作。优先进行厦深方向电缆敷设割接施工。

(3)站改过程中迂回供电实施。

8.6.1.2　监理工作难点

1. 信号

在信号系统改造过程中,各个系统的软件从基础数据的提报、审核到软件的编制、测试、仿真、现场试验等流程。不仅需要确保每一个环节的准确和完整,更需要在确保准确完整的基础上缩短时间以满足工期要求,从基础数据的提报到现场软件正式换装开通,涉及的厂家多、协调难度大、工期紧张。

2. 电气化

(1)27.5 kV 馈线电缆割接制约因素:接触网供电电缆为 27.5 kV-1×300 mm^2 接触网专用电缆,总计 38 根共 12 回路,其中 211、212、213、214 为 AT 供电方式,其他为直供方式。所有 38 根供电电缆在好港所分 4 个出口出线,缆线密集、纵横交错,且缆线径路频繁交叉,且在所外有空间交叉情况;缆线径路长,特别是 211、212、213、214 以及 221、222 馈线线路长,过轨处所多且位于槽道内、站台下方或处于包封状态;根据调查情况,既有电缆排布杂乱、无标识编号,缆线识别困难;广深港既有施工天窗点封锁为 0:30～4:30,停电时间最多为 210 min,扣除停送电手续,实际施工时间仅为 180 min 左右。施工时间较短,缆线割接、搬移、做头、试验、投用等工序耗时多,施工组织困难。

(2)横梁架设施工制约因素:采用轨道车施工,列车通行,其他专业无法正常天窗点作业,因此所有吊装施工都采用汽车吊进行。汽车吊施工便道狭小,施工工期期间,多专业施工车辆通行,施工协调工作大。

8.6.2 监理工作方法和措施

1. 工作方法

(1)四电专业监理工程师现场监控。

(2)检查施工单位投入工程项目的人力、材料、主要设备及其使用、运行状况,并做好检查记录。

(3)复核或从施工现场直接获取工程计量的有关数据并签署原始凭证。

(4)按设计图及有关标准,对施工单位的工艺过程或施工工序进行检查和记录,对加工制作及工序施工质量检查结果进行记录。

(5)进行旁站监理工作,并做好记录,发现问题及时指出并向上级报告。

(6)做好监理日记,文件记录做到重点详细、及时完整。

(7)协助组织工程初验、复验、移交。

2. 工作措施

(1)实行平推制度,及时消除隐患。为把站改施工安全质量监控管理落到实处,站改施工开始以来至竣工,由建设单位召集,监理单位负责牵头,于每天16:00组织施工单位、各配合设备管理单位有关人员到现场进行平推检查,对平推检查发现问题当即责令整改,便于工程竣工及时顺利通过验收和交接。

(2)及时反馈信息,做好各方协调。根据《广铁集团铁路营业线施工安全管理实施细则》以及建设单位有关文件要求,监理项目部站改机构指定了一名站改经验丰富、业务及协调能力强的副总监全面负责协调工作。

3. 设备改造阶段的监理工作

(1)超前跟踪试验,确保运营正常。四电监理人员在深圳北站改造过程中,始终跟踪对信号系统改造主要涉及现场设备安装及调试和各个系统软件的编制仿真及试验过程,包括CTC、RBC-2-HS系统改造、自律机数据及软件更换、RBC软件、RCC软件、IFC-C软件、IFC-T软件组成TSRS等软件换装,并对现场改造施工和软件的编制、仿真、试验需要在既定的工期节点内同步推进进行了高度协调一致,为软件的现场换装试验需要依托现场设备的安装、借助软件的换装进行试验奠定了良好基础,确保了在封锁范围以外的区域能够正常运营,使得信号系统专业能够顺利进行过渡施工。

(2)旁站迁改换装,确认过渡设备。为顺利将影响新线路铺设区域内的信号电缆在封锁前进行迁改,封锁后进行换装过渡版软件,四电监理人员做到了全程旁站并进行确认,不仅优化了工作程序,而且为保证工期赢得了宝贵时间。如天窗点下达后,在未得到施工命令前,未经电务段同意签字,禁止擅自施工。督促执行电务作业“三不动”“三不离”制度,避免超前施工影响行车。在规定时间内施工结束后,经电务段确认设备正常,试用期间要随时解答问题,否则未经电务段允许不得离开现场。

(3)做好过程记录,不留质量隐患。四电监理人员在每次四电设备换装前,做到查看既有设备工作状态,查看临时状态及既有版本,做好记录;确认所有设备处于状态;换装完毕后检查设备工作状态，确认与外部系统连接状态是否正常，并做好新版本记录，留存照片；对换装重启所有设备进行确认。

4. 设备安装调试及验收阶段的监理工作

(1)调试阶段

①再次核查设备，避免“带病”上岗。在每次换装前，为了避免设备“带病”上岗，做到双保险，四电监理人员坚持在设备进场时已验收的基础上，再次组织对准备“上岗”设备进行检查，直至达到合格，备有签认、记录、影像资料，方准投入使用，从源头把住了设备投入使用质量关。

②盯死安装过程，防止错误换装。四电设备安装、换装不仅属于隐蔽工程之一，而且也属于关键部位、关键施工工序、关键施工。四电监理人员必须实行旁站监理，发现问题立即责令进行整改，从施工过程中把住设备的安装质量关。

(2)验收阶段

①发现质量问题，立即进行补救，对可能影响施工质量问题及时指令施工单位采取补救措施。

②设备安装、换装完毕后必须达到工作状态。监理人员须确认与外部系统连接状态是否正常，与设计要求是否一致，确保正常运营，并留有签认、记录、影像资料等。

第 9 章　监测及养护

9.1　无砟轨道沉降监测

由于深圳北站第一阶段改造封锁施工 69 天，路基换填 15 天，改建动走 A 线无砟轨道基床施工不能保证路基填筑完成或施加预压荷载后沉降变形观测期不应少于 6 个月并宜经过一个雨季的要求，因此施工完成后需要设计相关监测措施进行沉降观测。

1. 主要设计措施

(1)GDZADK0＋045～GDZADK0＋654.87 段，改建动走 A 线及新建动走左右线铺设无砟轨道基床，原设计基床表层厚 0.4 m 填筑级配碎石，底层厚 2.3 m 换填 A、B 组填料，换填底部铺设 0.5 m 厚碎石垫层，内置一层土工格栅，变更为基床表层及底层均填筑级配碎石掺 5 %水泥，取消基床底层碎石垫层及土工格栅的设置，其余冲击碾压及填筑压实相关设计要求维持原设计不变。GDZADK0＋045～GDZADK0＋194、GDZADK0＋280～GDZADK0＋400 改建动走线基床底层换填基底增加微型钢管桩加固，桩径 273 mm，壁厚 10 mm，桩长 10 m，整体布置呈正方形，间距 1.2 m(线路中心 1 根，左右侧各 4 根)，钢管内灌注 C35 细石混凝土，桩顶设 20 cm 碎石垫层＋10 cm 中粗砂，中粗砂内置一层双向土工格栅，格栅极限抗拉强度小于 200 kN/m。

(2)对动走 A 线每隔 50 m 设计一个沉降监测断面，自动化监测断面和人工监测断面相隔布置。

自动化监测断面：每断面布设物位计 3 个，分别放置于改建动 A 线、新建动走左右线基床换填底部，如图 9-1 所示。

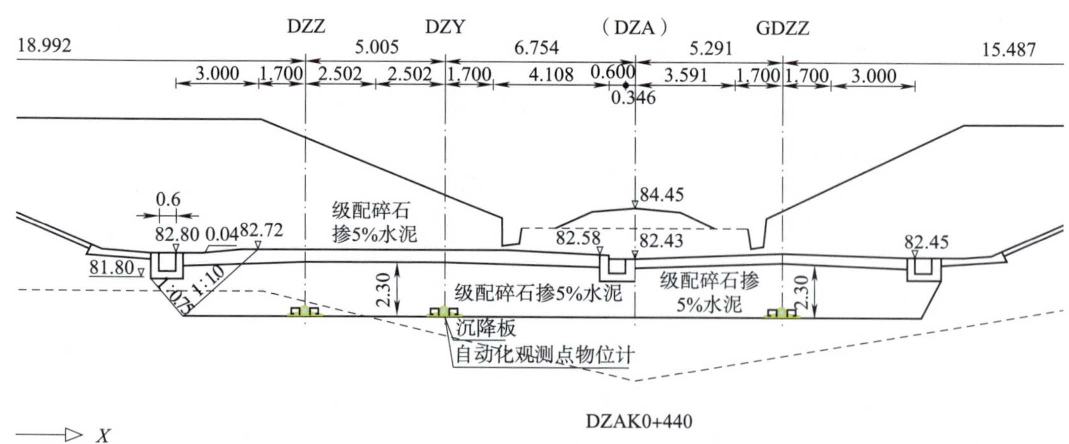

图 9-1　自动化监测断面设计示意(单位：m)

人工监测断面：改建动走 A 线中线下基床换填底部设沉降板，地表及两侧侧沟内侧(或电缆槽内侧)设沉降监测桩;新建动走左右线中间基床换填底部设沉降板,地表及两侧侧沟内侧(或电缆槽内侧)设沉降监测桩,如图 9-2 所示。

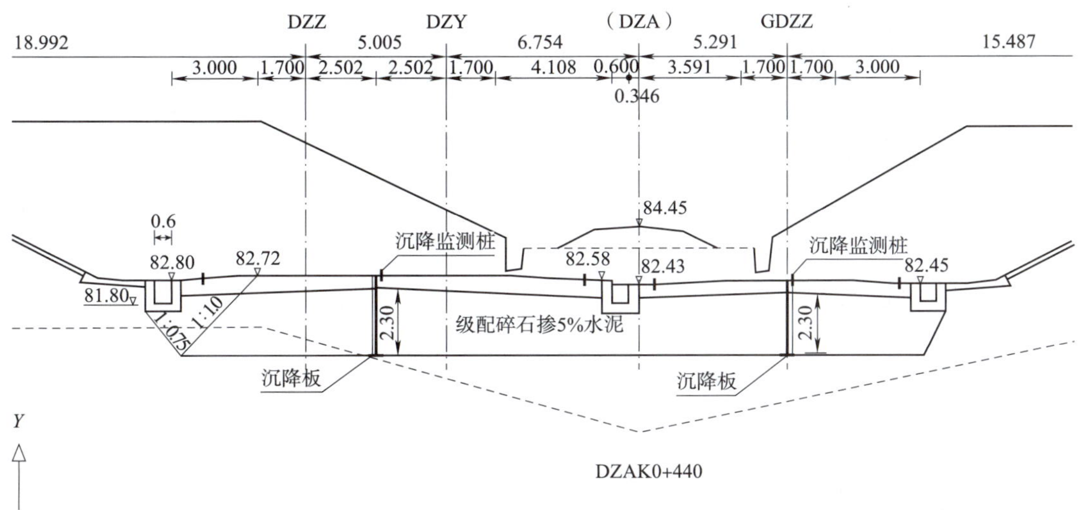

图 9-2 D-2 型监测断面设计示意(单位:m)

2. 沉降分析

(1)荷载分析

动走线为三线轨道(以 DZAK0+500 断面为例),其中轨道荷载:13.7×3.4=46.58 kN/m;列车荷载:36.8×3.4=125.12 kN/m;线间荷载:15.1×(5-3.4)=24.16 kN/m;三线双荷载总荷载:46.58×3+125.12×2+24.16=414.14 kN/m,荷载分布宽度 22.84 m,上部填土容重取 19 kN/m³,相当于换算土柱高 0.95 m。

(2)沉降分析

该段位于挖方地段,挖深一般 2~5 m,普遍大于 0.95 m,理论分析可知,不存在工后沉降,后期主要以换填的填料压实沉降为主。

9.2 监测数据分析

1. 沉降监测数据

本段沉降观测起始时间为 2019 年 10 月 24 日,观测频次为 1 d/次,分析数据截止日期为 2019 年 11 月 4 日。累计沉降量为 0.13~5.13 mm,沉降速率为 0.03~0.47 mm/d,最大沉降位于 GDZADK0+350 右侧沉降板。各测点沉降量统计情况见表 9-1。

表 9-1 沉降板各测点沉降量统计

序号	测点编号	测点类型	测点位置	主体工程完工日期	沉降观测起始日期	最近测量日期	实测累计沉降(mm)	测量周期(d)	沉降速率(mm/d)
1	0000050L1	沉降板	线路左侧	2019-10-31	2019-10-24	2019-11-04	3.89	11	0.35
2	0000050L2	沉降板	线路右侧	2019-10-31	2019-10-24	2019-11-04	4.41	11	0.40
3	0000100L1	沉降板	线路左侧	2019-10-31	2019-10-24	2019-11-04	2.28	11	0.21

续上表

序号	测点编号	测点类型	测点位置	主体工程完工日期	沉降观测起始日期	最近测量日期	实测累计沉降(mm)	测量周期(d)	沉降速率(mm/d)
4	0000100L2	沉降板	线路右侧	2019-10-31	2019-10-24	2019-11-04	4.51	11	0.41
5	0000150L1	沉降板	线路左侧	2019-10-31	2019-10-24	2019-11-04	3.13	11	0.28
6	0000150L2	沉降板	线路右侧	2019-10-31	2019-10-24	2019-11-04	4.03	11	0.37
7	0000200L1	沉降板	线路左侧	2019-10-31	2019-10-24	2019-11-04	2.26	11	0.21
8	0000200L2	沉降板	线路右侧	2019-10-31	2019-10-24	2019-11-01	1.99	8	0.25
9	0000250L1	沉降板	线路左侧	2019-10-31	2019-10-24	2019-11-04	3.35	11	0.30
10	0000250L2	沉降板	线路右侧	2019-10-31	2019-10-24	2019-11-02	3.20	9	0.36
11	0000300L1	沉降板	线路左侧	2019-10-31	2019-10-24	2019-11-03	3.42	10	0.34
12	0000300L2	沉降板	线路右侧	2019-10-31	2019-10-24	2019-11-04	4.03	11	0.37
13	0000350L1	沉降板	线路左侧	2019-10-31	2019-10-24	2019-11-04	2.97	11	0.27
14	0000350L2	沉降板	线路右侧	2019-10-31	2019-10-24	2019-11-04	5.13	11	0.47
15	0000400L1	沉降板	线路左侧	2019-10-31	2019-10-31	2019-11-04	0.48	4	0.12
16	0000400L2	沉降板	线路右侧	2019-10-31	2019-10-31	2019-11-04	0.13	4	0.03

由图 9-3～图 9-5 可知，GDZADK0＋045～GDZADK0＋654.87 段的 16 个测点，主体完工后测量时间为 5 d，各测点实测累计沉降量为 0.13～5.13 mm，沉降速率为 0.03～0.47 mm/d，最大沉降位于 GDZADK0＋350 右侧沉降板。本区段测点在主体工程完工后沉降增量均较小，各测点初步表现出趋于收敛的变形趋势。

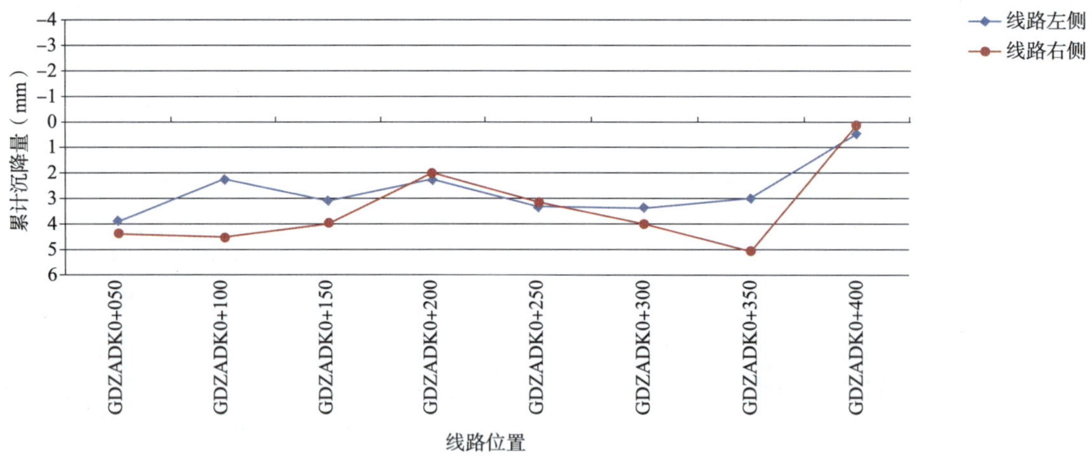

图 9-3　GDZADK0＋045～GDZADK0＋654.87 沉降—空间曲线

2. 沉降分析

GDZADK0＋045～GDZADK0＋654.87 段的 16 个测点，主体完工后测量时间为 5 d，各测点实测累计沉降量为 0.13～5.13 mm，沉降速率 0.03～0.47 mm/d。本区段测点在主体工程完工后沉降增量均较小，各测点初步表现出趋于收敛的变形趋势。

本评估段路基共 1 段，里程为 GDZADK0＋045.00～GDZADK0＋654.87，共布设

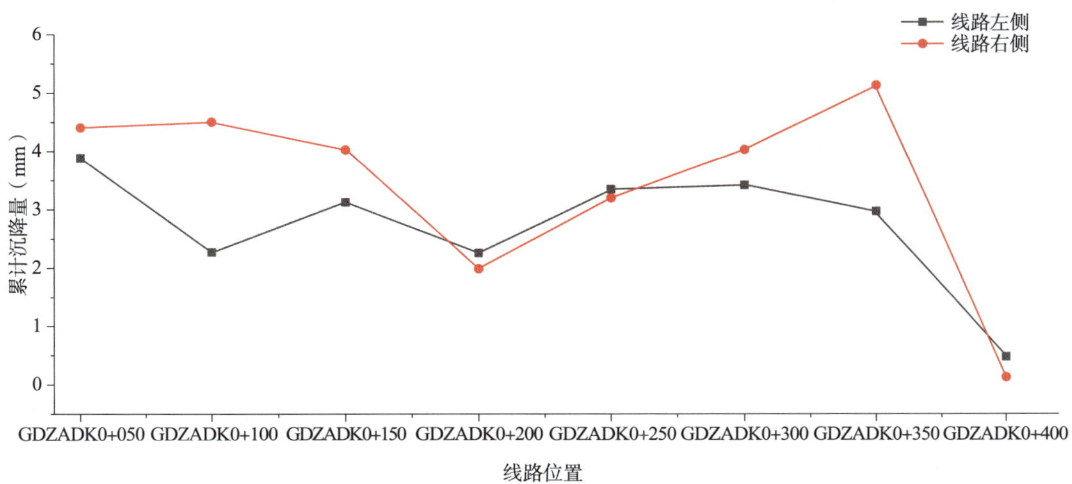

图 9-4 区段累计沉降量曲线

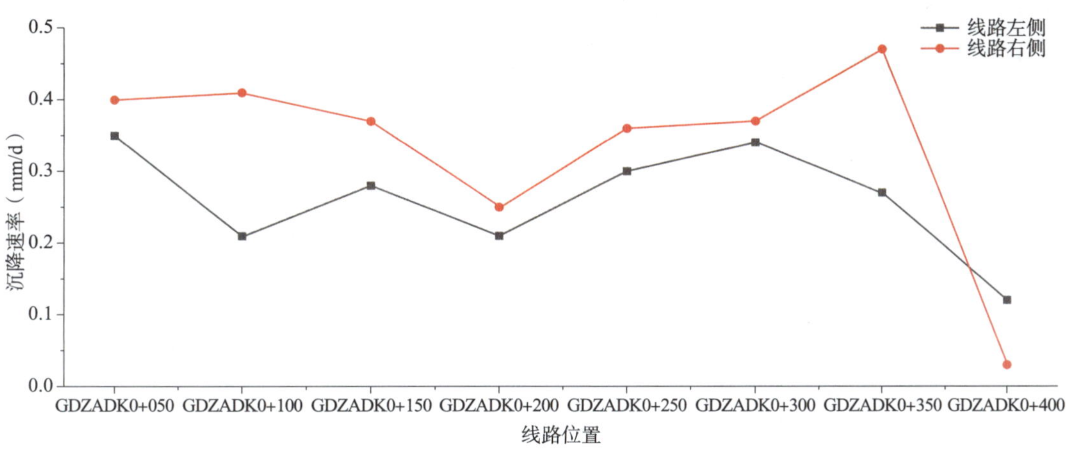

图 9-5 区段沉降速率曲线

8 个沉降观测断面，每个断面在路基面左、右各布设 1 个沉降观测桩；其中有 3 个断面（GDZADK0＋100、GDZADK0＋150、GDZADK0＋300）在基底左、右侧各布设 1 个沉降板，2 个断面（GDZADK0＋200、GDZADK0＋250）在基底左侧布设 1 个沉降板，2 个断面（GDZADK0＋050、GDZADK0＋350）在基底右侧布设 1 个沉降板。2019 年 11 月 4 日由建设单位组织召开“深圳北站改建动走 A 线无砟轨道路基换填沉降评估专家评审会”，会议中专家们综合荷载、地质、工程处理措施、沉降观测数据等情况，认为本段路基沉降变形可控，具备下道工序施工条件，施工单位开始进行无砟轨道施工，深圳北站第一阶段北咽喉西半场于 2019 年 12 月 18 日正式开通。本评估段共计 26 个有效测点，在主体工程完工后，所有路基有效测点沉降观测时间均不少于 6 个月。

本区段测点沉降分析成果汇总见表 9-2，实测区段沉降如图 9-6 所示。

表 9-2　本区段测点沉降分析评估成果汇总

测点编号	工程类型	冠号	里程	基础类型	测点类型	测点位置	主体工程完工日期	沉降观测起始日期	实测累计沉降（mm）	主体完工后观测周期（d）	是否通过本次评估
0000050G1	路基	GDZADK	000+050	换填	沉降观测桩	路基面(左)	2019-11-28	2019-11-28	0.99	202	是
0000050G2	路基	GDZADK	000+050	换填	沉降观测桩	路基面(右)	2019-11-28	2019-11-28	0.94	202	是
0000050L2	路基	GDZADK	000+050	换填	沉降板	基底(右)	2019-11-02	2019-10-24	5.27	228	是
0000100G1	路基	GDZADK	000+100	换填	沉降观测桩	路基面(左)	2019-11-28	2019-11-28	−0.18	202	是
0000100G2	路基	GDZADK	000+100	换填	沉降观测桩	路基面(右)	2019-11-28	2019-11-28	−0.24	202	是
0000100L1	路基	GDZADK	000+100	换填	沉降板	基底(左)	2019-11-02	2019-10-24	1.04	228	是
0000100L2	路基	GDZADK	000+100	换填	沉降板	基底(右)	2019-11-02	2019-10-24	1.77	228	是
0000150G1	路基	GDZADK	000+150	换填	沉降观测桩	路基面(左)	2019-11-28	2019-11-28	−0.61	202	是
0000150G2	路基	GDZADK	000+150	换填	沉降观测桩	路基面(右)	2019-11-28	2019-11-28	−0.13	202	是
0000150L1	路基	GDZADK	000+150	换填	沉降板	基底(左)	2019-11-02	2019-10-24	6.44	228	是
0000150L2	路基	GDZADK	000+150	换填	沉降板	基底(右)	2019-11-02	2019-10-24	3.96	228	是
0000200G1	路基	GDZADK	000+200	换填	沉降观测桩	路基面(左)	2019-11-28	2019-11-28	−0.12	202	是
0000200G2	路基	GDZADK	000+200	换填	沉降观测桩	路基面(右)	2019-11-28	2019-11-28	−0.37	202	是
0000200L1	路基	GDZADK	000+200	换填	沉降板	基底(左)	2019-11-02	2019-10-24	1.18	228	是
0000250G1	路基	GDZADK	000+250	换填	沉降观测桩	路基面(左)	2019-11-28	2019-11-28	0.00	202	是
0000250G2	路基	GDZADK	000+250	换填	沉降观测桩	路基面(右)	2019-11-28	2019-11-28	−1.26	202	是
0000250L1	路基	GDZADK	000+250	换填	沉降板	基底(左)	2019-11-02	2019-10-24	3.10	228	是
0000300G1	路基	GDZADK	000+300	换填	沉降观测桩	路基面(左)	2019-11-28	2019-11-28	−0.04	202	是
0000300G2	路基	GDZADK	000+300	换填	沉降观测桩	路基面(右)	2019-11-28	2019-11-28	−0.27	202	是
0000300L1	路基	GDZADK	000+300	换填	沉降板	基底(左)	2019-11-02	2019-10-24	6.01	228	是
0000300L2	路基	GDZADK	000+300	换填	沉降板	基底(右)	2019-11-02	2019-10-24	5.62	228	是
0000350G1	路基	GDZADK	000+350	换填	沉降观测桩	路基面(左)	2019-11-28	2019-11-28	−0.75	202	是
0000350G2	路基	GDZADK	000+350	换填	沉降观测桩	路基面(右)	2019-11-28	2019-11-28	−0.58	202	是
0000350L2	路基	GDZADK	000+350	换填	沉降板	基底(右)	2019-11-02	2019-10-24	3.72	228	是
0000400G1	路基	GDZADK	000+400	换填	沉降观测桩	路基面(左)	2019-11-28	2019-11-28	0.51	202	是
0000400G2	路基	GDZADK	000+400	换填	沉降观测桩	路基面(右)	2019-11-28	2019-11-28	1.07	202	是

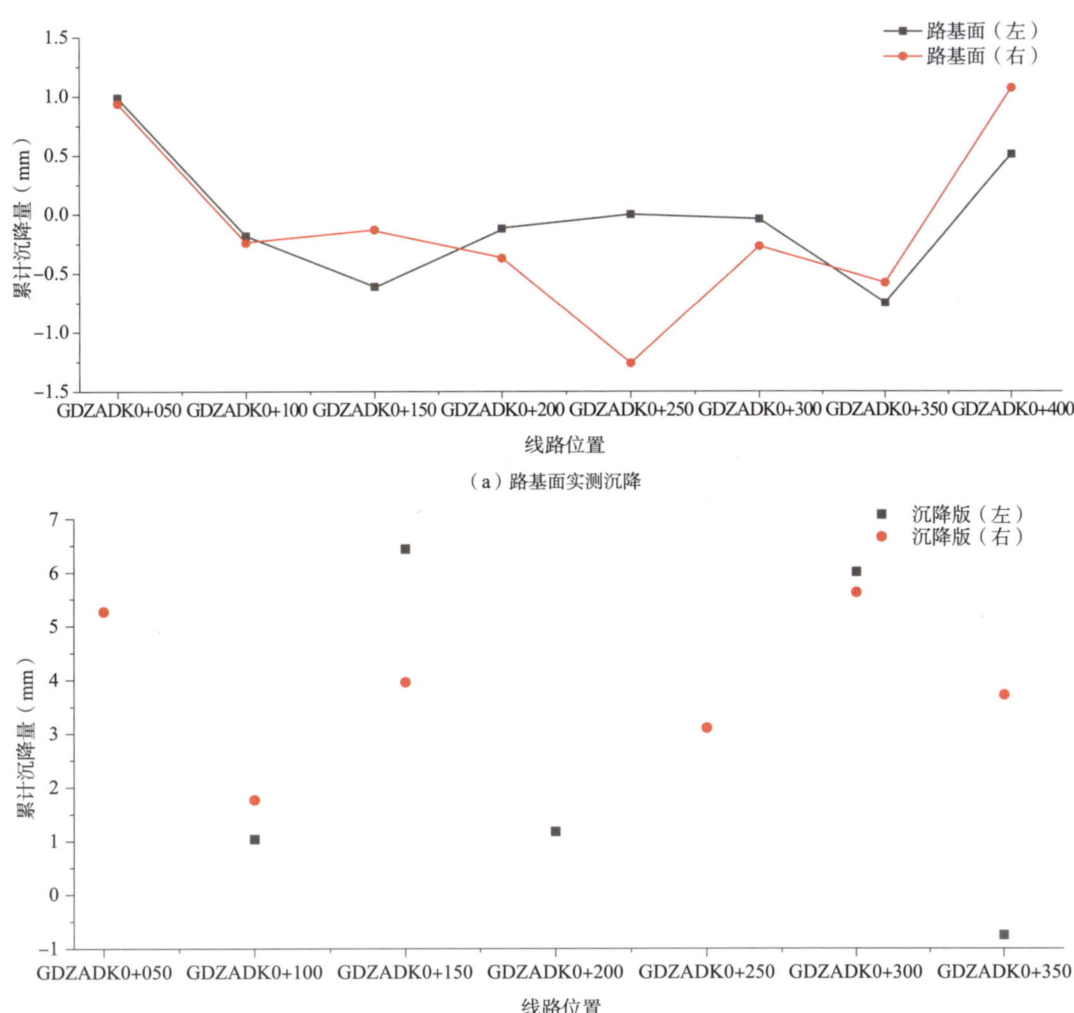

（a）路基面实测沉降

（b）沉降板实测沉降

图 9-6　本区段实测沉降

由图 9-6 可知，本评估段测点当前实测沉降量在 1.26～6.44 mm 之间，对于当前处于隆起状态的测点以及不满足曲线拟合条件的沉降型测点，这里根据地基特征及基础形式、实测沉降值、沉降变化特性、稳定程度等综合判断，使用指数法预测 GDZADK000＋050 预测最终沉降 1.15 mm，预测工后沉降 0.16 mm。GDZADK000＋150 处预测最终沉降 6.54 mm，预测工后沉降 0.1 mm。路基断面工后沉降值不超过 15 mm 的限制值。

说明：本评估段为路基区段，路基断面沉降量为基底沉降板观测值或沉降观测桩观测值。

3. 本评估段综合评估结论

依据施工方提供的实测数据反映出的沉降现状，本次评估可得出如下主要结论：

(1)本评估区段 GDZADK0＋045.00～GDZADK0＋654.87 路基工程的 26 个测点在 2019 年 11 月 4 日专家评审会后，基面沉降观测桩变形量为－1.26～1.07 mm，基底沉降板变形量为−2.74～3.31 mm，无砟轨道施工完成后，基面沉降观测桩变形量为−1.19～1.38 mm，基底沉降板变形量为−0.44～1.05 mm。

(2)GDZADK0+045.00～GDZADK0+654.87 段路基最后三个月观测值上下波动幅值不超过 3 mm，沉降增量在±2 mm 之内，最后 4 次(且观测时间不少于一个月)观测数据未出现连续下沉现象。

(3)本评估段所有测点工后沉降满足评估要求。

9.3 大机养护方案

9.3.1 养护概况

线路、道岔有砟部分总体按照提前在改建路基上铺设有砟线路及道岔，人工上砟整道、小机养护从而达到进道岔捣固机组条件，在天窗点内组织道岔捣固机组进入新建线路，捣固机组日常邻近营业线(与运营线路线间距 11.5 m，并有栅栏隔离)进行捣固作业，1～6 道到发线北端与既有线结合部采用天窗点内组织捣固作业。本次站改(第二阶段)主要对北咽喉东半场新增有砟线路(道岔)及 1～6 道北端与既有线结合部进行捣固作业。大机捣固数量见表 9-3。

表 9-3　大机捣固工程数量

序号	施工项目	单位	工程数量	备　　注
1	线路养护作业	km	0.8	封锁天窗点施工大机 1～6 道北端结合部
2	线路养护作业	km	2.924	邻近既有线施工
3	道岔养护作业	组	7	邻近既有线施工

9.3.2 大机养护施工

9.3.2.1　施工方案

本次施工采取人工配合机械作业方式。

1. 道岔捣固车组组成及运输组织

(1)本工程车组编组情况

①由平湖南Ⅱ场牵引至深圳北站：DF_4 机车+道岔捣固车+道岔捣固车+DF_4 机车；

②由深圳北站牵引至平湖南Ⅱ场：DF_4 机车+道岔捣固车+道岔捣固车+DF_4 机车；

③站内、新建线路作业及转线：道岔捣固车+道岔捣固车。

(2)运输组织

2020 年 11 月 14 日租用广州大机段道岔捣固车 1 组、广州机务段 DF 机车 2 台(编组：DF 机车+道岔捣固车组+DF 机车)，由平湖南Ⅱ场运行至深圳北站 3 道，进入工程线 3 道后，将道岔捣固车组尾部 1 台机车摘挂甩至 51 号道岔曲股岔后 3 道线路(不过标)，由车组前部 1 台机车牵引道岔捣固车组至尾部离开 51 号道岔岔前，然后将道岔捣固车组解挂，51 号道岔扳至直股开通定位，道岔捣固车组进入工程线 4 道(不过标)，51 号道岔扳至曲股开通反位进 3 道进路，前部机车运行至 3 道与尾部机车连挂，由 DF

机车2台(编组:DF机车+DF机车)进入深圳北站3道,由深圳北站3道返回至平湖南Ⅱ场。由平湖南Ⅱ场至深圳北站开行路径为:平湖南Ⅱ场→杭深平南货联上行线→深圳坪山站→杭深下行线→深圳北站3道→ 新建线路;由深圳北站至平湖南Ⅱ场开行路径:新建线路→深圳北站3道→杭深上行线→深圳坪山站→杭深平南货联下行线→平湖南Ⅱ场。

①2020年11月14日1:10～2:40(90 min)将深圳北站3道腾空,待机车2台+捣固车组到达深圳北站3道后,封锁深圳北站3道,拆除K2396+110车挡及K2396+100处新设临时防护栅栏6 m,机车2台+捣固车组由3道进入新建线路进行调车作业,完毕后返回深圳北站3道,机车2台由深圳北站3道返回平湖南Ⅱ场。当日作业完毕后,防护栅栏及车挡按原状态恢复,将道岔捣固车存放于新建线路,并做好防溜,为确保营业线安全,将3道车挡小里程端K2396+108处面向广州方向左股拆除2 m短轨将线路断开,同时使用混凝土枕交叉搭设临时车挡。

②2020年11月16日0:30～4:30(240 min)将深圳北站3、5道腾空,封锁3、5道,接触网垂直停电配合,将K2396+100处新设临时防护栅栏及K2396+110车挡拆除6 m,道岔捣固车进入5、6道到发线北端与既有线结合部有砟线路的捣固作业。当日作业完毕后,防护栅栏及车挡按原状态恢复,将道岔捣固车存放于6道新建线路,并做好防溜,为确保营业线安全,将6道在车挡小里程端K2396+108处面向广州方向左股拆除2 m短轨将线路断开,同时使用混凝土枕交叉搭设临时车挡。

③2020年11月17日0:30～4:30(240 min)将深圳北站4、6道腾空,封锁4、6道,接触网垂直停电配合,将K2396+100处新设临时防护栅栏及K2396+110车挡拆除6 m,道岔捣固车进入3、4道到发线北端与既有线结合部有砟线路的捣固作业。当日作业完毕后,防护栅栏及车挡按原状态恢复,将道岔捣固车存放于3道新建线路,并做好防溜,为确保营业线安全,将3道在车挡小里程端K2396+108处面向广州方向左股拆除2 m短轨将线路断开,同时使用混凝土枕交叉搭设临时车挡。

④2020年11月18日天窗点将深圳北站1、3道腾空,封锁1、3道,将K2396+100处新设临时防护栅栏及K2396+110车挡拆除,道岔捣固车由3道新建线路进入3道转入深圳北站1道新建线路,进行新建线路捣固作业。当日作业完毕后,防护栅栏及车挡恢复,将道岔捣固车存放于1道新建线路,并做好防溜,为确保营业线安全,将1道在车挡小里程端K2396+108处面向广州方向左股拆除2 m短轨将线路断开,同时使用混凝土枕交叉搭设临时车挡。

⑤2020年11月20日0:30～4:30(240 min)将深圳北站1、2道腾空,封锁1、2道,接触网垂直停电配合,将K2396+100处新设临时防护栅栏及K2396+110车挡拆除6 m,道岔捣固车进入1道、2道到发线北端与既有线结合部有砟线路的捣固作业。当日作业完毕后,防护栅栏及车挡按原状态恢复,将道岔捣固车存放于1道新建线路,并做好防溜,为确保营业线安全,将1道在车挡小里程端K2396+108处面向广州方向左股拆除2 m短轨将线路断开,同时使用混凝土枕交叉搭设临时车挡。

⑥2020年11月24日1:10～2:40(90 min)将深圳北站1道腾空,待DF机车2台到达深圳北站1道后,封锁深圳北站1道,将K2396+100处新设临时防护栅栏及K2396+110车挡拆除6 m,进入新建线路将车组尾部1台机车摘挂甩至49号道岔曲

股岔后1道线路，由车组前部1台机车尾部离开49号道岔岔前，然后将49号道岔扳至直股开通定位，车组进入工程线2道，将前部机车与道岔捣固车组挂连后进入49号道岔岔前，将49号道岔扳至曲股开通反位进1道进路，前部机车与道岔捣固车组运行至1道与尾部机车连挂，进入深圳北站1道，由深圳北站1道返回至平湖南Ⅱ场。当日作业完毕后，防护栅栏及车挡按原状态恢复。

⑦为确保营业线行车安全，改建动B线面向广州方向GDZBDK0＋350处左股钢轨与线路断开。

自轮运转设备在运行中不得超过80 km/h，进出站过岔速度不得超过20 km/h，并呼唤确认道岔径路。夜间天窗作业车运行时，站场转线调车空线运行不得超过30 km/h，过岔速度不超过20 km/h，并认真执行调车作业标准、呼唤应答、确认信号制度。

自轮运转设备应符合《广铁集团高速及城际铁路自轮运转特种设备运行安全管理办法》等相关文件要求，并报相关业务主管部门审批后方可上道作业。施工结束后，清点施工工器具、人员撤离现场。

9.3.2.2　施工工艺流程

1. 施工流程

大机整道作业由补砟、整形、起拨道捣固、动力稳定四部分组成。补砟整道均在钢轨焊接完成后进行，道床补砟采用人工配合小型机械，大机分次整道作业后线路即可达到初期稳定状态要求，然后进行线路锁定等作业。大机捣固流程如图9-7所示。

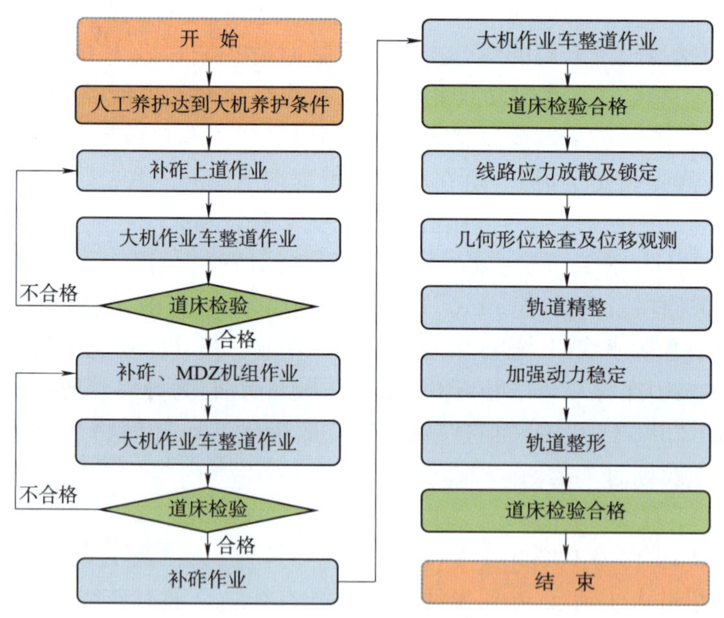

图9-7　大机捣固工艺流程

2. 施工要求

(1)施工准备

轨道铺设完成后及时拆除影响大机整道作业的线路设施及障碍物，对线路进行测量，确定起、拨道量，在有效作业范围内用油漆每5 m距离在作业前进方向枕木的左侧斜坡位置标明里程、起拨道量，并完成线路、道岔的铝热焊接及精调工作，且扣件扣压力满足设计要求，直线段可以每 50 m 给一个拨道量，曲线段必须标明直缓(ZH)或直圆(ZY)、缓圆(HY)、圆缓(YH)、缓直(HZ)或圆直(YZ)的具体位置，并在曲线起始位置标明曲线要素，含曲线总长(L)、半径(R)、超高(C)、缓长(l)等要素。

(2)控制要点

①大机作业前后，用精调小车对轨道数据进行采集、分析，并制作精捣数据方案。大机捣固第一、第二遍，道岔钢轨铺设完成后，及时进行线路平面、高程测量，组织人员人工起拨道、补充道砟，尽快提供第一遍大机捣固。

a. 线路大机捣固、稳定前，线路状况人工起拨道不能大起大落。

b. 线路测量数据，直线段拨道量按 3 m 一个点，起道量按 3 m 一个点，曲线段拨道量、起道量均按 3 m 一个点，标明曲线起始点以及要素点位置。

c. 线路第一遍大机捣固、稳定时，要配合有技术人员跟踪标明起道量、拨道量，并随时跟踪检查，道床底砟厚度不能少于 180～200 mm，道床断面道砟不能少于设计道床断面道砟的 2/3。

d. 大机捣固第一、第二遍后，线路轨面高程不能超过线路设计轨面高程(预留 60～80 mm 后)，应有 30～50 mm 才达到预留 60～80 mm 后的线路设计轨面高程，便于大机捣固，稳定第三、四遍的起道量。

②第二遍捣固后，应立即完成线路平面、高程测量以及补充道砟，尽快提供第三、第四遍大机捣固。

a. 线路测量数据，直线段拨道量按 3 m 一个点，起道量按 3 m 一个点；曲线段拨道量、起道量均按 3 m 一个点，标明曲线起始点以及要素点位置。

b. 线路第三、第四遍大机捣固时，配合有技术人员跟踪标明起道量、拨道量，并随时跟踪检查，道床断面道砟基本上达到设计道床断面要求的道砟。

c. 大机捣固、稳定第四遍后，线路轨面高程不能超过线路设计轨面高程(预留 60～80 mm 后)，应有 20～30 mm 才达到预留 60～80 mm 后的线路设计轨面高程，便于大机捣固、稳定第五遍的起道量。

③立即完成线路平面、高程测量以及补充道砟，尽快提供第五遍大机捣固。

a. 线路大机捣固、稳定的第五遍的测量数据要准确，直线段拨道量按 1.2 m 一个点，起道量按 1.2 m 一个点；曲线段拨道量、起道量均按 1.2 m 一个点，曲线起始点以及要素点位置要标明，曲线上的正矢要现场及时配合跟踪测量，便于大机及时整改作业。

b. 线路第五遍大机捣固、稳定时，要配合有技术人员跟踪标明起道量、拨道量，并随时跟踪检查，道床断面道砟要达到设计道床断面要求的道砟道床。

c. 大机捣固第五遍后，线路达到无缝线路应力放散锁定条件，线路轨面高程不能超过线路设计轨面高程(预留 60～80 mm 后)，达到预留 60～80 mm 后的线路设计轨面高程；线路中线偏差不大于 15 mm。

(3)卸砟组织

根据底砟摊铺情况及道床设计高程，确定起道次数和起道量，结合日进度确定日道砟需要量、补砟次数和每次补砟量，采用人工配合小型机械卸砟，第一次卸砟在铺轨后立即进行，卸砟量按设计面砟量的65%控制，第二次卸砟在大机作业一遍后进行，卸砟量按设计面砟量的20%控制，大机作业两遍后卸完剩下的道砟，约为设计数量的15%，直至道床厚度达到设计标准，轨面高程符合规定要求。

(4)施工方法及作业流程

①补砟后，大机运行至作业地点，人工将道砟收拢，填满轨枕盒，使道砟配置高度不低于钢轨高，高于轨枕不大于10 mm(人工进行补砟、配砟、整形工作)，随后道岔捣固车对线路进行起道、拨道、捣固作业，捣固车作业时必须按规定配备各号位操作人员，并严格执行操作规程进行操作，确保作业质量和设备安全。

②线路检测：第五遍整道作业完成后，若线路达到初期稳定状态要求，即可进行应力放散，线路锁定，利用轨检仪对轨向、高低、水平、轨距、扭曲进行检测。道床刚度仪对轨下道床刚度、道床横向阻力进行检测，检测合格即可进行放散锁定，不合格地段要加大大机养作业遍数，直到合格。另外，还要进行轨道高程测量，以确定精细整道的工作量。

③精细整道：对锁定线路还要进行精细整道，以最终使轨道线路达到稳定状态。轨面设计高程、道床密度、道床刚度、道床横、纵向阻力、轨道几何形状能够符合规定要求，锁好后的线路由大机进行最后一次整道，既要对轨道水平、方向进行整正，又要对轨道高程进行微量调整，并对道床断面进行修正，在进行精细整道过程中，实际锁定轨温必须不变并防止发生胀轨跑道现象。

④轨面标准线标画：由施工单位在接触网支柱内缘标出接触网设计的轨面标准线，大机捣固后对捣固区域吸上线及信号电缆进行检查复核，确认无损坏。

(5)注意事项

①提高整体测量精度，从线路交接工作开始，交出的水平基桩、线路中心桩、曲线五大桩的精度必须符合轨道工程的精度要求，以此为据埋设规范的边桩，此后的大机整道作业均以边桩为准。

②第一、二遍作业使线路中心线基本到位，第三、四遍作业即开始按绳正法细致整正曲线，同时将超高整正到位，第五遍作业后轨道高程达到设计高程，轨道几何形状达标。

③第一次起道量不宜大于80 mm，第二次起道量不宜大于50 mm，每次起道作业后轨枕头外侧应有足够道砟，以保证长轨轨道稳定性。

④一次拨道量不宜大于50 mm。

⑤起道量大于50 mm时，宜选择双捣作业。

⑥捣固作业将结束时，应做好标记，并要以不大于2‰的坡度递减顺坡，一般不在圆曲线顺坡，严禁在缓和曲线顺坡作业。

⑦每次整道作业完毕后，利用轨检仪对线路状况的检测结果，对捣固车和稳定车的作业参数给定进行调整，以便有针对性地安排精整作业。

⑧捣固后安排人员对有砟无砟过渡段及道岔进行保养。

⑨道岔捣固时，侧向同步进行捣固作业。捣固作业参数及作业标准参数、稳定作业参数见表9-4、表9-5，劳动力组织见表9-6。

表 9-4　捣固作业参数及作业标准参数

序号	捣固作业参数及作业后标准	第一遍作业	第二、三遍作业	精细整道 第四、第五遍作业
1	捣固深度(mm)	插入枕底以下 100	插入枕底以下 100	插入枕底以下 80
2	夹持时间(s)	0.6	0.6	0.8
3	捣固次数	单　捣	单　捣	单　捣
4	捣固速度(m/m)	20	20	18
5	捣镐振动频率(Hz)	35	35	35
6	中线差(mm)	≤50	≤30	≤30
7	轨向(mm)			≤2
8	水平(mm)	≤5	≤4	≤2
9	高低(mm)		≤4	≤2
10	扭曲(‰)	≤1.1	≤1	≤1
11	道床刚度(kN/mm)	—	—	≥120
12	纵向阻力(kN/枕)	—	—	≥14
13	横向阻力(kN/枕)	—	—	≥10

表 9-5　稳定作业参数

序号	稳定作业参数	第一、二遍稳定作业	第三遍稳定作业
1	稳定频率(Hz)	35	35
2	下沉量(mm)	约 20	约 10
3	作业速度(km/h)	0.9	0.7
4	稳定荷载(kN)	19.8	19.8

表 9-6　劳动力组织

序号	项　目	单　位	数　量
1	项目负责人	人	1
2	施工负责人	人	1
3	技术负责人	人	2
4	安全负责人	人	1
5	劳务工	人	20
6	驻站联络员	人	1
7	现场防护员	人	2
8	带班组长	人	4
9	捣固机专业技术员	组	1

9.3.2.3　安全措施

(1)参加施工人员必须经过安全技术培训，考核合格方可上岗。

(2)参加施工的司机等必须持有专业资格证书，并进行岗前培训合格后，持证上岗。

(3)施工前,机械人员必须对轨行车辆进行检查,确保性能良好,同时各自检查所配备的对讲机等通信设备状态确保良好,电量确保充足,通信频道统一一致,确保通信通畅。

(4)施工中传递工具严禁抛掷。

(5)作业人员不得在线路上坐卧、休息停留或打电话,所有施工料具堆放严禁侵入铁路基本建筑限界。

(6)为机械设备提供必需的作业条件,并消除对机械作业有妨碍或不安全因素,夜间作业必须设置有充足的照明。

(7)施工过程中的废弃物应及时分类妥善处理,运至当地环保部门指定地点。

参考文献

[1] 高振锋. 高铁虹桥站施工管理[M]. 上海:上海科学技术出版社,2012.

[2] 魏强. 高速铁路施工组织管理与技术[M]. 北京:中国铁道出版社有限公司,2020.

[3] 陈东杰,钱培,徐伟. 京沪高铁上海虹桥站工程施工组织技术研究与实践[M]. 北京:中国建筑工业出版社,2012.

[4] 陈发达. 贵阳城市轨道交通 1 号线建设总结[M]. 北京:人民交通出版社股份有限公司,2019.

[5] 李雪强. 铁路枢纽客站改造施工建设管理控制要点[M]. 成都:西南交通大学出版社,2019.

[6] 卢春房. 站场工程[M]. 北京:中国铁道出版社,2015.

[7] 龙厦铁路工程建设指挥部. 龙厦铁路工程总结[M]. 成都:西南交通大学出版社,2018.

[8] 赣龙复线铁路有限责任公司. 赣瑞龙铁路工程总结[M]. 成都:西南交通大学出版社,2019.

[9] 周波. 安九高速铁路引入庐山站方案研究[J]. 铁道运输与经济,2020,42(10):104-109.

[10] 姬燕男. 北沿江高速铁路引入上海铁路枢纽方案研究[J]. 铁道运输与经济,2020,42(6):78-83.

[11] 钟凌平. 昌修城际铁路引入南昌铁路枢纽方案研究[J]. 铁道运输与经济,2020,42(8):92-96.

[12] 丁乐宁. 成渝中线高速铁路引入重庆铁路枢纽方案研究[J]. 铁道运输与经济,2021,43(1):108-114.

[13] 赖晓燕,毕树林,冯姗姗. 高速铁路对既有铁路枢纽的影响分析[J]. 交通标准化,2009(9):170-173.

[14] 郭垂江. 高速铁路引入既有枢纽条件下客运站布置[D]. 成都:西南交通大学,2008.

[15] 张敏慧,谢静高. 高速铁路引入枢纽列控等级选择与应用的研究[J]. 铁路通信信号工程技术,2020,17(6):8-13.

[16] 王维朝. 广佛环线城际铁路引入佛山西站方案研究[J]. 铁道勘察,2012,38(3):50-53.

[17] 梁博. 合安高速铁路引入合肥铁路枢纽方案研究[J]. 铁道运输与经济,2020,42(6):84-88.

[18] 邹正丰. 合武高速铁路引入合肥枢纽方案研究[J]. 高速铁路技术,2020(S2):67-71.

[19] 吴若玉. 合武铁路引入武汉枢纽临时过渡方案研究[J]. 甘肃科技纵横,2009,38(3):132-136.

[20] 王浩. 沪苏湖高速铁路引入上海枢纽既有线施工组织方案研究[J]. 中小企业管理与科技(上旬刊),2020(6):184-186.

[21] 左波祥. 怀化至湛江高速铁路引入湛江铁路枢纽方案研究[J]. 高速铁路技术,2020(S2):72-76.

[22] 张小虎,李小波. 集大高速铁路引入大同铁路枢纽方案研究[J]. 铁道运输与经济,2019,41(8):55-59.

[23] 魏建威. 金建铁路引入金华站线路方案研究[J]. 居舍,2021(4):171-172.

[24] 孙建康. 石家庄至雄安新区城际铁路引入雄安枢纽方案研究[J]. 高速铁路技术,2020(S2):77-80.

[25] 朱红锋. 石雄城际引入石家庄铁路枢纽方案研究[J]. 高速铁路技术,2020(S2):86-90.

[26] 颜俭桢,王文宪. 穗深城际铁路引入下广州东站扩能改造研究[J]. 铁道运输与经济,2020,42(9):106-111.

[27] 董世艳. 铁路大型枢纽站场改造工程施工方案优化研究[J]. 城市建设理论研究(电子版),2018(7):183-184.
[28] 黄树华. 通苏嘉甬铁路引入宁波铁路枢纽方案研究[J]. 铁道运输与经济, 2018, 40(7): 75-79.
[29] 母柏松. 潍新高速铁路引入临沂铁路枢纽方案研究[J]. 铁道运输与经济, 2020, 42(6): 89-93.
[30] 王作磊,张鹏. 西延高速铁路引入西安北站方案研究[J]. 铁道标准设计,2021,65(8): 1-8.
[31] 张明. 西延高速铁路引入西安铁路枢纽方案研究[J]. 铁道标准设计, 2019, 63(7): 1-7.
[32] 吴旭. 新建高铁引入既有客专线路引起的站场改造工程施工方案探讨[J]. 建筑技艺,2020(S1): 1-6.
[33] 贺协腾,侯朝峰. 兴泉铁路引入泉州地区枢纽及车站布置研究[J]. 铁道货运,2019, 37(9): 16-21.
[34] 张海东. 沿江高速铁路引入合肥铁路枢纽方案优化研究[J]. 铁道运输与经济, 2021, 43(1): 102-107.
[35] 吕文强. 宣绩高铁与杭临绩铁路共同引入绩溪北站方案研究[J]. 工程建设与设计, 2021(9): 47-51.
[36] 刘建光. 既有高铁车站改建实施方案探讨[J]. 铁道工程学报,2020, 37(10): 11-15.
[37] 曹建国. 既有铁路车站改建施工方案探讨[J]. 内蒙古科技与经济,2015(6): 85-86.
[38] 汪洋. 车站改建施工及运输组织研究[J]. 科技创业月刊,2014, 27(5): 185-187.
[39] 大藏联合建筑师事务所. 宜兰冬山车站站场改建[J]. 建筑创作,2009(11): 34.
[40] 孙彦英. 许昌北站交通枢纽建筑设计研究[J]. 铁路技术创新, 2021(2): 9-16.
[41] 谢新民. 车站改建实施性过渡施工设计[J]. 铁道标准设计,1994(5): 32-35.
[42] 孙焕杰. 三桥站改扩建方案探讨[J]. 铁道运输与经济, 2014, 36(2): 11-15.